# CHAQUE DÉPRESSION A UN SENS

"Questions de santé"

# DU MÊME AUTEUR

*LA BRIMADE DES STUPS*, essai, Slatkine & Cie, 2016.

Les interviews réalisées pour la rédaction de ce livre sont disponibles à l'adresse suivante
www.thelostconnections.com

Titre original :
*Lost Connections – Uncovering the Real Causes of Depression and the Unexpected Solutions*
Éditeur original :
Bloomsbury Publishing Plc, Londres/New York
© Johann Hari, 2018

© ACTES SUD, 2019
pour la traduction française
ISBN 978-2-330-11779-5

Johann Hari

# CHAQUE DÉPRESSION A UN SENS

*Causes méconnues et soins novateurs*

essai traduit de l'anglais
par Marion Bally

ACTES SUD

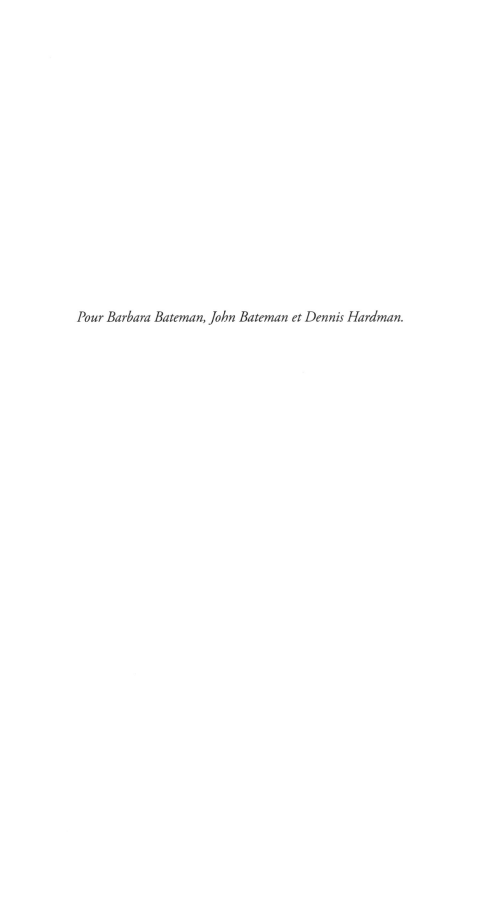

*Pour Barbara Bateman, John Bateman et Dennis Hardman.*

# SOMMAIRE

PROLOGUE

LA POMME

Un soir de printemps, en 2014, je marchais dans une petite ruelle du centre de Hanoi quand, sur un étal au bord de la route, j'aperçus une pomme. Elle était étrangement appétissante, charnue et bien rouge. Je suis un piètre négociateur : je payai donc ce simple fruit trois dollars, avant de l'emporter dans ma chambre, au Very Charming Hotel de Hanoi. Comme tout bon étranger qui a lu les consignes d'hygiène, je pris soin de laver ma pomme à l'aide d'une bouteille d'eau mais, dès la première bouchée, un goût amer et chimique me monta aux lèvres – le goût qu'avaient, dans mon imagination d'enfant, les aliments contaminés par une guerre nucléaire. Je savais que j'aurais dû immédiatement renoncer à la manger, mais j'étais trop fatigué pour ressortir m'acheter autre chose. Alors, je mangeai la moitié de ma pomme et laissai le reste, écœuré.

Deux heures plus tard, j'avais mal à l'estomac. Pendant deux jours, je dus rester dans ma chambre, car la tête me tournait de plus en plus. Je n'étais pas inquiet, j'avais déjà eu des intoxications alimentaires, je connaissais la marche à suivre. Il n'y avait qu'à boire beaucoup d'eau et attendre que cela passe.

Le troisième jour, je pris conscience que, pendant que j'étais plongé dans cet état de trouble fiévreux, mon séjour au Viêtnam était en train de me filer entre les doigts. J'étais sur place afin de retrouver quelques survivants de la guerre, pour un autre livre auquel je travaille. J'appelai donc mon interprète, Dang Hoang Linh, pour programmer, comme nous en étions convenus de longue date, un voyage en voiture dans la campagne profonde, dans le Sud du pays. Au fur et à mesure de l'expédition, alors que nous rencontrions ici un village saccagé, là une victime de l'agent orange, je commençais à me remettre sur pied. Le lendemain matin, mon compagnon m'introduisit dans la cabane d'une vieille femme chétive de quatre-vingt-sept ans. Ses lèvres étaient teintées de rouge vif à cause de l'herbe qu'elle mâchait. Elle vint à ma rencontre en se propulsant à l'aide d'une planche de bois qu'on avait agrémentée de roues. Elle me raconta qu'elle avait passé les neuf années de la guerre à errer au gré des bombes en essayant de garder ses enfants en vie. Ils avaient été les seuls survivants de leur village.

Alors qu'elle me parlait, je me mis à éprouver d'étranges sensations. Sa voix semblait venir de très loin et la pièce s'était mise à tournoyer irrésistiblement. Tout à coup, surprise ! J'explosai comme une bombe, projetant vomi et excréments partout dans sa cabane. Plus tard, lorsque je repris conscience de ce qui m'entourait, la vieille femme me regardait d'un air triste. "Il faut amener ce garçon à l'hôpital. Il est très malade", dit-elle.

Non, non, protestai-je. J'avais vécu dans l'est de Londres pendant des années, me nourrissant exclusivement de poulet frit : ce n'était pas la première fois que je subissais les charges de la bactérie *E. coli*. Je demandai à Dang de me ramener à Hanoi, pour que je puisse récupérer pendant quelques jours dans ma chambre d'hôtel, assis devant CNN et les restes régurgités par mon estomac.

"Non, me répondit fermement la vieille femme. À l'hôpital."

"Écoute, Johann, me dit Dang, cette dame et ses enfants sont les seuls de leur village à avoir survécu à neuf ans de bombardements américains. En matière de santé, tu m'excuseras donc de suivre son conseil plutôt que le tien." Il me traîna dans sa voiture et, pendant tout le trajet, je fus agité de spasmes et de haut-le-cœur, jusqu'à ce que nous arrivions à un hôpital rudimentaire (qui avait été construit par les Soviétiques des décennies auparavant, comme je l'appris plus tard). J'étais le premier étranger à être soigné là-bas. Plusieurs infirmières accoururent, à la fois surprises et excitées. Elles se jetèrent sur moi, me portèrent sur une table d'examen, avant de se mettre à hurler. Tandis qu'elles continuaient à s'égosiller, Dang leur répondait par des cris semblables dans un langage dont je ne comprenais pas un mot. À ce moment-là, je remarquai que quelque chose enserrait étroitement mon bras.

Je remarquai aussi que, dans un coin, se tenait une petite fille, le nez plâtré, seule. Elle me regardait. Je la regardais aussi. Nous étions les seuls patients dans la pièce.

Une fois ma tension prise (qui était, selon les dires de l'infirmière traduits par Dang, dangereusement basse), les médecins se mirent à me planter des aiguilles dans le corps. Dang m'a révélé après coup qu'il leur avait raconté que j'étais une célébrité venue de l'ouest, et que si je mourais sur place, ce serait une grande honte pour tout le peuple vietnamien. Dix minutes plus tard, mon bras était écrasé sous les tubes et constellé de traces de piqûres. Alors les infirmières commencèrent, toujours en s'époumonant, à me poser des questions sur mon état, que Dang traduisait. Elles déroulaient une liste apparemment sans fin en vue de déterminer de quel mal j'étais atteint.

Pendant tout ce temps, je me sentais étrangement divisé. Une partie de moi était anéantie par la nausée. Tout tournait tellement vite que je ne cessais de penser : arrête de bouger, arrête de bouger, arrête de bouger. Mais en deçà ou au-delà, une autre partie de moi tenait un petit monologue assez rationnel : tu es à deux doigts de mourir. Victime d'une pomme empoisonnée, un peu comme Ève, Blanche-Neige ou Alan Turing.

Puis je me disais : ta dernière pensée sera donc si prétentieuse ?

Puis : si une demi-pomme te met dans un tel état, imagine un peu ce qu'il en est des paysans qui utilisent ces pesticides dans leurs champs au quotidien pendant des années ? Cela ferait un bon sujet à étudier, un de ces jours.

Puis : ce n'est pas à cela que tu devrais consacrer tes dernières pensées. Tu devrais te rappeler les grands moments de ta vie. Tu devrais avoir des flash-back. Quand as-tu été vraiment heureux ? Je me revis petit garçon, allongé sur le lit de notre ancienne maison avec ma grand-mère, me blottissant contre elle devant le feuilleton télévisé anglais *Coronation Street*. Je me revis, des années plus tard, en train de garder mon petit neveu, qui me réveillait à sept heures du matin, s'allongeait près de moi dans le lit et me posait de longues questions compliquées sur la vie. Je me revis couché dans un autre lit, à dix-sept ans, avec la première personne dont

je suis tombé amoureux. Ce n'était pas un souvenir érotique :
j'étais juste là, dans ses bras.

Mais attends, pensai-je, tu n'as jamais été heureux ailleurs que
dans un lit ? C'est révélateur. Ce monologue intérieur fut soudain
balayé par un haut-le-cœur. Je suppliai les médecins de me donner quelque chose pour faire cesser cette terrible nausée. Dang
entama alors une discussion animée avec eux. Enfin, il déclara :
"Les médecins disent que la nausée est nécessaire. C'est un message que ton corps nous envoie et qu'on doit écouter pour comprendre ce qui ne va pas chez toi."

À ce moment-là, je recommençai à vomir.

Après de longues heures, un médecin d'environ quarante ans
apparut dans mon champ de vision et m'annonça : "Apparemment vos reins ont cessé de fonctionner. Vous êtes extrêmement
déshydraté. À cause des vomissements et de la diarrhée, votre
corps n'a pas absorbé d'eau depuis très longtemps. C'est un peu
comme si vous aviez erré dans le désert pendant des jours[1]." Dang
me lança : "Il dit que si nous t'avions ramené en voiture à Hanoi,
tu serais mort pendant le voyage."

Le médecin me demanda de faire la liste des aliments que j'avais
ingérés au cours des trois derniers jours. La liste était courte : une
pomme. Il me jeta un regard interrogateur. "Est-ce qu'elle était
propre ?" Oui, ai-je répondu, je l'ai lavée à l'eau de source. Tout
le monde éclata de rire, comme si j'avais fait une blague irrésistible, à la Chris Rock. En fait, au Viêtnam, on ne peut pas se
contenter de laver une pomme. Elles sont tellement recouvertes
de pesticides qu'elles peuvent se conserver des mois sans pour-
rir. Si vous voulez échapper aux nausées et à l'hôpital, il faut les
peler intégralement.

Sans savoir pourquoi, pendant tout le temps où j'ai travaillé à
ce livre, je n'ai cessé de penser à une chose que le docteur m'avait
dite au cours de cette intoxication peu glorieuse.

La nausée est nécessaire. C'est un message qu'on doit écouter
pour comprendre ce qui ne va pas.

C'est dans un tout autre lieu, à des milliers de kilomètres de là,
au terme de mes recherches sur les causes véritables de la dépression et de l'anxiété et sur les manières de s'en sortir, que j'ai fini
par comprendre pourquoi.

# INTRODUCTION

## UN MYSTÈRE

J'avais dix-huit ans quand j'ai avalé mon premier antidépresseur. La scène se déroulait sous un pâle soleil anglais, devant la pharmacie d'un centre commercial de Londres. Le cachet était petit et blanc, et quand je l'ai avalé, il m'a fait l'effet d'un baiser chimique.

Ce matin-là, j'étais allé chez mon médecin. Je lui avais expliqué que je ne me souvenais plus d'avoir passé une journée sans crise de larmes. Depuis ma plus tendre enfance, à l'école, au collège, à la maison, avec des amis, je devais souvent m'isoler et m'enfermer pour pleurer. Il ne s'agissait pas seulement de quelques larmes. C'étaient de vrais sanglots. Et même quand les larmes ne venaient pas, un monologue presque ininterrompu bourdonnait dans mon esprit. Ensuite, je me faisais des réprimandes : C'est dans ta tête tout ça. Reprends-toi, arrête d'être aussi faible.

J'avais honte d'en parler à l'époque ; j'ai honte de l'écrire aujourd'hui.

Dans tous les livres écrits par ceux qui ont traversé une dépression ou des phases d'anxiété sévère, on trouve de longs passages exhibitionnistes où les auteurs décrivent, en des termes toujours plus crus, le profond désarroi qu'ils ont éprouvé. On avait besoin de ce genre de témoignages à une époque où rares étaient ceux qui savaient ce qu'étaient la dépression ou l'anxiété sévère. Grâce aux personnes qui, depuis maintenant des décennies, se sont attaquées à ce tabou, je n'ai pas à raconter une fois de plus la même histoire. Ce n'est pas de cela que je vais parler dans ce livre. Mais croyez-moi sur parole : ça fait mal.

Un mois avant d'entrer dans le cabinet du médecin, je me trouvais sur une plage à Barcelone, en pleurs, ballotté par les vagues, quand, soudain, l'explication de mon état (ses causes et les solutions pour en sortir) m'apparut. J'étais au beau milieu d'un voyage à travers l'Europe avec une amie, l'été précédant mon entrée dans une université cotée, une première dans ma famille. Nous avions acheté des passes ferroviaires au tarif étudiant, qui nous permettaient pendant un mois de voyager gratuitement dans n'importe quel train d'Europe, et nous faisions étape dans des auberges de jeunesse. Je rêvais de plages dorées et de culture savante : le Louvre, un joint, des Italiens sexy. Mais juste avant mon départ, la première personne que j'avais réellement aimée m'avait rejeté et, plus encore que d'habitude, l'émotion émanait de moi comme une odeur gênante.

Le voyage ne se déroula pas comme je l'avais prévu : j'éclatai en sanglots sur une gondole à Venise, je braillai au sommet du Cervin, je fus pris de palpitations dans la maison de Kafka, à Prague.

Pour moi, ce n'était pas si inhabituel que ça. J'avais déjà traversé ce genre de phases, où la douleur semblait écrasante et où j'aurais voulu quitter le monde sur la pointe des pieds. Mais cette fois, à Barcelone, alors que je pleurais sans pouvoir m'arrêter, mon amie me dit : "Dis-moi, tu es au courant que la plupart des gens ne se mettent pas dans des états pareils ?"

À ce moment-là, je connus l'une des rares révélations de ma vie. Je me tournai vers elle et lui répondis : "Je suis dépressif ! Tout ça n'est pas seulement dans ma tête ! Je ne suis pas malheureux, je ne suis pas faible : je suis dépressif !"

Cela va sans doute vous paraître étrange, mais je ressentis à cet instant un sursaut de bonheur, comme quand on trouve une liasse de billets derrière son canapé alors qu'on ne s'y attend pas. Il y a donc un mot pour décrire cet état ! C'est une maladie, comme le diabète ou les troubles fonctionnels intestinaux ! Bien sûr, j'entendais ce laïus depuis des années, c'était un message qui revenait sans cesse, comme un écho, dans les discours ambiants, mais voilà qu'il avait trouvé sa place : ça avait fait tilt. Il parlait de moi ! Et, comble de joie, je me suis soudain rappelé qu'il y avait une solution à la dépression : les antidépresseurs. Voilà ce dont j'avais besoin ! Dès mon retour à la maison, je prendrais ces cachets et je serais normal : tout ce qui en moi n'était pas dépressif serait délivré. J'avais toujours eu des envies qui n'avaient rien à voir avec la dépression : rencontrer des gens, apprendre, comprendre le monde. Elles seront libres de s'exprimer, décrétai-je, et sans tarder.

Le lendemain, nous nous rendîmes au parc Güell, dans le centre de Barcelone. C'est un parc que l'architecte Antoni Gaudí a conçu délibérément pour créer une impression d'étrangeté : rien ne respecte les lois de la perspective, comme si on était entré dans une pièce aux miroirs déformants. À un endroit du parc, on traverse un tunnel dans lequel tout est incliné et ondoyant, comme s'il était battu par les vagues. Plus loin, des dragons en fer forgé, adossés à des bâtiments, semblent presque en mouvement. Rien ne ressemble au monde tel qu'il devrait être. Alors que je faisais le tour du parc d'un pas chancelant, je me disais : c'est à ça que ressemble ma tête, difforme, anormale. Et bientôt elle sera réparée.

Comme toutes les révélations, celle-ci m'est venue comme un éclair, mais en réalité, cela faisait longtemps qu'elle se préparait. Je savais ce qu'était la dépression. Je l'avais vue représentée dans des feuilletons télévisés et j'avais lu des livres à ce sujet. J'avais entendu ma propre mère parler de dépression et d'anxiété, et je l'avais vue avaler des comprimés pour se soigner. Je connaissais aussi le traitement dont on avait annoncé la découverte dans les médias du monde entier à peine quelques années auparavant. Mon adolescence avait coïncidé avec l'ère du Prozac et avec l'apparition de nouveaux médicaments qui promettaient, pour la première fois, de pouvoir soigner la dépression sans effets secondaires invalidants. Un des plus gros best-sellers de la décennie affirmait qu'en fait, ces médicaments nous "rendaient mieux que bien[1]" : plus solides et en meilleure santé que les gens normaux.

J'avais gobé cette histoire sans jamais vraiment prendre le temps d'y réfléchir. On entendait souvent ce genre de discours à la fin des années 1990 : ils circulaient partout. Ce jour-là, je me rendis enfin compte qu'ils s'appliquaient à moi.

Dès l'après-midi où je lui rendis visite, il m'apparut que mon médecin avait assimilé ce discours, lui aussi. Dans son petit cabinet, il m'expliqua patiemment pourquoi je me sentais ainsi. Il y a des gens qui, par nature, ont dans le cerveau un taux insuffisant d'une substance chimique appelée sérotonine, me dit-il. Voilà la cause de la dépression, de cette tristesse étrange, continuelle, incohérente, qui refuse de disparaître. Heureusement, à point nommé pour mon entrée dans l'âge adulte, une nouvelle génération de médicaments était apparue : les inhibiteurs sélectifs de la recapture de la sérotonine (ISRS), qui rétablissent un niveau normal de sérotonine dans le cerveau. La dépression est une maladie cérébrale, déclara-t-il. En voilà le remède. Puis il sortit un schéma du cerveau et m'expliqua son fonctionnement.

Il était en train de me dire que la dépression était bien dans ma tête, mais d'une façon très différente de celle que j'imaginais. Je ne l'avais pas inventée, elle était bien réelle. Il s'agissait d'un dysfonctionnement du cerveau.

Il n'eut pas besoin d'insister. Il prêchait un convaincu[2]. Dix minutes plus tard, j'étais dehors avec mon ordonnance de Seroxat (ou Deroxat, comme on l'appelle en France).

Ce n'est que des années plus tard, pendant la rédaction de ce livre, que quelqu'un m'a fait remarquer toutes les questions que mon médecin ne m'avait pas posées ce jour-là, comme : "Avez-vous une raison particulière de vous sentir si bouleversé ? Que s'est-il passé dans votre vie ? Y a-t-il un problème qui vous tourmente et que nous pourrions essayer de résoudre ?" Même s'il me l'avait demandé, je ne crois pas que j'aurais été capable de lui répondre. Je l'aurais sans doute regardé d'un air ahuri. Tout va bien dans ma vie, lui aurais-je répondu. Bien sûr, j'avais eu des problèmes, mais je n'avais aucune raison d'être malheureux, en tout cas pas à ce point.

Quoi qu'il en soit, il ne m'a pas posé la question et je ne me suis pas demandé pourquoi. Pendant les treize années qui ont suivi, les médecins m'ont prescrit ce médicament sans jamais me poser de questions. S'ils l'avaient fait, j'imagine que je leur aurais répondu, indigné : quel est l'intérêt de poser cette question à quelqu'un dont le cerveau défaillant est incapable de sécréter la substance chimique responsable du bonheur ? N'est-ce pas cruel ? On ne demande pas à un patient victime de démence pourquoi il ne se souvient pas où il a mis ses clés. Quelle question idiote ! N'êtes-vous pas censés avoir fait des études de médecine ?

Le médecin m'avait prévenu que je ne sentirais pas les effets des médicaments avant quinze jours, mais la nuit suivant ma première prise, je fus traversé par une vague de chaleur associée à une légère vibration qui, j'en étais sûr, était le signe que les synapses de mon cerveau, crissant et grinçant, se remettaient en place. Allongé dans mon lit, j'écoutais ce bruit pareil à celui d'une cassette usagée et je savais que je ne pleurerais plus avant longtemps.

Quelques semaines plus tard, je partis pour l'université. Revêtu de ma nouvelle armure chimique, je n'avais pas peur. Là-bas, je me fis le héraut des antidépresseurs. Chaque fois qu'un ami se sentait triste, je lui proposais un de mes comprimés et lui conseillais de s'en faire prescrire par son médecin. J'acquis peu à peu la certitude que j'étais non seulement guéri de la dépression, mais que j'étais même en meilleure santé qu'avant. J'appelais cet état "antidépression". Je me disais que j'étais plus solide et dynamique que jamais. Certes, je ressentais certains effets secondaires dus au médicament : je prenais beaucoup de poids et je transpirais parfois de manière inattendue. Mais c'était un bien faible prix à payer pour cesser de déverser ma tristesse sur mon entourage. Et puis j'étais libre de tout faire maintenant !

En l'espace de quelques mois, j'ai commencé à sentir la tristesse resurgir en moi par moments, de façon inopinée, inexplicable et totalement irrationnelle. Je retournai donc voir mon médecin et nous tombâmes d'accord : il me fallait une dose plus forte. De vingt milligrammes par jour, je passai à trente ; mes comprimés blancs devinrent bleus.

Les choses continuèrent ainsi de mes dix-sept ans à ma trentaine. Je vantais les mérites de ces médicaments, mais en peu de temps, la tristesse revenait, si bien qu'on me prescrivait une dose plus forte : les trente milligrammes devinrent quarante ; les quarante, cinquante, jusqu'à ce que je finisse par prendre deux comprimés bleus par jour, soit soixante milligrammes. Chaque fois, je prenais plus de poids ; chaque fois, je transpirais davantage ; chaque fois, je savais que c'était le prix à payer.

Je racontais à tous ceux qui voulaient bien l'entendre que la dépression était une maladie du cerveau et que les ISRS en étaient le remède. Quand je suis devenu journaliste, je l'ai expliqué patiemment au grand public dans des articles. Je donnais à ce regain de tristesse une explication médicale : à l'évidence, les substances chimiques dans mon cerveau subissaient une baisse incontrôlable et incompréhensible. Je déclarais que, Dieu merci, ces médicaments étaient extrêmement puissants et vraiment efficaces.

Regardez-moi : j'en suis la preuve vivante. De temps à autre, un doute s'élevait dans mon esprit, mais je le chassais immédiatement en avalant un ou deux comprimés de plus.

Je tenais l'histoire parfaite. En fait, je me rends compte aujourd'hui qu'elle comportait deux parties. La première concernait les causes de la dépression : celle-ci était due à un dysfonctionnement du cerveau causé par un déficit de sérotonine ou par quelque autre bug dans mon disque dur cérébral. La seconde portait sur ses remèdes, sur les médicaments capables de réparer les mécanismes chimiques du cerveau.

J'aimais bien cette histoire. Elle me semblait tout à fait sensée et m'aidait à avancer dans la vie.

À ma connaissance, il n'y avait qu'une seule autre explication à mon état. Ce n'était pas mon médecin qui m'en avait parlé, mais j'avais lu des livres et écouté des débats télévisés à ce sujet. Certains disaient que la dépression et l'angoisse étaient génétiques. Je savais que ma mère avait été dépressive et extrêmement angoissée avant ma naissance (et même après), et que dans ma famille ce genre de problèmes remontaient plus loin encore. Cette histoire s'accordait bien avec la précédente. Elles racontaient toutes les deux que la dépression était innée, qu'elle coulait dans mes veines.

J'ai commencé à travailler à ce livre il y a trois ans, parce que certains mystères me taraudaient : il y avait certains détails étranges que les histoires que je prêchais depuis si longtemps ne suffisaient pas à expliquer, et que je voulais comprendre.

Voici le premier mystère. Un jour, plusieurs années après avoir commencé à prendre ces médicaments, j'étais assis dans le bureau de mon psychothérapeute, en train de lui dire combien j'étais heureux que les antidépresseurs existent et améliorent mon état, quand il me répondit : "Voilà qui est étrange. Il me semble pourtant que vous êtes toujours dépressif." J'étais déconcerté. Que pouvait-il bien vouloir dire par là ? "Eh bien, vous souffrez de troubles affectifs une bonne partie du temps. Votre état ne me paraît pas si différent de celui dans lequel vous étiez avant de prendre ces médicaments, d'après ce que vous m'en dites[3]."

Patiemment, je lui expliquai qu'il ne comprenait pas, que la dépression était causée par un taux anormalement bas de sérotonine et que le mien était justement rétabli par les médicaments. Je me demandais où ce psychothérapeute avait bien pu être formé.

De temps en temps, au fil des années, il revenait gentiment à la charge et me faisait remarquer que ma théorie selon laquelle une plus forte dose de médicament allait régler mon problème ne semblait pas s'accorder avec les faits, puisque j'étais toujours démoralisé, dépressif et angoissé la plupart du temps. Je bottais en touche, plein de colère et de suffisance.

Il m'a fallu des années pour comprendre ce qu'il voulait dire. J'avais à peine plus de trente ans lorsque j'eus une nouvelle révélation, à l'opposé de celle que j'avais connue sur cette plage, à Barcelone, tant d'années auparavant : j'aurais beau continuer d'augmenter ma dose d'antidépresseurs, la tristesse l'emporterait toujours. Il y aurait une courte parenthèse de soulagement, certainement due aux substances chimiques, puis la tristesse reviendrait, comme une douleur lancinante. Une fois de plus, je recommencerais à être hanté par des idées obsédantes qui me susurreraient : la vie est absurde, tout ce que tu fais est vide de sens, tout cela est une fichue perte de temps. Un brouhaha angoissé reprendrait possession de mon esprit.

Le premier mystère que je voulais éclaircir était donc le suivant : comment expliquer que je sois toujours dépressif alors que j'étais sous antidépresseurs ? Je faisais tout ce qu'il fallait, et pourtant je ne guérissais pas. Pourquoi ?

Il est arrivé quelque chose d'étrange à ma famille au cours des dernières décennies.

Depuis ma plus tendre enfance, je me souviens d'avoir vu des boîtes de médicaments portant des étiquettes blanches indéchiffrables s'amonceler sur la table, à portée de main. J'ai raconté ailleurs l'addiction de ma famille aux médicaments et comment, dans l'un de mes premiers souvenirs, je me revois tenter de réveiller l'un de mes proches, en vain. À l'époque, l'usage des substances illégales était loin d'être prédominant. Il s'agissait de substances prescrites par les médecins, d'antidépresseurs et de tranquillisants à l'ancienne, comme le Valium, censés nous aider, par de petites modifications et ajustements chimiques, à tenir la journée.

Mais venons-en à ce phénomène étrange : à mesure que je grandissais, l'ensemble du monde occidental se mit à ressembler de plus en plus à ma famille. Quand j'allais chez des amis, étant petit, je remarquais que personne dans leur famille n'agrémentait le petit-déjeuner, le déjeuner ou le dîner de comprimés. Personne n'était sous sédatifs, euphorisants ou antidépresseurs. Je pris conscience que ma famille était anormale.

Puis, au fil des années, je remarquai que des comprimés prescrits, approuvés, recommandés faisaient leur entrée dans la vie de plus en plus de gens. Aujourd'hui, on en voit partout. Environ un Américain sur cinq a recours à au moins un médicament pour soigner un problème psychiatrique[4] ; aux États-Unis, près d'une femme d'âge moyen sur quatre prend des antidépresseurs à un moment de sa vie[5] ; environ un lycéen américain sur dix se voit prescrire un puissant stimulant pour mieux se concentrer[6] ; et les addictions aux substances légales et illégales sont désormais si répandues que, pour la première fois de l'histoire des États-Unis, l'espérance de vie des hommes blancs se met à décliner en temps de paix. Personne ne peut y échapper : quand les scientifiques analysent l'eau courante dans les pays occidentaux, ils y trouvent des traces d'antidépresseurs, car nous sommes si nombreux à en prendre et à en excréter qu'il est tout bonnement impossible d'en épurer l'eau qu'on boit tous les jours[7]. Nous sommes littéralement inondés par ces médicaments.

La France est l'un des endroits du monde où cette épidémie a les effets les plus désastreux. Selon une étude de l'Organisation mondiale de la santé (la principale institution sanitaire de la planète) publiée dans la revue *BMC Medicine*, la France a le taux de dépression le plus élevé au monde. Cette étude a pris en compte des nations diverses sur le plan économique et religieux. Au Japon, 6,6 % des gens connaissent une dépression au cours de leur vie ; en Allemagne, ce taux s'élève à 9,9 % ; aux États-Unis, il est de 19,9 %. En France, il atteint 21 %[8]. Une autre étude importante conduite par le US National Institute of Health, légèrement plus optimiste, classe la France au troisième rang mondial[9].

Si ces différences peuvent en partie s'expliquer par le fait que les tabous sont plus ou moins importants selon les pays (il est possible que les Français soient plus disposés que d'autres à parler de leur détresse), on ne peut pas faire comme si ces chiffres n'existaient pas. Selon les statistiques de Santé publique France, chaque année, 7,8 % des Français de 15 à 75 ans connaissent un sérieux épisode dépressif[10]. Près d'un Français sur quatre prend des psychotropes. Il s'agit pour la plupart d'antidépresseurs, mais également de benzodiazépines, dont la France détient le record mondial d'utilisation[11]. Enfin, les Français sont les deuxièmes consommateurs européens d'anxiolytiques, juste après le Portugal[12].

Le taux de suicides est également deux fois plus élevé en France qu'en Grande-Bretagne ou en Espagne (malgré la situation économique désastreuse de ce pays). Chaque jour, en France, 700 personnes tentent de mettre fin à leurs jours, soit 220 000 personnes par an – l'équivalent de la population du Mans ou de Reims[13]. Le suicide, par pendaison dans la moitié des cas, tue plus de personnes en France que les accidents de voiture[14]. Les jeunes Français sont également parmi les plus angoissés du monde. Une importante étude menée par l'Unicef a en effet montré que 43 % des adolescents français étaient angoissés, déprimés ou désillusionnés[15].

Ce qui semblait surprenant à une époque est devenu la norme. Sans qu'on en ait beaucoup parlé, nous avons accepté l'idée qu'un nombre considérable de personnes autour de nous soient si désespérées qu'elles ressentent le besoin de s'administrer quotidiennement une puissante substance chimique, rien que pour continuer à vivre.

Le deuxième mystère qui me hantait était donc celui-ci : pourquoi y avait-il tant de gens qui paraissaient se sentir dépressifs et anormalement anxieux ? Qu'est-ce qui avait changé ? Les Français partagent massivement ces interrogations. En France, les gens ont l'impression de ne pas comprendre la dépression. Alors que 85 % des Français se disent bien informés au sujet du tabac, de la contraception, de l'alcool ou du sida, seuls 50 % déclarent être suffisamment informés au sujet de la dépression[16]. Cette maladie semble donc un mystère pour nous tous.

À trente et un ans, pour la première fois de ma vie d'adulte, je me retrouvai libre de toute molécule chimique[17]. Pendant presque une décennie, j'avais ignoré mon psychothérapeute qui me rappelait gentiment que je restais dépressif malgré mon traitement. Ce n'est qu'après avoir traversé une période de crise, au cours de laquelle je m'étais senti terriblement mal sans pouvoir m'en sortir, que je décidai de l'écouter. Je devais me rendre à l'évidence : les solutions auxquelles je croyais depuis si longtemps étaient inefficaces. Alors, après avoir tiré la chasse d'eau sur mes deux dernières boîtes de Paxil, je retrouvai ces mystères qui m'attendaient bien sagement, tentant d'attirer mon attention, comme des enfants attendant sur un quai de gare qu'on vienne les chercher : pourquoi étais-je toujours dépressif ? Pourquoi tant d'autres l'étaient-ils aussi ?

Je réalisai alors qu'un troisième mystère englobait les deux premiers. Se pouvait-il que quelque chose d'autre que le fonctionnement chimique du cerveau ait provoqué ma dépression et mon anxiété, ainsi que celles de toutes ces personnes autour de moi ? Si oui, de quoi pouvait-il bien s'agir ?

Je repoussais toutefois le moment de m'y pencher sérieusement. Une fois qu'on a mis au point une histoire qui rend compte de sa douleur, il est très difficile de la remettre en question. C'était comme une laisse qui me permettait de garder mon désespoir sous contrôle. Je craignais qu'en remuant cette histoire qui m'avait accompagné si longtemps, la douleur ne se transforme en animal déchaîné et ne se jette sur moi.

Pendant des années, je suis resté prisonnier du même schéma : je commençais à faire des recherches sur ces mystères, à lire des articles scientifiques, à discuter avec les chercheurs qui les avaient écrits[18], puis je battais en retraite, car ce qu'ils me révélaient me déstabilisait et me rendait plus anxieux encore. Je me consacrais plutôt à des recherches pour un autre livre : *La Brimade des stups*[19]. Dire que je trouvais plus facile d'interviewer les tueurs à gages des cartels de drogues mexicains que de me pencher sur les causes de la dépression et de l'anxiété peut sembler ridicule. Pourtant, remuer cette histoire au sujet de mes émotions (de ma souffrance et de ses causes) me semblait bien plus périlleux.

Un beau jour, je finis pourtant par décider que je ne pouvais ignorer ces énigmes plus longtemps. Alors, pendant trois ans, j'ai parcouru plus de quarante mille kilomètres. J'ai mené plus de deux cents entretiens à travers le monde, avec certains des sociologues les plus influents, avec des gens qui ont traversé les affres de la dépression et de l'anxiété, avec d'autres qui en sont guéris. Je me suis retrouvé dans toutes sortes d'endroits improbables : un village amish en Indiana, une cité berlinoise en plein soulèvement, une ville brésilienne qui avait interdit la publicité, un laboratoire de Baltimore qui proposait aux patients de revivre leurs traumatismes d'une manière tout à fait originale. Ce que j'ai appris m'a contraint à modifier radicalement l'histoire que je m'étais racontée – sur moi-même, et sur ce désespoir qui s'étend comme un fléau sur notre civilisation.

Je voudrais signaler dès maintenant deux éléments qui déterminent le vocabulaire que je vais employer dans l'ensemble de l'ouvrage et qui m'ont moi-même surpris.

Mon médecin m'avait dit que je souffrais à la fois de dépression et d'anxiété aiguë. Je croyais qu'il s'agissait de problèmes distincts et c'est ainsi qu'on m'en a parlé tout au long de mes treize années de traitement. À mesure que j'avançais dans mes recherches, cependant, un phénomène étrange m'apparaissait : tout ce qui aggrave la dépression aggrave aussi l'anxiété, et réciproquement. Lorsque les symptômes de l'une s'intensifient ou s'atténuent, les symptômes de l'autre évoluent de la même façon.

Cela me paraissait étrange et je n'ai commencé à me l'expliquer qu'une fois au Canada, assis en face de Robert Kohlenberg, professeur de psychologie. Lui aussi avait d'abord cru que la dépression et l'anxiété étaient deux maladies différentes. Mais après les avoir étudiées pendant plus de vingt ans, il avait découvert, disait-il, que "les données indiquent qu'elles ne sont pas si éloignées". Dans les faits, "les diagnostics de la dépression et de l'anxiété ont particulièrement tendance à se recouper". Parfois, l'un des deux aspects domine : on peut avoir des crises de panique pendant un mois et pleurer beaucoup le mois suivant. Mais l'idée que les deux sont indépendantes comme le sont, par exemple, une jambe cassée et une pneumonie, ne résiste pas à l'épreuve des faits. Il a prouvé que la dépression et l'anxiété étaient "inextricables".

La thèse de Robert l'a emporté dans le débat scientifique. Depuis quelques années, le National Institute of Health, le principal organisme financeur des recherches médicales aux États-Unis, a arrêté de subventionner les études qui présentent la dépression et l'anxiété comme des diagnostics distincts[20] au profit, selon Robert, "de projets plus réalistes, qui correspondent à de véritables cas cliniques".

J'ai commencé à envisager la dépression et l'anxiété comme la reprise d'une même chanson par deux groupes différents. La dépression est la version mélancolique, chantée par un groupe *emo*, tandis que l'anxiété est celle, criarde, d'un groupe de heavy metal, mais la partition de départ est la même. Ces maladies ne sont pas identiques, mais elles sont jumelles[21].

Le second élément que je souhaiterais signaler découle de ce que m'ont appris mes recherches sur les neuf causes de la dépression et de l'anxiété. Auparavant, chaque fois que j'écrivais au sujet de ces troubles psychologiques, je prenais toujours soin de préciser que je ne parlais pas de la déprime. À mes yeux déprime et dépression étaient deux choses complètement différentes. Il n'y a rien de plus exaspérant quand on est dépressif que de s'entendre dire : "Allons, souris un peu" ou de se voir offrir sur un ton enjoué quelque maigre consolation, comme si on avait simplement passé une mauvaise semaine. C'est un peu comme dire à quelqu'un qui vient de se casser les deux jambes d'aller danser pour se changer les idées.

En examinant les faits, je me suis toutefois rendu compte d'une chose que je ne pouvais ignorer.

Les forces qui rendent certains d'entre nous dépressifs et gravement anxieux rendent en même temps de plus en plus de gens déprimés. Il semble donc qu'il y ait bien une continuité entre déprime et dépression. Elles restent très différentes, tout comme, dans un accident de voiture, perdre un doigt est différent de perdre un bras, ou tomber dans la rue, de tomber d'une falaise, mais elles sont liées. J'allais apprendre que la dépression et l'anxiété ne sont que la pointe la plus acérée de la lance qui a été plantée dans le corps de presque tous les membres de notre civilisation. C'est pourquoi même ceux qui n'en souffrent pas reconnaîtront une bonne part des symptômes que je m'apprête à décrire.

À mesure que vous lirez ce livre, je vous suggère d'aller consulter les études scientifiques dont je donne les références précises dans les notes en fin de volume, et de tenter de les approcher de manière aussi sceptique que je l'ai fait. Donnez un bon coup de pied dans vos préjugés. Voyez s'ils résistent. Les enjeux sont trop importants pour qu'on puisse se permettre de se tromper. Moi-même, j'ai fini par être convaincu d'une chose que mon esprit aurait violemment rejetée au départ.

Nous avons été systématiquement mal informés de ce que sont la dépression et l'anxiété.

Dans ma vie, j'ai cru à deux histoires sur la dépression. Pendant mes dix-huit premières années, je pensais qu'elle était "seulement dans ma tête", c'est-à-dire qu'elle n'était pas vraiment réelle, qu'elle était factice, fruit de mon imagination ou de ma complaisance, qu'elle était une gêne, une faiblesse. Puis, pendant les treize années suivantes, j'étais persuadé qu'elle était "seulement dans ma tête" en un sens très différent : je croyais qu'elle était due à un dysfonctionnement cérébral.

J'allais apprendre qu'aucune de ces deux histoires n'était vraie. La cause principale de ces cas de dépression et d'anxiété toujours plus nombreux n'est pas dans nos têtes. J'ai découvert qu'elle résidait pour une grande part dans le monde extérieur et dans notre mode de vie. Bien que personne ne les ait encore rassemblées comme je le fais, j'ai appris qu'il existe au moins neuf causes avérées de dépression et d'anxiété, et que nombre d'entre elles sont de plus en plus fréquentes, ce qui tend à aggraver radicalement notre état.

Pour moi, le chemin n'a pas été facile à parcourir. Comme vous pourrez le constater, je me suis accroché à cette bonne vieille histoire selon laquelle la dépression était liée à une anomalie dans le cerveau. Je l'ai défendue corps et âme. Pendant longtemps, j'ai refusé de voir les preuves qu'on me présentait. Mes idées n'ont pas évolué sans accrocs, insensiblement. J'ai traversé une véritable bataille intérieure[22].

Mais si nous répétons les erreurs que nous avons commises pendant si longtemps, nous resterons pris au piège de ces maladies et elles continueront à se propager. Je sais qu'un livre sur les causes de la dépression et de l'anxiété peut vous paraître, au départ, bien peu engageant, car ces causes touchent aux fondements de notre culture. J'ai moi-même été souvent découragé. Mais à mesure que je me forçais à continuer mes recherches, je me suis rendu compte qu'au bout du chemin se trouvaient les vraies solutions.

Quand j'ai finalement compris ce qui m'arrivait, à moi et à tant d'autres personnes, j'ai réalisé que de véritables antidépresseurs attendaient encore d'être découverts. Ils n'ont rien à voir avec les antidépresseurs chimiques qui ont si mal fonctionné pour la majorité d'entre nous. Ils ne s'achètent pas, ne s'avalent pas, mais constituent peut-être les premiers pas vers une véritable guérison.

# I

# QUAND LA BONNE VIEILLE HISTOIRE A CESSÉ DE FONCTIONNER

# 1

## LA BAGUETTE MAGIQUE

Le Dr John Haygarth était perplexe : dans toute la ville anglaise de Bath et en divers endroits du monde occidental, quelque chose d'extraordinaire était en train de se passer. Des patients paralysés par la douleur depuis des années se hissaient hors de leur lit et marchaient à nouveau. Peu importait qu'ils soient perclus de rhumatismes ou abîmés par une vie de dur labeur : le mot "espoir" était sur toutes les lèvres. Ces malades pouvaient se relever. Personne n'avait jamais rien vu de tel.

John savait qu'une société fondée par un Américain venu du Connecticut, nommé Elisha Perkins, avait annoncé quelques années auparavant avoir découvert le remède à tous les maux. Il n'y avait qu'un seul moyen de se le procurer : s'offrir les soins d'une épaisse baguette de métal, répondant au nom de "tracteur", dont le modèle avait été déposé. Cette baguette avait des propriétés spécifiques que la société en question s'excusait de ne pouvoir révéler, au risque de voir ses concurrents la copier et s'approprier tous ses bénéfices. Si toutefois vous en aviez besoin, une personne spécifiquement formée au maniement du tracteur pouvait vous rendre visite chez vous ou sur votre lit d'hôpital. Elle vous expliquerait d'un ton doctoral que, comme un paratonnerre attire la foudre, le tracteur attirerait la maladie hors de votre corps avant de la dissoudre dans les airs. Enfin elle déplacerait le tracteur à la surface de votre corps, sans jamais le toucher.

Vous allez ressentir une sensation de chaleur, peut-être même de brûlure, dirait-elle. Vos maux sont en train d'être extirpés. Le sentez-vous ?

Une fois cette procédure achevée, miracle ! Alors qu'ils se tordaient de douleur un instant auparavant, nombreux furent les patients qui purent se relever. Soudain, leur martyre prit fin. Beaucoup de malades apparemment incurables furent délivrés de leur souffrance, du moins pour un temps.

Le Dr John Haygarth n'arrivait pas à y croire. Tous les enseignements qu'il avait tirés de son expérience de médecin le portaient à croire qu'il était absurde de faire de la douleur une énergie désincarnée, que l'on pourrait tout simplement dissoudre dans les airs. Et pourtant, les patients défilaient devant lui, vantant les mérites de cet instrument. Seul un fou semblait pouvoir mettre en doute les pouvoirs du tracteur.

John décida donc de faire une expérience. À l'hôpital de Bath, il prit une simple baguette en bois et la recouvrit de métal usagé. Il avait ainsi créé un faux tracteur qui ne présentait aucune des propriétés secrètes de son équivalent officiel. Ensuite, il rendit visite à cinq patients de son hôpital paralysés par des douleurs chroniques, notamment des rhumatismes, et leur expliqua qu'il avait acquis l'une de ces baguettes de Perkins, désormais célèbres, qui pourrait peut-être les soulager. Le 7 janvier 1799, sous les yeux de cinq autres médecins éminents, il déplaça donc le tracteur à la surface de leur corps. Parmi les cinq patients, "quatre se crurent immédiatement soulagés, dont trois notablement, par les faux tracteurs", comme il l'écrivit peu après. Ainsi, un homme que son genou avait fait terriblement souffrir s'était soudain mis à marcher avec jubilation devant les médecins.

John écrivit à l'un de ses amis, un médecin fameux de Bristol, pour lui demander de répéter l'expérience. Peu après, son ami lui répondit qu'à sa grande surprise, son faux tracteur (également une simple baguette de bois recouverte de métal) avait produit les mêmes effets étonnants. Il cita pour exemple un patient de quarante-trois ans, nommé Robert Thomas, que ses rhumatismes faisaient tant souffrir qu'il n'avait pu, pendant des années, détacher sa main de son genou : elle était clouée sur place. Après qu'on eut agité la baguette au-dessus de lui pendant quatre minutes, il avait soulevé sa main de plusieurs centimètres. Les jours suivants, on avait continué de le traiter et, en peu de temps, il fut capable de toucher le manteau de la cheminée. En huit jours de traitement, il put atteindre un panneau de bois situé trente centimètres plus haut.

Patient après patient, on observait les mêmes effets incroyables. Les médecins en arrivaient à se demander si ces baguettes de bois n'étaient pas en effet dotées de propriétés jusqu'alors ignorées. Ils firent varier l'expérience en enveloppant un vieil os dans du métal. Le résultat fut le même. Ce fut ensuite au tour d'une vieille pipe à tabac : on observa "le même succès", comme le nota sèchement Haygarth. "Je n'ai jamais été témoin d'une farce si étrange ; nous n'osions presque plus nous regarder en face", lui écrivit un confrère après avoir tenté la même expérience. Pendant ce temps, les patients, eux, disaient à leurs médecins, des larmes dans la voix : "Dieu vous bénisse."

Étrangement, on finit cependant par remarquer que, chez certains patients, les effets ne duraient pas. Après le miracle initial, ils redevenaient infirmes.

Comment expliquer ce phénomène[1] ?

Quand j'ai commencé à faire des recherches pour ce livre, je me suis penché sur le débat scientifique au sujet des antidépresseurs, qui anime les journaux médicaux depuis maintenant plus de vingt ans. J'ai découvert avec surprise que, même parmi les scientifiques les plus favorables à leur usage, aucun ne semblait véritablement en mesure d'expliquer les effets de ces médicaments. Une immense controverse continue d'opposer les scientifiques, qui ne parviennent pas à trouver de consensus. Il m'est apparu néanmoins qu'un nom revenait plus souvent que les autres dans ces débats. En lisant les articles et le principal ouvrage de ce scientifique, *Antidépresseurs. Le grand mensonge*[2], j'ai eu deux réactions contraires.

D'abord, je m'en suis moqué : ce qu'il affirmait était absurde à mes yeux et contredisait mon expérience sur bien des points. Ensuite, cela m'a mis en colère. Il semblait donner un grand coup de pied dans l'édifice sur lequel j'avais bâti l'histoire de ma propre dépression. Il s'agissait du professeur Irving Kirsch, et au moment où je suis allé le rencontrer dans le Massachusetts, il était codirecteur de l'un des principaux programmes de recherche de la faculté de médecine de Harvard.

Dans les années 1990, Irving Kirsch, assis dans son bureau entouré de livres, prescrivait des antidépresseurs[3]. C'était un homme grand, aux cheveux gris et à la voix douce ; j'imagine très bien le soulagement que ses patients devaient ressentir. Il avait certes remarqué que les médicaments n'étaient pas toujours efficaces, mais il ne mettait pas en doute la cause de leur efficacité : la dépression était provoquée par un faible taux de sérotonine et ces médicaments permettaient de l'augmenter. Dans ses livres, il décrivait donc les antidépresseurs comme un traitement bénéfique et efficace, à compléter par une psychothérapie pour traiter les problèmes psychologiques sous-jacents. Irving avait confiance en l'immense corpus des recherches scientifiques qui avaient été publiées et il avait pu voir de ses propres yeux les effets positifs des antidépresseurs chez ses patients, lorsqu'ils passaient à nouveau le seuil de son cabinet, rassérénés.

Cependant, Irving était aussi l'un des plus éminents spécialistes au monde d'un domaine scientifique qui avait vu le jour à Bath, au moment où John Haygarth avait utilisé pour la première fois sa fausse baguette magique. Ce dont ce médecin anglais s'était alors aperçu, c'est qu'en donnant un traitement médical à un patient, on lui donnait en réalité deux choses : un médicament, censé avoir un effet chimique sur son corps, et une histoire, concernant la manière dont ce médicament agirait sur lui.

Si étrange que cela puisse paraître, Haygarth comprit alors que l'histoire qu'on raconte est souvent aussi importante que le médicament qu'on prescrit. Comment le savons-nous ? Parce qu'en offrant au patient une simple histoire, en lui racontant par exemple qu'il sera guéri de son mal grâce à un os enveloppé dans du métal, on peut obtenir des effets durables quoique non définitifs.

Ce phénomène fut bientôt connu sous le nom d'effet placebo. Depuis deux siècles, les preuves scientifiques en faveur de son existence se sont accumulées. Des scientifiques comme Irving Kirsch ont démontré les effets remarquables des placebos. Ils peuvent non seulement changer la manière dont on se sent, mais aussi avoir des effets physiologiques sur notre corps. Un placebo peut par exemple calmer une rage de dents, soigner un ulcère à l'estomac[4] ou soulager, au moins légèrement, la plupart des problèmes médicaux. Pour peu qu'on croie en son efficacité, il sera réellement efficace pour nombre d'entre nous.

Pendant des années, les scientifiques se sont heurtés à ce phénomène qui les déconcertait. Durant la Seconde Guerre mondiale, par exemple, tandis que les troupes alliées repoussaient les nazis, les soldats très grièvement blessés étaient si nombreux que les équipes médicales manquaient souvent d'antidouleurs à base d'opium. Un anesthésiste américain du nom de Henry Beecher[5], envoyé au front, craignait de faire mourir ses soldats d'une attaque cardiaque en les opérant sans anesthésiant. Ne sachant pas quoi faire d'autre, il tenta une expérience : il dit aux soldats qu'il leur injectait de la morphine, alors qu'il ne leur administrait rien d'autre qu'une perfusion d'eau salée, sans aucun antidouleur. Les patients réagirent comme s'ils avaient vraiment été sous morphine. Ils ne crièrent, ne hurlèrent, ni ne tombèrent en état de choc. Son stratagème avait fonctionné.

Au milieu des années 1990, Irving comprenait ce phénomène mieux que quiconque parmi ses contemporains et il était sur le point de devenir l'une des figures de proue du programme de recherche qui y était consacré à Harvard. Cependant, il restait intimement persuadé que les nouveaux antidépresseurs fonctionnaient mieux qu'un placebo, qu'ils avaient un véritable effet chimique, et ce pour une raison simple : pour mettre en vente un médicament, il faut suivre une procédure très rigoureuse. Le médicament doit être testé sur deux groupes : l'un reçoit le véritable médicament et l'autre une pilule de sucre (ou une autre forme de placebo). Ensuite, les scientifiques comparent ces deux groupes. La mise en vente du médicament n'est autorisée que s'il a un effet significatif par rapport au placebo.

Aussi, lorsqu'un de ses anciens étudiants désormais diplômé, un jeune Israélien nommé Guy Sapirstein, le contacta pour lui faire une proposition, il fut intrigué, sans pour autant être fou d'enthousiasme. Guy lui dit qu'il souhaitait entamer des recherches pour clarifier une chose : chaque fois qu'on prend un médicament, expliqua-t-il, il y a toujours une part d'effet placebo, en plus des effets proprement chimiques. Mais quelle part ? Dans le cas des médicaments fortement dosés, on estime qu'elle est minime. Guy pensait que les nouveaux antidépresseurs offraient un cas intéressant pour tenter d'éclaircir le mystère suivant : quelle part de l'effet des médicaments s'explique par notre croyance en ces médicaments ? Irving et Guy étaient convaincus qu'en examinant la question, ils prouveraient que la plus grande part des effets était due à l'actif chimique, mais ils pensaient qu'il serait intellectuellement stimulant d'étudier également l'effet placebo, bien qu'il fût d'une importance mineure.

Ils commencèrent donc par mettre en place un protocole assez simple. Il existe un moyen facile de distinguer, parmi les effets d'un médicament, la part due à l'action chimique de celle qui s'explique par la croyance en cette action. Les chercheurs doivent pour cela suivre un protocole expérimental bien particulier. Les participants sont répartis en trois groupes : les individus du premier groupe croient recevoir un antidépresseur chimique alors qu'il s'agit d'un simple placebo, d'un cachet pas plus efficace que la baguette de Haygarth ; ceux du deuxième groupe se voient administrer, comme annoncé, un antidépresseur chimique ; les membres du troisième groupe, quant à eux, ne reçoivent rien, ni médicament ni placebo, et sont simplement suivis le temps de l'expérience.

Selon Irving, le troisième groupe est d'une importance capitale[6], bien que l'écrasante majorité des études le néglige : "Imaginez que vous testiez un nouveau médicament contre le rhume", commença-t-il. Vous donnez aux participants un placebo ou le produit actif. Avec le temps, tous se portent mieux. Le taux de réussite semble fantastique. Mais il vous vient alors à l'esprit que la plupart des gens enrhumés guérissent en quelques jours, même en l'absence de traitement. Si on ne prend pas cette donnée en compte, on ne peut que tirer une impression trompeuse de l'efficacité d'un médicament contre le rhume : le médicament semblera soigner les malades alors qu'en réalité, ils se remettent naturellement. Le troisième groupe permet ainsi d'évaluer le pourcentage de malades qui guérissent sans aide médicale.

Irving et Guy comparèrent donc les résultats de ces trois groupes dans toutes les études publiées sur les antidépresseurs. Pour évaluer les effets chimiques du médicament, il faut procéder en deux étapes : soustraire d'abord tous les patients qui se seraient remis même sans traitement, puis tous ceux qui se sont remis grâce au placebo. La proportion restante de patients représente l'effet réel du traitement.

Quand ils recoupèrent les résultats de l'ensemble de ces études, ce qu'ils découvrirent les surprit.

Les statistiques montraient que 25 % des effets des antidépresseurs étaient dus à une rémission naturelle, 50 % à l'histoire qui les entourait et seulement 25 % aux actifs chimiques[7]. "Je n'en croyais pas mes yeux", m'avoua Irving dans le salon de sa maison de Cambridge, dans le Massachusetts. Guy et lui croyaient avoir fait une erreur de calcul. "Il y avait forcément un problème avec ces données", confirma Guy. Alors ils les passèrent au peigne fin, encore et encore, pendant des mois. "Je n'en pouvais plus de passer mes journées à parcourir des feuilles de calcul et des statistiques, en tentant de les analyser de toutes les manières possibles", ajouta-t-il. Ils auraient juré qu'il y avait un problème quelque part, mais comme ils n'en trouvaient pas, ils publièrent leurs résultats, curieux de voir comment les autres scientifiques les expliqueraient.

Un jour, Irving reçut un mail laissant entendre qu'il n'avait fait qu'effleurer un scandale bien plus important. Je crois que c'est à ce moment-là qu'il est devenu le Sherlock Holmes des antidépresseurs.

Dans ce mail, un scientifique du nom de Thomas J. Moore disait avoir été frappé par sa découverte ; il pensait qu'il était possible de prolonger son enquête pour comprendre les tenants et les aboutissants de ce phénomène.

Le mail expliquait que presque toutes les études scientifiques qu'Irving avait prises en compte étaient truquées. La très grande majorité des recherches portant sur l'efficacité des médicaments est financée par de grandes compagnies pharmaceutiques, qui ne s'y intéressent que pour une raison simple : faire la publicité de ces médicaments et en tirer le maximum de profit. C'est pourquoi ces entreprises mènent ces études scientifiques en secret, et n'en publient les résultats que s'ils leur sont favorables ou donnent une image négative de leurs concurrents. Leurs motivations sont exactement les mêmes que celles qui pourraient pousser KFC, par exemple, à cacher le fait que le poulet frit est mauvais pour la santé.

C'est ce qu'on appelle un "biais de publication[8]". 40 % de l'ensemble des études menées par les entreprises pharmaceutiques ne sont jamais rendues publiques et plus nombreuses encore sont celles qui ne sont publiées qu'en partie, amputées des éventuels résultats négatifs.

Thomas J. Moore expliquait donc à Irving que, dans son étude, il s'était fondé sur la part des résultats que les entreprises pharmaceutiques avaient bien voulu rendre publique. Or il prétendait qu'il était possible de passer outre. Il confia à Irving qu'il existait un moyen d'accéder à toutes les données dissimulées par les compagnies pharmaceutiques. Voilà comment : pour mettre un médicament en vente sur le marché américain, il faut déposer un dossier auprès de la Food and Drug Administration (FDA), l'organisme officiel qui régule la vente de médicaments. Dans le dossier doit figurer l'intégralité des expériences réalisées, qu'elles soient ou non profitables à l'entreprise. C'est un peu comme quand vous faites des selfies : vous vous prenez vingt fois en photo afin de pouvoir vous débarrasser des dix-neuf clichés sur lesquels vous avez un double menton ou les yeux fermés. Vous ne posterez sur Facebook ou Instagram que celui sur lequel vous êtes le plus séduisant (ou, dans mon cas, le moins laid). À l'inverse, les compagnies pharmaceutiques sont légalement tenues d'envoyer à la FDA l'équivalent de l'ensemble de leurs selfies, même ceux sur lesquels elles ont l'air bien empâtées.

Dans son mail, Thomas affirmait qu'il était possible d'avoir accès à toutes ces données en invoquant le *Freedom of Information Act*. On pourrait alors comprendre ce qui se passait vraiment.

Intrigué, Irving s'associa à lui pour demander l'accès aux informations déposées par les entreprises pharmaceutiques sur les six antidépresseurs les plus consommés à cette époque aux États-Unis : le Prozac, le Paxil (celui que je prenais), le Zoloft, l'Effexor, le Dutonin et le Celexa[9]. Quelques mois plus tard, les données leur furent communiquées et Irving se mit à les étudier à la loupe, avec la méticulosité d'un Sherlock Holmes des sciences dures.

Il remarqua immédiatement que les entreprises avaient bel et bien sélectionné les résultats publiés pendant des années, et ce dans une ampleur bien plus grande qu'il ne l'avait imaginé. Pour tester le Prozac, par exemple, le médicament avait été administré à 245 patients, mais les résultats publiés par l'entreprise ne portaient que sur 27 d'entre eux, sur lesquels le médicament semblait faire effet[10].

Irving et Guy eurent alors l'idée de vérifier mathématiquement, en utilisant les vrais chiffres, dans quelle mesure les patients placés sous antidépresseurs se sentaient mieux que ceux qui avaient reçu le placebo. Pour mesurer la gravité d'une dépression, les scientifiques se servent de ce qu'on appelle l'échelle de Hamilton, inventée en 1959 par Max Hamilton. Cette échelle s'étend de 0 (où l'on sautille joyeusement) à 51 (où l'on se jette sous un train). Pour vous donner une idée, votre score de Hamilton peut par exemple baisser de six points si vous améliorez votre rythme de sommeil.

À partir des véritables données, telles qu'elles étaient avant d'être épurées par les services de communication, Irving découvrit que les antidépresseurs induisaient bien une amélioration du score de Hamilton : ils permettaient aux personnes dépressives de se sentir mieux, mais il estima cette amélioration à 1,8 point.

Il n'en croyait pas ses yeux. Cela représentait à peine un tiers de l'effet d'une amélioration du sommeil. C'était ahurissant. Ce résultat semblait indiquer que les médicaments n'avaient qu'un effet dérisoire sur le patient moyen. Tout comme les patients de John Haygarth à Bath, l'histoire qu'on leur racontait améliorait leur état pour un temps, avant que leur santé ne recommence à décliner, à mesure que leur problème réel reprenait le dessus.

Or les données montraient autre chose. Les effets secondaires du traitement, eux, étaient bien réels. Nombre de patients prenaient du poids, développaient des troubles sexuels ou transpiraient anormalement. Les antidépresseurs sont de véritables médicaments, avec de véritables effets. Mais qu'en est-il des effets qu'ils sont censés avoir sur la dépression et l'anxiété ? Pour la plupart des gens, les antidépresseurs ont peu de chance de résoudre leur problème.

Irving ne voulait pas y croire. Ces résultats contredisaient les conclusions de ses propres travaux. Il me dit cependant : "S'il y a une chose dont je me targue, c'est bien de consulter les données et de m'autoriser à changer d'avis si elles ne correspondent pas à mes attentes." Il avait conseillé ces médicaments à ses patients alors qu'il n'avait accès qu'à une poignée d'études triées sur le volet par les entreprises pharmaceutiques. Maintenant qu'il avait accès à la vérité scientifique entière et nue, il allait devoir changer sa pratique du tout au tout.

Lorsqu'Irving publia ces chiffres dans une revue scientifique, il s'attendait à une riposte de la part des chercheurs qui avaient produit ces données. En réalité, rien n'advint les mois suivants, si ce n'est que nombre d'entre eux manifestèrent un sentiment de soulagement honteux. Comme l'écrivit un groupe de chercheurs, l'effet en réalité minime de ces médicaments sur la dépression était depuis longtemps un "vilain petit secret[11]", bien gardé par les spécialistes du secteur. Avant de publier son article, Irving pensait qu'il allait révéler un scoop, un scandale inédit. En réalité, il avait seulement découvert ce que de nombreuses personnes dans ce domaine savaient et gardaient pour elles depuis tout ce temps.

Un jour, alors que ces révélations avaient été largement relayées dans la presse, Guy (le jeune diplômé, dans le rôle du Dr Watson) fut apostrophé lors d'une fête de famille par l'une de ses proches qui était sous antidépresseurs depuis des années. Celle-ci éclata en sanglots et l'accusa de remettre en cause tout ce qu'elle avait ressenti pendant son traitement, jusqu'au fondement de ses émotions. "Pas du tout, lui répondit-il. L'importance de l'effet placebo prouve simplement que ton cerveau est décidément la partie la plus incroyable de ton corps et qu'il travaille efficacement à ta guérison. Ce n'est pas que l'amélioration que tu ressens n'existe pas, précisa-t-il, c'est simplement qu'elle s'explique par d'autres causes que celles dont on t'a parlé." Elle ne fut pas convaincue et refusa de lui adresser la parole pendant des années.

Quelque temps plus tard, on remit à Irving une autre étude supposément confidentielle qui m'a tout particulièrement frappé quand j'y ai eu accès, car elle concernait directement une situation dans laquelle je m'étais moi-même trouvé. Peu de temps avant que je commence à prendre du Seroxat (ou Deroxat), le laboratoire à l'origine de ce médicament,

GlaxoSmithKline, avait secrètement mené trois essais cliniques afin de déterminer s'il devait ou non être prescrit à des adolescents comme moi. L'un montrait que le placebo était plus efficace que le médicament lui-même, le deuxième concluait à l'absence de différence entre le médicament et le placebo, et le troisième n'était pas concluant. Aucun des trois essais ne prouvait l'efficacité du médicament. Pourtant, quand la société rendit publique une partie des résultats, elle annonça : "La paroxétine [un autre nom pour désigner ce médicament] est efficace pour lutter contre les cas de dépression sévère chez les adolescents."

Plus tard, grâce à une fuite, nous avons eu connaissance des débats internes qui avaient agité l'entreprise à cette époque. L'un des employés avait mis les autres en garde : "Il serait inacceptable sur le plan commercial de déclarer publiquement que l'efficacité n'a pas été démontrée. Cela nuirait grandement à l'image de la paroxétine." En d'autres termes : nous ne pouvons pas dire que le médicament ne marche pas car nous gagnerions moins d'argent. De fait, ils n'ont rien dit.

Finalement, grâce aux poursuites engagées par le procureur général Eliot Spitzer, l'entreprise fut contrainte par décision de justice[12] à verser 2,5 millions de dollars aux patients de l'État de New York, pour les dédommager des torts causés par ce mensonge. Mais au moment du procès, pour moi, le mal était fait : on m'avait prescrit ce médicament alors que j'étais adolescent et j'avais continué à le prendre pendant plus de dix ans. Plus tard, l'une des plus importantes revues médicales du monde, *The Lancet*, mena une étude détaillée sur les quatorze principaux antidépresseurs prescrits aux adolescents. Le résultat, fondé sur des données fiables et non biaisées, indiquait tout simplement qu'ils n'étaient pas efficaces, à l'exception d'un seul, doté d'un effet très faible. La revue en concluait qu'il fallait cesser de prescrire ces médicaments aux adolescents[13].

La lecture de tous ces articles marqua un tournant pour moi. Voilà donc ce qu'étaient le médicament que j'avais commencé à prendre à l'adolescence et l'entreprise qui le produisait : de son propre aveu, il ne fonctionnait pas pour les gens comme moi, mais elle continuerait coûte que coûte à en faire la promotion[14].

En lisant ces mots, je compris que je ne pouvais pas continuer à exclure si facilement la thèse d'Irving Kirsch. À l'époque, il n'en était pourtant qu'à sa première révélation. Le plus choquant restait à venir.

## 2

## DÉSÉQUILIBRE

L'année où j'ai pris mon premier antidépresseur, Tipper Gore, la femme du vice-président Al Gore, a évoqué dans le journal *USA Today* la raison de sa récente dépression[1]. "J'étais sans aucun doute dans un état de dépression clinique et j'allais avoir besoin d'aide pour en sortir, a-t-elle déclaré. J'ai appris que le cerveau avait besoin d'une certaine quantité de sérotonine et que, s'il vient à en manquer, c'est comme s'il était à court d'essence." Voilà ce qu'on avait raconté à des dizaines de milliers de personnes, moi compris.

Quand Irving Kirsch découvrit que ces médicaments censés stimuler la sécrétion de sérotonine n'avaient pas l'effet escompté, il commença à se poser une question plus radicale encore, dont il fut le premier surpris : qu'est-ce qui prouvait qu'un déséquilibre du niveau de sérotonine[2], ou de n'importe quelle autre substance chimique dans le cerveau, était la principale cause de la dépression ? D'où venait cette idée ?

Comme l'apprit Irving, l'histoire de la sérotonine était née[3] pour ainsi dire par accident, au sein du service consacré au traitement de la tuberculose d'un hôpital de New York, un jour moite de l'été 1952 où l'on ne put empêcher les patients de se mettre à danser dans les couloirs. On avait découvert un nouveau médicament, nommé Marsilid, dont les médecins pensaient qu'il pourrait soulager les patients tuberculeux. En réalité, les médecins ne tardèrent pas à se rendre compte qu'il n'était pas très efficace pour traiter la tuberculose, mais qu'il avait un effet tout autre, impossible à ignorer : il plaçait les patients dans un état de joyeuse euphorie, au point que certains se mettaient à danser sans pouvoir s'arrêter.

Il fallut peu de temps pour que quelqu'un décide, en toute logique, d'essayer d'administrer ce médicament à des patients dépressifs. À court terme, il eut sur eux le même effet. Peu après, d'autres médicaments apparurent, l'Ipronid et l'Imipramine, qui semblaient avoir des effets similaires (également restreints à un court laps de temps[4]). On commença donc à se demander ce que ces différents médicaments pouvaient bien avoir en commun et s'il était possible qu'ils nous offrent une clé pour délivrer les patients de la dépression.

Personne ne savait où chercher, si bien que la question tourmenta les chercheurs et resta sans réponse pendant des décennies, jusqu'à ce qu'en 1965, Alec Coppen, un médecin britannique, avance une théorie : et si tous ces médicaments augmentaient le niveau de sérotonine dans le cerveau ? se demanda-t-il. Si tel était le cas, on pourrait en conclure que la dépression s'expliquait par un faible niveau de sérotonine. "Il est difficile d'imaginer les risques que prenaient ces scientifiques", écrit le Dr Gary Greenberg qui a raconté dans son livre l'histoire de cette période[5]. "Ils n'avaient absolument aucune idée de l'effet de la sérotonine sur le cerveau." Pour rendre justice aux premiers scientifiques qui avancèrent cette idée, Greenberg précise qu'elle n'était pour eux qu'une hypothèse provisoire. L'un d'eux allait même jusqu'à la présenter comme "une schématisation réductrice, dans le meilleur des cas[6]" dont la validité ne pouvait être vérifiée "au vu des données disponibles".

Quelques années plus tard, cependant, dans les années 1970, on put enfin tester ces hypothèses, car on découvrit un mélange chimique ayant pour effet de diminuer le taux de sérotonine chez les patients. Si la dépression était bien imputable à un faible niveau de sérotonine, les personnes ayant absorbé ce mélange devraient tomber en dépression. Les scientifiques tentèrent donc l'expérience. Ils administrèrent aux volontaires une substance visant à diminuer leur niveau de sérotonine et attendirent de voir ce qui arriverait. Bilan : à l'exception des patients qui avaient suivi auparavant un traitement ayant modifié l'équilibre chimique de leur cerveau, aucun ne tomba en dépression[7]. La majorité des patients ne connut en réalité aucun changement d'humeur.

J'ai rendu visite, dans sa clinique de Bangor, dans le Nord du pays de Galles, à l'un des premiers scientifiques à avoir étudié ces nouveaux antidépresseurs en Grande-Bretagne, le professeur David Healy. Il est l'auteur de l'histoire des antidépresseurs la plus fouillée dont nous disposons. Voici ce qu'il m'a dit de cette théorie sur la sérotonine : "Cette théorie n'a jamais été fondée. C'était simplement un argument de vente. Au moment où ce médicament a vu le jour, au début des années 1990, aucun expert digne de ce nom ne serait monté sur une estrade pour dire : « Vous voyez, il y a une diminution du niveau de sérotonine dans le cerveau des gens dépressifs » […] On n'en avait aucune preuve[8]." Cette hypothèse n'a jamais été discréditée, a-t-il déclaré, puisqu'"en un sens, on ne lui a jamais accordé aucun crédit. Elle n'est jamais parvenue à convaincre ne serait-ce que 50 % des professionnels du secteur". L'étude la plus importante sur les effets de la sérotonine chez l'homme n'a identifié aucun lien avec la dépression[9]. Andrew Skull, professeur à Princeton, a déclaré qu'attribuer la dépression à un faible niveau de sérotonine était "largement erroné et trompeur du point de vue scientifique[10]".

Cette idée a eu pour seul intérêt de fournir une excellente métaphore aux compagnies pharmaceutiques qui souhaitaient vendre des antidépresseurs à des gens comme Tipper Gore ou moi. Elle est facile à comprendre et donne l'illusion que les antidépresseurs vont vous remettre dans votre état normal et restaurer chez vous l'équilibre dont jouissent les personnes normales.

Irving apprit qu'une fois cette hypothèse abandonnée (bien qu'elle ait continué à être utilisée allègrement par les services de communication des entreprises pharmaceutiques), un changement d'orientation avait eu lieu dans les recherches scientifiques. Puisque le faible niveau de sérotonine n'était pas responsable de la dépression et de l'anxiété, ces maladies devaient s'expliquer par le manque d'une autre substance chimique[11], se dirent les chercheurs. On tenait encore pour acquis que ces problèmes étaient dus à un déséquilibre chimique dans le cerveau, et que les antidépresseurs avaient pour effet de corriger ce déséquilibre. Puisqu'il s'avérait qu'on ne pouvait imputer ces troubles psychologiques à la substance chimique envisagée, on devait en chercher une autre[12].

Ce raisonnement poussa cependant Irving à se poser une autre question, tout aussi épineuse. Si la dépression et l'anxiété étaient provoquées par un déséquilibre chimique que les antidépresseurs avaient pour fonction de corriger, alors il fallait trouver une explication à un phénomène étrange qu'il avait observé bien des fois : les antidépresseurs qui augmentent le niveau de sérotonine dans le cerveau ont, selon les essais médicaux, le même effet (relativement limité) que les médicaments qui le réduisent et que ceux qui augmentent le niveau d'autres substances chimiques, telles que la norépinéphrine ou la dopamine. En d'autres termes, peu importe la substance chimique sur laquelle on agit, le résultat est le même.

Irving se demanda donc ce que pouvaient bien avoir en commun tous ceux qui avaient recours à ces différents médicaments. Une seule chose, pensa-t-il : la croyance en l'efficacité des médicaments. Leur effet s'explique donc par les mêmes mécanismes que celui de la baguette de Haygarth : ils fonctionnent parce qu'on croit bénéficier d'une prise en charge médicale et qu'on se voit offrir une solution.

Après avoir mené des recherches de haut niveau sur ce sujet pendant vingt ans, Irving en était arrivé à la conclusion que la croyance en une explication chimique de la dépression était un simple "accident de l'histoire" causé au départ par une erreur d'interprétation de la part de certains scientifiques, que les entreprises pharmaceutiques avaient reprise et vendue au monde entier pour en tirer des bénéfices.

Selon lui, la principale explication que l'on donne à la dépression dans notre culture est sur le point de s'effondrer. L'idée selon laquelle vous vous sentez horriblement mal à cause d'un déséquilibre chimique s'est construite sur une série d'aberrations et d'erreurs. Si tant est que la science puisse prouver la fausseté d'une théorie, celle-ci en est d'après lui l'exemple même. La voilà qui gît sur le sol, brisée en mille morceaux, semblable à Humpty Dumpty dans la comptine de Lewis Carroll.

J'avais suivi Irving tout au long de son raisonnement mais à ce moment-là, je me suis arrêté net, stupéfait. Cela était-il possible ? Ayant une formation en sciences sociales (c'est pourquoi j'ai choisi de privilégier cette perspective dans le reste du livre),

je ne me sentais pas capable de remettre en cause l'avis d'un spécialiste tel que lui. Je me disais que je devais l'avoir mal compris
et que son point de vue était sans doute marginal dans le débat
scientifique. J'ai donc lu autant que j'ai pu et j'ai demandé au plus
grand nombre possible de scientifiques de m'exposer leur avis.

"Il n'y a aucune preuve de la présence d'un déséquilibre
chimique" dans le cerveau des personnes dépressives ou anxieuses,
me déclara avec franchise dans son bureau de l'University College of London le professeur Joanna Moncrieff[13], l'une des spécialistes les plus reconnues de cette question. Le terme même
de déséquilibre est impropre : nous n'avons aucune idée de ce
à quoi un cerveau "équilibré du point de vue chimique" pourrait ressembler. On raconte aux malades que les médicaments
tels que les antidépresseurs rétablissent un équilibre naturel dans
le cerveau, me dit-elle, mais c'est faux : ils créent un état artifi-
ciel. Elle-même en était venue à la conclusion que l'idée d'une
souffrance morale causée par un déséquilibre chimique était
"un simple mythe" que les entreprises pharmaceutiques s'appliquaient à nous vendre.

Le Dr Lucy Johnstone, psychologue clinicienne[14], fut plus directe
encore. "Tout ce qu'on vous a raconté ou presque est faux, c'est
n'importe quoi", me confia-t-elle autour d'un café, avant de
conclure : la théorie de la sérotonine "est un mensonge. Je ne
pense pas qu'il faille se voiler la face et prétendre qu'il y a peut-
être des preuves en faveur de cette théorie, car il n'y en a aucune".

Il me paraissait pourtant hautement improbable qu'on puisse
se tromper sur une chose aussi importante (l'un des médicaments les plus répandus au monde, consommé par de si nombreuses personnes dans mon entourage). Il devait bien y avoir
des garanties contre ce genre de supercherie, toute une batterie
de tests scientifiques à franchir avant qu'un médicament n'arrive
dans nos salles de bains. J'avais la même impression que si j'avais
été dans un avion entre JFK et l'aéroport international de Los
Angeles, et qu'on m'avait annoncé à l'atterrissage que c'était un
singe qui avait tenu les commandes pendant tout le trajet[15]. Des
procédures devaient bien exister pour se prémunir contre ce type
de dérives. Comment ces médicaments avaient-ils pu y échapper

s'ils présentaient effectivement les limites qui semblaient se dessiner au fil de mes recherches ?

Je discutai de cela avec l'un des plus éminents scientifiques dans ce domaine, le professeur John Ioannidis, qui, selon l'*Atlantic Monthly*, "est peut-être l'un des scientifiques vivants les plus influents[16]". Selon lui, il n'était pas étonnant que les entreprises pharmaceutiques puissent tout simplement passer outre les preuves scientifiques ; en réalité, cela arrivait tout le temps. Il me décrivit en détail le processus, depuis la phase de développement de fabrication des antidépresseurs jusqu'à ce qu'ils atterrissent dans ma bouche. Voilà comment cela fonctionne : "ce sont souvent les entreprises elles-mêmes qui testent leurs produits", me dit-il. Ce sont elles qui organisent les tests cliniques et qui décrètent qui a accès aux résultats. "Elles sont donc les seuls juges de leurs propres produits. Elles emploient des chercheurs qui n'ont pas d'autre source de financement […] [et qui] n'ont presque aucun droit de regard […] sur la formulation et la présentation des [résultats]." Une fois les preuves rassemblées, la plupart du temps, ce ne sont même pas les scientifiques qui rédigent le compte rendu des expériences. "Ce sont les employés des entreprises qui écrivent la majorité des publications scientifiques[17]."

Ces résultats sont ensuite communiqués à des inspecteurs, qui décident d'autoriser ou non la mise sur le marché du médicament. Or il se trouve qu'aux États-Unis, le salaire de ces inspecteurs est financé à 40 % par les entreprises pharmaceutiques (en Grande-Bretagne, il l'est à 100 %). Pour déterminer quel médicament peut être mis sur le marché sans danger, deux équipes sont censées se faire face : l'entreprise pharmaceutique défendant son produit, et un arbitre au service des patients, chargé d'estimer si le médicament a un véritable effet. Mais le professeur Ioannidis était en train de me dire que, dans ce match, l'arbitre est payé par l'équipe de l'entreprise, si bien que celle-ci en sort presque toujours gagnante.

Les règles établies par les entreprises pharmaceutiques sont conçues pour faciliter considérablement l'approbation de leurs médicaments. Il leur suffit de fournir deux essais cliniques, menés n'importe où et à n'importe quel moment, qui prouvent que le médicament a un quelconque effet positif. Deux essais, un effet, même minime, et le tour est joué. On pourrait donc se trouver dans une situation où, sur 1 000 essais cliniques, 998 montrent que le médicament n'a aucun effet et deux qu'il a un effet négligeable : cela n'empêcherait pas ce médicament de se frayer un chemin jusqu'aux étagères de votre pharmacie de quartier.

"Je pense que ce secteur est gravement malade, me dit le professeur Ioannidis. Il est malade, vénal et corrompu, je ne vois pas comment le décrire autrement." Je lui demandai alors comment il se sentait en sachant tout cela. "C'est déprimant", me répondit-il et, après que je lui eus fait remarquer toute l'ironie de sa réponse, il s'empressa d'ajouter : "Mais pas au point de me convaincre de prendre des [antidépresseurs] ISRS."

Je tentai d'en rire, sans succès.

Certains répondaient à Irving : et alors ? Admettons que l'effet placebo soit à l'origine de l'effet des antidépresseurs : quoi qu'il en soit, les patients sont soulagés. Pourquoi briser l'illusion ? Il leur expliquait alors que, si les essais cliniques semblaient prouver que l'effet des antidépresseurs pouvait être attribué à l'effet placebo, les effets secondaires, eux, étaient bel et bien causés par les actifs chimiques, et pouvaient être très importants.

"Il y a bien sûr, la prise de poids", disait Irving. J'avais en effet pris de nombreux kilos qui s'envolèrent rapidement dès la fin du traitement. "On sait aussi que les ISRS [la nouvelle génération d'antidépresseurs] en particulier tendent à provoquer des dysfonctions sexuelles, dont le taux avoisine dans la plupart des cas les 75 %", ajoutait-il. Bien qu'il me soit désagréable d'en parler, cela faisait également écho à mon expérience. Pendant les années où j'étais sous Paxil, mes parties génitales me paraissaient nettement moins sensibles et je mettais vraiment très longtemps à éjaculer. Mes rapports sexuels en devenaient pénibles, et le plaisir que je pouvais y prendre s'en trouvait diminué. Ce n'est qu'une fois que j'ai arrêté les médicaments et recommencé à prendre du plaisir que je me suis rappelé que des rapports sexuels réguliers valaient tous les antidépresseurs du monde.

"Chez les jeunes, [ces antidépresseurs chimiques] augmentent le risque de suicide. Une étude suédoise récente montre également que la probabilité de commettre un crime ou d'avoir des comportements violents est plus importante sous traitement, continuait Irving. Chez les personnes plus âgées, ils augmentent le risque de décès, quelle qu'en soit la cause, et en particulier le risque d'accident vasculaire cérébral. Pour tous les patients, le risque de développer un diabète de type 2 est accru. Quant aux femmes enceintes, elles ont plus de chances de faire une fausse couche [et] d'accoucher d'un enfant autiste ou difforme[18]. Tout cela est bien connu." Enfin, si vous souhaitez, en raison d'effets secondaires de ce genre, arrêter les médicaments, rien n'est moins facile : autour de 20 % des patients souffrent de sérieux symptômes de manque[19].

Irving concluait ainsi : "Si vous voulez utiliser un médicament pour son effet placebo, ayez au moins recours à une substance qui ne présente aucun danger." Nous pourrions prescrire aux patients du millepertuis, dit-il, nous conserverions ainsi l'ensemble des effets positifs lié au placebo sans causer ce type de désagréments. Le seul problème est que le millepertuis ne peut faire l'objet d'aucun brevet, de sorte que personne n'en tirerait grand profit.

À ce moment-là, Irving me confia à mi-voix qu'il commençait à se sentir coupable d'avoir promu l'usage de ces comprimés pendant tant d'années.

En 1802, John Haygarth révéla au public toute la vérité sur les baguettes. Il expliqua que la rémission temporaire de certains malades n'était pas due aux pouvoirs de ces instruments, mais à ceux de leur esprit. Il s'agissait d'un effet placebo, et il était probable qu'il ne dure pas, car il ne résolvait pas le problème à l'origine de la maladie.

Cette déclaration souleva un tollé presque unanime[20]. Certains se sentaient trahis par l'entreprise qui leur avait vendu ces baguettes à haut prix, mais plus nombreux encore étaient ceux qui étaient furieux contre Haygarth lui-même et l'accusaient de dire n'importe quoi. "Ces révélations causèrent un immense remue-ménage, accompagné de menaces et d'injures", écrivit-il. "Une contre-déclaration allait être signée par un très grand nombre de personnes tout à fait respectables", y compris certains des scientifiques les plus influents de l'époque, certifiant que la baguette était efficace, et ses effets sur le corps bien réels.

Depuis la publication de ses premiers résultats, puis pendant les longues années où Irving poursuivit ses recherches en ce sens, il ne cessa de se heurter à des réactions semblables. Personne ne nie que les données fournies par les entreprises pharmaceutiques elles-mêmes à la Food and Drug Administration montrent qu'une fois soustrait l'effet placebo, les antidépresseurs n'ont qu'un effet minime. Personne ne nie non plus que l'entreprise pharmaceutique produisant le médicament qui m'a été administré, le Paxil, a admis en privé qu'il ne serait pas efficace dans des cas comme le mien, tromperie pour laquelle elle a été contrainte par le tribunal à verser des indemnités.

Pourtant, un nombre considérable de scientifiques trouvent matière à contester plus généralement les arguments d'Irving. Je voulais étudier en profondeur leur argumentaire, en espérant secrètement trouver de quoi préserver la bonne vieille histoire à laquelle j'avais cru. Je me suis donc adressé à un homme qui, plus qu'aucun autre, avait réussi à vendre des antidépresseurs au grand public, pour la simple raison qu'il était persuadé de leur efficacité. Jamais il n'avait touché ne serait-ce qu'un centime de la part des entreprises pharmaceutiques.

Dans les années 1990, le Dr Peter Kramer avait vu se succéder dans son cabinet de Rhode Island des patients visiblement transformés par la prise de ces nouveaux antidépresseurs[21]. Leur état ne semblait pas seulement s'améliorer ; ils allaient, soutenait-il, "mieux que bien" : ils étaient plus dynamiques et robustes que la moyenne. Le livre qu'il écrivit à ce sujet, *Listening to Prozac*, se vendit mieux qu'aucun autre ouvrage sur les antidépresseurs. Je l'ai lu peu après le début de mon traitement. J'étais persuadé d'être moi-même en train de vivre ce qu'il décrivait de manière si saisissante. J'ai écrit au sujet de ce livre, et je l'ai défendu publiquement dans des articles et des entretiens.

Quand Irving commença à publier les résultats de ses recherches, Peter, qui était alors professeur de médecine à l'université de Brown, en fut horrifié. Il se mit à démolir point par point sa critique des antidépresseurs[22], dans des livres et dans une série de débats publics très animés.

Sa première objection était qu'Irving ne laissait pas aux antidépresseurs suffisamment de temps. Les essais cliniques sur lesquels il avait fondé son analyse (autrement dit presque tous ceux qui avaient été adressés aux inspecteurs) duraient pour la plupart quatre à huit semaines. Selon lui, ce n'était pas assez. Il fallait plus longtemps à ces médicaments pour faire véritablement effet.

Cette objection me paraissait de taille, et elle poussa Irving à chercher des essais cliniques de plus longue durée pour examiner leurs résultats. Il en trouva deux : dans l'un, le placebo avait des effets comparables à ceux du médicament ; dans l'autre, les effets du placebo allaient jusqu'à l'emporter[23].

Peter releva ensuite une autre erreur commise, selon lui, par Irving. Les essais cliniques qu'il avait pris en compte mêlaient deux groupes : des patients souffrant de dépression modérée et de dépression sévère. Peter voulait bien admettre que les antidépresseurs ne fonctionnent pas pour les patients souffrant de dépression modérée, mais il était certain qu'ils avaient un effet sur les personnes atteintes de dépression sévère. Il l'avait vu de ses propres yeux. En additionnant les patients souffrant de dépression modérée et de dépression sévère pour obtenir un effet moyen, Irving sous-estimait, selon lui, l'effet du médicament, tout simplement parce qu'il diluait son effet réel[24], aussi sûrement qu'un Coca perdrait son goût si on y ajoutait des litres d'eau.

Une fois de plus, Irving prit cette remarque au sérieux et tenta d'éclaircir la question. Il examina donc en détail les études dont il avait tiré ses données. Il découvrit qu'à une exception près, il n'avait pris en considération que des études rassemblant des cas de dépression sévère[25].

En réponse, Peter dégaina son argument le plus puissant, le cœur de son argumentaire contre Irving et en faveur des antidépresseurs.

En 2012, Peter avait assisté à des essais cliniques menés dans un centre médical qui ressemblait à un magnifique cube de verre, donnant sur des maisons luxueuses. Lorsque l'entreprise qui y a son siège souhaite tester des antidépresseurs, elle se heurte à deux casse-têtes. Elle doit recruter des volontaires prêts à avaler des comprimés potentiellement dangereux pendant une période assez longue, la loi ne permettant pas de les rémunérer au-delà d'un seuil relativement bas, entre quarante et soixante-quinze dollars. Dans le même temps, elle doit trouver des personnes souffrant de désordres psychologiques très spécifiques : lorsqu'on mène, par exemple, des essais sur la dépression, il faut disposer de malades qui ne sont atteints que de dépression – toute autre maladie étant susceptible de biaiser l'expérience. Avec de telles contraintes, l'entreprise a de grandes difficultés à trouver des participants, si bien qu'elle a souvent recours à des personnes se trouvant dans des situations relativement désespérées, qu'elle attire en leur offrant certains avantages. Peter avait observé comment on acheminait en bus des nécessiteux des quatre coins de la ville pour recevoir toute une batterie de soins auxquels ils n'auraient jamais pu avoir accès chez eux : une thérapie, toute une équipe prête à les écouter, un lieu chauffé où passer la journée, des médicaments et une somme d'argent qui doublait leur revenu habituel, situé à peine au-dessus du seuil de pauvreté.

À la vue de ce spectacle, une chose le frappa : les patients qui se présentent au centre ont tout intérêt à prétendre souffrir des maladies qui y sont étudiées ; en face, l'entreprise qui mène les essais cliniques a tout intérêt à faire semblant de les croire. Peter continua à observer : les uns et les autres jouaient la comédie. En voyant la manière dont les patients chargés d'évaluer l'effet des médicaments étaient interrogés, il lui parut évident qu'ils donnaient la plupart du temps la réponse qu'ils savaient attendue.

Peter en conclut donc que les résultats des essais cliniques menés sur les antidépresseurs, bien qu'ils fussent les seules données dont nous disposions, n'étaient pas concluants. Par conséquent, il déclara que lorsqu'Irving affirmait que l'effet des antidépresseurs était (au mieux) minime, il se fondait sur un ensemble de données bonnes à jeter, puisque les essais eux-mêmes étaient biaisés[26].

Peter formulait là une remarque terriblement pertinente, appuyée sur des preuves solides. Pour autant, son argument laissa Irving pantois lorsqu'il l'apprit, tout comme moi : le principal héraut des antidépresseurs parmi les scientifiques, Peter Kramer, plaidait pour eux en invalidant leur fondement scientifique.

En en discutant avec Peter, je lui fis remarquer que s'il disait vrai (et je le crois), cela ne jouait pas en faveur des médicaments, mais contre eux, car cela revenait à dire que la loi n'aurait jamais dû autoriser leur mise sur le marché.

Alors que je l'interrogerais d'un ton amène sur ce point, Peter montra des signes de nervosité et me répondit que les mauvaises expériences pouvaient elles aussi déboucher sur des résultats exploitables, avant de changer brutalement de sujet. Puisqu'il accordait tant d'importance à ce qu'il avait vu de ses propres yeux, je lui demandai ce qu'il aurait répondu à tous ceux qui prétendaient que la baguette de Haygarth fonctionnait. Eux aussi se fiaient à ce qu'ils voyaient. Il me répondit que, dans ce cas-là, "les experts en question ne présentaient pas la même expertise et n'étaient pas aussi nombreux que ceux dont il s'agit ici. Je veux dire que cela créerait une onde de choc d'une magnitude bien supérieure si les antidépresseurs étaient, pour ainsi dire, de simples bâtons recouverts de tissu", ajouta-t-il.

Peu après, il me dit vouloir "mettre un terme à cette conversation".

Malgré tout, Peter Kramer avait une réserve vis-à-vis de ces médicaments. Il me précisa en effet que les preuves auxquelles il avait pu avoir accès n'invitaient à prescrire des antidépresseurs que pour une durée comprise entre six et vingt semaines. Au-delà, "je crois que les preuves de leur efficacité sont moins nombreuses et je suis moins convaincu de l'intérêt d'un traitement sur le long terme, me dit-il. Je veux dire, est-ce que quelqu'un connaît véritablement les avantages et les inconvénients de quatorze années de traitement ? Il me semble que non". À ces mots, je sentis l'angoisse m'envahir. Je lui avais pourtant dit que c'était à peu près le nombre d'années pendant lesquelles j'avais pris ces médicaments[27].

Il dut s'apercevoir de mon inquiétude, car il ajouta : "Je pense cependant que nous avons eu de la chance. Il y a des gens qui, comme vous, s'en sortent en bon état."

Aujourd'hui, très peu de scientifiques soutiennent que la dépression est provoquée simplement par un faible niveau de sérotonine, mais le débat autour de l'effet des antidépresseurs chimiques continue, pour des raisons qui m'échappent. Aucun consensus n'a été trouvé sur la question. De nombreux scientifiques éminents se rangent derrière Irving Kirsch ; beaucoup d'autres soutiennent Peter Kramer. Je ne savais pas vraiment ce qu'il fallait en conclure, jusqu'à ce qu'Irving me fournisse une ultime preuve qui, je pense, nous révèle ce qu'il y a de plus important à savoir au sujet des antidépresseurs chimiques.

À la fin des années 1990, un groupe de scientifiques voulut tester l'effet des nouveaux antidépresseurs ISRS hors du cadre du laboratoire ou de l'essai clinique. Pour observer ce qui arrive en condition réelle, ils montèrent ce qu'ils appelèrent l'essai STAR*D. L'idée était simple : un patient quelconque se rendait chez le médecin et déclarait être dépressif. Le médecin envisageait avec lui différentes alternatives et, si tous deux tombaient d'accord, le patient commençait à prendre des antidépresseurs. À ce moment-là, les scientifiques responsables de l'essai se mettaient à l'observer. Si les antidépresseurs n'avaient aucun effet sur lui, on lui en prescrivait une autre sorte. S'il ne ressentait toujours aucune amélioration, on lui en administrait d'autres encore, et ainsi de suite jusqu'à trouver un médicament qui lui semble efficace. Voilà comment les choses fonctionnent pour la plupart d'entre nous, dans le monde réel : la majorité des gens qui se font prescrire des antidépresseurs en essaie plus d'un ou essaie plusieurs dosages avant d'arriver à l'effet recherché.

L'essai prouva l'efficacité des médicaments. 67 % des patients se sentaient mieux, comme cela avait été mon cas les premiers mois.

Cependant, il révéla autre chose. Un an plus tard, la moitié des patients étaient retombés en dépression. Seule une personne sur trois ayant continué le traitement s'était durablement remise de sa dépression[28] (et encore, cet effet est surestimé puisque nous savons que nombre d'entre elles se seraient remises naturellement, sans l'aide de comprimés).

Il me semblait voir défiler mon histoire sous mes yeux. Au début, je m'étais senti mieux, mais par la suite, les effets s'étaient atténués ; j'avais alors essayé d'augmenter la dose, mais une fois de plus, cela n'avait pas eu d'effet durable. Lorsque j'avais pris conscience que les antidépresseurs ne fonctionnaient pas, que j'aurais beau augmenter sans cesse la dose, la tristesse reviendrait toujours s'insinuer en moi, j'en avais conclu que quelque chose n'allait pas chez moi.

En lisant les résultats de l'essai STAR*D[29], je me suis rendu compte que j'étais normal. Mon expérience correspondait point par point à ce qui était écrit : loin d'être un cas particulier, ma réaction aux antidépresseurs était un cas typique.

Ces conclusions ont depuis été confirmées à de nombreuses reprises[30], et la proportion de personnes souffrant de dépression alors qu'elles sont sous antidépresseurs varie, selon les études, entre 65 et 80 %.

Cette découverte est, à mes yeux, la plus importante que nous ayons faite sur les antidépresseurs : une fois passé l'effet initial, la plupart des gens qui en prennent restent dépressifs ou anxieux. Je voudrais insister sur le fait que certains scientifiques reconnus continuent malgré tout à penser que ces médicaments ont un véritable effet chimique sur une minorité de patients. Il se pourrait bien que les antidépresseurs chimiques soient donc une solution parmi d'autres pour une minorité de personnes dépressives ou anxieuses. Loin de moi l'idée de retirer à qui que ce soit une source de réconfort. Si l'on sent que les antidépresseurs sont une aide, et que les effets positifs l'emportent sur les effets secondaires, alors on doit continuer le traitement (et même si on décide finalement de l'arrêter, il est essentiel de ne pas le faire brutalement, car cela peut causer de graves symptômes de manque et nous plonger dans un état de panique intense. Moi-même, j'ai réduit ma dose progressivement pendant six mois pour éviter cela).

Pour autant, il est impossible de soutenir, au regard des preuves scientifiques, qu'ils offrent une solution satisfaisante pour l'écrasante majorité des personnes dépressives ou anxieuses. Je ne pouvais plus le nier : la grande majorité d'entre nous devait désormais trouver une autre explication et d'autres solutions à nos maux.

Mais que pouvaient-elles bien être ? me demandais-je, perplexe.

## 3

## L'EXCEPTION DU DEUIL

Quand j'ai appris que la dépression n'était pas due à un déséquilibre chimique, je me suis paradoxalement senti déséquilibré. Comme quelqu'un me l'a dit un jour, le meilleur remède à la souffrance, c'est une histoire qui explique cette souffrance[1]. Perdre cette histoire est extrêmement douloureux : j'avais l'impression d'être ballotté sur un navire dont on aurait ôté les bastingages.

Je me suis mis à chercher une nouvelle histoire. Ce n'est qu'assez longtemps après, en discutant dans l'Arizona avec une femme du nom de Joanne Cacciatore, que j'ai commencé à entrevoir une autre façon d'envisager le problème qui allait complètement bouleverser le cours de la réflexion que je m'apprêtais à mener.

"Vous avez simplement besoin d'un peu d'attention, ma belle." Tel fut le diagnostic du médecin de Joanne lorsqu'elle lui rapporta qu'elle avait des contractions extrêmement douloureuses depuis trois semaines, et pensait avoir besoin de son aide. Elle avait été très prudente durant sa grossesse : elle avait même arrêté de mâcher des chewing-gums contenant de l'aspartame de peur de nuire à son bébé. Elle insista : "Ces contractions me font vraiment très mal. Cela ne me semble pas normal." Mais le médecin n'en démordait pas : "C'est tout à fait normal."

Elle se rendit finalement à l'hôpital pour accoucher : "J'avais déjà donné naissance à trois autres enfants, me confia-t-elle, je savais ce qui se disait normalement en salle d'accouchement." De fait, elle se rendit rapidement compte que quelque chose n'allait pas. Il y avait un grand désordre autour d'elle et le personnel soignant était visiblement affolé. Toutes les trente secondes, elle était prise de contractions qui duraient une minute.

Alors qu'elle poussait de toutes ses forces, les médecins lui annoncèrent qu'ils avaient perdu le pouls du bébé. Elle s'évertua à pousser plus fort encore, tant et si bien qu'elle eut tout à coup l'impression de s'élever au-dessus de son propre corps et de contempler la scène à distance. "Je m'en souviens très bien […]. Je me voyais, les jambes tremblantes, vraiment tremblantes. Je n'arrivais pas à m'arrêter de grelotter. J'avais les yeux fermés quand elle est née parce que […] je ne pensais qu'à la faire sortir le plus vite possible."

Une fois le bébé sorti, les médecins prirent la décision, sans même consulter Joanne, de ne pas essayer de le réanimer. Ils donnèrent l'enfant à son mari de l'époque : "Nous avons une belle petite fille", lui dit-il doucement.

"Je me suis alors redressée, me raconta Joanne des années plus tard, et c'est à ce moment précis que je suis devenue sa mère. J'ai tendu les bras vers elle et j'ai dit : « Donne-la-moi. » Elle était parfaite. Elle pesait quatre kilos. Elle avait de bonnes joues et de minuscules poignets potelés. Il la déposa dans mes bras. On aurait seulement dit qu'elle dormait. C'était vraiment étrange, la manière dont la naissance et la mort se mêlaient en cet instant. Cela allait changer le cours de ma vie."

"Je dois vous dire, me dit-elle, qu'à ce moment-là j'avais déjà perdu plusieurs proches. Avant même d'avoir atteint quarante ans, j'avais perdu mes deux parents et mon meilleur ami. Mais je ne m'attendais pas à perdre ma fille. C'est impossible de se préparer à cela. C'est tout simplement inconcevable." Trois mois plus tard, Joanne ne pesait plus que quarante-quatre kilos. "Je pensais que je n'allais pas m'en sortir, m'avoua-t-elle. Il me semblait que j'étais en train de mourir. Tous les matins en ouvrant les yeux (si j'avais réussi à dormir) je me répétais : je ne veux pas être là. Je ne veux pas être là. Je ne veux plus me sentir comme cela. Je n'en peux plus."

L'autopsie ne fut pas concluante. "Ma fille ne présentait pas d'anomalie congénitale. Je ne voyais qu'une seule explication : mon corps avait tenté d'accoucher, mais mon utérus ne s'était pas dilaté. Je me disais tout simplement que mon corps l'avait tuée, l'avait littéralement étouffée, jusqu'à ce qu'elle meure. Je lui en ai longtemps gardé rancune, comme vous pouvez l'imaginer [...]. Je ne pouvais m'en prendre qu'à moi-même, à mon corps. Je n'avais qu'une seule chose à faire : donner naissance à une petite fille en bonne santé, et elle était née en bonne santé, le problème ne venait donc pas d'elle. Le problème venait de moi. Quelque chose dans mon corps n'avait pas fonctionné. J'allais jusqu'à le surnommer Judas, parce qu'il avait trahi ma fille et moi aussi, par la même occasion."

Au cours des années qui suivirent, Joanne entama une formation de psychologue clinicienne et finit par enseigner le travail social à l'université d'État d'Arizona[2]. Sa spécialité était la prise en charge des patients souffrant de deuils traumatiques à la suite de la perte d'un être cher dans les circonstances les plus dramatiques qu'on puisse imaginer.

À force de traiter des patients qui avaient traversé des épreuves semblables à la sienne, elle remarqua quelque chose. Très peu de temps après la perte d'un proche, les psychiatres diagnostiquaient à nombre de ses patients une dépression clinique et leur prescrivaient de puissants psychotropes. Cela devenait systématique. Si, par exemple, votre enfant était mort assassiné, on vous disait que vous étiez malade et que les mécanismes chimiques de votre cerveau avaient besoin d'être restaurés. Ainsi, l'une de ses patientes, qui avait récemment perdu un enfant, raconta à son médecin qu'elle avait parfois l'impression de continuer à entendre sa voix. Loin de la perturber, cela la consolait un peu, au contraire. On s'empressa néanmoins de lui diagnostiquer une psychose et de lui prescrire des antipsychotiques.

Joanne avait remarqué que lorsque ses patients recevaient ce genre de diagnostics, ils "commençaient à remettre en cause leurs propres sentiments, à douter, et cela les conduisait à se refermer encore plus sur eux-mêmes".

Après avoir été témoin de ce phénomène un nombre incalculable de fois, elle se mit à enquêter sur la manière dont on diagnostique la dépression, et à publier des articles scientifiques sur un point en particulier. Aux États-Unis, les médecins sont censés identifier les cas de dépression à partir du *Diagnostic and Statistical*

*Manual (DSM)*, un livre écrit par un panel de psychiatres, qui a déjà connu cinq rééditions. La plupart des médecins généralistes américains s'en servent comme d'une bible pour diagnostiquer une dépression ou de l'anxiété, et il exerce une influence considérable partout dans le monde. Pour être diagnostiqué dépressif, il faut présenter quasi quotidiennement au moins cinq des neuf symptômes isolés par ce livre, tels qu'une humeur dépressive, une perte d'intérêt pour le plaisir ou un sentiment de dévalorisation.

En essayant d'appliquer cette liste de symptômes, les médecins se heurtèrent néanmoins à un fait embarrassant : presque toutes les personnes en deuil remplissent les critères de la dépression. En s'en tenant à cette liste, quasiment tous ceux qui avaient perdu un proche devaient donc être considérés comme des malades mentaux.

Cela posait problème à de nombreux médecins et psychiatres. Les auteurs du *DSM* trouvèrent donc une échappatoire, connue par la suite sous le nom d'"exception du deuil[3]".

Ils prétendirent que vous aviez le droit de présenter les symptômes de la dépression sans pour autant être considéré comme un malade mental dans une seule et unique circonstance : si vous aviez récemment perdu un proche. Après avoir perdu un bébé, une sœur, ou une mère par exemple, vous pouviez présenter ces symptômes pendant un an avant qu'on vous diagnostique une maladie mentale. Si toutefois, passée cette date, vous étiez toujours bouleversé, on vous classerait parmi les patients souffrant de désordres psychiques. Les années passant, au fil des différentes éditions du *DSM*, cette limite temporelle n'a cessé de varier : elle fut ramenée à trois mois, puis un mois, et fut finalement fixée à deux semaines.

"Pour moi, c'est la pire des insultes, me déclara Joanne. Ce ne sont pas seulement le chagrin et la relation [entretenue avec la personne décédée] qu'on insulte, mais l'amour lui-même. De quoi fait-on le deuil ? [Admettons que] mon voisin [d'en face], que je ne connais pas, meure : je plaindrais sans doute sa famille, mais je ne serais pas en deuil. Si quelqu'un que j'aime venait à mourir, par contre, je serais en deuil. On est en deuil de quelqu'un parce qu'on l'a aimé." Prétendre qu'être en deuil au-delà d'une certaine période arbitrairement définie est une pathologie, une maladie qui doit être traitée par des médicaments revient, selon elle, à nier ce qui fait notre humanité.

La fille de l'une des patientes de Joanne avait été kidnappée pendant une séance de sport, au cours de son premier semestre à l'université, puis brûlée vive. Comment peut-on dire à cette mère qu'elle est atteinte d'une maladie mentale tout simplement parce que, des années plus tard, elle continue à souffrir terriblement ? me demanda-t-elle. C'est pourtant ce que préconisait le *DSM*.

Loin d'être irrationnelle, disait Joanne, la souffrance est nécessaire pour faire son deuil. "Je ne veux même pas me remettre de sa mort, me confia-t-elle au sujet de sa fille, Chayenne. Le fait de continuer à ressentir la douleur de sa perte m'aide à me consacrer pleinement à mon travail, à faire preuve d'une grande compassion" et à profiter pleinement de la vie. "En aidant les autres, j'ai réussi à dépasser la honte, la culpabilité et le sentiment de trahison que je ressentais", ajouta-t-elle, tandis que, derrière elle, quelques-uns des chevaux maltraités qu'elle avait accueillis s'ébattaient joyeusement dans un champ. "D'une certaine façon, j'essaie de me racheter en me mettant au service des autres. C'est une manière de présenter chaque jour des excuses à ma fille, de lui dire que je suis désolée de ne pas avoir réussi à la mettre au monde saine et sauve, et que c'est la raison pour laquelle je vais apporter au monde tout l'amour que j'ai pour elle."

Cette expérience lui avait permis de mieux comprendre la souffrance des autres. Le deuil "transforme mes faiblesses en forces", conclut-elle.

L'exception du deuil avait révélé une faille inadmissible aux yeux des auteurs du *DSM*, ce concentré de la pensée dominante en matière de psychiatrie. Ils avaient été forcés d'admettre dans leur propre manuel que les symptômes de la dépression pouvaient être justifiés, voire nécessaires, dans certaines circonstances.

Cette concession soulevait une question évidente[4] : pourquoi la mort serait-elle le seul événement face auquel la dépression constitue une réaction adéquate ? Pourquoi ne serait-ce pas justifié si votre mari vous abandonnait après trente ans de mariage ? Pourquoi pas si vous étiez forcé de consacrer les trente années à venir à un travail que vous détestiez ou si vous finissiez à la rue, obligé de dormir sous les ponts ? Si l'on juge que la dépression est justifiée dans certaines circonstances, pourquoi pas dans d'autres ?

Le bateau sur lequel les auteurs du *DSM* voguaient depuis si longtemps commençait à prendre l'eau. Soudain, la vie dans toute sa complexité s'engouffrait dans les failles des procédures de diagnostic. La dépression et l'anxiété ne pouvaient être réduites à un simple déséquilibre chimique, estimé à l'aide d'une liste de symptômes. Elles devaient être considérées comme des réactions à certaines circonstances bien particulières.

En faisant des recherches plus détaillées sur l'exception du deuil, Joanne Cacciatore en arriva à la conclusion que celle-ci était révélatrice d'une perception erronée de la souffrance dans notre culture, qui dépassait largement la question du deuil. Nous "ne tenons pas compte du contexte[5]", me déclara-t-elle. Nous faisons comme si la détresse humaine se résumait à une liste de symptômes sans lien avec notre vie, permettant de l'étiqueter comme une maladie du cerveau.

Alors qu'elle me racontait tout cela, je lui répondis qu'au cours des treize années où l'on m'avait prescrit des doses croissantes d'antidépresseurs, aucun médecin n'avait pris le temps de me demander si j'avais des raisons de me sentir si mal. Selon elle, j'étais hélas loin d'être un cas isolé, et c'était un désastre car le discours des médecins, prétendant que notre souffrance était le fait d'un dysfonctionnement du cerveau, tendait à "nous déconnecter de nous-mêmes et, par conséquent, des autres".

La prise en compte de la vie des patients dans le traitement de la dépression et de l'anxiété nécessiterait, selon Joanne, une "refonte totale du système". Elle insistait sur le fait que de nombreux psychiatres tout à fait compétents souhaitaient prendre en charge ces maladies de manière plus complète et étaient parfaitement conscients des limites de la pratique actuelle. Au lieu de prétendre que notre souffrance est un spasme irrationnel à éliminer par la prise de médicaments, ils considèrent qu'on gagnerait à l'écouter pour comprendre ce qu'elle signifie.

Dans la plupart des cas, Joanne me dit que nous devrions même cesser d'employer le terme de "santé mentale", qui évoque des images de scanner cérébral et de synapses dysfonctionnelles, pour lui préférer celui de "santé émotionnelle". "Pourquoi parle-t-on de santé mentale ? me demanda-t-elle. Pour que notre discours paraisse plus scientifique. Mais en réalité, il s'agit là de nos émotions."

De son côté, elle s'efforçait de comprendre ses patients non pas grâce à une liste de symptômes, mais en leur disant : "Racontez-moi votre histoire. Mon Dieu, c'est terrible. Je me sentirais sans doute exactement comme vous si j'étais à votre place. Je présenterais probablement le même type de « symptômes » […]. Penchons-nous sur le contexte." Parfois, la seule chose à faire pour une personne est de la prendre dans vos bras. Cette mère dont la fille avait été brûlée vive vint un jour voir Jo en hurlant de douleur. Jo s'assit par terre avec elle, la prit dans ses bras pour qu'elle laisse sortir son chagrin. Le simple fait de savoir qu'elle n'était pas seule soulagea sa patiente pour un temps. C'est parfois la meilleure chose à faire, et c'est déjà beaucoup.

Il arrive même qu'en prêtant l'oreille à la souffrance et en la replaçant dans son contexte, on y trouve une issue, comme je l'ai appris plus tard.

Selon Joanne, notre approche actuelle consiste à "mettre un pansement sur une jambe amputée. [Face à] une personne souffrant d'une profonde détresse humaine, [nous devons] cesser de traiter les symptômes. Ils sont seulement les messagers d'un mal plus profond auquel nous devons nous intéresser".

Ainsi, pendant des décennies, la bible de la psychiatrie s'était fondée sur une contradiction. On disait au grand public deux choses incompatibles : d'un côté, on prétendait que les symptômes de la dépression étaient tout simplement le résultat d'un déséquilibre chimique dans le cerveau à traiter par des médicaments ; de l'autre, que tous ces symptômes pouvaient en fait se développer à la suite d'un événement funeste, et que, dans ce cas seulement, la dépression n'était pas causée par un déséquilibre chimique et les médicaments ne pouvaient pas la guérir.

Nombreux étaient ceux que cette contradiction dérangeait. Elle laissait beaucoup trop de questions en suspens. Comme Joanne, certains l'utilisaient pour briser les tabous et mettre le débat sur la table.

Les psychiatres chargés de rédiger la cinquième et dernière édition du *DSM*, publiée en 2015, finirent par trouver une solution au problème : ils se débarrassèrent tout bonnement de l'exception du deuil. Elle est absente de cette nouvelle version : on n'y trouve plus qu'une liste de symptômes accompagnée d'une vague note de bas de page[6]. Par conséquent, si vous vous rendez chez le médecin au lendemain de la mort de votre bébé, dans un profond désespoir, "vous pouvez être immédiatement diagnostiqué dépressif", m'expliqua Joanne.

Ainsi, la cohérence du modèle est préservée. La dépression est une maladie qui peut être diagnostiquée à partir d'une liste : si vous cochez les cases, vous êtes atteint d'une maladie mentale. On ne tient pas compte du contexte, mais des symptômes. Inutile de demander à la personne ce qui lui est arrivé.

Cette façon de penser, me dit Joanne, la porte à croire que "nous sommes une civilisation complètement déconnectée de la réalité, incapable de comprendre la souffrance humaine". Tandis qu'elle me regardait, je pensai à toutes les épreuves qu'elle avait traversées et à la sagesse qu'elle y avait puisée. Alors elle baissa les yeux, puis répéta : "Nous sommes tout simplement incapables de comprendre."

Longtemps après avoir eu cette discussion avec Joanne, et après avoir beaucoup avancé dans mes recherches, j'ai réécouté l'enregistrement de notre entretien. Je commençais à me dire que ce n'était pas un hasard si la dépression et le deuil présentaient les mêmes symptômes. Alors un jour, après avoir interrogé de nombreuses personnes dépressives, je me suis demandé : et si la dépression était une sorte de deuil, un deuil lié au fait que nos vies ne sont pas telles qu'elles devraient être ? Et si elle était le deuil des liens dont nous avons besoin et que nous avons perdus ?

Pour comprendre comment j'en suis arrivé à me poser cette question, nous devons néanmoins retourner un peu en arrière, au moment d'une avancée capitale dans la compréhension de la dépression et de l'anxiété.

## 4

## LE PREMIER DRAPEAU SUR LA LUNE

Quelques jours après la fin de la Seconde Guerre mondiale, une jeune femme d'une vingtaine d'années[1] qui venait de mettre un enfant au monde traversa les ruines de Kensal Rise, banlieue ouvrière surpeuplée de l'ouest de Londres, en partie réduite en poussière par les nazis. Elle se dirigeait vers le Grand Canal. Une fois arrivée, elle se jeta dans ses eaux chargées de cendres.

Pendant les mois et les années qui suivirent son suicide, personne ne parla de la dépression dont elle avait souffert. Silence radio. Il était tabou de discuter des raisons qui pouvaient pousser quelqu'un à de telles extrémités.

Un adolescent du nom de George Brown vivait dans une maison voisine. Il avait tissé des liens étroits avec la jeune femme décédée. Elle avait veillé sur lui pendant les longs mois où, victime d'une infection intestinale dans un monde privé d'antibiotiques, il était resté alité dans l'une de ces maisons piteuses et exiguës. "C'était une personne très affectueuse, me dit-il, souriant à son souvenir, soixante et onze ans plus tard. Ce fut l'un de mes premiers contacts avec la dépression. À l'époque, cette maladie était associée à un très fort sentiment de honte", ajouta-t-il.

Plus tard dans la conversation, il renchérit : "C'était vraiment considéré comme une infamie. On n'en parlait jamais."

Ce silence l'étonnait, mais il n'y repensa pas sérieusement jusqu'à l'âge de trente-six ans, peu avant de faire une remarquable découverte[2].

Au début des années 1970, George retourna dans une banlieue ouvrière de Londres tout à fait semblable à celle où il avait grandi, pour tenter d'éclaircir un mystère : pourquoi les personnes qui tombaient en dépression, comme sa voisine, étaient-elles si nombreuses ? Quelle pouvait bien être la cause d'une telle épidémie ?

À l'époque, un lourd silence planait encore sur la dépression et concernait, au-delà du cas de cette jeune femme, l'ensemble de la société. Quand les professionnels en discutaient, à l'écart du débat public[3], deux manières de l'envisager s'affrontaient. On peut se figurer cette opposition en imaginant, d'un côté, un patient allongé sur un canapé en face du fondateur de la psychanalyse, Sigmund Freud, et de l'autre, un cerveau disséqué. Depuis près d'un siècle, les freudiens soutenaient que le motif d'une telle détresse ne pouvait se trouver que dans la vie de la personne dépressive, et plus particulièrement dans sa petite enfance. Pour eux, la dépression n'avait qu'un seul remède : le dialogue thérapeutique entre le psychanalyste et son patient, qui permettait de reconstituer l'histoire de ce dernier et de lui en offrir une version plus positive.

En réponse à cette théorie, de nombreux psychiatres se sont mis à défendre l'idée inverse : la dépression était, selon eux, le fait d'un dysfonctionnement du corps ou du cerveau, la conséquence d'une anomalie interne. Par conséquent, il n'était nul besoin d'en chercher les causes profondes dans l'histoire personnelle du patient. Il s'agissait d'un phénomène physique, issu d'une cause physique.

George avait toujours pensé qu'il y avait du vrai dans ces deux théories, mais qu'aucune d'entre elles n'était complètement satisfaisante. Il lui semblait que la question était plus complexe. Mais en quoi ? Il n'était ni médecin ni psychiatre de formation, mais anthropologue : son métier consistait à observer de l'extérieur une culture pour tenter d'en comprendre le fonctionnement. Aussi, en arrivant au centre de soins psychiatriques où il s'apprêtait à travailler, dans le sud de Londres, il était, me dit-il, "parfaitement ignorant" de ce qu'il fallait penser de la dépression. Avec le recul, "je suis forcé de reconnaître que cela présentait un grand avantage : en l'absence d'idées préconçues, j'étais forcé d'avoir l'esprit ouvert", me confia-t-il.

En se plongeant dans la littérature scientifique de l'époque, le peu de données disponibles sur le sujet le surprit. "Il me semblait qu'on ignorait encore beaucoup de choses", se souvient-il.

La plupart des théories se formulaient à tâtons et étaient fondées sur des anecdotes personnelles ou des arguments abstraits. "Les études [qui avaient été menées jusque-là] étaient, selon lui, largement insuffisantes."

À ce moment-là, la doctrine médicale officielle avait coupé la poire en deux pour ne contrarier aucun des deux camps en présence[4]. La majeure partie de la communauté scientifique s'accordait sur l'existence de deux types de dépression : l'une, causée par un dysfonctionnement spontané du corps ou du cerveau, était appelée "dépression endogène[5]" ; l'autre, s'expliquant par un bouleversement personnel, était qualifiée de "dépression réactionnelle", sans que personne n'ait pris la peine de définir ce à quoi les patients qui en souffraient étaient censés réagir, ni comment distinguer ces deux types de dépression (ni même si une telle distinction était fondée).

Pour connaître le fin mot de l'histoire, il fallait, selon George, entreprendre ce que personne n'avait encore entrepris à une échelle suffisante : mener une véritable enquête scientifique[6] sur des patients dépressifs ou extrêmement anxieux, en utilisant des techniques semblables à celles qui étaient employées pour comprendre, par exemple, comment se propage le choléra ou s'attrape la pneumonie. C'est ainsi qu'il forma son projet.

En marchant dans les rues du quartier de Camberwell, au sud de Londres, George avait l'impression de se trouver à des années-lumière de l'agitation de la ville. Le quartier était situé à deux kilomètres à peine du centre, mais seule la flèche de la cathédrale Saint-Paul qui se dessinait dans le lointain en signalait la proximité. Après avoir dépassé de majestueuses maisons victoriennes, il traversa des rues très pauvres et délabrées, progressivement désertées au gré des destructions ordonnées par le gouvernement. On démolissait des maisons ouvrières mitoyennes, semblables à celles qu'il avait habitées durant son enfance, pour faire place à des barres d'immeubles en béton qui bouchaient l'horizon. Une femme lui dit, alors qu'il passait devant chez elle, que les pompiers étaient venus trois fois cette semaine avec leur camion éteindre les feux que des enfants mettaient aux gravats, à mesure que les rues étaient évacuées.

George s'était entendu avec les services psychiatriques locaux pour mener un programme de recherche sans précédent. Il s'agissait de suivre étroitement, pendant plusieurs années, deux groupes de femmes. Le premier rassemblait des femmes ayant été diagnostiquées dépressives par leur psychiatre. L'équipe devait interroger ces 114 femmes en détail, chez elles, afin de rassembler les principales informations à leur sujet, en particulier concernant ce qui leur était arrivé l'année précédant leur dépression – période cruciale, comme je l'expliquerai plus loin.

Parallèlement, 344 femmes représentatives de la population de Camberwell, ayant le même niveau de revenus mais n'étant pas considérées comme dépressives, avaient été tirées au sort. L'équipe devait également mener plusieurs entretiens avec elles à leur domicile pour tenter de déterminer les événements positifs ou négatifs qui rythmaient leur vie au cours d'une année type.

George pensait que la comparaison de ces deux groupes permettrait enfin de comprendre les causes de la dépression[7].

Imaginez que vous souhaitiez mener une enquête sur un phénomène véritablement aléatoire, comme le fait d'être frappé par une météorite. Si vous compariez ce qui arrive aux victimes l'année précédant la survenue de l'accident avec l'année type de personnes qui n'ont pas été frappées par une météorite, vous n'observeriez aucune différence entre les deux. Cet accident est indépendant des facteurs qui déterminent plus largement le cours de leur vie : ces personnes sont tout simplement victimes d'une roche tombée du ciel. À l'époque, et c'est encore le cas aujourd'hui, nombreux étaient ceux qui concevaient la dépression et l'anxiété de cette manière : elles n'étaient rien de plus, selon eux, qu'un déséquilibre chimique aléatoire qui arrivait par malchance dans le cerveau du patient et n'avait rien à voir avec sa vie. Si tel était le cas, George ne trouverait aucune différence entre les vies des femmes dépressives et non dépressives au cours de l'année cruciale qui avait conduit les premières à la dépression.

Et s'il y avait une différence ? Si on réussissait à l'identifier, George savait que ce serait une véritable révélation : cela pourrait nous donner un indice sur les causes de la dépression. S'agissait-il simplement d'un événement négatif ayant eu lieu dans la vie personnelle ou durant la petite enfance des femmes dépressives ? Ou bien y avait-il autre chose ? Si oui, quoi ?

George et son équipe (notamment une jeune femme du nom de Tirril Harris, chercheur et psychothérapeute) se rendirent donc chez ces femmes, et prirent le temps de faire connaissance avec elles. Ils les interrogeaient méticuleusement et, une fois l'entretien terminé, quantifiaient avec soin les composantes de leur vie à l'aide de méthodes complexes de collecte de données et d'analyses statistiques sur lesquelles ils s'étaient accordés en amont de l'étude. Ils étaient en train de construire une base de données rassemblant une immense diversité de facteurs, qui prenaient en compte absolument tout ce qui était susceptible de jouer un rôle dans la survenue de la dépression.

Un jour, Tirril rendit visite à une femme du nom de Mme Trent[8], qui occupait un appartement de deux pièces situé au rez-de-chaussée d'une de ces maisons partagées typiques du quartier. Elle était mariée à un chauffeur routier et vivait dans cette petite maison avec ses trois enfants, dont aucun n'avait encore atteint l'âge de sept ans. Lorsque Tirril la rencontra, elle lui avoua qu'elle était totalement incapable de se concentrer, même le temps de lire un article dans le journal du matin. La nourriture, le sexe ne présentaient plus aucun intérêt à ses yeux. Elle passait ses journées à pleurer et avait l'impression que son corps, extrêmement tendu, se refermait sur elle sans qu'elle sache pourquoi. Depuis six semaines, elle n'avait pas quitté le lit de la journée : elle restait là, inerte, espérant que le monde finirait par la laisser en paix.

En faisant plus ample connaissance avec Mme Trent, les chercheurs découvrirent qu'une chose lui était arrivée peu de temps avant de tomber en dépression. Juste après la naissance de leur troisième enfant, M. Trent avait été licencié. Sa femme ne s'en était pas trop inquiétée : de fait, quelques semaines plus tard, il avait un nouveau travail. Mais soudain, sans raison apparente, on le renvoya. Mme Trent était persuadée que la lettre de recommandation envoyée par l'ancien patron de son mari, sans doute très mauvaise, avait fait son effet. Toujours est-il qu'il ne parvint pas à retrouver du travail. À Camberwell, il était extrêmement mal vu, pour une mère de famille, de se mettre à travailler. Ce chômage prolongé plaçait par conséquent la famille dans une situation de précarité chronique. Comment allaient-ils faire pour vivre ? Mme Trent dit à George et Tirril que son mariage était "fini", mais que pouvait-elle faire ? Elle avait plusieurs fois tenté de faire ses bagages et de partir, mais n'avait jamais dépassé le bout de la rue. Elle n'avait nulle part où aller.

"Je me souviens que certains entretiens étaient très émouvants, me dit George le jour où je lui ai rendu visite. Pour la plupart, ces femmes n'avaient pas l'habitude de se confier. Elles avaient enfin trouvé quelqu'un qui s'intéressait à leur sort et qui leur laissait la parole." Il sentait que "tout cela était important pour elles. Et puis les histoires qu'elles racontaient étaient tout à fait cohérentes [...]. Elles étaient lucides sur leur souffrance et sur leurs problèmes".

Parmi les femmes qu'ils rencontrèrent, beaucoup étaient dans la même situation que Mme Trent et aucun des deux types existants de dépression ne semblait pertinent pour rendre compte de leur cas. Ces femmes présentaient peut-être des problèmes neurologiques ou physiques ; elles rencontraient certainement des problèmes dans leur vie personnelle, mais George était persuadé que leur dépression était le fruit d'un phénomène plus vaste, sans pouvoir toutefois en préciser la nature, dans l'attente des résultats de son étude.

Les chercheurs voulaient savoir, en premier lieu, si ces femmes avaient connu, l'année précédant leur dépression, la perte d'un être cher ou un événement malheureux. Elles leur confiaient souvent avoir traversé tout une série de terribles épreuves : le fils de l'une avait été emprisonné ; le mari de l'autre, diagnostiqué schizophrène ; une autre encore avait accouché d'un nourrisson lourdement handicapé. George et Tirril définissaient la "gravité" des événements pris en compte dans leur étude de manière très stricte. Une femme leur raconta par exemple que son chien, qu'elle aimait comme son propre enfant et autour duquel toute son existence s'organisait, était mort. N'ayant pas défini la mort d'un animal de compagnie comme un accident suffisamment grave pour être pris en compte dans leur étude, ils laissèrent cet événement de côté.

George et Tirril souhaitaient également étudier d'autres facteurs qui, selon eux, pouvaient avoir avec le temps un effet sur la santé mentale des individus, sans être à proprement parler des événements ponctuels. Ils classèrent ces facteurs en deux catégories.

La première catégorie rassemblait ce qu'ils appelaient les "difficultés[9]", définies comme un problème récurrent, pouvant aller d'un mauvais mariage à l'absence de logement décent et à l'obligation de quitter sa communauté ou son quartier.

La seconde catégorie regroupait, au contraire, les "facteurs stabilisants", c'est-à-dire des éléments susceptibles de consoler une personne et de la prémunir contre le désespoir. Pour les estimer, ils enregistrèrent minutieusement le nombre d'amis proches de ces femmes ainsi que la qualité de la relation qu'elles entretenaient avec leur conjoint.

Après des années passées à amasser toutes sortes d'informations, à interroger ces femmes les unes après les autres et à leur rendre régulièrement visite, les chercheurs finirent par s'arrêter pour traiter les données collectées. Ils passèrent des mois à analyser les chiffres pour tenter de comprendre ce qu'ils révélaient. Ce faisant, ils sentaient la responsabilité qui pesait sur leurs épaules : c'était la première fois qu'autant de preuves scientifiques étaient rassemblées à ce sujet.

Si l'histoire que m'avait racontée mon médecin était vraie, si la dépression était bien provoquée par un faible niveau de sérotonine dans le cerveau plutôt que par un problème personnel, alors les deux groupes étudiés ne devraient présenter aucune différence.

Tirril examina les résultats.

Parmi les femmes qui n'avaient pas développé de dépression, seulement 20 % avaient connu un événement malheureux significatif l'année précédente. Pour les femmes dépressives, cette proportion s'élevait à 68 %.

Il y avait donc une différence de 48 % entre les deux groupes[10] : cette variation était bien trop importante pour être le simple fait du hasard. C'était donc la preuve que faire face à un événement extrêmement stressant pouvait être une cause de dépression.

Tirril et George n'en étaient pourtant qu'à la première de leurs découvertes. Il s'avérait que les femmes dépressives avaient trois fois plus de chances que les femmes non dépressives d'avoir été exposées durablement à de sérieux facteurs de stress l'année précédant le début de leur dépression. La dépression n'était donc pas seulement le fruit d'un événement malheureux, mais également de l'exposition constante à des sources de stress. Avoir des éléments positifs et stabilisants dans sa vie, à l'inverse, réduisait massivement la probabilité de développer une dépression. Des amis sincères, un conjoint affectueux vous offrant un véritable soutien diminuaient considérablement les chances de dépression.

George et Tirril avaient donc découvert que deux facteurs augmentaient grandement la probabilité de dépression : connaître un grave événement malheureux et être soumis à des sources de stress et d'insécurité sur le long terme. Mais le résultat le plus surprenant était qu'en additionnant ces deux facteurs, les chances de tomber en dépression ne se contentaient pas d'augmenter d'autant : elles explosaient. Par exemple, si vous n'aviez pas d'amis et que votre conjoint ne vous offrait pas grand soutien, la probabilité que vous développiez une dépression en cas d'événement malheureux atteignait 75 %[11]. Dans ce cas, la dépression était donc l'option la plus probable.

En réalité, chaque événement négatif, chaque source de stress, chaque manque de soutien, augmentait les risques de dépression de manière exponentielle. C'était un peu comme introduire un champignon dans un lieu sombre et humide : non seulement ce champignon proliférerait davantage que s'il avait été dans une pièce seulement sombre ou seulement humide, mais il envahirait complètement la pièce, au-delà de toute mesure.

George et son équipe ne s'attendaient pas à découvrir un effet si important. Alors qu'ils s'efforçaient d'intégrer ces résultats, ils repensèrent à toutes ces femmes qu'ils avaient fréquentées durant tant d'années. Elles étaient la preuve qu'en réalité, la cause de la dépression se trouvait en grande partie dans la vie, et non dans le cerveau. Après la publication de ces découvertes, un professeur, résumant l'avis général des scientifiques, les qualifia d'"avancée significative[12]" dans notre compréhension de cette maladie.

Dans notre culture, on tend à considérer la dépression comme la forme ultime de l'irrationalité. Cette idée correspond parfaitement à la manière dont on ressent la dépression de l'intérieur et dont elle est perçue de l'extérieur. Mais George et Tirril, comme ils l'écrivirent à l'époque, en étaient venus à l'idée qu'au contraire, "la dépression clinique est une réaction compréhensible face à l'adversité[13]". Pensez à Mme Trent, prise au piège d'un mariage à l'agonie, avec un mari qui n'arrive pas à retrouver du travail, luttant pour survivre, sans aucun espoir d'avoir un jour une vie meilleure. Elle savait que, pour le reste de ses jours, sa vie se résumerait à une bataille angoissante et sans joie. Dans ce cas, n'est-il pas plus juste de dire que c'est "l'environnement, et non la personne", qui doit être tenu pour "responsable" de sa dépression[14] ?

En lisant cela, je sentais la force de conviction de leurs arguments mais ils soulevaient en moi une objection évidente. Je ne vivais pas (et n'avais vécu à aucun moment de ma dépression) dans une cité délabrée située dans les quartiers pauvres de Londres. Ma vie ne ressemblait guère à celle de Mme Trent. La plupart de mes connaissances souffrant de dépression étaient à l'abri du besoin. Quelles étaient les implications de leurs découvertes, pour des gens comme nous ?

Grâce à l'analyse de leurs statistiques, George et Tirril avaient découvert que le taux de dépression était plus important chez les personnes vivant dans la pauvreté. Les données montraient néanmoins qu'il aurait été exagéré d'en conclure que la pauvreté était une cause de dépression. Le phénomène qui était à l'œuvre était plus subtil : les personnes vivant dans la misère avaient plus de chances de devenir dépressives parce qu'en moyenne, elles étaient exposées à davantage de stress sur le long terme, étaient plus susceptibles de connaître des événements malheureux et pouvaient compter sur un plus petit nombre d'éléments stabilisants. Les leçons qu'on pouvait tirer de cette étude n'en restaient pas moins vraies pour tout le monde, qu'on soit riche, pauvre, ou qu'on fasse partie de la classe moyenne. Il est naturel de perdre espoir lorsque nous sommes soumis à un stress important ou que quelque chose de terrible nous arrive, mais si ce stress ou ces événements malheureux durent pendant une trop longue période, on observe, selon Tirril, une "généralisation du désespoir". Ce dernier s'étend à tous les aspects de la vie[15], comme une marée noire, et nous fait perdre la force de nous battre.

Des années plus tard, des équipes de sociologues utilisèrent exactement les mêmes méthodes que George et Tirril pour enquêter sur les causes de la dépression dans des lieux aussi différents que le Pays basque et les zones rurales du Zimbabwe[16]. Ils découvrirent que, quel que soit l'endroit du monde, les facteurs qui conduisaient les individus à la dépression (ou les en protégeaient) étaient les mêmes que ceux qu'avaient mis au jour George et Tirril. Dans l'Espagne rurale, le taux de dépression était très faible car les gens étaient entourés par une solide communauté et connaissaient peu d'expériences traumatiques. Au Zimbabwe, au contraire, le taux de dépression était très haut, car les individus devaient faire face à de fréquentes expériences traumatiques. Ainsi, une femme stérile pouvait être chassée de son lieu de vie et exclue de sa communauté (j'en ai moi-même été témoin lorsque je me suis rendu au Zimbabwe à l'occasion de mes recherches pour ce livre).

Les chercheurs apprenaient peu à peu que, où que vous viviez, ces facteurs jouaient un rôle déterminant dans la survenue d'une dépression. Il semblait donc qu'ils aient découvert les premiers ingrédients de la recette secrète de la dépression.

Pourtant, même à l'issue de tout ce travail, George et Tirril savaient qu'il leur restait encore quelque chose à découvrir. Mais de quoi s'agissait-il ?

Une fois les résultats publiés, les psychiatres ne tardèrent pas à riposter. Ils déclarèrent qu'ils avaient toujours soutenu que certaines personnes tombaient en dépression à cause d'événements vécus. Ces personnes souffraient d'une "dépression réactionnelle". George et Tirril avaient certes affiné les connaissances dont on disposait à leur sujet, bravo à eux, mais il n'en restait pas moins que, dans la plupart des cas, la dépression des patients s'expliquait par des dysfonctionnements physiologiques internes. Ces patients qui souffraient de "dépression endogène" n'avaient qu'un seul problème : quelque chose à l'intérieur de leur corps ne fonctionnait pas correctement.

George et Tirril précisèrent cependant que leur étude ne s'était pas seulement fondée sur des cas de "dépressions réactionnelles", mais qu'elle avait également pris en compte des femmes à qui on avait diagnostiqué des "dépressions endogènes". En comparant les données, ils s'étaient rendu compte qu'il n'y avait aucune différence entre ces deux groupes : dans chacun d'eux, une proportion similaire de femmes avaient eu des problèmes personnels. Par conséquent, ils jugeaient cette distinction non pertinente[17].

"Cela semble vraiment impensable aujourd'hui que nous ayons eu à convaincre les gens de l'importance des problèmes personnels [pour expliquer la dépression et l'anxiété]", m'a dit Tirril Harris, coauteur de ces recherches, lorsque je lui ai rendu visite dans son cabinet du nord de Londres, où elle pratique, encore aujourd'hui, la psychothérapie. Alors que je lui avais demandé ce qu'elle répondait à tous ceux qui pensaient que la plupart des dépressions s'expliquaient par un dysfonctionnement interne du cerveau (comme tous ceux de ma génération l'ont entendu dire par leur médecin), elle haussa les sourcils : "Aucun organisme ne peut exister indépendamment de son environnement. C'est impossible, tout simplement, me répondit-elle. Je pense qu'ils sont un peu ignorants, voilà tout, ajouta-t-elle en souriant calmement. Il y a énormément de gens dans le monde qui défendent des opinions infondées, il faut se faire une raison."

Des années plus tard, Tirril utilisa la même méthodologie pour mener une étude sur l'anxiété[18] et obtint des résultats similaires. Ce n'était pas un problème causé par quelque chose qui n'allait pas dans le cerveau, mais par quelque chose qui n'allait pas dans la vie.

George et Tirril savaient que l'étude qu'ils avaient menée dans les rues du sud de Londres n'avait fait qu'effleurer le problème. Bien d'autres questions se posaient. Ils étaient tout à fait conscients d'avoir laissé de côté de nombreux aspects potentiellement déterminants de la vie des personnes anxieuses et dépressives. Par où commencer ? Ils avaient planté le premier drapeau sur une nouvelle Lune : la recherche des causes sociales de la dépression et de l'anxiété. Ils s'attendaient à ce que d'autres vaisseaux spatiaux prennent le relais sans tarder et continuent l'exploration. Mais personne ne prit la peine de communiquer ces idées au grand public, et le vaisseau tant attendu ne vint jamais. Leur drapeau resta désespérément seul dans l'univers, sans être agité par le moindre souffle de vent.

En quelques années, le débat public autour de la dépression se focalisa sur la découverte des nouveaux antidépresseurs et sur la manière de prévenir la dépression dans le cerveau plutôt que dans la société. On ne tenta plus de saisir ce qui nous rendait si malheureux dans nos vies, mais on s'efforça de bloquer les neurotransmetteurs qui nous faisaient ressentir cette douleur.

Pourtant, George et Tirril ont gagné la bataille sur un autre terrain. En quelques années, l'idée selon laquelle le mode de vie et l'environnement social jouent un rôle essentiel dans la dépression et l'anxiété fit son chemin parmi les universitaires, jusqu'à s'imposer dans la plupart des cercles scientifiques. Partout dans le monde occidental, ces découvertes constituèrent bientôt un élément essentiel des formations en psychiatrie. On se mit à enseigner, dans la plupart des cursus, que les différentes formes de détresse mentale, telles que la dépression et l'anxiété, s'expliquent par trois types de causes : biologiques, psychologiques et sociales[19]. Toutes sont réelles. Cette théorie, connue sous le nom de "modèle biopsychosocial[20]", est très simple : puisque les trois types de facteurs sont pertinents, il faut tous les considérer pour comprendre la dépression d'un patient.

Ces découvertes riches d'enseignements restèrent néanmoins accessibles à un nombre restreint de personnes et inconnues d'un plus large public qui aurait pu y trouver de l'aide. On ne prit pas la peine de les expliquer aux personnes dépressives et anxieuses, dont les rangs ne cessaient de croître, et le traitement qu'on leur offrait ne fut en rien modifié.

Personne ne parla au grand public de la conséquence principale de cette découverte. George et Tirril en étaient arrivés à la conclusion que, dans les cas de dépression ou d'anxiété, "il était sans doute tout aussi efficace, si ce n'est plus, de s'intéresser à l'environnement du patient que de lui prescrire un traitement médicamenteux[21]". Personne ne songea à leur demander comment faire ou quels changements envisager pour réduire la dépression et l'anxiété.

Ces questions semblaient trop vastes, trop révolutionnaires pour qu'on puisse y répondre. Aujourd'hui encore, elles restent largement ignorées par le débat public, c'est pourquoi j'ai tenté d'en saisir les enjeux.

Il m'apparaît maintenant qu'au moment de cette enquête à Camberwell, toute l'histoire de la compréhension de la dépression aurait pu basculer et prendre une direction totalement différente. Les résultats de l'étude de George et Tirril ont été publiés en 1978, un an avant ma naissance. Si on les avait pris en compte, au moment où je me suis rendu chez mon médecin, dix-huit ans plus tard, il m'aurait raconté une histoire bien différente sur les causes de ma souffrance et sur les solutions envisageables.

Au moment où je disais au revoir à George Brown, à l'issue de l'une de nos longues conversations, il m'annonça qu'il allait passer le reste de sa journée à travailler à un nouvel article scientifique, dans lequel il tentait d'approfondir la question des causes de la dépression. À l'époque où je l'ai rencontré, il avait quatre-vingt-cinq ans. Il me dit qu'il s'agissait sans doute de son dernier projet de recherche. Mais en réalité, il ne s'arrêterait pas de chercher, jusqu'à sa mort. Tandis qu'il s'éloignait, je repensais à sa voisine qui s'était noyée en silence, il y a tant d'années[22]. "Tant de choses restent à découvrir, m'avait-il dit. Pourquoi m'arrêter ?"

# II

# RUPTURE DES LIENS :
# LES NEUF CAUSES DE LA DÉPRESSION
# ET DE L'ANXIÉTÉ SÉVÈRE

## RELEVER LE DÉFI.
## INTRODUCTION À LA DEUXIÈME PARTIE

Après avoir appris tout cela, je m'embarquai dans un long périple sur la piste des découvertes de George Brown et Tirril Harris. Je voulais savoir qui d'autre avait étudié ce qui semblait être les ressorts cachés de la dépression et de l'anxiété, et en quoi ces recherches pouvaient contribuer à endiguer leur développement. En quelques années, je découvris qu'aux quatre coins du monde, des sociologues et des psychologues avaient pris le relais de George et Tirril, et que d'autres drapeaux avaient remplacé le leur, désormais en lambeaux[1]. J'ai voyagé de San Francisco à Sydney, et de Berlin à Buenos Aires pour rencontrer ces scientifiques et j'en suis venu à les considérer comme une avant-garde invisible de la dépression et de l'anxiété qui s'était donné pour mission d'en fournir une explication moins réductrice et plus fidèle.

Ce n'est qu'après de longues discussions avec eux que j'ai pris conscience que toutes les causes sociales et psychologiques de la dépression et de l'anxiété qu'ils avaient découvertes avaient un point commun.

Ce sont toutes des formes de déconnexion : elles renvoient à la manière dont nous nous trouvons coupés de choses dont nous avions un besoin inné et qu'il semble que nous ayons perdues au cours de notre vie.

Après plusieurs années de recherches sur la dépression et l'anxiété, j'ai réussi à dégager neuf causes. Ce faisant, je ne prétends nullement les avoir toutes identifiées. Certaines restent sans doute à découvrir et d'autres ont pu m'échapper au cours de mes recherches. Je ne prétends pas non plus que toutes les personnes dépressives ou anxieuses retrouveront dans leur vie l'ensemble de ces facteurs. Je n'en ai moi-même connu qu'une partie.

Quoi qu'il en soit, suivre cette piste allait entièrement modifier l'idée que je me faisais de certains de mes sentiments les plus intimes.

## PREMIÈRE CAUSE :
## L'ENFERMEMENT DANS UN TRAVAIL
## PRIVÉ DE SENS

Joe Phillips[1] ne faisait rien d'autre qu'attendre la fin de sa journée. Si vous étiez entré dans le magasin de peinture où il travaillait, à Philadelphie, en demandant cinq litres d'une teinte particulière, il vous aurait demandé de la désigner sur un nuancier, avant de préparer votre commande. C'était toujours la même routine. Il aurait mis une goutte de pigment dans le pot, puis l'aurait placé dans une machine ressemblant un peu à un micro-ondes, chargée de remuer vigoureusement le mélange pour obtenir une couleur unifiée. Enfin, il aurait encaissé votre argent et vous aurait dit : "Merci, monsieur." Il ne lui restait plus qu'à attendre l'arrivée du client suivant et à recommencer, encore et encore. Toute la journée. Tous les jours.

Prendre la commande.

Mélanger la peinture.

Dire : "Merci, monsieur."

Attendre.

Prendre la commande.

Mélanger la peinture.

Dire : "Merci, monsieur."

Attendre.

Et ainsi de suite. Encore et encore.

Personne n'était là pour juger de la qualité de son travail. Son chef ne lui faisait aucun commentaire, sauf s'il était en retard, auquel cas il le houspillait violemment. Chaque fois qu'il quittait le travail, Joe pensait : "Je n'ai pas l'impression d'avoir changé quoi que ce soit dans la vie de qui que ce soit." Son employeur s'adressait à lui en ces termes : "Tu feras ceci de telle manière.

Tu devras être là à telle heure. Et tant que tu feras ce que je te dis, tout ira bien." Mais il ne pouvait s'empêcher de se demander, je le cite : "Qu'en est-il de la possibilité de changer ? d'évoluer ? Comment puis-je être utile à l'entreprise pour laquelle je travaille ? C'est à la portée de n'importe qui d'arriver à l'heure et de faire ce qu'on lui dit."

Joe avait l'impression que ses pensées, ses émotions, son humanité même étaient pour ainsi dire, dans le cadre de son travail, des défauts à éradiquer. Pourtant, il ne pouvait s'empêcher de se repentir de ses confidences, dès qu'il évoquait avec moi sa souffrance au travail, dans ce restaurant chinois où nous dînions tous les deux. "Certaines personnes seraient prêtes à tuer pour occuper ce poste, et je les comprends. J'ai de la chance de l'avoir", me disait-il. Il recevait un salaire correct et vivait avec sa petite amie dans un logement décent ; il connaissait de nombreuses personnes qui n'avaient pas cette chance. Mais malgré sa culpabilité, son insatisfaction ne cessait de le hanter.

Et il mélangeait toujours plus de peinture.

Toujours plus de peinture.

Toujours plus de peinture.

"La monotonie naît du sentiment constant de faire des choses qu'on ne veut pas faire, me dit-il. Où trouver de la joie là-dedans ? Je n'ai pas les mots pour le dire mais, dans l'ensemble, j'avais le sentiment […] d'un vide à combler, sans pouvoir mettre le doigt sur ce qu'était réellement ce vide", poursuivit-il.

Il partait de chez lui à sept heures du matin, travaillait toute la journée et rentrait à la maison à sept heures du soir. Il commençait à se dire : "Avec des semaines de quarante à cinquante heures, si tu n'aimes pas ton travail, tu vas droit à la dépression et à l'anxiété." Puis il se demandait : "Pourquoi est-ce que je fais cela ? Je dois bien pouvoir trouver quelque chose de mieux." Il commençait à "perdre espoir" et ne voyait plus "l'intérêt de continuer".

"Il faut pouvoir trouver une saine stimulation dans son travail, déclara-t-il en haussant discrètement les épaules, comme gêné de l'avouer. Sentir que sa voix compte, savoir que si on a une bonne idée, on peut en parler et changer les choses", ajouta-t-il. Son travail ne lui avait jamais offert ce genre de motivations, et il craignait que ce ne soit jamais le cas.

Quand on passe la plus grande partie de sa journée à s'abrutir en attendant le soir, m'expliqua-t-il, il est difficile de prêter attention aux personnes qu'on aime, une fois de retour à la maison. Joe disposait de cinq heures avant de se mettre au lit pour recommencer, dès le lendemain matin, à mélanger des peintures. Il n'avait qu'une envie : s'affaler devant la télévision ou être seul. Le week-end, il ne voulait rien faire d'autre que se soûler devant un match.

Joe me contacta un jour, après avoir regardé l'une de mes prises de parole en ligne : il souhaitait discuter avec moi de mon dernier livre, qui portait en partie sur l'addiction. Nous sommes donc convenus d'un rendez-vous et avons entamé une promenade dans les rues de Philadelphie avant d'aller manger. C'est alors qu'il me raconta une histoire. Il mélangeait des peintures depuis déjà plusieurs années quand, un soir, il s'était rendu dans un casino avec un ami qui lui avait offert un petit comprimé bleu. Il s'agissait de trente milligrammes d'un antidouleur à base d'opium, l'oxycodone. Après l'avoir avalé, Joe avait été plongé dans un état de douce léthargie. Quelques jours plus tard, il s'était dit que ce médicament pourrait l'aider au travail. Quand il le prenait, il avait l'impression d'être libéré de tous ces doutes qui envahissaient son esprit. Peu de temps après, "je m'assurais d'en avoir pris avant d'aller au travail, d'en avoir assez avec moi pour supporter ma journée ; je calculais le nombre de prises", m'avoua-t-il. De retour chez lui, il avalait d'autres comprimés avec des bières en se disant : "La seule chose qui me fait supporter mon boulot de merde est de pouvoir en prendre en rentrant à la maison."

Et il mélangeait toujours plus de peinture.

Toujours plus de peinture.

Toujours plus de peinture.

Je me demandais si l'une des raisons de son addiction n'était pas que l'oxycodone le rendait aussi vide et stérile que l'était son travail. Sous l'effet du médicament, le conflit entre la réalité de sa vie et son désir de lui donner un sens semblait s'évanouir. La première fois que j'ai discuté avec Joe, il croyait être en train de me raconter l'histoire d'une addiction. Les personnes qu'il avait consultées en vue d'arrêter l'oxycodone l'avaient diagnostiqué "addict de naissance", et c'est d'abord de cela dont il voulait me parler. Au fil de la discussion, il mentionna qu'à certains moments de sa vie, il buvait beaucoup d'alcool et fumait régulièrement de l'herbe ; il avait même fait l'étrange expérience de sniffer une ligne de cocaïne quand il était étudiant, sans jamais ressentir le moindre besoin de consommer ces substances en dehors de quelques fêtes occasionnelles. Ce n'est qu'une fois pris au piège de ce travail abêtissant qu'il avait commencé à ressentir le besoin de s'abrutir.

En effet, après avoir surmonté les quelques mois difficiles suivant l'arrêt de l'oxycodone, sa vie lui était apparue plus insupportable que jamais. Toutes les pensées sombres dont il avait tenté de se débarrasser étaient revenues en force, tandis qu'il continuait à mélanger des peintures, encore et toujours.

Il savait bien que les gens avaient besoin de peinture et qu'il aurait dû savourer sa chance, mais la simple idée que sa vie puisse continuer ainsi pendant les trente-cinq années à venir, jusqu'à l'âge de la retraite, lui était insupportable. "Vous, vous aimez ce que vous faites, non ?", me demanda-t-il. J'arrêtai un instant de prendre des notes dans mon carnet. "En vous réveillant le matin, vous abordez la journée avec impatience, continua-t-il. Moi, quand je me réveille, je n'ai aucune envie d'aller au travail… J'y vais parce que je suis obligé de le faire."

Entre 2011 et 2012, l'entreprise de sondages Gallup a conduit l'étude la plus fouillée jamais menée à travers le monde sur le bien-être au travail[2], en se fondant sur les réponses de millions de travailleurs dans 142 pays. Au total, 13 % des gens déclarent être "investis" dans leur travail, c'est-à-dire être "enthousiastes, dévoués, et contribuer au bon fonctionnement de l'organisation qui les emploie".

63 % des sondés déclarent à l'inverse ne pas être investis, c'est-à-dire "traverser sa journée en somnambule en se contentant de consacrer du temps, mais non de l'énergie ou de la passion, à son travail".

Enfin, 24 % des personnes interrogées sont "activement désinvesties[3]". Ces personnes, selon Gallup, ne se contentent pas d'être "malheureuses au travail, mais s'appliquent à manifester leur mécontentement. Chaque jour, ces travailleurs minent ce qu'accomplissent leurs collègues investis […]. Les employés activement désinvestis sont plus ou moins là pour nuire à leur entreprise".

Si l'on en croit l'étude menée par Gallup, 87 % des individus se reconnaîtraient donc, au moins en partie, dans l'histoire de Joe s'ils venaient à la lire. Il y a environ deux fois plus de gens qui détestent leur travail que de gens qui l'aiment.

Or cette chose que la plupart d'entre nous n'aimons pas faire et qui nous transforme en zombies, voire pire, occupe désormais la majeure partie de notre vie. Voici ce qu'écrit un professeur qui a étudié le sujet en détail : "Une étude récente a confirmé que travailler de 9 heures à 17 heures chaque jour appartient définitivement au passé. De nos jours, le travailleur moyen consulte ses mails professionnels à 7 h 42 du matin, arrive au bureau à 8 h 18 et rentre chez lui à 19 h 19. [...] Cette étude récente a également prouvé qu'un tiers des travailleurs britanniques consultent leurs mails avant 6 h 30 du matin, tandis que 80 % des employeurs en Grande-Bretagne considèrent qu'il est acceptable de téléphoner à leurs employés en dehors des horaires de bureau[4]." Pour la plupart des gens, le concept même d'"horaires de travail" est en train de disparaître, si bien que ce à quoi 87 % d'entre nous se consacrent sans entrain ni passion prend de plus en plus de place dans nos vies.

Après ce repas avec Joe, j'ai commencé à me demander s'il se pouvait que ce phénomène joue un rôle dans l'augmentation des cas de dépression et d'anxiété. Il existe un symptôme courant de la dépression qui s'appelle la "déréalisation[5]" : vous avez l'impression que rien de ce que vous faites n'est authentique ni réel. Quand je le découvris, ce symptôme me parut s'appliquer parfaitement au cas de Joe, et nullement irrationnel. Il me semblait au contraire qu'il s'agissait d'une réaction humaine parfaitement naturelle au fait d'être condamné toute sa vie à exercer un travail comme celui de Joe. Je me suis donc mis à chercher des études scientifiques qui décrivaient les effets d'un tel travail sur le psychisme, afin de déterminer si cela pouvait être une cause de la dépression et de l'anxiété. Je n'ai trouvé de réponse à cette question qu'après avoir rencontré un scientifique remarquable.

Un jour, à la fin des années 1960, une femme grecque, malingre, entra d'un pas traînant dans une clinique de la banlieue de Sydney, en Australie[6]. L'hôpital était situé dans l'un des quartiers les plus pauvres de la ville, et accueillait une majorité de patients immigrés venus de Grèce. Cette femme dit aux médecins de garde qu'elle pleurait en permanence : "J'ai l'impression que ma vie ne vaut rien." En face d'elle se tenaient deux hommes : un psychiatre européen qui s'exprimait avec un fort accent et un jeune interne australien nommé Michael Marmot. "Quand vous êtes-vous sentie en forme pour la dernière fois ?", lui demanda l'homme le plus âgé. Elle répondit : "Oh, docteur, mon mari s'est remis à boire et à me battre. Mon fils est à nouveau en prison et ma fille adolescente est enceinte. Je pleure presque tous les jours. Je suis épuisée. Je n'arrive pas à dormir."

Michael voyait se succéder dans son service de nombreux patients qui, comme elle, venaient chercher de l'aide. En Australie, les immigrants étaient victimes d'un racisme incessant, et ceux de la première génération vivaient dans des conditions particulièrement difficiles et humiliantes. Une fois qu'ils avaient atteint un état critique, comme cette femme, on leur diagnostiquait généralement un problème médical, et on leur administrait tantôt une mixture blanche absolument inoffensive (une sorte de placebo), tantôt un véritable traitement.

Michael, en tant que jeune interne se destinant à la carrière médicale, trouvait cette pratique étrange. "Il était évident que sa dépression était liée aux problèmes qu'elle avait rencontrés dans sa vie", écrivit-il des années plus tard au sujet de cette femme. Pourtant, remarqua-t-il, "quand les gens se présentaient à nous avec des problèmes personnels, nous prétendions les soulager avec un simple flacon de cette drôle de mixture blanche". Il sentait confusément que la plupart des cas auxquels ils étaient confrontés, tels que les maux d'estomac sans cause apparente dont se plaignaient certains hommes, s'expliquaient par les conditions stressantes dans lesquelles leurs patients étaient contraints de vivre.

En faisant le tour des différents services de l'hôpital, Michael ne pouvait s'empêcher de penser que toutes les maladies et les situations de détresse qu'il voyait étaient révélatrices de l'état de la société et de ses dysfonctionnements. Il tenta d'en parler avec les autres médecins et de leur expliquer que, dans des cas comme celui de cette patiente, il pensait qu'on "devrait prêter davantage attention aux causes de la dépression". Ses collègues le regardèrent, interloqués, et refusèrent de l'écouter. À leurs yeux, comme à ceux de la plupart des médecins de l'époque, il était inconcevable qu'une détresse psychologique puisse être à l'origine d'une maladie physique. Michael était persuadé qu'ils avaient tort, mais après tout, qu'en savait-il ? Il n'avait aucune preuve, et personne ne semblait mener de recherches à ce sujet. Ce n'était qu'une intuition.

L'un des médecins lui conseilla gentiment de s'orienter vers la recherche médicale plutôt que vers la psychiatrie hospitalière si ce genre de questions l'intéressait.

Voilà comment, quelques années plus tard, Michael se retrouva à Londres au beau milieu du chaos des années 1970. Des employés anglais, coiffés de chapeaux melon pour quelque temps encore, côtoyaient dans les rues des jeunes femmes en minijupes : ces deux ères se croisaient, gênées, sans échanger un regard. Lorsqu'il arriva, au cœur d'un hiver glacé, le pays semblait sur le point de se désagréger. Un peu plus tôt, une grève prolongée avait privé les habitants d'électricité jusqu'à quatre jours par semaine.

Au cœur de cette société en pleine désagrégation, ronronnait pourtant une machine parfaitement huilée. La fonction publique britannique, dont les bureaux s'étiraient, le long de Whitehall, de Trafalgar Square jusqu'au Parlement, aimait en effet à se considérer comme la Rolls Royce des bureaucraties gouvernementales. Composée d'une nuée de bureaucrates administrant le moindre aspect de l'État britannique, elle était aussi disciplinée qu'une armée. Tous les jours, des milliers d'hommes (au moment où Michael commença à s'y intéresser, ils constituaient en effet l'écrasante majorité des effectifs) sortaient du métro et venaient prendre place sur des rangées de bureaux bien alignés, depuis lesquels ils gouvernaient l'ensemble des îles Britanniques.

Aux yeux de Michael, l'administration offrait un laboratoire idéal pour étudier une question qui le taraudait : comment le travail affecte-t-il la santé ? Il est impossible de mesurer cet effet en comparant des métiers trop différents, par exemple un ouvrier dans le bâtiment avec une infirmière et un comptable. Dans ce cas, les variations sont si importantes qu'elles brouillent les pistes. Les ouvriers dans le bâtiment ont en moyenne plus d'accidents, les infirmières sont davantage exposées à des maladies, et les comptables passent plus de temps assis (ce qui n'est pas une bonne chose) : on ne peut en déduire aucune causalité générale.

Mais dans la fonction publique britannique, personne n'est pauvre ; personne ne dort dans une maison pleine d'humidité ; personne, enfin, n'est physiquement en danger. Tout le monde exerce un travail de bureau. Il existe en revanche de réelles différences en termes de statuts et de degrés de liberté au travail. Les fonctionnaires britanniques se répartissent en plusieurs catégories qui déterminent leur salaire et les responsabilités qui leur sont confiées. Grâce à son étude, Michael cherchait à savoir si ces différences étaient susceptibles d'affecter la santé des agents. La réponse à cette question devait, selon lui, nous aider à comprendre pourquoi les personnes dépressives ou anxieuses étaient si nombreuses dans notre société, résolvant du même coup le mystère qui le hantait depuis ses études à Sydney.

À l'époque, beaucoup ne voyaient pas l'intérêt de cette étude, car ils croyaient connaître la réponse à cette question. Imaginez un homme à la tête d'un important service gouvernemental, puis un autre homme (onze crans en dessous sur l'échelle salariale), dont le travail consiste à classer les dossiers du premier et à taper ses notes à la machine : lequel a, selon vous, le plus de chances d'avoir une attaque ? d'être surchargé de travail ? de tomber en dépression ? Presque tout le monde pensait que la réponse était, évidemment : le directeur. Son travail est plus stressant. Il est obligé de prendre des décisions difficiles pouvant avoir de lourdes conséquences. L'homme qui classe ses dossiers a bien moins de responsabilités qui pèsent sur ses épaules, sa vie est donc nécessairement plus facile.

Michael et son équipe commencèrent à interroger les fonctionnaires sur leur santé physique et mentale. Au terme de plusieurs années d'entretiens, leurs résultats allaient donner lieu à la publication de deux études d'une importance considérable. Les fonctionnaires se succédaient auprès de Michael, qui discutait avec chacun d'eux de leur travail pendant une heure. L'équipe en interrogea ainsi dix-huit mille. D'emblée, Michael remarqua une différence entre les différents grades de fonctionnaires. Quand il s'adressait à ceux qui occupaient une position hiérarchique élevée, ces derniers s'asseyaient confortablement et prenaient spontanément les devants, lui demandant où il voulait en venir. Les fonctionnaires de rang moindre, au contraire, avaient tendance à se pencher vers lui et à attendre ses instructions.

Après des années passées à mener des entretiens de manière intensive, Michael et son équipe compilèrent les données récoltées. Ils découvrirent que les hauts fonctionnaires avaient quatre fois moins de chances[7] d'avoir un infarctus que les agents qui se situaient en bas de la hiérarchie de Whitehall. Ce résultat déjouait toutes leurs attentes, mais ils étaient sur le point de faire une autre découverte, plus surprenante encore.

En représentant ces résultats sur un graphique, ils se rendirent compte qu'à mesure que la position dans la fonction publique s'élevait, les chances de développer une dépression diminuaient, palier par palier. Il existait donc une relation étroite entre le fait de tomber en dépression et la position hiérarchique. C'est ce que les sociologues appellent un "gradient social". "C'est incroyable, écrivit Michael. Comment expliquer que des personnes qui ont fait des études et occupent un poste stable présentent un risque plus important de mourir subitement [ou de développer une dépression] que d'autres, qui ont seulement fait un peu plus d'études qu'elles ou ont un statut légèrement supérieur ?"

Il n'y avait qu'une seule réponse possible : quelque chose, dans leur travail, les rendait dépressives. Mais quoi ? Michael et son équipe revinrent à Whitehall pour pousser plus loin leur enquête, afin d'éclaircir ce mystère. Quels changements effectifs dans les conditions de travail avaient lieu lorsqu'on gravissait les échelons et pouvaient expliquer ce décrochage statistique ?

Ils avaient une hypothèse de départ, fondée sur l'ensemble des observations qu'ils avaient pu faire jusque-là : la marge de manœuvre des hauts fonctionnaires, plus grande que celle des fonctionnaires de rang inférieur, pouvait peut-être expliquer qu'ils soient moins souvent dépressifs. Cette idée avait toutes les chances de se vérifier. "Dans la vie comme au travail, me dit Michael lorsque nous nous sommes rencontrés dans son bureau du centre de Londres, les situations dans lesquelles on se sent le plus mal sont celles sur lesquelles on a l'impression de n'avoir aucun contrôle."

Il existait un moyen simple de vérifier cette hypothèse. Cette fois, au lieu de comparer des gens en haut, au milieu et en bas de l'échelle, il s'agissait de comparer des gens qui se trouvaient au même niveau hiérarchique, mais occupaient des postes avec plus ou moins de responsabilités. Michael et son équipe se demandaient si un agent de niveau intermédiaire avait plus de chances d'être dépressif ou d'avoir un infarctus qu'un agent de même niveau ayant une plus grande marge de manœuvre. Ils revinrent donc à White-hall pour mener de nouveaux entretiens et affiner leurs données.

Ce fut l'occasion pour Michael de faire une découverte plus frappante encore que la première, qui mérite d'être expliquée ici en détail.

Si vous étiez un fonctionnaire disposant d'une importante autonomie dans votre travail, vos chances de tomber en dépression ou de vous trouver en état de détresse émotionnelle sévère étaient bien moindres que celles de fonctionnaires recevant le même salaire, ayant le même statut et travaillant dans le même service, mais disposant d'une marge de manœuvre plus restreinte[8].

Michael me cita pour exemple une femme nommée Marjorie, qui travaillait comme secrétaire au service de dactylographie. Elle passait ses journées à taper des documents à la machine. Elle lui avait avoué que, pour elle, c'était le "paradis" de pouvoir fumer et manger des bonbons assise à son bureau mais c'était "absolument déprimant" de voir s'empiler des commandes auxquelles vous ne compreniez rien. "Nous n'avions pas le droit de parler entre nous[9]", avait-elle ajouté. Les secrétaires étaient donc assises en silence, dacty-lographiant à longueur de journée des documents qui auraient aussi bien pu être écrits en suédois, afin de les transmettre à des personnes qu'elles ne connaissaient pas, entourées de personnes auxquelles on leur interdisait d'adresser la parole. Selon Michael, "la caractéristique déterminante du travail de Marjorie n'est pas le nombre de tâches qui lui sont confiées mais l'absence de tout pouvoir de décision".

En tant que haut fonctionnaire, si vous aviez une idée, il y avait de grandes chances pour qu'elle se concrétise. Ceci avait un impact sur l'ensemble de votre existence et sur votre manière de voir le monde. En tant que fonctionnaire de rang inférieur, à l'inverse, vous deviez apprendre la passivité. "Imaginez-vous un mardi matin typique dans un important service gouvernemental[10], écrivit Michael des années plus tard. Marjorie quitte son bureau du service de dactylographie pour rendre visite à Nigel, situé onze niveaux au-dessus d'elle dans la hiérarchie, et lui dit : « J'ai réfléchi, Nigel. On pourrait économiser beaucoup d'argent en commandant nos fournitures sur Internet. Qu'en penses-tu ? » J'ai tenté de me figurer cette discussion, mais elle dépasse mes capacités d'imagination", conclut-il.

Pour supporter ce genre de travail, vous devez vous enfermer en vous-même, et Michael avait réussi à prouver que cela avait un effet sur l'ensemble de votre vie[11]. Il découvrit que plus vous grimpiez les échelons de la fonction publique, plus vous aviez d'amis et d'activités en dehors du travail. Plus vous les descendiez, au contraire, moins vous en aviez : les personnes qui exerçaient un travail fastidieux et occupaient un statut inférieur ne souhaitaient qu'une chose, une fois de retour chez elles : s'affaler devant la télévision. Pourquoi ? Parce que "quand on a un travail enrichissant, on mène une vie plus épanouie, et les activités qu'on a en dehors du travail s'en ressentent", m'expliqua Michael. Mais quand le travail est "abrutissant", "on sort de sa journée tout simplement épuisé".

Ces recherches ont ouvert un nouveau champ d'investigations et ont "révolutionné notre conception du stress au travail", me dit Michael : ce ne sont pas les responsabilités à assumer qui stressent vraiment les gens, mais le fait d'avoir à supporter un "travail monotone, ennuyeux, déprimant, qui leur donne l'impression de mourir un peu tous les jours en y allant parce qu'il ne mobilise aucun aspect de leur personnalité". De ce point de vue, Joe, dans son magasin de peinture, exerçait donc l'une des professions les plus stressantes qui soit. "La perte d'autonomie, me dit Michael, est au cœur des problèmes de santé", qu'ils soient physiques, mentaux ou émotionnels[12].

Il y a quelques années, bien longtemps après les premières études menées à Whitehall, les services fiscaux britanniques rencontrèrent un problème délicat, qu'ils chargèrent Michael de résoudre dans les plus brefs délais : les suicides étaient fréquents parmi le personnel chargé d'enquêter sur les déclarations d'impôts. Michael discuta longuement avec ces agents dans leur bureau afin d'identifier la cause de leur mal-être.

Ils lui expliquèrent que, dès leur arrivée au travail, ils se sentaient écrasés par la masse de courrier entrant. Ils avaient l'impression qu'elle allait "les engloutir. Plus la pile de courrier était haute, plus la menace était grande de ne pas réussir à garder la tête hors de l'eau". Ils travaillaient très dur mais, malgré leurs efforts, la pile était plus haute à la fin de la journée qu'au début. "Même la perspective des vacances ne les réjouissait pas[13], remarqua Michael, parce qu'ils craignaient de se retrouver noyés sous la paperasse à leur retour. Ce n'était pas la charge de travail qui les épuisait, mais l'absence de contrôle. Ils avaient beau travailler dur, le retard s'accumulait." Pour couronner le tout, personne ne prenait jamais la peine de les féliciter de leur travail, car les gens étaient rarement ravis de voir découvertes leurs tentatives de fraude fiscale.

Lors de ses premières études, Michael avait commencé à isoler un troisième facteur capable de transformer le travail en générateur de dépression, dont ce cas semblait confirmer l'existence. Ces inspecteurs des finances avaient beau faire de leur mieux, personne n'était là pour le remarquer, non plus que s'ils s'étaient avisés, à l'inverse, de faire du mauvais travail. Or Michael s'était aperçu que le "déséquilibre entre l'effort fourni et la récompense[14]" était souvent un motif de découragement. Joe, dans son magasin de peinture, se trouvait dans une situation similaire : personne n'était là pour reconnaître ses efforts. Lorsque personne ne se soucie de ce que vous faites, il est naturel de se sentir insignifiant.

Michael expliqua donc aux directeurs des services fiscaux que le manque de contrôle et le déséquilibre entre l'effort et la récompense étaient à l'origine de la dépression sévère qui poussait leurs subordonnés au suicide.

Cette question du rapport entre travail et santé se pose avec une acuité toute particulière en France, pays qui connaît la plus sérieuse crise de dépression au monde. Après avoir longuement étudié les travailleurs français, Christian Bourion, professeur à l'ICN Business School de Nancy, en est arrivé à la conclusion que l'ennui et l'anomie sont si profonds en France qu'ils sont responsables de traumatismes psychiques capables de détruire la personnalité de celui qui en souffre[15].

Malgré ces conclusions, l'Académie nationale de médecine a refusé, en 2016, d'inclure le stress au travail dans la liste officielle des maladies professionnelles pour une raison étrange : aucun des membres de l'Académie ne niait son existence, mais tous le jugeaient trop difficile à définir. L'une des personnes qui a participé à la prise de décision, le professeur Jean-Pierre Olié, un psychiatre parisien, a ainsi déclaré à un journaliste : "J'observe souvent des symptômes faisant penser au burn-out chez mes patients : une fatigue extrême, un épuisement émotionnel, une dépersonnalisation. Mais je ne peux leur diagnostiquer cette maladie tant que ses symptômes cliniques ne seront pas clairement identifiés[16]."

La première fois que Michael avait évoqué la possibilité d'un lien entre la dépression et les conditions de vie, quarante ans plus tôt, dans un hôpital de la banlieue de Sydney, les médecins qui l'entouraient lui avaient ri au nez. Aujourd'hui, bien qu'elles restent trop rarement citées, personne ne remet plus en cause le fondement de ses découvertes, et Michael est devenu l'un des plus éminents spécialistes de la santé publique au monde. L'erreur que faisaient les médecins de l'époque, cependant, se perpétue. La femme grecque qui s'était adressée à Michael et lui avait dit qu'elle passait ses journées à pleurer ne souffrait pas d'un problème au cerveau, mais d'un problème dans sa vie. Cela n'avait pas empêché le personnel de l'hôpital de lui administrer quelques comprimés et de la renvoyer chez elle avec un placebo.

De retour à Philadelphie, je discutai avec Joe des études menées à Whitehall et des autres enquêtes scientifiques dont j'avais entendu parler. Au départ, ces initiatives éveillèrent son intérêt, mais quelques instants plus tard, il me dit avec impatience : "On peut considérer les choses de façon aussi détaillée et intellectuelle qu'on le souhaite, mais à la fin des fins, quand dans son travail on n'a ni but ni possibilité de rien faire d'autre que continuer, une chose est sûre : c'est terrible. En tout cas, en ce qui me concerne, je me demande quel est le but de tout cela."

Une dernière chose m'intriguait chez Joe. Il détestait son travail de vendeur de peintures mais, contrairement à beaucoup d'autres gens, rien ne semblait l'empêcher de quitter cette vie : il n'avait pas d'enfants, pas de responsabilités à assumer, il était encore jeune et avait d'autres options. "J'adore pêcher, m'avait-il avoué un jour. Mon but, c'est d'avoir pêché au moins une fois dans chacun des cinquante États américains avant de mourir. À trente-deux ans, j'ai déjà pêché dans vingt-sept d'entre eux." Il avait même pensé à s'établir comme guide de pêche en Floride. Il gagnerait certes beaucoup moins bien sa vie, mais adorerait son travail et aborderait ses journées avec impatience. Il imaginait tout haut à quoi pourrait ressembler sa vie. "Cela vaut le coup de sacrifier sa sécurité financière pour faire un métier qui nous plaît vraiment, mais en même temps, il faut bien subvenir à ses besoins…"

Cela faisait des années que Joe pensait à démissionner pour partir en Floride. "Quand je quitte le travail, tous les soirs, je ne peux m'empêcher d'avoir le sentiment qu'il est impossible que ce soit la seule chose que la vie me réserve. Il y a des fois où je me dis : allez, démissionne […]. Il te suffit de t'installer en Floride et de devenir guide de pêche sur un bateau : alors tu seras heureux."

Je lui demandai pourquoi il ne le faisait pas : rien ne l'empêchait de partir. "C'est vrai", me répondit-il, l'air d'abord plein d'espoir, puis effrayé. Plus tard, au cours de la conversation, je soulevai à nouveau la question. "Tu pourrais partir, dès demain, lui dis-je. Qu'est-ce qui t'en empêche ?" Il me répondit qu'il y avait toujours une part de nous pour tenter de nous convaincre que "si on continue à s'acheter toujours plus de choses, si on s'offre finalement cette Mercedes et cette belle maison avec quatre garages, les autres penseront qu'on a réussi, et on pourra alors faire en sorte d'être heureux". Il voulait partir, mais quelque chose l'arrêtait que ni lui ni moi n'arrivions à identifier. Depuis, je n'ai cessé de chercher à comprendre pourquoi Joe ne partirait sans doute jamais. Quelque chose de plus puissant que la nécessité de payer ses factures retenait nombre d'entre nous dans ce genre de situations. Je n'allais pas tarder à me pencher sur ce point.

Après avoir quitté Joe, alors qu'il commençait déjà à s'éloigner, je lui ai crié : "Pars en Floride !" Mais à l'instant même où je prononçai ces mots, je me sentis stupide. Il partit sans se retourner.

7

## DEUXIÈME CAUSE :
## LA PERTE DU LIEN AVEC LES AUTRES

Quand j'étais enfant, mes parents se trouvèrent dans une situation étrange. Mon père avait grandi dans un village minuscule appelé Kandersteg, perché dans les montagnes suisses, où il connaissait tous les habitants par leur nom, et ma mère dans l'un de ces immeubles ouvriers écossais où, si vous avez le malheur de hausser à peine la voix, les voisins vous entendent aussi clairement que si vous étiez chez eux. Alors que j'étais encore un bébé, ils emménagèrent à Edgware, une banlieue de pavillons et de maisons mitoyennes qui fut édifiée aux abords de Londres, là où s'étendait auparavant la campagne, et qui se trouve aujourd'hui au niveau de la dernière station de métro de la ligne nord. Si un jour, après vous être endormi dans le métro, vous arrivez là-bas, vous y verrez de nombreuses maisons, quelques fast-foods, un parc et une foule d'honnêtes gens, aussi sympathiques qu'aliénés, circulant au pas de course.

Quand mes parents s'y installèrent, ils s'efforcèrent de lier connaissance avec les habitants du quartier, tout comme ils l'auraient fait dans leur lieu d'origine. Cela leur était aussi naturel, aussi instinctif que le fait de respirer. Leurs tentatives se heurtèrent cependant à un obstacle inattendu. À Edgware, nul ne leur était hostile : nos voisins nous souriaient quand ils nous croisaient, mais toute tentative de nouer une relation au-delà des quelques bavardages conventionnels se voyait opposer une fin de non-recevoir. Mes parents comprirent peu à peu que, dans ce quartier, la vie se cantonnait à l'intérieur des maisons. À mes yeux, il n'y avait rien de plus normal, puisque je n'avais jamais rien connu d'autre, mais ma mère n'arrivait pas à s'y faire. "Mais où sont-ils, tous ?" me demanda-t-elle un jour que j'étais encore petit, fixant par la fenêtre notre rue déserte, décontenancée.

La solitude pèse aujourd'hui sur notre civilisation comme un épais brouillard. Les gens qui déclarent se sentir seuls sont plus nombreux que jamais. Je me suis demandé si cela pouvait avoir un lien avec la hausse sensible des cas de dépression et d'anxiété que nous connaissons. En me renseignant à ce sujet, j'ai appris que deux scientifiques qui menaient des recherches sur la solitude depuis des années avaient fait plusieurs découvertes capitales.

Au milieu des années 1970, un jeune étudiant en neurosciences du nom de John Cacioppo avait beau écouter attentivement ses professeurs – parmi les meilleurs au monde – une chose résistait à sa compréhension.

Pour expliquer les changements émotionnels chez l'homme, ces derniers ne considéraient que les phénomènes qui avaient lieu à l'intérieur du cerveau. Ils ne s'intéressaient pas à ce qui se passait dans la vie, pas plus qu'ils ne se posaient la question de savoir si ces événements pouvaient être à l'origine des changements neurologiques qu'ils étaient en train de mettre au jour. Pour eux, le cerveau était pareil à une île coupée du reste du monde, privée de toute interaction avec lui.

John se demandait donc ce qu'on découvrirait si, au lieu d'étudier le cerveau comme une île au milieu de l'océan, on l'abordait comme une île reliée au reste du monde par des centaines de ponts, sur lesquels entreraient et sortiraient sans cesse des informations, au fil des signaux envoyés par la réalité.

Quand il leur exposa ces idées, ses mentors restèrent perplexes. "Même s'ils peuvent être pertinents, [les facteurs extérieurs au cerveau] ne sont pas déterminants" dans le cas de changements émotionnels tels que la dépression et l'anxiété, lui répondirent-ils. Ils ajoutèrent que ces éléments dépassaient largement notre entendement et qu'ils ne seraient sans doute pas compris avant "une centaine d'années au moins". "Alors pourquoi se concentrer là-dessus ?"

Mais John garda ces questionnements en tête. Il cherchait depuis des années une manière d'y répondre quand, un jour, dans les années 1990, une solution lui apparut enfin : pour éclairer le fonctionnement du cerveau et étudier les variations d'humeur en situation d'interaction, on pouvait commencer par observer ce qui se passait dans la situation inverse, quand on se sent seul et isolé du reste du monde. L'expérience de la solitude avait-elle un effet sur le cerveau ou sur le corps ?

Pour le savoir, John commença par mener l'expérience la plus élémentaire possible : il rassembla, avec des collègues, cent étrangers à l'université de Chicago où il était désormais en poste, pour les faire participer à une expérience toute simple et inédite.

Les participants avaient pour consigne de rentrer chez eux et de mener une vie normale pendant quelques jours, à quelques aménagements près. Ils devaient simplement emporter un appareil mesurant leur fréquence cardiaque, un bipeur et des tubes stériles. Après avoir quitté le laboratoire, le premier jour de l'expérience, à chacune des neuf sonneries du bipeur, les volontaires devaient suspendre leurs occupations routinières pour noter deux choses : leur niveau de solitude estimé, et la fréquence cardiaque mesurée par l'appareil.

Le deuxième jour, même chose, mais il fallait cette fois, à chaque sonnerie du bipeur, cracher dans un tube et le refermer, avant de le rapporter au laboratoire pour analyse.

John tentait ainsi d'évaluer le niveau de stress provoqué par la solitude, ce que personne n'avait jamais tenté avant lui. Or il se trouve que quand nous sommes stressés, notre rythme cardiaque accélère et notre salive s'imprègne d'une hormone appelée cortisol. Avec cette étude, on allait enfin connaître l'ampleur des effets de l'isolement.

Les données obtenues laissèrent John et ses collègues pantois[1] : le fait de se sentir seul faisait monter en flèche le taux de cortisol, qui atteignait des niveaux comparables à ceux qu'on observe en cas d'événements très perturbants. L'étude montrait donc qu'une solitude extrême pouvait être une expérience aussi stressante qu'une agression physique[2].

J'insiste : se sentir très seul peut causer autant de stress qu'être roué de coups.

John se mit alors à creuser le sujet, et se demanda si d'autres scientifiques avaient étudié les effets de la solitude. Il découvrit qu'un professeur du nom de Sheldon Cohen avait mené une étude au cours de laquelle il avait comptabilisé, au sein d'un groupe de personnes, le nombre d'amitiés et de relations sociales saines entretenues par chacune d'elles[3]. Il avait ensuite rassemblé ces personnes dans un laboratoire et les avait exposées, avec leur consentement, au virus du rhume. Il voulait savoir si les personnes isolées seraient davantage contaminées que celles qui étaient très entourées. L'étude montra qu'elles avaient trois fois plus de chances d'attraper un rhume que les volontaires ayant de nombreux amis proches.

Une autre scientifique, Lisa Berkman, avait quant à elle suivi à la fois des personnes isolées et des personnes très entourées pendant neuf ans, pour observer si l'un des deux groupes avait une probabilité de mourir plus élevée que l'autre[4]. Elle découvrit que les personnes isolées avaient deux à trois fois plus de chances de mourir au cours de cette période. Presque tout devenait fatal quand on était seul, que ce soit le cancer, les maladies du cœur ou les troubles respiratoires.

Tout semblait indiquer, comme le découvrait John, que la solitude pouvait être mortelle. En croisant leurs données, John et les autres scientifiques se rendirent compte que l'effet de l'isolement sur la santé était comparable à celui de l'obésité[5], alors considérée comme la crise sanitaire majeure du monde occidental.

John savait désormais que la solitude avait des effets physiques tangibles, mais il devait dorénavant répondre à une autre question : se pouvait-il qu'elle soit également à l'origine de l'épidémie de dépression et d'anxiété qui semblait toucher notre société ?

Au départ, il pensait qu'il serait très difficile de concevoir des expériences susceptibles de répondre à cette question. Il est toujours possible de faire un sondage auprès de volontaires en leur demandant d'estimer leur niveau de solitude et de déclarer s'ils sont dépressifs ou anxieux, puis d'évaluer la corrélation de leurs réponses. Toutes les études menées de cette manière montrent que les personnes isolées ont beaucoup plus de chances d'être dépressives ou anxieuses. Mais cela ne nous avance guère, car les personnes dépressives ou anxieuses développent souvent une peur du monde extérieur et des interactions sociales qui les conduit naturellement à se replier sur elles-mêmes. De tels résultats pourraient donc indiquer que la dépression est première, et qu'elle conduit dans un second temps à la solitude. Or John pensait à l'inverse que le fait de se trouver isolé pouvait être à l'origine de la dépression.

Pour répondre à cette question, il mena deux enquêtes très différentes.

Il commença par rassembler dans son laboratoire de l'université de Chicago, pendant un jour et une nuit, 135 personnes identifiées comme étant en situation de solitude extrême. On leur distribua des tests de personnalité si détaillés que John leur dit en plaisantant qu'elles auraient tout aussi bien pu être sur le point de partir en mission sur Mars. Les résultats montrèrent, comme on pouvait s'y attendre, que les personnes isolées étaient anxieuses, pessimistes, avaient généralement peu confiance en elles et craignaient d'être rejetées par les autres. John devait dès lors trouver le moyen de les faire se sentir encore plus seules sans modifier aucun autre élément de leur vie (c'est-à-dire sans leur donner de raison de paniquer ou de se sentir jugées, par exemple). Comment faire ?

Il réitéra l'expérience en séparant les volontaires en deux groupes, A et B. Il fit ensuite appel à David Spiegel, un psychiatre, pour hypnotiser successivement chacun des deux groupes[6]. Sous hypnose, les membres du groupe A étaient amenés à se souvenir des périodes d'intense solitude qu'ils avaient vécues. Les membres du groupe B devaient au contraire se concentrer sur des périodes de leur vie où ils s'étaient sentis fortement liés à une personne ou intégrés à un groupe. Une fois qu'on avait fait se sentir les volontaires soit très seuls, soit très entourés, on leur demandait de remplir un nouveau test de personnalité.

Selon John, si la dépression était la cause de la solitude, faire en sorte que les gens se sentent encore plus seuls ne changerait rien aux résultats. À l'inverse, si la solitude était à l'origine de la dépression, le fait d'aggraver la solitude aggraverait la dépression.

Plus tard, les résultats de cette expérience furent considérés comme une avancée majeure dans ce domaine. Les personnes à qui on avait instillé un sentiment de solitude avaient vu leur dépression s'aggraver nettement, alors que celles à qui on avait donné le sentiment d'être entourées étaient significativement moins dépressives. "Ce qui était stupéfiant, me dit John, c'est que la solitude ne soit pas seulement l'effet de la dépression mais surtout sa cause." À ce moment-là, il m'avoua qu'il avait eu l'impression d'être dans un épisode des *Experts*, quand les policiers réussissent à identifier le meurtrier grâce à ses empreintes digitales. "C'était incontestablement la solitude qui était coupable[7]", conclut-il.

La question était pourtant loin d'être réglée. John savait que l'artificialité des conditions de laboratoire pouvait avoir biaisé les résultats. Il s'efforça donc de trouver une autre manière d'étudier ce phénomène.

Il décida de suivre 229 Américains âgés de cinquante à soixante-dix ans, vivant non loin de Chicago, dans une partie du comté de Cook essentiellement constituée de banlieues où béton et bitume faisaient bon ménage. Ils furent sélectionnés pour former un échantillon représentatif de la population, composé à parts égales d'hommes et de femmes, de Latinos, d'Afro-Américains et de Blancs. Il est important de noter qu'aucun d'eux n'était dépressif ou anormalement isolé au début de l'expérience. Une fois par an, ils devaient venir au laboratoire pour se soumettre à une batterie de tests. John évaluait leur état de santé physique et mentale, puis son équipe leur posait de nombreuses questions pour évaluer leur niveau de solitude : avec combien de personnes entraient-ils en contact chaque jour ? De combien de personnes étaient-ils proches ? Avec qui partageaient-ils les grands moments de leur vie ?

John et son équipe cherchaient à déterminer ce qui, de la solitude ou de la dépression, apparaîtrait en premier quand certaines de ces personnes développeraient des symptômes dépressifs (ce qui était inévitable).

En se fondant sur les statistiques issues des cinq premières années de l'étude, on observe que, dans la plupart des cas, la solitude a précédé les symptômes de la dépression[8]. Autrement dit, on est d'abord isolé, avant de sombrer dans le désespoir, la tristesse profonde et la dépression. Les implications de ces découvertes étaient énormes. Imaginez que vous deviez situer les différents degrés de solitude existant dans notre société sur une ligne droite allant de 0 à 100 %. Il suffirait que votre niveau de solitude passe de 50 % à 65 %, en se décalant légèrement vers la droite, pour que vos chances de développer des symptômes dépressifs soient multipliées par huit.

Cette découverte, confirmée par deux études très différentes du point de vue méthodologique et par les nombreuses autres enquêtes qu'il conduisit par la suite, amena John à la conclusion suivante, désormais admise par beaucoup d'autres chercheurs : la solitude est la cause d'un nombre important de cas de dépression et d'anxiété dans notre société.

John se mit alors à se demander pourquoi la solitude causait autant de dépression et d'anxiété.

Il se dit qu'il devait y avoir une bonne raison à cela. L'espèce humaine est apparue dans la savane, en Afrique, où les premiers spécimens vivaient en tribus de chasseurs-cueilleurs de moins d'une centaine d'individus. Vous et moi n'existerions tout simplement pas aujourd'hui si ces humains n'avaient pas trouvé le moyen de coopérer. Ils partageaient leur nourriture et veillaient à tour de rôle sur les malades. Ils "étaient capables d'abattre de très gros animaux, me signala John, mais seulement parce qu'ils travaillaient ensemble". Leur existence n'avait de sens qu'en tant que groupe. "Toutes les sociétés préagricoles que nous connaissons présentent cette structure de base, écrivit-il avec l'un de ses collègues. Forcées de lutter pour la vie dans un environnement hostile, elles ne survivent que grâce à leur capacité de maintenir un dense réseau d'interactions sociales et un nombre important d'engagements réciproques. Dans cet état de nature, la cohésion sociale et la coopération n'avaient nul besoin d'être imposées de l'extérieur […]. Le lien social est le propre de la nature humaine[9]."

Imaginez-vous maintenant séparé du groupe, isolé dans la savane pendant une longue période de temps. Vous courez un danger : vous pourriez vous faire attaquer par un prédateur, et si par malheur vous tombiez malade, personne ne serait là pour vous soigner. En retour, votre absence rendrait également la tribu plus vulnérable. Vous vous sentiriez horriblement mal, et vous auriez bien raison[10]. Votre corps et votre cerveau seraient tout simplement en train de vous envoyer un signal urgent vous invitant à rejoindre le groupe à tout prix[11].

Les instincts humains se sont formés pour répondre aux nécessités de la vie en tribu et non à celles de la vie en solitaire. Les humains ont autant besoin d'une tribu que les abeilles d'une ruche[12].

Selon John, le sentiment de terreur et d'hypervigilance provoqué par une solitude prolongée s'est développé pour une excellente raison : il permettait de pousser les individus à rejoindre la tribu et les incitait, une fois de retour, à traiter les autres avec respect, afin d'éviter d'en être exclus. "L'attraction irrésistible exercée par les relations sociales garantit tout simplement de meilleures chances de survie", m'expliqua-t-il. Autrement dit, comme il me le précisa plus tard : la solitude est "un état défavorable qui nous pousse à nous reconnecter aux autres".

Voilà donc pourquoi la solitude s'accompagne si souvent d'anxiété : "Les lois de l'évolution ont fait que, quand nous sommes entourés, nous nous sentons non seulement bien, mais aussi en sécurité, écrit John. Le corollaire de cela, qui est d'une importance capitale, est que, du fait de ces mêmes lois, nous nous sentons non seulement mal, mais aussi menacés quand nous sommes isolés[13]."

Tout cela ne constituait alors qu'une belle théorie. John se demandait comment la vérifier. Or il se trouve que certaines personnes vivent aujourd'hui comme vivaient la plupart des humains aux premiers temps de l'évolution. Ainsi, John apprit l'existence d'une communauté agricole très unie et extrêmement religieuse (semblable à la frange la plus fondamentaliste des amish) établie dans le Dakota : les huttérites[14]. Ces derniers vivent de la terre et travaillent, mangent, prient et se délassent ensemble. Les membres de la communauté doivent coopérer constamment (plus tard, mes recherches devaient également me mener à rencontrer un pareil groupe).

John s'associa donc à des anthropologues qui travaillaient sur les huttérites depuis des années, dans le but d'évaluer leur niveau de solitude. Il existait un moyen très simple de le mesurer. Où que ce soit dans le monde, les personnes qui se sentent seules connaissent, durant leur sommeil, davantage de "micro-réveils". Il s'agit de courts instants durant lesquels on sort légèrement du sommeil profond dans lequel on était plongé et dont on ne garde aucun souvenir au réveil. Tous les autres animaux sociaux en font également l'expérience quand ils sont isolés. La théorie la plus convaincante explique qu'on ne se sent pas en sécurité quand on s'endort seul, tout simplement parce que, jadis, les hommes ne l'étaient pas lorsqu'ils couchaient à l'écart de leur tribu. Sachant que personne n'est là pour assurer nos arrières, notre cerveau nous empêche de nous abandonner pleinement au sommeil. L'estimation de la fréquence des "micro-réveils" permet par conséquent d'estimer le degré de solitude. John et son équipe relièrent donc les huttérites à des appareils de mesure, pour savoir combien de fois leur sommeil était interrompu chaque nuit.

Ils ne connaissaient quasiment pas de "micro-réveils[15]". "Nous avons découvert que cette communauté témoignait du degré de solitude le plus bas jamais observé, m'expliqua John. J'étais vraiment sidéré."

Tout cela montrait bien que la solitude, loin d'être, comme la mort, une composante tragique de l'existence humaine, était un produit de notre mode de vie contemporain.

Lors de son installation à Edgware, où la vie en communauté se résumait à échanger quelques signes de tête polis et à garder porte close, ma mère trouva cette façon de faire bien singulière – mais en réalité, la petite banlieue où nous habitions était loin de faire exception.

Cela fait maintenant des décennies qu'un professeur à Harvard, du nom de Robert Putnam, s'est attaché à documenter l'une des tendances majeures de notre temps[16]. Les êtres humains ont toutes sortes de façons de se rassembler pour prendre part à des activités collectives : cela peut prendre la forme d'une équipe de sport, d'une chorale, d'un groupe de bénévolat ou d'une bande d'amis qui se retrouvent régulièrement autour d'un dîner. Après avoir récolté pendant des années des statistiques mesurant la fréquence de ces rassemblements, Robert Putnam découvrit qu'elle était en chute libre. Pour illustrer ce phénomène, il donna cet exemple désormais fameux : aux États-Unis, le bowling est l'une des activités les plus populaires. On la pratiquait jadis en ligues organisées : les joueurs faisaient partie d'une équipe qui entrait en compétition avec d'autres équipes, de sorte que tous les joueurs se rencontraient et faisaient connaissance. Aujourd'hui, on va toujours au bowling, mais seul. Chacun prend une piste et joue dans son coin. La structure collective du jeu s'est effondrée.

Pensez à toutes les activités que nous faisons en groupe, comme s'impliquer dans la vie de l'école de nos enfants. "En un peu moins de dix ans, entre 1985 et 1994, l'engagement actif dans les organisations communautaires […] a baissé de 45 %[17]", écrit le professeur Putnam. En à peine une décennie (la décennie de mon adolescence, justement au moment où je suis devenu dépressif), nous avons très rapidement cessé, nous autres Occidentaux, de nous regrouper : en un clin d'œil, nous nous sommes retrouvés chacun chez soi.

Nous nous sommes peu à peu coupés de la communauté et renfermés sur nous-mêmes, me confirma Robert, lors de l'une de nos discussions. Cette tendance remonte aux années 1930, mais elle s'est fortement accélérée depuis ma naissance.

Le sentiment d'être intégré à une communauté, voire d'avoir des amis sur qui compter, s'est par conséquent effrité. Les sociologues ont, par exemple, posé pendant des années cette question toute simple à un échantillon représentatif de citoyens américains : "À combien d'amis pouvez-vous vous confier ?" Ils cherchaient ainsi à estimer sur combien de personnes les sondés pensaient pouvoir compter en cas de crise ou d'événement heureux. Il y a plusieurs dizaines d'années, quand ils ont lancé l'étude, un Américain avait en moyenne trois amis proches. En 2004, la réponse la plus fréquente est : aucun[18].

Cette découverte mérite qu'on s'y arrête un instant : la majorité des Américains n'a aujourd'hui aucun ami proche.

En nous isolant de toute forme de communauté, nous ne nous sommes pas pour autant rapprochés des membres de notre famille. Les recherches de Robert montraient au contraire que, partout dans le monde, nous avions également cessé de partager des moments avec eux : dîner, regarder la télévision, partir en vacances, autant d'activités que nous faisons de moins en moins souvent en famille. Putnam montre, une batterie de graphiques et d'études à l'appui, que "presque toutes les formes de convivialité familiale sont devenues moins courantes au cours du dernier quart du XXᵉ siècle[19]". Ces statistiques valent pour tous les pays occidentaux.

Nous faisons donc moins de choses ensemble que n'importe laquelle des générations qui nous a précédés. Bien avant la crise économique de 2008, une crise sociale s'est déclenchée, responsable de notre niveau de solitude croissant. Les structures d'entraide, de la famille au voisinage, se sont désagrégées. Nous avons dissous nos tribus, et nous nous sommes lancés dans une expérience inédite qui met à l'épreuve la capacité de l'homme à vivre seul.

Un jour, au cours de mes recherches pour ce livre, je me suis retrouvé à court d'argent à Lexington, dans le Kentucky. Pour ma dernière nuit sur place, je me suis donc vu contraint de réserver une chambre dans un motel très bon marché, situé près de l'aéroport. C'était une gargote aux murs de béton nu, d'où l'on entendait sans cesse les avions décoller. Au gré de mes allées et venues, je me suis rendu compte que la porte de la chambre d'à côté était toujours ouverte, la télévision allumée, et qu'un homme d'âge moyen était perché sur le lit, se balançant doucement, dans une position étrange.

En passant devant sa porte pour la cinquième fois, je me suis décidé à m'arrêter pour lui demander ce qui n'allait pas. J'ai fini par comprendre, malgré ses difficultés d'élocution, qu'il s'était disputé avec son beau-fils quelques jours auparavant (il ne m'a pas dit pourquoi), et que ce dernier l'avait battu et lui avait cassé la mâchoire. Il s'était rendu à l'hôpital quelques jours auparavant, et devait être opéré quarante-huit heures après, mais en attendant, les médecins l'avaient renvoyé chez lui avec une ordonnance d'antidouleurs. Le seul problème, c'est qu'il n'avait pas assez d'argent pour se payer ces médicaments. C'est pourquoi il restait là, tout seul, à se lamenter.

J'ai d'abord pensé à lui demander : Où sont vos amis ? N'y a-t-il donc personne qui puisse vous aider ? Mais il était évident qu'il n'avait personne. Alors il restait là, pleurant en silence, avec la mâchoire cassée.

Les exemples que j'ai donnés ne doivent toutefois pas nous porter à conclure qu'il s'agit d'une pathologie proprement américaine : la France, par exemple, connaît actuellement l'une des pires crises de solitude au monde. Des recherches détaillées menées par la Fondation de France ont montré qu'un Français sur huit vit dans un isolement social complet, entrant très rarement en contact avec les autres et ne connaissant d'interactions sociales que quelques fois par an. Un tiers des Français n'entretiennent qu'une seule relation sociale.

Contrairement à ce qu'on pourrait penser, cela ne vaut pas que pour les personnes âgées : en France, les jeunes constituent la catégorie qui souffre le plus de la solitude. Un tiers des Français âgés de moins de 25 ans disent se sentir seuls, alors que la solitude concerne seulement 28 % des personnes âgées. Ces chiffres augmentent rapidement : en une décennie, la proportion de personnes isolées a doublé chez les moins de quarante ans[20]. 700 000 personnes, âgées de 15 à 30 ans, se trouvent donc en situation de grave isolement social, ce qui veut dire qu'elles ne connaissent, en moyenne, aucune interaction sociale régulière, que ce soit avec des amis, de la famille, des voisins ou des camarades de classe[21].

Chaque année, cette crise s'aggrave. Tout se passe comme si on avait versé de l'acide sur les liens sociaux entretenus par les Français.

Durant mon enfance, je n'ai jamais eu l'impression de manquer d'interactions sociales. Au fil de mes discussions avec les spécialistes de la solitude que j'ai rencontrés, je me suis cependant souvenu d'un détail : pendant toute mon enfance et jusqu'au début de mon adolescence, je rêvais que les amis de mes parents, qui vivaient aux quatre coins du pays et à qui nous ne rendions visite que quelques jours par an, s'installent tous dans notre rue. Ainsi j'aurais pu facilement aller les voir chez eux quand les choses tournaient mal à la maison, ce qui arrivait assez souvent. J'y pensais tous les jours. Mais notre rue était peuplée d'inconnus, également enfermés chez eux et aussi seuls que nous l'étions.

J'ai entendu un jour l'actrice Sarah Silverman parler dans un entretien radiophonique du moment où sa dépression s'était déclarée, au début de son adolescence. Lorsque sa mère et son beau-père lui avaient demandé ce qui n'allait pas, elle n'avait pas su trouver les mots pour le leur expliquer. Finalement, elle leur avait dit qu'elle avait le mal du pays, exactement comme quand elle partait en colonie de vacances. Cette réponse continuait de la déconcerter quand elle la rapporta à Terry Gross, dans l'émission *Fresh Air* qu'elle présentait sur NPR[22] : comment pouvait-elle avoir le mal du pays tout en étant chez elle ?

Je crois comprendre ce qui lui arrivait. Aujourd'hui, quand nous parlons de notre "chez nous", nous désignons seulement le bâtiment dans lequel nous vivons, voire, avec un peu de chance, notre noyau familial. Mais quand nos ancêtres parlaient de leur "chez eux", il s'agissait de bien autre chose : il était question d'une communauté, d'un réseau dense de personnes qui les entouraient, d'une tribu. Or tout cela a en grande partie disparu. La sensation que nous avons d'être "chez nous" a tellement décliné, et à une telle vitesse, qu'elle ne suffit plus à nous donner un sentiment d'appartenance. C'est la raison pour laquelle il nous arrive d'avoir le mal du pays tout en étant chez nous.

Au moment où John découvrait les effets de la solitude sur les humains, d'autres scientifiques menaient le même type d'expériences sur des animaux. Ainsi, le professeur Martha McClintock répartit ses rats de laboratoire en deux catégories[23] : les uns étaient élevés seuls dans une cage, les autres vivaient en communauté. Les rats isolés développèrent 84 fois plus de cancers mammaires que les rats vivant en communauté.

Après plusieurs années d'expériences et de recherches, l'affaire prit néanmoins une tournure tragique.

En faisant passer des scanners cérébraux aux personnes isolées, John remarqua qu'elles étaient capables de repérer une menace potentielle en 150 millisecondes, là où des personnes bien entourées mettaient deux fois plus de temps, soit 300 millisecondes, à repérer la même menace. Comment expliquer cela ?

Il découvrit que traverser de longues périodes de solitude conduit à se couper de toute relation sociale et à se méfier des autres. Les personnes isolées développent une hypervigilance qui leur fait voir plus facilement le mal là où il n'y a que maladresse et les pousse à avoir peur des étrangers. Paradoxalement, elles se mettent donc à craindre la chose dont elles ont le plus besoin. John nomma ce phénomène "effet boule de neige" : l'isolement s'accroît de lui-même, en une véritable spirale infernale.

Les personnes isolées voient partout des menaces parce qu'elles savent inconsciemment que personne n'est là pour prendre soin d'elles et leur venir en aide en cas de problème. Il est possible de renverser cet effet boule de neige, mais pour qu'une personne dépressive s'en sorte, il lui faudra plus d'amour et de réconfort qu'elle n'en aurait eu besoin au départ.

Or la véritable tragédie est que, comme le découvrit John, les personnes dépressives et anxieuses reçoivent moins d'amour à mesure qu'elles deviennent plus difficiles à fréquenter. Au lieu d'être aimées, elles font l'objet de jugements et de critiques, ce qui accélère encore leur repli sur elles-mêmes. Cet effet boule de neige les emporte dans des contrées plus glaciales encore.

Après avoir passé des années à interroger des personnes isolées, John en vint à se poser une question dont la simplicité le surprit : qu'est-ce que la solitude, au juste ? Pourquoi avait-il tant de mal à y répondre ? Quand il demandait aux gens s'ils se sentaient seuls, ils comprenaient sans peine à quoi il faisait référence, mais le sentiment lui-même ne se laissait pas définir si aisément. Avant d'y avoir réfléchi, je croyais qu'être seul voulait tout simplement dire être physiquement isolé, être privé de contact avec les autres. J'imaginais une vieille femme trop affaiblie pour quitter sa maison, à qui personne ne rendait visite.

Mais John découvrit que cette représentation était fausse : il montra dans ses études que se *sentir* seul n'était pas tout à fait la même chose que le simple fait d'être seul. Si surprenant que cela puisse paraître, la sensation de solitude n'a pas grand-chose à voir avec le nombre de personnes avec qui on parle chaque jour ou chaque semaine. Certaines des personnes qui, d'après l'étude de John, se sentaient le plus seules, avaient en réalité un grand nombre d'interactions chaque jour. "Il existe une corrélation relativement faible entre les liens qui existent objectivement et les liens ressentis", en conclut-il.

Quand John m'exposa cette découverte pour la première fois, je n'en crus pas mes oreilles. Alors il me dit de m'imaginer dans une grande métropole où je ne connaissais personne, sur l'une de ces vastes esplanades comme Times Square, le Las Vegas Strip ou la place de la République. Je ne serais pas seul dans ce genre d'endroits surpeuplés, tant s'en faut, mais je ne me sentirais pas moins seul. Bien au contraire, je serais sans doute pris d'un intense sentiment de solitude.

Imaginez-vous maintenant dans un lit d'hôpital, au sein d'un service bondé. Vous n'êtes pas seul : vous êtes entourés de patients, et vous pouvez à tout moment appuyer sur un bouton et faire venir une infirmière à vos côtés pour quelques minutes. Pourtant, dans ce genre de situations, tout le monde se sent seul. Pourquoi ?

En cherchant la réponse à cette question, John découvrit qu'il lui manquait un ingrédient pour comprendre la solitude et trouver comment en sortir.

Pour se libérer de la solitude, on a besoin non seulement des autres, mais aussi d'un élément supplémentaire. On doit sentir qu'on partage avec eux une chose qui compte, m'expliqua John. Il faut que quelque chose nous rapproche, et ce quelque chose peut être n'importe quoi, du moment qu'on y accorde une valeur et un sens. Quand on se retrouve à Times Square lors de son premier après-midi à New York, on n'est pas seul, mais on se sent seul parce que personne ne nous prête attention et qu'on ne prête attention à personne. On ne peut pas partager sa joie ni son désespoir avec les passants. On n'est rien pour eux, et réciproquement.

De même, quand on est un patient dans un lit d'hôpital, on n'est pas seul, mais il s'agit d'une aide unilatérale. L'infirmière est là pour nous aider, mais on n'est pas là pour aider l'infirmière, et si on tente de le faire, il est probable qu'on nous demande d'arrêter. Une relation à sens unique ne peut être un remède à la solitude. Seule une relation réciproque le peut.

John a montré que la solitude n'est pas liée au fait d'être physiquement séparé des autres, mais au sentiment de ne rien partager d'important avec eux. On peut être entouré de beaucoup de gens, avoir une femme ou un mari, une famille et de nombreux collègues de travail, si on ne partage rien avec eux, on se sent seul malgré tout. Pour mettre fin à la solitude, John avait découvert qu'il fallait développer une relation d'"aide et de protection mutuelle" avec au moins une autre personne, dans l'idéal avec beaucoup d'autres.

J'ai beaucoup réfléchi à cette idée. Durant les mois qui suivirent ma conversation avec John, je n'arrêtais pas de remarquer un cliché que les gens se disaient et partageaient sans arrêt sur Facebook : cette fameuse rengaine, "tu es le seul à pouvoir t'aider", qu'on ne cesse de se répéter les uns aux autres.

À cette occasion je pris conscience d'une chose : nous ne nous contentons pas d'accroître nos activités solitaires à chaque décennie qui passe depuis les années 1930. Nous en sommes arrivés à croire qu'agir en solitaire est le propre de la nature humaine[24] et la seule façon d'aller de l'avant. Nous pensons désormais qu'il est du devoir de chacun, en tant qu'individu, de veiller sur lui-même : chacun pour soi. Ces idées se sont enracinées si profondément dans notre culture qu'elles en sont devenues des platitudes que nous offrons, en guise de consolation, aux personnes déprimées, comme si cela pouvait les réconforter.

Mais John avait prouvé qu'il s'agissait d'une tendance contraire à l'histoire de l'humanité, que cette négation de notre propre nature nous conduisait à mésinterpréter nos instincts les plus élémentaires, et qu'elle nous condamnait par conséquent au désespoir.

Lorsque John avait commencé à soulever ces problèmes, dans les années 1970, ses professeurs prétendaient que les facteurs sociaux, trop complexes à étudier, n'étaient pas essentiels à la compréhension du fonctionnement du cerveau et des émotions humaines. Dans les années qui ont suivi, John a définitivement prouvé qu'ils avaient tort et que ces facteurs jouaient au contraire un rôle décisif. Il a inauguré une nouvelle approche du cerveau, connue sous le nom de "neurosciences sociales[25]". Le cerveau se transforme en fonction de la manière dont on l'utilise, comme je le montrerai plus loin. Selon John, "l'idée que le cerveau est statique et immuable est inexacte. Le cerveau change". Le fait d'être seul affecte le cerveau, tout comme le fait de sortir de sa solitude. Sans prendre en considération à la fois le cerveau et les facteurs sociaux qui l'affectent, il est donc impossible d'en comprendre le fonctionnement.

Le cerveau n'est pas et n'a jamais été une île.

Je devais néanmoins me rendre à l'évidence : l'idée selon laquelle notre solitude ne cesse de s'accroître se heurtait à un contre-argument que je ne pouvais récuser si facilement. Il est vrai que nous avons perdu une forme de lien social, mais n'en avons-nous pas gagné une autre en échange ?

Il me suffit d'ouvrir Facebook pour voir qu'à cet instant, soixante-dix de mes amis, vivant dans diverses parties du monde, sont connectés. Je pourrais très bien leur envoyer un message tout de suite. Au cours des recherches que j'ai menées pour ce livre, je n'arrêtais pas de me heurter à cette contradiction apparente : je voyageais partout dans le monde pour découvrir comment nous étions devenus complètement déconnectés les uns des autres, mais je n'avais qu'à ouvrir mon ordinateur pour avoir la preuve que nous étions plus connectés que jamais.

On a énormément écrit sur les effets que produit la migration de notre esprit dans l'espace virtuel (autrement dit, le temps croissant que nous passons en ligne) sur nos sentiments. Mais en me penchant sur le sujet, je me suis rendu compte que nous avions laissé de côté l'aspect le plus important. Internet est apparu, avec ses promesses de mise en relation, au moment même où ce phénomène plus vaste d'isolement atteignait son apogée.

Je n'ai pris conscience de cela qu'après avoir visité le premier centre de réadaptation pour les addicts d'Internet ouvert aux États-Unis. Mais avant d'en venir à cette expérience, nous devons faire un pas en arrière et remonter aux origines de ce centre.

Un jour, au milieu des années 1990, un jeune homme de vingt-cinq ans entra dans le cabinet du Dr Hilarie Cash, situé non loin des bureaux de Microsoft, dans l'État de Washington. Elle était psychothérapeute ; lui, un jeune homme beau et élégant. Après avoir échangé quelques banalités, il lui exposa les raisons de sa venue.

James[26] était originaire d'une petite ville où il avait toujours été le roi de l'école : ses résultats scolaires étaient excellents, et il était devenu capitaine de l'une des équipes de sport. Après avoir intégré sans peine l'un des établissements de l'Ivy League, il quitta sa communauté débordant d'orgueil. Mais arrivé dans l'une des meilleures universités du monde, il fut pris de panique : pour la première fois de sa vie, il n'était pas le plus intelligent. Il observait à distance la manière dont les gens prenaient la parole, les rituels auxquels il était censé participer, les petits groupes qui se formaient. Il se sentait extrêmement seul. Pendant que les autres faisaient connaissance, il rentrait s'enfermer dans sa chambre, allumait son ordinateur et jouait à un jeu nommé *EverQuest*. Il s'agissait d'un des premiers jeux en ligne qui permettait à de nombreux joueurs anonymes de se connecter simultanément. Ainsi, il se trouvait entouré de gens, mais dans un monde où tout était précisément et clairement réglé et où il se sentait redevenir quelqu'un.

James se mit à sécher des cours et des séances de travaux dirigés pour jouer à *EverQuest*. À mesure que les mois s'écoulaient, le jeu prenait une importance croissante dans sa vie. L'université le mit en garde, mais il ne pouvait s'empêcher de revenir à ce jeu qui l'obsédait, comme à une maîtresse à laquelle il aurait rendu visite en secret.

De retour chez lui, tout le monde s'étonna de son exclusion. Il épousa sa petite amie de lycée, lui promettant de ne plus jamais jouer. Il décrocha alors un travail dans le domaine de l'informatique et rentra en apparence dans le droit chemin. Quand il se sentait seul ou inquiet, néanmoins, l'envie irrépressible de jouer le reprenait. Un soir, il attendit que sa femme s'endorme pour se faufiler hors de la chambre et descendre au salon lancer *EverQuest*. En peu de temps, cela devint une habitude. Sans que personne s'en soit aperçu, il était à nouveau un joueur compulsif. Un jour, alors que sa femme était partie travailler, il avait prétexté une maladie pour rester chez lui et passer la journée à jouer. Là encore, cela devint une habitude. Exactement comme à l'université, ses employeurs finirent par le mettre à la porte.

Il n'eut pas la force de l'annoncer à sa femme, alors il se mit à payer leurs factures à crédit, et plus il était gagné par le stress, plus il jouait.

Au moment où il était arrivé dans le cabinet thérapeutique d'Hilarie, toute sa vie s'était effondrée : sa femme avait découvert ses manigances et il avait des envies de suicide.

À l'époque où de tels cas avaient commencé à défiler dans son bureau, Hilarie n'était pas encore spécialiste des troubles relatifs à Internet ; au milieu des années 1990, personne ne l'était. Cependant, de plus en plus de patients, comme James, ne pouvaient s'empêcher de passer leur vie sur Internet. Elle avait une patiente qui était accro aux conversations en ligne : elle avait toujours au moins six fenêtres ouvertes simultanément sur son ordinateur, s'imaginant entretenir une relation amoureuse ou sexuelle avec tous ses interlocuteurs. Un autre patient ne pouvait s'arrêter de jouer à *Donjons et Dragons* sur Internet. Les patients dans ce cas affluaient, toujours plus nombreux.

Au départ, elle ne savait que faire. Au cours d'une conversation dans un café-restaurant situé dans une partie rurale de l'État de Washington, elle m'avoua qu'au début, elle avait "surtout fonctionné à l'instinct". Il n'y avait pas de mode d'emploi. En repensant à ses premiers patients, elle me dit qu'elle avait l'impression, avec le recul, d'avoir "été témoin de l'averse avant le déluge". Or, selon elle, ce déluge était en train de "se changer en tsunami".

Lorsque je suis descendu de voiture, nous étions dans une clairière au milieu des bois. Les érables et les cèdres tout autour de nous se balançaient doucement dans le vent. Un chien est sorti de ce qui semblait être une ferme et s'est mis à courir vers moi en aboyant. Je percevais dans le lointain des bruits d'animaux, sans parvenir à les situer ni à les identifier. Je me tenais devant le premier centre de réadaptation des États-Unis pour les addicts à Internet et aux jeux vidéo[27] : reSTART Life – Hilarie avait participé à sa création une dizaine d'années auparavant.

Par réflexe, sans vraiment y penser, j'ai sorti mon téléphone. Il n'y avait pas de réseau et, si absurde que cela puisse paraître, j'en ai ressenti une pointe de contrariété.

Deux patients ont commencé par me faire visiter les lieux[28]. Matthew était un jeune Américain d'origine chinoise, très mince, d'une vingtaine d'années, et Mitchell un Blanc, cinq ans plus âgé, l'air sympathique, encore beau malgré un début de calvitie. Voilà la salle de sport où nous faisons de la musculation, m'expliquaient-ils ; ici, la cabane de méditation, où nous essayons d'atteindre la pleine conscience ; là, la cuisine, où on nous apprend à préparer de bons petits plats.

La visite terminée, nous nous sommes assis dans le bois, à proximité du centre, pour discuter un peu. Matthew me dit que lorsqu'il se sentait seul, il avait pris l'habitude de "dissimuler ses sentiments et d'utiliser l'ordinateur comme une sorte d'échappatoire". Tout jeune adolescent, il avait développé une obsession pour le jeu *League of Legends*. "C'est un jeu qui se joue à cinq, précisa-t-il. Les cinq personnes de l'équipe travaillent ensemble dans un but commun, mais chacun a aussi ses propres objectifs. C'est assez complexe […]. Lorsque je pouvais me concentrer pleinement sur le jeu, j'étais heureux", ajouta-t-il. Avant son arrivée au centre, il y jouait quatorze heures par jour. Il n'avait jamais été très gros, mais à cette époque il avait perdu quinze kilos parce qu'il ne prenait même plus le temps de manger. "Je passais presque tout mon temps assis devant mon écran", m'avoua-t-il.

L'histoire de Mitchell était légèrement différente. Depuis toujours, il avait pris l'habitude de fuir une vie de famille compliquée en amassant des tas d'informations à propos des sujets les plus divers. Enfant, il gardait d'énormes piles de journaux sous son lit. À douze ans, il avait découvert Internet. À l'époque la connexion passait par le terminal téléphonique et le débit était très bas, mais cela ne l'empêchait pas d'imprimer des pages et des pages à lire "jusqu'à ce que mort s'ensuive", précisa-t-il. Il n'avait jamais réussi à réfréner ce besoin d'information : ce n'était jamais assez. Dans le cadre de son travail chez un développeur de logiciels, dès qu'on lui confiait une mission délicate, il ne pouvait s'empêcher de lire jusque dans les moindres détails tout ce qui était disponible à ce sujet sur Internet. Il lui arrivait d'avoir trois cents onglets ouverts en même temps.

Les histoires de Michael et Mitchell m'étaient étrangement familières. En Occident, une personne normale consulte en moyenne son téléphone toutes les six minutes et demie, et un adolescent moyen envoie environ cent textos par jour. 42 % d'entre nous n'éteignent jamais leur téléphone, en aucune circonstance[29]. En France, les personnes âgées de 15 à 30 ans passent en moyenne quatre heures par jour devant des écrans après la fin de leur journée de cours ou de travail[30].

Les rares fois où nous tentons d'expliquer comment nous avons pu en arriver là, nous blâmons la technologie elle-même. Il paraît que chaque e-mail qui arrive dans votre boîte de réception provoque chez vous un pic de dopamine, que quelque chose dans les smartphones les rend addictifs. Nous faisons porter la faute à la machine. Or en passant du temps dans ce centre de réadaptation et en réfléchissant à mon propre usage d'Internet, j'en suis venu à me demander s'il n'y avait pas une autre manière, plus honnête, d'envisager les choses.

Hilarie me dit que la plupart des patients qui étaient soignés dans ce centre présentaient certains traits communs. Ils étaient presque tous anxieux ou dépressifs avant de développer des troubles compulsifs. L'obsession pour Internet est, chez le patient, une manière "d'échapper à son anxiété, de s'en distraire". "90 % des patients présentent exactement ce type de profil", estimait-elle.

Ces jeunes gens se sentaient perdus et isolés bien avant de développer une addiction à Internet. Le monde virtuel leur offrait ce dont ils avaient désespérément besoin et dont ils étaient privés dans leur environnement immédiat : un but qui les motive, un statut ou encore une tribu. "Les jeux les plus populaires, me dit Hilarie, sont les jeux multijoueurs où l'on peut faire partie d'une guilde (ou d'une équipe) au sein de laquelle chacun gagne peu à peu son statut. Ces jeunes vous diraient qu'ils en tirent une capacité à jouer en équipe, à coopérer avec leurs alliés. Ils développent une sorte d'esprit de clan." Le risque, selon Hilarie, est de "se plonger dans une existence alternative qui nous fasse perdre complètement le sens des réalités. On se sent valorisé par le jeu, ses défis, ses possibilités de coopération et par la communauté à laquelle on est intégré et dans laquelle on a un rôle à jouer. On bénéficie d'une marge de manœuvre bien plus importante que dans le monde réel".

La dépression et l'anxiété précédaient donc, pour tous les patients, l'usage compulsif d'Internet. Cela me donnait à réfléchir : Hilarie était en train de me dire que l'obsession pour Internet était une vaine tentative de soulager une douleur préexistante, provoquée en partie par un sentiment de solitude. Et si, au-delà de ces patients, ce constat était également valable pour une grande partie d'entre nous ?

Internet est apparu dans un monde où la plupart des gens avaient déjà perdu le sentiment d'être liés les uns aux autres. À ce moment-là, l'effondrement des relations sociales était déjà en cours depuis plusieurs décennies. Le web s'est développé en offrant aux gens une sorte de caricature de ce dont ils étaient peu à peu privés : des amis Facebook à la place des voisins ; la possibilité de mettre à jour son statut sur les réseaux sociaux à défaut d'avoir un statut social. Le comédien Marc Maron a écrit quelque part que "chaque fois qu'on met à jour son statut, on formule implicitement une seule et unique requête : on demande à être reconnu[31]".

Selon Hilarie, "une civilisation malade ne peut qu'aboutir à des individus en mauvaise santé". Elle me dit qu'elle avait beaucoup réfléchi à cela récemment et, après s'être passé la main dans les cheveux et avoir jeté un coup d'œil autour d'elle, elle ajouta qu'il lui était arrivé de se "sentir découragée". Elle en était arrivée à la conclusion que nous vivions dans une civilisation où les gens n'avaient plus aucune possibilité de "développer les liens dont ils avaient besoin pour être des humains en bonne santé", c'est pourquoi nous avions tant de mal à éteindre nos smartphones ou à nous déconnecter des réseaux sociaux. Nous prétendons que, si nous passons tant de temps dans le monde virtuel, c'est parce qu'il nous offre la possibilité de nous connecter les uns aux autres, de nous laisser emporter dans le tourbillon d'une fête rassemblant des milliards de personnes. Mais selon Hilarie, "c'est complètement faux". Loin d'être personnellement opposée à la technologie (elle est sur Facebook, aime s'y connecter), elle maintient pourtant que "les réseaux sociaux ne répondent pas à nos véritables besoins". "Nous avons besoin de *ce* type de connexion, déclara-t-elle, en nous désignant tour à tour de la main, d'être face à face, de pouvoir se voir, se toucher, se sentir et s'entendre [...]. En tant qu'animaux sociaux, nous sommes faits pour développer des relations de confiance et de considération mutuelle, mais c'est impossible quand nous sommes séparés par un écran."

À cet instant, je pris conscience qu'être en ligne et être entouré de personnes en chair et en os sont des choses aussi différentes que la pornographie et le sexe : cette forme de connexion permet de soulager un besoin naturel, mais ne nous satisfait jamais complètement. Hilarie m'observa un instant, puis son regard se porta sur mon téléphone qui était posé sur la table. Enfin, elle conclut : "Les écrans ne nous donnent pas ce dont nous avons vraiment besoin."

Après avoir étudié la solitude pendant des années, John Cacioppo me dit que toutes les études convergeaient sur un point :

les réseaux sociaux ne peuvent évidemment pas compenser la vie sociale que nous avions perdue.

Plus encore, l'usage compulsif que nous faisons des réseaux sociaux est une tentative de combler un vide, un grand trou, qui s'est creusé bien avant l'apparition du premier smartphone. Il s'agit, tout comme la dépression et l'anxiété, d'un symptôme de la crise que nous traversons actuellement.

Peu avant mon départ du centre de réadaptation, Mitchell, le pensionnaire à l'air amical, me dit qu'il souhaitait me montrer quelque chose. "C'est juste une petite chose très sympa que j'ai remarquée là-bas, précisa-t-il en marchant. Il y a une couvée d'araignées qui a éclos dans cet arbre. C'est comme dans *Le Petit Monde de Charlotte* [un dessin animé] : à la fin, les petites araignées sortent de leurs œufs, lancent leurs toiles et s'en vont. Eh bien, c'est exactement ce qui se passe ici : dès qu'il y a une rafale de vent, on voit des fils fuser depuis le sommet de l'arbre."

Avec les autres pensionnaires du centre de réadaptation, ils étaient restés là, à parler de ces toiles d'araignée pendant des heures. Il échangea un regard complice avec un autre patient et sourit.

Dans un autre contexte, j'aurais trouvé cela un peu mièvre, cet ancien addict à Internet passant des joies de la toile à celles d'une véritable toile d'araignée, des réseaux sociaux à un réseau constitué de personnes en chair et en os. Mais à la vue du visage radieux de Mitchell, toutes mes réserves s'évanouirent. Nous avons passé un long moment à observer cette toile. Il la fixait avec sérénité. "C'est un phénomène très intéressant que je n'avais jamais eu l'occasion d'observer avant", me dit-il.

J'étais ému, et je me fis la promesse de tenter de tirer des enseignements de ce moment.

Dix minutes après avoir quitté le centre, au volant, je fus submergé par une bouffée de solitude et je remarquai alors que mon téléphone captait à nouveau : immédiatement, je consultai mes mails.

Désormais, quand mes parents retournent dans les endroits où ils ont grandi et où la vie en communauté était jadis si importante, ils sont bien forcés d'admettre que ces lieux ne sont plus si différents d'Edgware. Les gens se font signe de loin et rentrent chez eux. La dissolution du lien social a gagné l'ensemble du monde occidental. John Cacioppo (qui nous a tant appris de la solitude) aime citer une phrase du biologiste Edward O. Wilson : "Les gens doivent appartenir à une tribu." Tout comme une abeille privée de ruche ne peut subsister longtemps, un homme privé de son lien avec le groupe ne peut rester sain d'esprit.

John avait donc découvert que nous étions devenus, sans vraiment le vouloir, les premiers êtres humains à avoir dissous nos tribus. Nous étions désormais seuls, perdus dans la savane, incapables de comprendre notre propre tristesse.

## 8

## TROISIÈME CAUSE :
## UN ENVIRONNEMENT DE VALEURS EN TOC

Alors que j'approchais de la trentaine, j'ai pris beaucoup de poids. Je devais ces kilos en partie aux effets secondaires des antidépresseurs, en partie à ceux du poulet frit. Aujourd'hui encore, je suis capable de comparer de mémoire les mérites relatifs de tous les restaurants de poulet frit de l'est de Londres, qui constituaient à l'époque la base de mon régime alimentaire, depuis le Chicken Cottage jusqu'au Tennessee Fried Chicken avec son fameux logo : le dessin d'un poulet tout sourire portant un seau de cuisses de poulet frites (qui eût cru que le cannibalisme puisse être un argument de vente efficace ?). Mon restaurant préféré, brillamment nommé Chicken Chicken Chicken, faisait des ailes de poulet aux épices qui étaient, pour moi, d'authentiques Mona Lisa de la friture.

Un réveillon de Noël, alors que je venais de passer le seuil du Kentucky Fried Chicken de mon quartier, l'un des employés me vit et me héla de derrière le comptoir : "Johann ! On a quelque chose pour toi !" Le reste des employés s'étaient tournés vers moi et me regardaient avec impatience. L'employé qui s'était adressé à moi tira alors quelque chose de derrière le gril, au milieu des grésillements de la viande en train de cuire : c'était une carte de Noël. À cause des sourires pleins d'espoir que m'adressaient les employés, je me sentis obligé de l'ouvrir devant eux. "À notre meilleur client", disait la carte, et ce message était entouré de petits mots personnalisés écrits par chacun des employés.

Je ne suis plus jamais retourné chez KFC.

Nombre d'entre nous ont conscience d'avoir un régime alimentaire déséquilibré. Même sans être médaille d'or de la consommation de graisse comme je l'ai été, nous sommes de plus en plus nombreux à manger des aliments qui sont mauvais pour nous et intoxiquent notre corps. En me renseignant sur la dépression et l'anxiété, j'ai appris que nous connaissions un phénomène similaire sur le plan des valeurs, ce qui explique que la plupart d'entre nous aient l'impression d'être émotionnellement intoxiqués.

Cette évolution a été mise au jour par un psychologue américain du nom de Tim Kasser, auquel j'ai rendu visite pour qu'il me raconte son histoire.

Alors qu'il était encore enfant, Tim emménagea au beau milieu d'un pays de marécages et de plages encore à l'état sauvage. Son père, gérant dans une compagnie d'assurances, avait été muté au début des années 1970 dans le comté de Pinellas, sur la côte ouest de la Floride. Cette région, encore très peu développée, offrait un terrain de jeu parfait pour un enfant, avec ses grandes étendues désertes, mais elle allait bientôt connaître le plus fort taux de croissance de tous les États-Unis. Tim l'avait vue se transformer sous ses yeux. "Quand j'ai quitté la Floride, me dit-il, l'environnement avait complètement changé. Lorsqu'on prenait la route en bord de plage, on ne voyait plus la mer depuis sa voiture, à cause des condos et des immeubles qui s'étaient construits tout le long. Les terrains vagues où vivaient jadis les alligators et les serpents à sonnette […] se changeaient les uns après les autres en lotissements ou en centres commerciaux."

Comme tous les enfants qu'il connaissait, Tim était attiré par ces centres commerciaux qui avaient progressivement recouvert plages et marécages. Il pouvait y passer des heures, à jouer aux *Asteroids* et aux *Envahisseurs de l'espace*. Rapidement, il se mit à vouloir posséder les jouets qu'il voyait dans les publicités.

Son récit me rappela mon enfance à Edgware. J'avais huit ou neuf ans quand le centre commercial Broadwalk avait ouvert ses portes et je me revois, flânant devant ses vitrines lumineuses, en train de contempler, aux anges, comme dans un état de transe, tous ces objets que j'aurais aimé acheter. Il y avait deux jouets que je convoitais tout particulièrement : l'un, en plastique vert, était une forteresse à l'image du Château des Ombres, où vivait Musclor, le personnage de dessin animé ; l'autre, Tendressville, était la maison dans les nuages des Bisounours. Un Noël, ma mère avait mal compris ma liste et, par erreur, ne m'avait pas offert Tendressville. J'avais ruminé ma déception pendant des mois. Je mourais littéralement d'envie de détenir ce morceau de plastique.

Comme la plupart des enfants à cette époque, je passais au moins trois heures par jour devant la télévision, souvent plus. L'été, des journées entières s'écoulaient sans que je la quitte des yeux, sauf pour faire un aller-retour au centre Broadwalk. Je ne pense pas que quelqu'un me l'ait jamais dit de façon si explicite, mais à l'époque, la définition même du bonheur me semblait être de pouvoir s'acheter la plupart des produits en vitrine. Si vous m'aviez demandé, à neuf ans, ce qu'être heureux voulait dire, je vous aurais sans doute répondu que celui qui pouvait traverser le centre Broadwalk et se payer tout ce qu'il voulait ne pouvait qu'être heureux. Souvent, je demandais à mon père combien gagnaient les célébrités qui passaient à la télévision. Il essayait de deviner, et nous nous imaginions les choses merveilleuses que nous pourrions faire avec tout cet argent. C'était comme un rituel entre nous, cette énumération de dépenses imaginaires.

J'ai demandé à Tim si, dans le comté de Pinellas où il avait grandi, il avait déjà entendu parler d'une valeur autre que le bonheur d'acheter et de posséder des choses. "Je ne crois pas non, pas durant mon enfance", m'a-t-il répondu. Il y avait sans doute à Edgware des gens qui avaient d'autres valeurs, mais je ne les ai jamais rencontrés.

Alors que Tim était encore adolescent, un été, son professeur de natation qui s'apprêtait à déménager lui laissa quelques disques, parmi lesquels des albums de John Lennon et de Bob Dylan[1]. En les écoutant, il se rendit compte que ces chansons tenaient un discours qu'il n'avait encore jamais entendu ailleurs. Il parcourut leurs paroles à la recherche d'indices suggérant une autre manière de vivre, mais il n'avait personne avec qui en discuter.

Ce n'est qu'une fois parti faire ses études à la très conservatrice université Vanderbilt, dans le Sud, à l'apogée des années Reagan, que la nécessité d'y réfléchir davantage s'imposa peu à peu à lui. En 1984, il vota pour Ronald Reagan, mais la question de l'authenticité commençait à l'obséder. "J'étais en plein doute, me dit-il. Je remettais à peu près tout en question, non seulement les valeurs qui m'avaient été inculquées, mais encore ce que j'étais, la nature même de la réalité et les valeurs de la société." Il avait l'impression d'être entouré de *piñatas* qu'il explosait au hasard de ses coups. "Pour être honnête, je crois être resté dans cette phase pendant un bon bout de temps", ajouta-t-il.

Au cours de ses études supérieures, il se mit à lire beaucoup de livres de psychanalyse. C'est à ce moment-là qu'il prit conscience d'une incohérence.

Depuis déjà plusieurs milliers d'années, les philosophes nous avaient avertis que survaloriser la possession de biens matériels et d'argent, ou vivre pour l'image que les autres avaient de nous, ne pouvait que nous rendre malheureux[2]. Autrement dit, nous savions depuis des milliers d'années que les valeurs qui régnaient dans le comté de Pinellas ou à Edgware étaient trompeuses, au sens fort du terme. Certains des esprits les plus brillants de tous les temps l'avaient longuement démontré et Tim se rangea peu à peu à leur avis, mais nul n'avait encore mené d'étude scientifique pour savoir si tous ces grands philosophes disaient vrai.

Cette prise de conscience le mit sur la piste d'un projet qui allait l'occuper durant les vingt-cinq années suivantes, et lui ferait découvrir les subtils mécanismes responsables de notre mal-être.

Tout commença à l'université, par un simple sondage.

Tim trouva le moyen de quantifier la valeur que les gens accordaient à la possession d'argent et d'objets matériels en la mettant en concurrence avec d'autres valeurs, comme passer du temps en famille ou tenter de rendre le monde meilleur. Il nomma l'échelle ainsi obtenue : indice d'aspiration[3]. Il suffit, pour l'estimer, de demander aux gens dans quelle mesure telle ou telle affirmation comme : "Il est important de posséder des objets précieux" ou, à l'inverse : "Il est important de rendre le monde meilleur pour les autres", correspond à leur avis. On peut ensuite en déduire, par le calcul, quelles sont les valeurs qui comptent pour eux.

En parallèle, on peut poser beaucoup d'autres questions, parmi lesquelles figureront en bonne place : "Êtes-vous malheureux ?" et "Souffrez-vous (ou avez-vous souffert) de dépression ou d'anxiété ?" Il s'agissait, en premier lieu, de déceler d'éventuelles corrélations.

Le tout premier projet de recherche mené par Tim consista donc à distribuer ces questionnaires à 316 étudiants. Les résultats qu'il obtint le surprirent[4] : les personnes matérialistes, qui pensaient que le bonheur était lié à l'accumulation des biens et à l'obtention d'un statut social important, étaient bien plus sujettes à la dépression et à l'anxiété[5].

Tim savait qu'avec cette première étude, il n'avait fait qu'effleurer une part infime d'une réalité plus vaste. Dans le cadre d'une étude plus importante, il poursuivit donc son travail en demandant à des psychologues cliniciens d'évaluer précisément l'état de santé mentale de 140 jeunes de dix-huit ans et de calculer aussi précisément que possible leur indice d'aspiration. En compilant les résultats obtenus, sa première découverte se confirma : plus ces jeunes valorisaient la possession de biens matériels et la possibilité d'exposer leurs richesses aux yeux de tous, plus ils avaient de chances de souffrir de dépression et d'anxiété.

Cela se vérifiait-il seulement chez les jeunes ? Pour répondre à cette question, Tim sélectionna un échantillon de 100 habitants de Rochester, dans le Nord de l'État de New York, issus de tranches d'âge et de milieux socioéconomiques divers. Il arriva au même résultat.

Mais comment savoir de façon certaine ce qui se passait et pourquoi ?

L'étape suivante fut de mener une étude plus ciblée, pour comprendre comment ces valeurs étaient susceptibles d'affecter les individus au fil du temps. Tim demanda à 192 étudiants de tenir un journal détaillé de leur humeur dans lequel, deux fois par jour, ils devaient noter combien de fois ils avaient ressenti telle ou telle émotion, comme le bonheur ou la colère, et signaler, parmi une liste de neuf symptômes physiques (le mal de dos, par exemple), desquels ils avaient souffert et à quel degré. En croisant les résultats, Tim observa à nouveau un taux plus élevé de dépressions chez les étudiants matérialistes, mais cette expérience fut l'occasion de faire une découverte plus intéressante encore. Au jour le jour, les personnes matérialistes semblaient souffrir davantage sur tous les plans. Elles enduraient plus de maux et se mettaient plus souvent en colère. "Il y avait quelque chose, dans la poursuite effrénée des biens matériels, qui affectait concrètement les participants de cette étude et réduisait leur qualité de vie au quotidien[6]", se dit Tim. Ils connaissaient moins de moments de joie et sombraient plus facilement dans le désespoir.

Comment expliquer ce phénomène ? Depuis les années 1960, les psychologues distinguent deux types de motivations qui vous font vous lever chaque matin. Les premières sont des motivations *intrinsèques*[7] : ce sont les choses que vous faites simplement parce que vous leur accordez une valeur en elles-mêmes et non parce que vous espérez en tirer quoi que ce soit. Par exemple, quand un enfant joue, il agit selon des motivations purement intrinsèques : il joue parce que cela lui apporte de la joie. L'autre jour, j'ai demandé au fils d'un de mes amis, âgé de cinq ans, pourquoi il jouait. "Parce que j'adore ça", m'a-t-il répondu, avant d'ajouter, en fronçant les sourcils : "Tu es débile !", et de s'en aller en courant, à la manière de Batman. Ces motivations intrinsèques continuent d'agir sur nous longtemps après notre sortie de l'enfance.

Ces valeurs coexistent avec un ensemble de valeurs rivales, appelées motivations *extrinsèques*[8]. Ce sont les choses qu'on ne fait pas parce qu'on veut les faire, mais parce qu'on reçoit quelque chose en échange, que ce soit de l'argent, de l'admiration, du plaisir sexuel ou un statut plus avantageux. Joe, que vous avez rencontré au chapitre 6, se rendait tous les jours au travail dans son magasin de peintures pour des raisons purement extrinsèques : il détestait son travail, mais avait besoin d'argent pour payer son loyer, s'acheter l'oxycodone qui lui permettrait de s'abrutir et de supporter sa journée, acquérir la voiture et les vêtements qui lui garantiraient, pensait-il, le respect des autres. Nous sommes tous mus en partie par ce genre de motivations.

Admettons que vous jouiez du piano. Si vous jouez pour le plaisir, vous êtes mus par des motivations intrinsèques. Si, au contraire, vous jouez dans un bar miteux que vous détestez simplement pour pouvoir payer votre loyer et éviter d'être expulsé, ce sont vos valeurs extrinsèques qui sont en jeu.

Ces systèmes de valeurs opposés coexistent en chacun de nous. Personne n'est motivé seulement par l'un ou par l'autre.

Tim pensait que l'étude détaillée des conflits entre ces deux systèmes pourrait s'avérer extrêmement révélatrice. Il se mit donc à étudier en détail l'évolution d'un groupe de 200 personnes. Il leur demanda d'abord de révéler leurs objectifs puis tenta de déterminer avec eux s'il s'agissait de buts extrinsèques (comme obtenir une promotion ou acheter un appartement plus grand) ou intrinsèques (comme devenir un ami plus fiable ou un meilleur pianiste). Enfin, il les chargea de noter minutieusement leurs émotions au jour le jour.

Il cherchait à savoir si le fait d'atteindre ses objectifs extrinsèques rendait plus heureux et, si oui, si le bonheur ainsi provoqué était plus ou moins grand que lorsqu'on atteignait ses objectifs intrinsèques.

Les résultats qu'il obtint avaient de quoi surprendre[9] : les gens qui avaient atteint leurs objectifs extrinsèques n'en étaient pas plus heureux. Ils dépensaient beaucoup d'énergie à poursuivre ces objectifs mais, une fois qu'ils les avaient atteints, ils ne se sentaient pas mieux qu'au départ. Votre promotion ? Votre voiture de luxe ? Votre nouvel iPhone ? Ce collier très cher dont vous rêvez ? Ils ne vous rendront en aucun cas plus heureux.

À l'inverse, les gens qui avaient atteint leurs objectifs intrinsèques voyaient augmenter significativement leur niveau de bonheur et diminuer leurs risques de devenir dépressifs ou anxieux. En travaillant pour atteindre ces objectifs et en ayant le sentiment qu'ils devenaient, par exemple, des amis plus fiables (non parce qu'ils en espéraient une quelconque récompense, mais parce qu'ils avaient ainsi l'impression d'accomplir une bonne action), ces personnes trouvaient leur vie de plus en plus satisfaisante. Être un meilleur père ? Danser pour le plaisir ? Aider un inconnu pour la beauté du geste ? Autant d'actions qui vous rendent incontestablement plus heureux.

Et pourtant la plupart d'entre nous passons la majeure partie de notre temps à poursuivre des objectifs extrinsèques qui ne nous rapportent rien. Tout, dans notre culture, nous pousse à fonctionner ainsi. Il faut avoir de bonnes notes, décrocher le travail le mieux payé, gravir l'échelle sociale, exhiber son argent sous la forme de vêtements ou de voitures. Voilà le mode d'emploi du bonheur.

Or Tim avait découvert que la définition d'une vie correcte et satisfaisante selon les critères de notre culture était complètement inadéquate pour la plupart des gens. Ce constat s'est imposé progressivement, à mesure que de nouvelles études étaient menées à ce sujet. Depuis ces premières découvertes, vingt-deux études ont en effet montré que plus on était matérialiste et déterminé par des objectifs extrinsèques, plus on était anxieux. Douze autres études ont mis en évidence la même corrélation pour la dépression[10]. Des enquêtes s'inspirant du travail de Tim et appliquant une méthodologie similaire ont désormais été réalisées en Grande-Bretagne, au Danemark, en Allemagne, en Inde, en Corée du Sud, en Russie, en Roumanie, en Australie et au Canada. Partout dans le monde, on observe les mêmes résultats.

Tout comme, dans nos assiettes, la malbouffe a largement supplanté la nourriture saine, Tim avait donc prouvé que, dans nos esprits, les valeurs fondamentales ont été remplacées par des valeurs en toc. Tout ce poulet frit, produit en masse, ressemble à de la vraie nourriture et joue sur le besoin instinctif de nutriments que nous a légué l'évolution – mais au lieu de nutriments, notre corps n'en retire que des toxines.

De même, ces valeurs matérialistes qui nous poussent à dépenser toujours plus pour être heureux ressemblent à s'y méprendre à des valeurs véritables et jouent sur le besoin inné que nous ressentons de nous appuyer sur certains principes pour nous guider dans la vie. Mais contrairement aux valeurs véritables, elles ne nous mènent pas à une vie satisfaisante. Elles sont psychologiquement toxiques. Tout comme la malbouffe perturbe notre corps, ces valeurs en toc perturbent notre esprit.

Le matérialisme, c'est le KFC de la pensée.

En étudiant ce phénomène plus en détail, Tim parvint à identifier au moins quatre causes de l'effet négatif de ces valeurs en toc.

La première est que penser en termes de motivations extrinsèques empoisonne nos relations avec les autres. Tim s'associa à un autre professeur, Richard Ryan, qui lui avait offert son soutien dès le départ, pour mener une étude détaillée sur 200 personnes[11]. Ils découvrirent que plus vous étiez matérialiste, plus vos relations étaient de courte durée et de mauvaise qualité. Ce phénomène est aisément compréhensible : si vous jugez les autres sur leur apparence ou leur popularité, vous n'hésiterez pas à les laisser tomber pour la première personne plus attirante ou plus charismatique venue. En outre, si seule l'apparence vous intéresse, vous serez sans doute moins agréable à fréquenter, si bien qu'il sera d'autant plus probable que les autres vous laissent tomber à leur tour. Vous lierez donc moins de liens d'amitié ou de camaraderie, et ils seront moins durables[12].

Or Tim et Richard découvrirent que le fait d'obéir à des valeurs en toc avait un autre effet. Reprenons l'exemple du pianiste : tous les jours, Tim passe au moins une demi-heure à jouer du piano et à chanter, souvent accompagné de ses enfants. Il fait cela pour le plaisir, tout simplement : après avoir passé une bonne journée, jouer le remplit de satisfaction et de joie. La plupart des études scientifiques montrent que notre plaisir culmine lorsque nous sommes plongés dans des "états de *flow*[13]", c'est-à-dire des moments où nous nous laissons tout simplement aller à faire ce que nous aimons, en profitant de la magie de l'instant. Ce genre d'états nous offre la preuve que nous conservons la capacité d'obéir à des motivations purement intrinsèques, comme un enfant en train de jouer.

Or en se penchant sur le cas des personnes extrêmement matérialistes, Tim découvrit qu'elles connaissaient des états de *flow* beaucoup moins fréquemment que les autres[14]. Comment l'expliquer ?

Tim en donne une justification convaincante. Imaginez que, pendant sa séance quotidienne de piano, il n'arrête pas de se demander : Suis-je le meilleur pianiste de tout l'Illinois ? Les autres vont-ils applaudir ma performance ? Vais-je être payé pour cela ? Combien ? Sa joie serait bientôt aussi racornie qu'un escargot plongé dans du sel. Au lieu de se dissoudre dans l'instant, son ego en serait renforcé, piqué, titillé.

Voilà un aperçu de ce qui se passe dans la tête des personnes matérialistes. Quand vous pratiquez une activité non pour elle-même mais pour produire un certain effet, vous n'êtes pas libre de vous laisser aller au plaisir de l'instant. Vous êtes sans cesse en train de vous surveiller. Votre ego hurle comme une alarme qu'on n'arrive plus à couper.

Ceci nous mène à la troisième cause du malaise engendré par ces valeurs en toc. Une personne extrêmement matérialiste, me dit Tim, "est forcée de se demander sans arrêt ce que les gens pensent d'elle". Ceci la conduit à "se concentrer sur les opinions des autres, sur leurs louanges, de sorte qu'elle finit par être forcée de s'inquiéter sans cesse de ce que pensent les autres en se demandant s'ils vont ou non lui donner la gratification qu'elle attend, ajouta-t-il. Elle s'impose donc un lourd fardeau, alors qu'elle pourrait tout simplement se consacrer aux activités qu'elle aime et à ceux qui l'apprécient pour ce qu'elle est".

Si "l'amour-propre, le sentiment qu'on a de sa propre valeur, repose uniquement sur le contenu de son compte en banque, sur l'apparence de ses vêtements ou sur la taille de sa maison", dit Tim, on passe sa vie à se comparer aux autres. Or, selon lui, "il y a toujours quelqu'un dont la maison est plus belle, les vêtements plus élégants, ou qui a tout simplement plus d'argent". Quand bien même on serait la personne la plus riche du monde, on ne serait pas tranquille, car on ne sait jamais combien de temps ça va durer. Le matérialisme nous plonge dans un état de constante vulnérabilité à l'égard d'un monde qu'on ne contrôle pas.

Nous en arrivons enfin à la quatrième cause de notre malheur, la plus cruciale selon Tim. Elle vaut le coup qu'on s'y arrête, car c'est également la plus importante à mes yeux.

Nous avons tous certains besoins innés, tels qu'être entouré, se sentir valorisé, en sécurité, avoir l'impression qu'on fait quelque chose d'utile, disposer d'une certaine autonomie ou trouver un domaine où on excelle. Tim pense que les personnes matérialistes sont moins heureuses car elles poursuivent un mode de vie qui ne leur permet pas de satisfaire ces besoins[15].

Ce dont nous avons fondamentalement besoin, c'est de tisser des liens avec les autres, mais la société prétend que nous avons surtout besoin de biens matériels et de reconnaissance. Dans l'écart qui sépare ces deux injonctions contradictoires (celle qui vient de nous et celle qui vient de la société), la dépression et l'anxiété prospèrent, tandis que nos besoins réels restent insatisfaits.

Il faut imaginer les valeurs qui guident nos actions comme un gâteau, me dit Tim. "Chaque valeur à laquelle on tient est une part de ce gâteau[16] : la spiritualité, la famille, l'argent, le plaisir sont autant de parts. Nous disposons tous des mêmes parts", m'expliqua-t-il. Quand nous nous focalisons sur nos possessions matérielles ou notre statut social, les parts correspondantes deviennent plus grosses. Or "plus une part est grosse, plus les autres sont petites". Ainsi, faire une fixation sur le fait d'accumuler des biens matériels ou des reconnaissances réduit automatiquement la part de notre vie consacrée au maintien de nos relations et à la recherche de sens.

Tim me donna l'exemple suivant : "On est un vendredi après-midi, il est quatre heures. J'ai deux possibilités : soit rester [au bureau] et continuer à travailler, soit rentrer chez moi pour jouer avec mes enfants. C'est l'un ou l'autre, je ne peux pas faire les deux. Si la part des valeurs matérialistes l'emporte, je resterai au travail. Si les valeurs familiales sont plus importantes, je rentrerai à la maison et profiterai de mes enfants." Ce n'est pas que les personnes matérialistes n'aiment pas leurs enfants, précisa-t-il, c'est que "la part des valeurs matérialistes grandissant, les autres valeurs ont nécessairement moins de poids", même si nous prétendons le contraire.

Or il se trouve que, dans notre civilisation, la pression ne s'exerce que dans un sens : dépenser plus, travailler plus. Nous vivons dans un système qui, selon Tim, "ne cesse de nous détourner de ce qui fait la beauté de la vie". Une sorte de propagande nous contraint à vivre dans des conditions qui nous empêchent de satisfaire nos besoins psychologiques les plus naturels, si bien que nous vivons dans un état d'insatisfaction permanente qui nous semble incompréhensible.

Voilà des millénaires que les hommes ont formulé une règle nommée "règle d'or", qui consiste à se conduire envers les autres de la manière dont on aimerait qu'ils se conduisent envers nous. Je pense que Tim a découvert ce qu'on devrait appeler, en réponse, la règle du "toujours plus d'or[17]" : plus on se persuade que la vie se résume à posséder richesses et statut et à les exhiber, plus on devient malheureux, dépressif et anxieux.

Mais comment se fait-il que nous ayons massivement opté pour ce système qui nous rend malheureux et dépressifs ? N'est-il pas invraisemblable que nous ayons eu un comportement aussi irrationnel ? Dans la dernière phase de ses recherches, Tim s'efforça de creuser cette question.

Nos valeurs ne sont pas fixées une fois pour toutes. En suivant les volontaires de ses études sur une longue période, Tim découvrit que la part prise par les valeurs en toc variait au cours de la vie. On peut devenir plus matérialiste et plus malheureux, ou moins matérialiste et moins malheureux. Selon lui, la question qui se pose est moins "Qui est matérialiste ?" que "Quand les gens sont-ils matérialistes ?" Il voulut donc savoir ce qui était à l'origine de ces variations.

Une expérience menée par un autre groupe de chercheurs nous en donne un premier aperçu[18]. En 1978, deux sociologues canadiens répartirent des enfants âgés de quatre à cinq ans en deux groupes. Le premier groupe n'était exposé à aucune publicité, tandis que le deuxième visionnait deux spots publicitaires successifs pour un jouet quelconque. Ces enfants de quatre à cinq ans étaient ensuite mis face à une alternative : ils devaient choisir de jouer avec l'un des deux garçons devant eux. L'un avait le jouet de la publicité, mais les sociologues les avaient mis en garde : ce n'était pas un gentil garçon, il était méchant. L'autre n'avait pas le jouet, mais était adorable.

La majorité des enfants qui avaient visionné les publicités choisissait le méchant garçon et le jouet. À l'inverse, les autres optaient en majorité pour le gentil garçon sans jouet.

Autrement dit, les publicités avaient incité ces enfants à préférer une relation médiocre à une relation plus favorable, car elles avaient réussi à ancrer en eux l'idée que ce bout de plastique était tout ce qui comptait vraiment.

Deux pubs avaient suffi à causer cet effet. Or, de nos jours, le nombre moyen de publicités visionnées par une personne chaque matin est bien supérieur. La plupart des jeunes enfants de dix-huit mois sont capables de reconnaître le M de McDonald's avant de savoir leur propre nom de famille[19]. À trois ans, un enfant connaît en moyenne les logos de cent marques différentes[20].

Tim supposait que la publicité expliquait en grande partie notre préférence pour un système de valeurs qui nous rendait malheureux au quotidien. Il s'associa donc à une autre sociologue du nom de Jean Twenge, avec laquelle il s'attacha à déterminer la part du PIB américain représentée par les dépenses publicitaires entre 1976 et 2003[21]. Il découvrit que plus les dépenses publicitaires étaient élevées, plus les adolescents devenaient matérialistes.

Il y a quelques années, la responsable d'une agence de publicité, Nancy Shalek, expliqua d'un air approbateur : "Les meilleurs spots publicitaires parviennent à persuader les consommateurs qu'ils ne sont rien tant qu'ils n'ont pas tel ou tel produit en leur possession. Les enfants sont très sensibles à ce genre d'argument de vente […]. Il s'agit de créer une vulnérabilité émotionnelle, et dans leur cas, c'est d'autant plus facile qu'ils sont par nature plus vulnérables émotionnellement[22]."

Ce système peut bien sûr sembler cruel, mais en y réfléchissant, on se rend compte qu'il répond à une certaine logique. Imaginez une pub qui me dise : Johann, tu es bien comme tu es. Tu es beau, tu sens bon, tu es sympathique. Les gens rêvent de te fréquenter. Tu possèdes assez de choses maintenant, tu n'as besoin de rien d'autre. Il ne te reste qu'à profiter de la vie.

Voilà qui mériterait sans doute le titre de pire publicité de l'histoire de l'humanité[23] : elle ne m'incite ni à faire du shopping, ni à me jeter sur mon ordinateur pour dépenser de l'argent, ni à faire quoi que ce soit qui nourrisse mes valeurs en toc. Cette publicité me pousserait, à l'inverse, à poursuivre mes valeurs intrinsèques, ce qui me rendrait bien plus heureux tout en dépensant moins d'argent.

Depuis les années 1920, les publicitaires admettent aisément en privé que leur travail consiste à créer une sorte de manque chez les gens qu'il s'agit de combler grâce au produit qu'ils vantent, présenté comme la solution à un problème qu'ils ont eux-mêmes causé. Les publicités sont donc les pires des faux amis. Elles ne cessent de nous dire : Mon chéri, je voudrais tant que tu sois beau, que tu sentes bon, que tu te sentes bien. Je suis désolée que tu sois laid, puant et triste en ce moment. Voilà un produit qui fera de toi ce que tu dois être. Cela te coûtera certes un peu d'argent, mais il faut bien être à la hauteur de ce qu'on mérite. Cela ne vaut-il pas quelques dollars ?

Cette logique a imprégné notre culture tout entière, si bien que désormais elle s'impose à nous, même en l'absence de publicité. Pourquoi rêvais-je, enfant, d'avoir des baskets Nike alors même que j'avais à peu près autant de chances de devenir un joueur de basket que de marcher un jour sur la Lune ? En partie à cause des publicités, mais surtout à cause de la dynamique de groupe qu'elles créaient. Ces chaussures étaient devenues un marqueur social que toutes mes connaissances avaient adopté. Une fois adultes, nos comportements sont certes plus subtils, mais obéissent aux mêmes déterminations.

Selon Tim, ce système nous apprend à penser que "rien n'est jamais assez. Lorsqu'on est obsédé par l'argent, les possessions matérielles et le statut social, la société de consommation incite à dépenser toujours plus et les patrons à travailler toujours plus. On intériorise peu à peu ces injonctions et on se met à penser : je dois travailler plus, car ma vie tout entière dépend du rang que j'occupe et de ma réussite financière. Il s'agit d'une véritable oppression intériorisée".

Tim pensait que cela pouvait aussi expliquer l'anxiété provoquée par ces valeurs en toc : "On est sans cesse en train d'attendre d'être récompensé. On n'arrête pas de se demander si les autres nous aiment pour ce qu'on est ou pour notre sac à main, et si on sera capable de gravir les échelons du succès", dit-il. On est vide et on n'existe plus que par le regard des autres. "C'est une grande source d'anxiété", conclut-il.

Selon lui, personne n'était à l'abri de cette logique délétère. "Les valeurs intrinsèques, telles que je les conçois[24], me dit-il, constituent un élément essentiel, mais aussi très fragile, de notre humanité. Nous nous en laissons facilement distraire […]. Il suffit d'offrir aux gens un modèle social consumériste pour qu'ils se mettent à agir selon des valeurs extrinsèques." Le besoin de valeurs intrinsèques porteuses de sens "demeure, et constitue toujours un élément essentiel de notre identité, même s'il est aisé de le perdre de vue" dans le cadre d'un modèle économique qui vise précisément à nous le faire oublier.

Pendant les longues heures qu'a duré cette discussion avec Tim, je n'arrêtais pas de penser à un couple de la classe moyenne qui habitait une jolie maison jumelée à Edgware, non loin de là où j'ai grandi. Je suis très proche d'eux, je les connais depuis toujours et je les adore.

Un simple coup d'œil par l'une de leurs fenêtres suffirait à dire qu'ils ont tout pour être heureux : une vie de couple, deux enfants, une maison agréable, tous les biens de consommation qu'on nous incite à acheter. Tous deux exercent un métier qui les intéresse peu, mais travaillent dur pour s'offrir les produits qui, si l'on en croit la télévision, vont enfin les rendre heureux : des vêtements, des voitures, des gadgets, autant de symboles de leur réussite qu'ils exposent aux yeux de tous sur les réseaux sociaux pour récolter quelques likes et des commentaires comme : "Waouh, trop de chance !" En général, après avoir créé le buzz pendant quelque temps en exhibant leurs achats, ils se sentent à nouveau insatisfaits et déprimés. Chaque fois, ils s'en étonnent, puis se disent qu'ils n'ont pas dû acheter le bon produit. Alors, ils redoublent d'efforts au travail, achètent de nouveaux biens, les prennent en photo avec leurs smartphones, font le buzz puis retournent à la case départ.

Tous deux me paraissent, d'une certaine façon, dépressifs. Ils alternent entre l'indifférence, la colère et les comportements compulsifs. Bien que la femme en soit désormais guérie, elle s'est battue pendant longtemps contre une addiction à la drogue et son mari passe, aujourd'hui encore, au moins deux heures par jour sur des sites de paris en ligne. Ils passent le plus clair de leur temps à s'énerver l'un contre l'autre, contre leurs enfants, leurs collègues et, plus largement, contre le monde entier. Ils enragent par exemple contre tous ceux qu'ils croisent sur la route en voiture, leur hurlant des insultes pour un rien. Ils souffrent constamment d'une anxiété qu'ils reportent sur des objets extérieurs : elle ne peut s'empêcher de vérifier à chaque instant où se trouve son fils adolescent et est prise de panique à l'idée qu'il puisse être victime d'un crime ou d'un acte terroriste.

Tous deux sont incapables de mettre des mots sur ce qui les rend si malheureux. Ils suivent parfaitement les règles qu'on leur a inculquées depuis leur enfance : ils travaillent dur, achètent les objets qu'il faut, ceux qui coûtent cher : ils sont l'incarnation de tous les slogans publicitaires.

Depuis le bac à sable, ils ont été éduqués comme tous les enfants à désirer avidement les objets et à ignorer les opportunités d'interagir avec les personnes de leur entourage.

Je me rends compte aujourd'hui qu'ils ne souffrent pas seulement d'un manque (du manque d'un travail intéressant ou d'une communauté), mais encore de l'omniprésence d'un système de valeurs corrompues qui les conduit à rechercher le bonheur au mauvais endroit et à ignorer les relations humaines qu'ils ont à portée de main.

Les résultats obtenus n'orientèrent pas seulement la suite des recherches de Tim, mais l'ensemble de son existence : ils le conduisirent à opter pour un mode de vie en accord avec ses propres découvertes ; à en revenir, d'une certaine manière, à la joie qu'il avait ressentie dans son enfance à la vue des plages de Floride. "Il faut se forcer à sortir du matérialisme ambiant qui cultive nos valeurs extrinsèques" et nous empêche de nous satisfaire de ce qu'on a, me dit-il. Puis, pour rendre ce changement viable, il faut, selon lui, "remplacer ces valeurs matérialistes par des activités qui nous offrent une satisfaction en elles-mêmes et vont dans le sens de nos objectifs intrinsèques".

Il a donc emménagé, avec sa femme et ses deux fils, dans une ferme de cinq hectares dans l'Illinois, où il vit avec un âne et un troupeau de chèvres. Ils possèdent une petite télévision au sous-sol qui ne reçoit aucune chaîne mais leur sert de temps à autre à regarder des vieux films. Ils se sont tout récemment abonnés à Internet (au grand dam de Tim) mais l'utilisent peu. Tim et sa femme travaillent à mi-temps "pour, m'a-t-il dit, pouvoir passer plus de temps avec les enfants, dans le jardin, nous engager dans des associations, défendre des causes qui nous tiennent à cœur et pour que je puisse écrire davantage", autant d'activités dont ils tirent une satisfaction intrinsèque. "Nous passons beaucoup de temps à jouer à des jeux de société et à faire de la musique. Nous avons de longues discussions en famille", a-t-il ajouté. Il leur arrive également de chanter tous ensemble.

L'endroit où ils vivent, dans l'Ouest de l'Illinois, n'est certes "pas l'endroit le plus palpitant qui soit, m'avoua Tim. Mais je peux y avoir mes cinq hectares et me rendre au travail en dix minutes, un feu et trois stops inclus[25], et tout ça avec [l'équivalent d'] un seul salaire [à temps complet]".

Je lui ai demandé s'il regrettait parfois d'avoir quitté ce monde matérialiste dans lequel il avait, comme moi, été plongé pendant si longtemps. "Jamais, m'a-t-il aussitôt répondu. Les gens me demandent souvent si telle chose ne me manque pas, si je ne voudrais pas posséder telle autre chose. Eh bien non, puisque je ne suis jamais exposé à tous ces messages qui prétendent que je devrais les désirer […]. Je n'ai aucun contact avec ce genre d'injonctions, c'est pourquoi je ne ressens pas le besoin d'acheter quoi que ce soit."

L'un de ses grands moments de fierté fut lorsqu'un jour, en rentrant à la maison, son fils lui dit : "Papa, à l'école des enfants se sont moqués de mes baskets." (Ce n'étaient pas des chaussures de marque flambant neuves…) "Eh bien ? Qu'est-ce que tu leur as répondu ?" demanda Tim. Son fils lui raconta qu'il les avait regardés bien en face et avait rétorqué : "Et alors ?" Les moqueries de ses camarades le laissaient indifférent, car il voyait bien que les valeurs qu'ils défendaient étaient sans intérêt et absurdes.

En vivant à l'abri de ces valeurs nocives, Tim avait découvert un secret. Il me dit que son mode de vie était bien plus satisfaisant que le matérialisme. "On passe de meilleurs moments à jouer avec ses enfants et à faire des choses qui nous intéressent en elles-mêmes que quand on va au travail où on est obligé de faire des choses qui ne nous plaisent pas forcément. Il vaut mieux être entouré de gens qui nous aiment pour ce qu'on est et non parce qu'on leur a offert une bague avec un gros diamant dessus."

Selon lui, la plupart des gens le savent, au fond. "Je pense vraiment que, dans une certaine mesure, nous sommes une majorité à être persuadés que ce sont les valeurs intrinsèques qui définissent une bonne vie", me dit-il. Quand on demande aux gens dans des sondages ce qu'ils considèrent comme la chose la plus importante dans la vie, le développement personnel et les relations sociales arrivent en premier. "Mais une des raisons qui expliquent, à mon avis, le nombre croissant de personnes dépressives, ajouta Tim, c'est que notre société n'est pas conçue pour nous aider à vivre, à travailler, à participer à l'économie ou à la vie de notre voisinage" en accord avec ces valeurs intrinsèques. L'évolution dont Tim avait été témoin, durant son enfance en Floride, qui avait changé les plages en centres commerciaux et, par là même, modifié les centres d'intérêt des gens, s'était généralisée à l'ensemble de la société.

Tim me dit que tout le monde pouvait appliquer, par soi-même, ces principes à sa propre vie. "Il suffit de se demander : ma vie telle qu'elle est organisée me laisse-t-elle la possibilité de cultiver mes valeurs intrinsèques ? Est-ce que je fréquente les bonnes personnes, celles qui me feront sentir que je suis aimé et pas seulement que j'ai réussi dans la vie ? […] Mais cela implique parfois des choix difficiles" et souvent, remarqua Tim, ces velléités se heurtent aux limites de notre culture. On peut toujours améliorer certaines choses, mais la plupart du temps, concéda-t-il, "les problèmes auxquels je m'intéresse sont difficiles à résoudre au niveau individuel, dans le cabinet d'un thérapeute ou en avalant une pilule magique". La solution était ailleurs, comme j'allais bientôt le découvrir.

Après avoir discuté avec Tim, j'ai senti qu'il m'avait donné la clé d'une énigme. À Philadelphie, je n'avais pas compris pourquoi Joe ne quittait pas ce travail qu'il détestait, au magasin de peintures, pour devenir pêcheur en Floride, alors qu'il savait pertinemment qu'il serait mille fois plus heureux au pays du soleil. Son cas était une métaphore des forces qui maintiennent la plupart d'entre nous prisonniers de situations qui nous rendent pourtant si malheureux.

Je crois comprendre, désormais, ce qui l'empêchait de partir. Joe était sans cesse bombardé de messages qui lui disaient de ne pas suivre la voie de la tranquillité et de la satisfaction que lui indiquait son cœur. Tout, dans notre culture, lui enjoignait de rester enfermé dans sa routine de consommateur modèle, à aller faire du shopping quand il ne se sentait pas bien et à agir selon des valeurs en toc. Il avait baigné dans ce genre de discours depuis qu'il était né. Il avait donc appris à se méfier de ses instincts les plus sages.

Quand je lui avais crié : "Pars en Floride !" ma voix avait été étouffée par un ouragan de messages, par tout un système de valeurs qui soufflait dans le sens contraire.

## 9

## QUATRIÈME CAUSE :
## LE DÉNI DES TRAUMATISMES INFANTILES

Lorsqu'elles allaient le voir pour la première fois, certaines patientes du Dr Vincent Felitti[1] avaient du mal à passer la porte. Elles ne souffraient pas seulement d'un léger surpoids, mais mangeaient au point de se rendre diabétiques et de nuire à leur propre organisme. Elles ne pouvaient s'en empêcher. On leur avait dit que sa clinique était leur dernière chance.

Nous étions alors au milieu des années 1980, à San Diego, en Californie, et la société Kaiser Permanente, prestataire médical à but non lucratif, avait confié à Vincent la mission de réduire les frais engendrés par l'un de leurs principaux postes de dépenses : la lutte contre l'obésité. Rien de ce qu'ils avaient essayé jusque-là n'avait fonctionné, les responsables lui laissèrent donc carte blanche. Ils lui offrirent la possibilité de s'attaquer au problème à la racine, avec une totale liberté de proposition. Afin qu'il puisse déterminer les mesures à prendre, on lui permit de rencontrer des patients, et ce qu'il était sur le point d'apprendre d'eux allait déboucher sur une avancée majeure dans un domaine bien différent de celui qui était visé : la compréhension de la dépression et de l'anxiété.

S'efforçant de considérer l'obésité indépendamment de tous les préjugés qui l'entouraient, Vincent apprit l'existence d'un nouveau type de régime, fondé sur une idée aussi simple que folle : pourquoi les personnes en surpoids ne pourraient-elles pas simplement s'arrêter de manger pour se nourrir uniquement des stocks de graisse que leur corps avait accumulés, jusqu'à retrouver une corpulence normale ? Que risquait-on à essayer ?

À ce moment-là, les journaux parlaient d'une expérience qui avait récemment été tentée, à huit mille kilomètres de là, dans un contexte tout à fait particulier. Pendant des années, en Irlande du Nord, si vous étiez emprisonné pour avoir participé aux violences ordonnées par l'Armée républicaine irlandaise afin de chasser les Britanniques du pays, vous étiez considéré comme un prisonnier politique[2]. Par conséquent, vous étiez traité différemment d'un criminel qui aurait, par exemple, braqué une banque : vous étiez autorisé à conserver vos effets personnels et n'aviez pas les mêmes obligations de travail que les autres détenus.

Le gouvernement britannique décida de mettre fin à cette exception, au motif que ces prisonniers étaient des criminels comme les autres, dont les actes ne justifiaient nullement le traitement de faveur qui leur était accordé. Pour protester contre cette décision, les prisonniers décidèrent d'entamer une grève de la faim. Ils périrent un à un.

Les concepteurs du nouveau régime en question étudièrent donc le dossier médical de ces Irlandais du Nord afin de connaître la cause de leur mort. Il se trouve qu'ils avaient d'abord fait face à une carence en potassium et en magnésium. Sans ces minéraux, le cœur ne peut pas battre correctement. Bien, pensèrent les tenants de ce régime radical, et si nous administrions artificiellement à nos patients du potassium et du magnésium ? Nous pourrions les garder en vie plus longtemps : avec un stock de graisse suffisant, ils pourraient survivre quelques mois avant qu'une carence en protéines ne mette fin à leurs jours.

Et que se passerait-il si nous évitions cela en leur donnant des compléments alimentaires riches en protéines ? Avec suffisamment de graisse, ils pourraient survivre pendant un an. Passé ce délai, il y avait un risque de mourir d'un manque de vitamine C, du scorbut ou d'autres carences.

Et si nous compensions également ces carences ? Dans ce cas, Vincent découvrit que, selon la littérature médicale, on pouvait tout à fait rester en vie et en bonne santé tout en perdant quinze kilos par an[3] puis se remettre à manger normalement.

Toute personne, même atteinte d'obésité morbide, pouvait donc retrouver une corpulence normale dans un délai raisonnable. Les patients qui venaient voir Vincent avaient tout essayé : tous les régimes, toutes les humiliations et les encouragements imaginables. Rien n'y faisait. Ils étaient prêts à tout. Aussi, placés sous étroite surveillance et suivis tout au long du processus, ils commencèrent ce régime. En quelques mois, Vincent put en constater les effets : ses patients perdaient du poids et, bien loin de tomber malades, ils retrouvaient la santé. Ces gens que le besoin constant de manger avait handicapés pendant si longtemps voyaient leur corps se transformer sous leurs yeux.

Leurs amis et leurs proches applaudissaient ce changement, leurs connaissances étaient impressionnées. Vincent pensait avoir enfin trouvé la solution aux cas d'obésité les plus extrêmes. "Je me disais : super, problème résolu", m'avoua-t-il.

Mais un événement inattendu vint briser ses illusions.

Au sein du programme, certains patients étaient de véritables stars parce qu'ils avaient perdu un nombre considérable de kilos en un temps record. L'équipe médicale et, plus largement, tous leurs amis s'attendaient à ce qu'ils se réjouissent d'avoir retrouvé la santé, mais ils ne réagirent pas du tout de cette manière.

Ceux pour qui le régime avait le mieux marché et qui avaient perdu le plus de poids sombraient dans des états soudains de dépression, de panique et de rage[4]. Certains devenaient même suicidaires. Ils ne pouvaient vivre sans leur ventre : ils se sentaient incroyablement vulnérables[5]. Souvent, ils arrêtaient le régime, noyaient leur angoisse dans la malbouffe et reprenaient très rapidement leurs kilos.

Aux yeux de Vincent, ce phénomène était incompréhensible. Ces personnes abandonnaient le corps sain qu'elles savaient désormais pouvoir obtenir pour lui préférer un corps malade qui allait finir par les tuer. Comment expliquer cela ? Il ne se reconnaissait pas dans le rôle du médecin arrogant et moralisateur qui regarde ses patients de haut en leur reprochant de gâcher leur vie ; ce n'était pas dans son caractère. Il voulait vraiment les aider à se sauver eux-mêmes. Son désespoir le conduisit finalement à faire ce qu'aucun spécialiste de l'obésité n'avait jamais fait : au lieu de leur prodiguer ses conseils, il prit le temps d'écouter ses patients. Il convoqua tous ceux qui avaient paniqué au moment où ils avaient commencé à perdre du poids et leur demanda ce qu'ils avaient ressenti en se débarrassant de leurs kilos.

Une patiente de vingt-huit ans, que j'appellerai ici Susan pour protéger le secret médical, était passée, avec l'aide de Vincent, de 209 à 66 kilos en moins d'un an. Il lui avait, pour ainsi dire, sauvé la vie. Mais soudain, sans raison apparente, elle avait repris 18 kilos en à peine trois semaines. En peu de temps, elle pesait à nouveau plus de 200 kilos. Vincent lui demanda donc gentiment ce qui s'était passé. Sa patiente était bien en peine d'expliquer son comportement, mais elle lui avoua qu'en perdant du poids, une chose avait changé pour elle : quand elle était obèse, jamais aucun homme ne l'abordait, mais quand elle avait commencé à mincir, un collègue de travail, dont elle savait qu'il était marié, s'était mis à lui faire des avances. Elle avait immédiatement cessé le régime et recommencé à manger de façon compulsive.

À ce moment-là, Vincent lui posa une question qu'il n'avait encore jamais posée à aucun de ces patients : quand avez-vous commencé à prendre du poids ? Si cela vous est arrivé, par exemple, à treize ans ou lors de votre entrée à l'université, pourquoi à ce moment-là et non une année plus tôt ou plus tard ?

Susan réfléchit un instant avant de répondre. Elle dit avoir commencé à prendre du poids à onze ans. Il lui demanda donc : est-il arrivé quelque chose d'autre dans votre vie quand vous aviez onze ans ? Eh bien, répondit Susan, c'est à ce moment-là que mon grand-père m'a violée pour la première fois.

À partir de là, Vincent se mit à poser ces trois questions très simples à tous ses patients : qu'avez-vous ressenti en perdant du poids ? Quand avez-vous commencé à prendre du poids ? Que vous est-il arrivé d'autre à cette période ? En interrogeant les 183 personnes qui faisaient partie du programme, il repéra des éléments récurrents. Une femme avait commencé à grossir rapidement à vingt-trois ans. Que lui était-il arrivé ? Elle avait été violée. Après lui avoir fait cette confession, elle baissa les yeux et précisa d'une voix douce : "Les personnes obèses sont invisibles[6]. C'est exactement ce dont j'ai besoin : passer inaperçue."

"Je n'en croyais pas mes oreilles, me dit-il lorsque nous nous sommes rencontrés, à San Diego. J'avais l'impression que tous ceux que j'interrogeais avaient connu ce genre d'événements traumatiques. Je n'arrêtais pas de me dire : ce n'est pas possible, on me l'aurait dit. À quoi bon faire une école de médecine, sinon ?" Après avoir appelé cinq de ses collègues en renfort pour mener d'autres entretiens, il se rendit compte que 55 % de ses patients avaient été victimes d'abus sexuels. Cette proportion était bien plus élevée que dans l'ensemble de la population. Ils étaient plus nombreux encore, surtout les hommes, à avoir subi un ou plusieurs traumatismes dans leur enfance.

La plupart de ces femmes n'étaient pas devenues obèses par hasard : elles avaient, inconsciemment, tenté de se protéger de l'attention des hommes par peur de souffrir. Quand vous êtes très grosse, les hommes ne vous considèrent pas comme un objet de désir. La technique fonctionne parfaitement. Cette évidence frappa Vincent alors qu'il était en train d'écouter avec horreur un énième récit d'abus sexuel. Comme il me le dit plus tard : "Ce que nous croyions jusqu'ici être le problème (les cas graves d'obésité) se trouvait être dans la majorité des cas la solution à certains problèmes dont nous ne savions rien."

Vincent se mit alors à se demander si les programmes de lutte contre l'obésité[7], y compris le sien, ne faisaient pas plus de mal que de bien en donnant des conseils de nutrition à leurs patients. Les personnes souffrant d'obésité n'avaient pas besoin qu'on leur dise quoi manger ; elles connaissaient parfaitement les règles nutritionnelles. Elles avaient besoin qu'on les aide à comprendre *pourquoi* elles mangeaient. Au bout de quelques minutes à peine d'entretien avec l'une de ses patientes qui avait été victime d'un viol, il avait été "frappé du ridicule qu'il y avait à envoyer cette femme chez un diététicien"…

Ce n'était pas à lui d'enseigner quelque chose à ses patients obèses ; c'était à eux de l'aider à comprendre ce qu'il se passait réellement. Il les répartit donc par groupes de quinze et leur demanda : "À votre avis, pourquoi prend-on du poids ? Je ne vous demande pas comment : la réponse est évidente. Je vous demande pourquoi. […] Quels en sont les bénéfices ?" Encouragés à réfléchir à cette question pour la première fois, ils lui donnèrent trois types de réponses. Premièrement, le surpoids était un moyen de se protéger des avances sexuelles, ses patientes se sentaient donc plus en sécurité. Deuxièmement, il les garantissait des atteintes physiques : deux patients du programme, qui perdirent entre 50 et 75 kilos chacun, étaient gardiens de prison. Lorsqu'ils avaient commencé à maigrir, ils s'étaient tout à coup sentis plus vulnérables. Seule une carrure d'armoire à glace leur donnait l'aplomb nécessaire pour parcourir des rangées de cellules.

Troisièmement, le poids réduisait les attentes que les autres avaient d'eux. "Quand on se présente à un entretien d'embauche en pesant deux cents kilos, les employeurs en déduisent automatiquement qu'on est stupide ou paresseux", me dit Vincent. Or quand la vie n'a pas été tendre avec vous (que vous ayez subi des abus sexuels ou d'autres formes de traumatismes), vous avez naturellement tendance à vouloir vous mettre en retrait. Dans cette perspective, prendre beaucoup de poids est, paradoxalement, une manière de se rendre invisible aux yeux du reste de l'humanité.

"Quand on voit une maison en feu, la manifestation la plus évidente de l'incendie est le nuage de fumée qui s'en échappe", remarqua Vincent. On pourrait facilement en conclure que la fumée est le véritable problème et que c'est elle qu'on doit combattre en priorité pour le résoudre. Mais "Dieu merci, les pompiers savent bien qu'il faut s'attaquer à la partie invisible de l'incendie, aux flammes à l'intérieur de la maison et non à la fumée qui en sort, sans quoi nous tenterions d'éteindre l'incendie à l'aide d'immenses ventilateurs chargés d'évacuer la fumée [qui] ne feraient qu'attiser le feu et brûler la maison plus rapidement".

Contrairement à ce qu'il avait d'abord pensé, l'obésité n'était donc pas le feu mais la fumée.

Un jour, Vincent se rendit à un colloque sur l'obésité pour y présenter ses découvertes. Après son intervention, un médecin dans le public se leva et déclara : "Les gens qui ont davantage l'habitude de travailler sur ces questions savent que les patients inventent souvent ce genre d'histoires [il faisait ici référence aux cas d'abus sexuels] pour se justifier d'avoir raté leur vie." Ainsi, cela faisait bien longtemps que les spécialistes de l'obésité avaient remarqué un nombre disproportionné de cas d'abus sexuels chez leurs patients, mais ils avaient pensé que ces derniers essayaient juste de se trouver des excuses.

Vincent était horrifié. Il se trouve qu'il avait vérifié les fondements de la plupart des accusations de viol formulées par ses patientes, en interrogeant leurs proches ou les fonctionnaires de police chargés de l'enquête. Cependant, il n'avait pour l'heure aucune preuve scientifique incontestable à opposer à de telles allégations. Les impressions qu'il avait retirées des entretiens menés avec ses patients, les données qu'il avait récoltées au sein de son groupe ne valaient pas grand-chose. Dorénavant, il décida de mener une recherche scientifique irréfutable. Il s'associa pour cela avec le Dr Robert Anda, qui travaillait depuis des années sur les ressorts de comportements autodestructeurs tels que le tabagisme. Avec l'aide financière des Centers for Disease Control (l'une des plus importantes agences américaines chargées du financement des recherches médicales), ils trouvèrent le moyen de tester la validité de leurs hypothèses au-delà du petit échantillon que représentaient les patients de Vincent.

Le principe de leur étude, intitulée *ACE (Adverse Childhood Experience)*, est assez simple : le volontaire devait répondre à un questionnaire recensant dix catégories d'événements traumatiques dont un enfant peut être victime, des violences sexuelles aux violences psychologiques, en passant par la négligence. Ces questions factuelles étaient suivies d'un questionnaire médical détaillé, visant à identifier toutes sortes de symptômes, tels que l'obésité ou l'addiction. La question "Souffrez-vous de dépression ?" fut ajoutée après coup.

Ce sondage fut diffusé auprès de 17 000 personnes[8] venues, pour une raison ou pour une autre, chercher une aide médicale auprès de Kaiser Permanente, à San Diego. Les répondants, légèrement plus âgés et plus riches que la moyenne, offraient néanmoins un échantillon relativement représentatif de la population de la ville.

À partir des résultats obtenus, Vincent et le Dr Anda se mirent à la recherche de corrélations.

Ils découvrirent que chaque événement traumatique vécu pendant l'enfance augmentait grandement les chances de connaître une dépression à l'âge adulte. Si, par exemple, vous aviez connu six catégories d'événements traumatiques étant enfant, vous aviez cinq fois plus de chance de tomber en dépression une fois adulte que quelqu'un qui avait eu une enfance heureuse[9]. Si vous en aviez connu sept, le risque que vous fassiez une tentative de suicide était 31 fois plus important[10].

"En voyant ces résultats, je n'en croyais pas mes yeux, m'avoua le Dr Anda. Je me suis dit : vraiment ? Ce n'est pas possible." Ce genre de statistiques est rare dans le domaine médical[11]. Ils avaient fait une découverte essentielle : ils n'avaient pas seulement obtenu la preuve qu'il existait une corrélation entre ces deux phénomènes (c'est-à-dire que les deux étaient observés en même temps), ils étaient désormais certains que les traumatismes pouvaient être la cause de certains problèmes de santé. Comment le savaient-ils ? Parce que plus le traumatisme connu est sévère, plus les risques de dépression, d'anxiété et de suicide sont élevés. C'est ce qu'on appelle, dans le langage technique, une "corrélation dose-réponse". L'une des raisons qui nous fait dire que fumer est une cause du cancer réside dans le fait que plus on fume de cigarettes, plus le risque de développer un cancer du poumon est important. De même, plus on est traumatisé pendant l'enfance, plus le risque de dépression augmente.

De façon surprenante, il apparut que, parmi tous les types de traumatismes, c'étaient les violences psychologiques qui augmentaient le plus la probabilité de tomber en dépression, davantage encore que les abus sexuels. Être traité de façon cruelle par ses parents était donc l'un des principaux facteurs de dépression[12].

Lorsqu'ils exposèrent ces résultats à la communauté scientifique, y compris aux membres des Centers for Disease Control (CDC) qui avaient cofinancé leurs recherches, ils se heurtèrent à la même incrédulité. "Notre étude créa une véritable onde de choc, me dit le Dr Anda. Personne ne voulait y croire, pas même les membres des CDC. Quand je leur ai annoncé les résultats, certains étaient extrêmement dubitatifs. Même les revues médicales les mettaient en doute. Il est naturel de douter de tels résultats : ils remettaient en question notre manière d'envisager l'enfance […] et contredisaient d'un seul coup un grand nombre de certitudes." Au cours des années qui suivirent, cette étude fut reproduite à de nombreuses reprises[13] : on obtint chaque fois des résultats semblables.

En France, par exemple, de nombreuses études suggèrent que les abus sexuels sont en grande partie responsable du taux particulièrement élevé de dépressions. En 2015, une femme sur cinq et un homme sur quatorze ont déclaré avoir été victimes de violences sexuelles, dont 81 % avant dix-huit ans, 51 % avant onze ans, et 21 % avant six ans[14].

Pourtant, selon Vincent, nous commençons à peine à tirer les conséquences de ces révélations.

Face à ces résultats, Vincent se dit que nous avions commis la même erreur avec la dépression qu'avec l'obésité. Nous avions échoué à y voir le symptôme d'un malaise plus profond auquel il fallait s'attaquer. Il y a une maison en feu à l'intérieur de beaucoup d'entre nous, pensa-t-il, et jusqu'ici, tous nos efforts ont porté sur la fumée[15].

De nombreux psychologues et scientifiques avaient présenté la dépression comme un dysfonctionnement irrationnel d'origine génétique ou cérébrale. Vincent apprit cependant qu'un spécialiste de la médecine interne à l'université de Stanford, Allen Barbour, avait déclaré au contraire que la dépression n'était pas une maladie, mais une réaction normale à des expériences anormales[16]. Selon Vincent, "il s'agit d'une idée très importante, car elle permet de dépasser la croyance infondée (quoique réconfortante) qui consiste à se dire qu'on est dépressif à cause d'un déséquilibre du taux de sérotonine, de dopamine ou de je ne sais quelle substance". Indéniablement, des phénomènes neurologiques ont lieu quand on tombe en dépression, dit-il, mais "cela ne nous fournit pas une explication causale", c'est un simple "mécanisme intermédiaire inévitable".

Certains refusent de l'admettre, car selon Vincent, il est "plus réconfortant" de se dire, au moins pour un temps, que tout est lié à une simple modification dans le cerveau. "Le processus émotionnel est supplanté par un processus mécanique." Cela transforme la souffrance en un trompe-l'œil que les médicaments peuvent facilement dissiper. Mais les comprimés ne règlent pas le problème, me dit Vincent, pas plus que le fait d'arrêter de manger pour les patients obèses. "Je ne dis pas que la médication ne peut pas avoir d'effet positif. À la question : les antidépresseurs peuvent-ils soulager les patients à court terme ? Je réponds : oui, absolument. Sont-ils pour autant la solution ultime ? Certainement pas", conclut-il.

À force de discussions, Vincent et ses patients obèses en étaient finalement arrivés à la même conclusion. Il n'y avait qu'une seule manière de résoudre leur problème : il fallait commencer par s'attaquer à ce qui les poussait à manger compulsivement. Vincent organisa donc des groupes de soutien, où les malades pourraient échanger sur les vraies raisons de leurs excès alimentaires et parler des épreuves qu'ils avaient traversées[17]. Ce type de dispositifs allait bientôt être élargi et rencontrer un succès inattendu pour traiter les cas de dépression : j'y reviendrai plus loin.

Après avoir rencontré Vincent, je fus pris d'une colère sans précédent. Aucun des entretiens que j'avais menés jusqu'ici ne m'avait mis dans un tel état. Notre conversation finie, je me suis rendu sur la plage, à San Diego, pour évacuer la rage que ses paroles avaient déclenchée en moi[18]. J'ai cherché désespérément des raisons d'invalider ses arguments. Puis je me suis demandé pourquoi j'étais tellement en colère. Sur le moment, cela me semblait incompréhensible. Ce n'est que plus tard, en en discutant avec des personnes de confiance, que j'ai compris ce qui m'était arrivé.

En se persuadant que la dépression est due seulement à un dysfonctionnement du cerveau, on évite de penser à sa vie et aux souffrances qu'on nous a infligées. Croire que tout se résume à des facteurs biologiques nous offre une forme de protection temporaire. L'explication alternative que je venais de découvrir nous force au contraire à braver notre douleur et à faire face à nos démons.

J'ai demandé à Vincent pourquoi une enfance traumatisante causait, selon lui, de si nombreux cas de dépression et d'anxiété à l'âge adulte. Il m'a répondu qu'il l'ignorait. En bon scientifique, il a refusé de parler sans preuve. De mon côté, je pense néanmoins pouvoir avancer quelques raisons à cela, quoiqu'il me soit impossible de les prouver scientifiquement.

Quand vous faites l'expérience, étant enfant, d'un grave traumatisme, vous avez naturellement tendance à penser que vous en êtes responsable. Ce comportement peut être justifié de façon tout à fait rationnelle : comme dans le cas de l'obésité, il s'agit de la solution à un problème qui passe inaperçu aux yeux de la plupart des gens. Quand j'étais jeune, ma mère était très souvent malade et mon père passait la majeure partie de son temps à l'étranger. Dans ce contexte difficile, j'ai été violemment maltraité par un adulte de mon entourage. Une fois, il a même tenté de m'étrangler avec un fil électrique. À seize ans, je suis parti vivre dans une autre ville, loin de tous les adultes que je connaissais mais, une fois là-bas, comme nombre de personnes qui ont subi ce genre de traitements à une période clé de leur vie, je me suis mis à rechercher des situations dangereuses où j'étais à nouveau traité de manière indigne.

Aujourd'hui encore, à trente-sept ans, j'ai l'impression en écrivant ceci et en vous l'avouant, de trahir cet adulte qui a été violent envers moi et de trahir aussi tous les autres, qui ont failli à leur devoir de protection.

J'ai beau savoir que vous n'avez aucun moyen d'identifier ces personnes à partir de mon texte, c'est plus fort que moi. Je peux jurer que si je voyais un adulte étrangler un enfant avec un fil électrique, cela ne me viendrait pas à l'idée de blâmer l'enfant, et que si j'entendais quelqu'un le faire, je le prendrais pour un fou. Rationnellement, je sais de quel côté se trouve la véritable trahison dans cette affaire. Mais cela ne m'empêche pas de me sentir coupable, et cette culpabilité m'a presque empêché d'écrire ces mots.

Comment se fait-il que tant de personnes victimes de violences dans leur enfance ressentent la même chose ? Pourquoi ce sentiment provoque-t-il chez elles des comportements autodestructeurs, tels que l'obésité, de sérieuses addictions, ou des tentatives de suicide ? J'ai beaucoup réfléchi à ces questions. Quand vous êtes un enfant, vous disposez d'une très faible capacité d'action sur votre environnement. Vous ne pouvez pas déménager ou forcer une personne à arrêter de vous maltraiter. Il vous reste donc deux options : soit admettre que vous êtes impuissant (qu'on peut vous blesser grièvement à chaque instant sans que vous puissiez rien y faire) ; soit vous dire que tout cela est votre faute. Dans ce dernier cas, vous avez au moins l'impression d'avoir un peu de pouvoir sur votre destinée. Si vous êtes responsable de la situation, alors vous pouvez la changer. Vous n'êtes pas une simple bille ballottée d'un côté à l'autre d'un flipper, vous êtes la personne qui est aux commandes, c'est vous qui avez la main sur les dangereuses manettes. De la même manière que l'obésité offrait aux femmes une protection contre les hommes dont elles craignaient les tentatives de viol, nous sentir responsables de nos propres traumatismes infantiles nous dissimule notre propre vulnérabilité, passée et présente. Cela nous permet de nous sentir puissants : puisque tout est de notre faute, nous gardons le contrôle.

Toutefois, cette solution a un prix : si vous êtes responsable du mal qu'on vous a fait, c'est que, d'une certaine manière, vous l'avez mérité. Or une personne qui pense qu'elle a mérité de souffrir durant son enfance ne pensera pas mériter grand-chose de plus une fois devenue adulte.

Voilà comment le mécanisme de défense qui a assuré notre survie pour un temps peut, à terme, nous rendre la vie impossible.

Vous avez sûrement remarqué que la cause de la dépression et de l'anxiété dont nous parlons se situe sur un plan légèrement différent de celles que j'ai envisagées jusqu'ici et de celles dont je m'apprête à parler.

Je l'ai déjà mentionné : la plupart de ceux qui connaissent les publications scientifiques à ce sujet s'accordent à penser que la dépression peut être le fruit de trois types de causes : biologiques, psychologiques et sociales. Les causes auxquelles je me suis intéressé jusqu'ici, et auxquelles je vais revenir dans un instant, sont des causes environnementales. Je me pencherai ensuite sur les facteurs biologiques.

Les traumatismes infantiles sont, quant à eux, une cause psychologique. Je les mentionne ici dans l'espoir d'ouvrir la discussion sur les nombreuses autres causes psychologiques de la dépression, qui présentent chacune des spécificités telles qu'il m'est impossible de les passer ici en revue. Mille et un événements peuvent blesser notre psyché. Je connais quelqu'un qui est tombé dans une dépression profonde en apprenant que sa femme le trompait depuis des années avec son meilleur ami. Une autre de mes connaissances vit dans un état d'anxiété constante depuis qu'il a survécu à une attaque terroriste. Je connais quelqu'un, enfin, qui a été éduqué par sa mère à ne voir chez les autres que ce qu'ils ont de pire et à ne faire confiance à personne (sa mère était, par ailleurs, tout à fait attentionnée et n'avait jamais fait preuve d'aucune forme de cruauté à son égard). Il est impossible de faire rentrer ce genre d'expériences dans des cases ; cela n'aurait aucun sens de lister l'adultère, les attaques terroristes et les parents insensibles comme autant de causes de la dépression.

Assurément, le fait de subir de graves maltraitances durant son enfance est loin d'être la seule justification de ce genre de dommages psychologiques. Le fait que votre femme vous trompe avec votre meilleur ami n'a rien à voir avec un dysfonctionnement du cerveau, mais cette mésaventure peut être responsable d'une terrible détresse psychologique et causer une dépression ou de l'anxiété. Lorsque vous allez consulter quelqu'un au sujet de ce genre de problèmes, s'il ne vous parle pas de psychologie, ne lui faites pas confiance.

Le Dr Anda, l'un des premiers scientifiques à s'être intéressé à ces questions, m'avoua que ses recherches avaient complètement transformé sa façon de considérer la dépression et l'anxiété.

"Quand les gens rencontrent de telles difficultés, il est grand temps d'arrêter de leur demander ce qui ne tourne pas rond chez eux et de commencer à s'intéresser à ce qui leur est arrivé."

## 10

## CINQUIÈME CAUSE :
## LA PRIVATION DE LA CONSIDÉRATION SOCIALE
## ET DU RESPECT DES AUTRES[1]

Il est difficile de décrire ce qu'on ressent lorsqu'on souffre de dépression ou d'anxiété aiguë. Ce sont des états si déstabilisants qu'ils semblent échapper au langage, même si nous pouvons avoir recours à quelques clichés. Nous disons souvent par exemple que nous nous sentons "abattus". On peut y voir une métaphore, mais à mon avis il n'en est rien. Quand je suis en dépression, j'ai l'impression qu'on m'a jeté à terre. Je ressens le besoin de marcher la tête basse, le corps avachi, les épaules rentrées. On retrouve ce genre de sensations dans les témoignages de plusieurs personnes qui ont connu des périodes dépressives.

Il y a de nombreuses années, un scientifique identifia ce phénomène et fit une importante découverte.

Un après-midi, à la fin des années 1960, un petit garçon juif de onze ans, nommé Robert Sapolsky, ne quittait pas des yeux un immense gorille à dos argenté qu'on avait empaillé et placé dans une vitrine du Muséum d'histoire naturelle de la ville de New York[2]. Dès lors, il harcelait sa mère pour qu'elle le ramène devant le gorille. Il était fasciné, subjugué par l'animal, sans vraiment comprendre pourquoi. Plus jeune, il avait rêvé d'être un zèbre, courant dans les savanes africaines, puis un insecte. Mais désormais, il mourait d'envie d'intégrer une communauté de primates qui l'auraient accepté comme l'un des leurs. Plus il regardait ces vitrines, plus il était persuadé d'y trouver un refuge, une place.

À peine une décennie plus tard, Robert réalisa son rêve[3]. Il était seul, dans la savane, cherchant à calquer son comportement sur celui d'un babouin. Les babouins vivent en troupes composées de 50 à 150 individus dans les vastes prairies sauvages du Kenya. Robert écoutait la manière dont ils s'interpellaient de loin et passait des heures à tenter d'imiter leurs cris.

En les observant, il était sans cesse ramené à l'idée qu'ils étaient, en termes évolutifs, nos cousins. Un jour, "une femelle, portant son petit sur le dos, grimpait dans un arbre. C'était son premier bébé, elle n'était pas encore habituée à jouer son rôle de mère et, pour résumer, elle laissa tomber son petit", me dit Robert. Cinq autres femelles, qui regardaient la scène de loin, poussèrent, tout comme Robert, un cri de surprise. Elles s'approchèrent pour voir si le petit était vivant. Ce dernier se releva, puis rejoignit sa mère. Toutes les cinq lâchèrent un rire de soulagement, exactement comme Robert[4].

Il n'était pas en Afrique pour y passer des vacances mais pour tenter de résoudre un mystère qui l'obsédait. De retour à New York, Robert connut un premier épisode dépressif[5] et se mit à penser que l'une des clés pour comprendre cette maladie pourrait bien se trouver là-bas, chez nos cousins les singes[6].

À son arrivée, Robert mit peu de temps à repérer le mâle alpha. Le babouin à la tête de la troupe qu'il allait suivre pendant les vingt prochaines années était un roi de l'échangisme, une star de la jungle[7], auquel il attribua rapidement le surnom de Salomon, en référence au roi le plus sage de l'Ancien Testament. Les troupes de babouins sont organisées selon une hiérarchie très stricte où chacun agit selon son rang. Robert remarqua que Salomon, situé au sommet de la hiérarchie, était libre de faire tout ce qu'il voulait. S'il voyait un autre singe mâcher quelque chose, il pouvait lui arracher l'aliment des mains et se l'attribuer. Il pouvait s'accoupler avec n'importe quelle femelle et était impliqué dans plus de la moitié des relations sexuelles qui avaient lieu au sein de la troupe. Quand il faisait chaud, il lui suffisait de chasser n'importe quel babouin assis à l'ombre et de s'attribuer les places les plus fraîches. Il s'était élevé à cette position en terrorisant l'ancien mâle alpha qui s'était finalement soumis à son pouvoir.

Il ne fallut pas longtemps à Salomon pour étendre sa domination sur Robert. Un jour, il s'approcha du jeune primatologue alors qu'il était assis sur un rocher et le poussa si violemment qu'il fut projeté à terre et cassa ses lunettes.

Si les femelles babouins héritent leur rang de leur mère, exactement comme les gentlemen anglais au Moyen Âge, le statut des mâles est quant à lui déterminé au cours d'un combat violent, à l'issue duquel un individu s'impose au sommet de la hiérarchie.

Or, si vous étiez un singe, vous chercheriez à tout prix à éviter de vous retrouver au bas de la pyramide. Dans cette troupe, Robert remarqua une créature faible et rachitique qu'il surnomma Job[8], du nom de l'homme le plus malchanceux de la Torah et de la Bible. Job était souvent pris de tremblements et souffrait, semblait-il, de crises d'épilepsie. À certaines périodes, il perdait ses poils de manière anormale. Tous les autres membres de la troupe étaient autorisés à se défouler sur lui à la moindre contrariété. On lui volait sa nourriture, on le repoussait en plein soleil et il était régulièrement roué de coups. Comme tous les babouins de rang inférieur, sa peau était couverte de cicatrices causées par des morsures.

Entre Salomon et Job s'étendait toute une chaîne de commandement et de domination masculine. Le babouin n° 4 était au-dessus du numéro 5 et, à ce titre, pouvait lui prendre tout ce qu'il avait. Le numéro 5 était au-dessus du numéro 6 et ainsi de suite. La place occupée dans la hiérarchie déterminait donc l'accès à la nourriture et au sexe, ainsi que tous les autres aspects de l'existence.

Chaque matin, Robert se réveillait à cinq heures et demie, au bruit de la savane qui commençait à s'animer autour de lui. Il préparait une trousse médicale et une fléchette tranquillisante. Son travail consistait à tirer l'une de ces flèches sur un des babouins, afin de prélever un échantillon de son sang. Ces derniers l'évitaient de plus en plus habilement, de sorte qu'il devait tirer quand ils avaient le dos tourné et ne faisaient pas attention à lui. L'échantillon sanguin était ensuite analysé en vue de mesurer plusieurs éléments, parmi lesquels le taux de cortisol (ou hormone du stress)[9]. Robert cherchait à identifier les babouins les plus stressés, car il pensait que cette information pouvait s'avérer cruciale.

Après avoir analysé tous les échantillons sanguins, il s'aperçut que lorsque des conflits éclataient pour la position de mâle alpha, les singes les plus stressés étaient ceux qui occupaient un rang élevé.

Le reste du temps, en revanche, plus un individu se situait bas dans la hiérarchie, plus il était stressé. Les babouins qui étaient, comme Job, tout en bas de l'échelle, souffraient constamment du stress[10].

Pour éviter que les autres ne s'en prennent à eux, les babouins de rang inférieur devaient sans cesse montrer qu'ils se savaient vaincus[11]. Pour cela, ils faisaient ce qu'on appelle des "gestes de subordination" : ils baissaient la tête ou se mettaient à ramper. De cette manière, ils signifiaient aux autres : arrêtez de m'attaquer. Je suis vaincu. Je ne suis pas une menace pour vous. J'abandonne la partie.

Ce qui est frappant, c'est que le genre de comportements qu'adopte un singe lorsque les autres ne lui montrent plus aucun respect et qu'il est relégué au bas de la hiérarchie ressemble beaucoup à celui d'un humain dépressif. Il va la tête basse, le corps affaissé, reste de longs moments immobile, perd son appétit et son énergie, et fuit quand un autre individu s'approche de lui.

Alors que Salomon occupait le sommet de la hiérarchie depuis près d'un an, un babouin plus jeune, Uriah, agit un jour de manière surprenante[12]. Tandis que Salomon était tranquillement allongé sur un rocher en compagnie de l'une des plus belles femelles de la troupe, Uriah se glissa entre eux deux et tenta de s'accoupler avec la femelle, sous les yeux du patron. Salomon répliqua en attaquant Uriah et lui déchira la lèvre supérieure avant qu'il ait pu prendre la fuite.

Le lendemain, pourtant, Uriah revint, puis le surlendemain, et tous les jours qui suivirent. Chaque fois, il était vaincu, mais chaque fois, Salomon perdait des forces et se montrait plus méfiant.

Le jour vint où Uriah frappa Salomon. Ce dernier recula un peu, juste un instant. Un an plus tard, Uriah était devenu le roi et Salomon avait été relégué au neuvième rang dans la hiérarchie. Tous ceux qu'il avait frappés ou blessés cherchaient à se venger de lui : tous les babouins de la troupe se mirent à le harceler, et son niveau de stress creva le plafond.

Salomon finit par atteindre un tel niveau de désespoir qu'un jour il s'en alla, tout simplement, et ne revint jamais[13].

Robert avait découvert que le niveau de stress de nos cousins les plus proches atteignait des sommets dans deux types de situation : lorsque leur statut était menacé (comme Salomon quand Uriah l'avait frappé) et lorsqu'ils occupaient une position d'infériorité (comme Job au quotidien).

Dès que ses recherches furent publiées, d'autres scientifiques prirent sa suite et se mirent à examiner ces questions plus en détail. Robert fut promu au rang éminent de professeur de biologie et de neurologie à l'université de Stanford.

Quelques années après ces premières avancées, on s'aperçut que, lorsqu'ils étaient dépressifs, les humains sécrétaient massivement la même hormone de stress que les babouins de rang inférieur. Or, en poursuivant ses investigations, Robert découvrit qu'on observe chez le singe "les mêmes changements dans le cerveau, l'hypophyse et les glandes surrénales [...] [que chez] l'humain en dépression[14]".

D'autres scientifiques commencèrent donc à penser que la dépression pourrait être en partie liée à notre part animale[15].

Le psychologue Paul Gilbert se mit ainsi à défendre l'idée que la dépression est, chez l'homme, une sorte de "réaction de soumission", équivalent plus évolué de celle de Job, le babouin situé au bas de la hiérarchie. Une façon de dire : Stop, laissez-moi, vous n'êtes pas obligé de me frapper, je ne suis pas une menace.

Après avoir appris tout cela et interviewé de nombreuses personnes dépressives, j'ai commencé à me demander si la dépression ne pourrait pas être, au moins en partie, une réaction à l'humiliation que le monde contemporain inflige à bon nombre d'entre nous. Il suffit d'allumer la télévision pour s'entendre dire que les célébrités et les riches sont les seules personnes qui comptent, alors qu'on sait bien que nos chances de rejoindre l'une ou l'autre catégorie sont extrêmement minces. Rien qu'à parcourir un feed Instagram ou un magazine en papier glacé, notre corps tout à fait bien proportionné nous paraît aussitôt hideux. Il suffit, enfin, de mettre un pied au travail pour devoir obéir aux caprices d'un patron invisible qui gagne cent fois plus que nous.

Même quand nous avons la chance de ne pas subir d'humiliation volontaire, nous n'échappons guère à la crainte constante de perdre notre statut social. Cette insécurité généralisée touche tout le monde, y compris les classes moyennes et supérieures. Or Robert avait découvert qu'avoir un statut social incertain créait une détresse plus grande encore qu'un statut social inférieur.

Il était donc plausible que la dépression et l'anxiété constituent une réaction à l'angoisse dans laquelle nombre d'entre nous sont plongés aujourd'hui à l'idée de perdre leur statut social. Mais comment vérifier cette théorie ?

Je rencontrai alors un couple qui me parla de cette hypothèse et de l'étrange technique qu'ils avaient mise en œuvre pour la prouver. Les recherches menées par Kate Pickett et Richard Wilkinson (qu'on trouvera résumées dans leur livre *The Spirit Level*) en ont fait deux des sociologues les plus influents au monde.

Grâce aux travaux de Robert, ils avaient appris que chez les babouins les hiérarchies étaient peu ou prou fixées une fois pour toutes[16] : leur façon de vivre est relativement stable, à quelques ajustements près. Or Kate et Richard étaient également conscients que, pour les hommes, les choses se passaient différemment. Notre espèce a trouvé des formes très diverses de vie commune. Certaines sociétés (c'est le cas, notamment, des États-Unis) présentent des différences très marquées entre les individus situés au sommet et au bas de la hiérarchie. Dans ce type de systèmes, un petit nombre de Salomon dominent une vaste majorité de Job. D'autres sociétés (la Norvège, par exemple) ont un fonctionnement différent, plus égalitaire : le haut de la pyramide y est relativement proche de la base. Dans de telles cultures, on ne trouve guère de Salomon ni de Job : la plupart des gens vivent à un niveau intermédiaire, équivalant dans la hiérarchie des babouins aux rangs 10 à 13.

S'il s'avérait que les découvertes de Robert étaient également valables pour les humains, Kate et Richard savaient qu'ils observeraient logiquement un niveau plus important de détresse psychologique dans des sociétés très inégalitaires, comme les États-Unis, que dans des sociétés plus égalitaires comme la Norvège. Pour vérifier cette hypothèse, ils se lancèrent donc dans un vaste projet de recherche au cours duquel ils passèrent au crible une immense masse de données.

Au terme de leur travail, quand ils purent représenter ces données sur un graphique, ils furent surpris par la relation étroite qui existait entre ces deux facteurs : plus la société était inégalitaire, plus les maladies mentales, tous types confondus, étaient répandues. D'autres sociologues utilisèrent leurs données pour savoir ce qu'il en était plus spécifiquement de la dépression : ils découvrirent que plus les inégalités étaient importantes, plus le niveau de dépression était élevé[17]. Cette relation est avérée si l'on compare différents pays, mais également différents États au sein des États-Unis[18]. Ces statistiques semblent donc indiquer que les inégalités ont un impact négatif sur le niveau de dépression et d'anxiété.

Richard m'expliqua qu'une société présentant d'importantes inégalités de revenus et de statuts sociaux donne l'impression que "certains individus ont une importance capitale quand d'autres n'en ont aucune". Cela n'affecte pas seulement les personnes situées au bas de la hiérarchie car, dans une société très inégalitaire, tout le monde ne cesse de penser à son rang et de se demander : vais-je maintenir ma position ? Qui représente une menace pour moi ? Qu'est-ce qui peut causer ma chute ? Or le simple fait de se poser ces questions, comme l'accroissement des inégalités nous y oblige, augmente significativement notre niveau de stress.

Dès lors, de plus en plus de personnes réagissent à ce stress comme les individus de notre espèce l'ont toujours fait : elles baissent la tête et se sentent vaincues.

"Nous sommes extrêmement sensibles à ce genre de choses[19]", me dit Richard. Quand les inégalités sont trop importantes, "on ne peut échapper au sentiment d'avoir échoué".

Nous vivons aujourd'hui dans un monde où les écarts de revenus sont plus importants qu'ils ne l'ont jamais été au cours de l'histoire. De mémoire d'homme, dans une entreprise, le salaire du patron était la plupart du temps vingt fois supérieur à celui de l'employé moyen. Désormais, il gagne cent fois plus[20]. Les six héritiers de la fortune Walmart possèdent plus de richesses que les cent millions d'Américains les plus pauvres[21], et les huit milliardaires actuels possèdent davantage que la moitié de l'humanité[22].

En sachant tout cela, me dit Richard, on comprend aisément pourquoi la détresse dont nous sommes si nombreux à souffrir ne peut être due à un simple dysfonctionnement spontané des mécanismes chimiques du cerveau. Cette détresse est au contraire "partagée avec un très grand nombre de personnes, a-t-il ajouté. Il s'agit d'une réponse humaine normale aux circonstances dans lesquelles nous vivons. Loin d'être une anomalie qui nous sépare du reste du monde, la dépression est en réalité un état que l'on partage avec une multitude d'autres personnes". Nous devons prendre conscience du fait que "ce n'est pas un simple problème personnel mais, dit-il, un problème commun, imputable à notre société".

De retour des savanes du Kenya où il avait vécu avec sa troupe de babouins[23], Robert Sapolsky faisait sans cesse le même rêve[24]. Il était dans le métro new-yorkais et voyait un gang s'approcher de lui, visiblement décidé à l'attaquer. Dans son rêve, il y avait bien une hiérarchie, et il se trouvait tout en bas. Il allait devenir une proie, exactement comme Job, ce frêle babouin couvert de traces de morsures parce que tous les autres se défoulaient sur lui.

Dans son rêve, cependant, Robert agissait de manière inattendue. Il s'adressait aux dangereux membres du gang qui étaient sur le point de le frapper et leur expliquait que c'était une folie, que cela n'était pas nécessaire. Certaines fois, il prenait le temps de discuter avec ces voyous de l'origine de leurs maux et de ce qui les poussait à vouloir blesser les autres, compatissant avec eux au récit de leur détresse, leur offrant en somme une séance de thérapie improvisée. À d'autres moments, il leur faisait des blagues et ils riaient tous ensemble. Dans tous les cas, les malfrats renonçaient à lui faire du mal.

Ce rêve dessine, à mon avis, une voie alternative[25]. Les babouins sont pris au piège de leur hiérarchie : il leur faut nécessairement un individu inférieur à battre et à humilier. Job ne pouvait avoir recours à des blagues ou à une thérapie pour persuader Salomon de le traiter dignement. Il était incapable de convaincre les autres babouins de vivre de manière plus égalitaire.

Contrairement à eux, nous autres, humains, avons le choix. Nous pouvons, comme je devais l'apprendre plus tard, trouver des solutions concrètes susceptibles de renverser les hiérarchies établies, afin de faire du monde un lieu plus égalitaire où chacun soit respecté et bénéficie d'un certain statut. Ou bien nous pouvons continuer, comme aujourd'hui, à bâtir des hiérarchies qui nous plongent dans un état d'humiliation généralisée.

Dans ce cas, nombre d'entre nous se sentiront abattus jusque dans leur chair et manifesteront des signes de soumission. Nous irons tête basse, épaules rentrées, en murmurant encore et encore : laissez-moi tranquille, je n'en peux plus d'être battu.

## 11

## SIXIÈME CAUSE :
## LA SÉPARATION D'AVEC LA NATURE

Debout dans l'ombre de la montagne, Isabel Behncke me dit, en me regardant droit dans les yeux : "Je veux bien t'expliquer pourquoi le fait d'être coupé de la nature peut être une cause de la dépression, mais seulement si tu acceptes de marcher jusqu'au sommet avec moi, là, tout de suite." Elle désigna d'un geste de la main le mont Tunnel qui surplombe la ville canadienne de Banff. Je suivis son geste d'un œil las. Le sommet n'était visible nulle part, mais je savais d'après les cartes postales qu'il se situait loin au-dessus de moi, couvert de neige, avec une vue panoramique sur des lacs dans le lointain.

Je toussai, mal à l'aise, et tentai de faire entendre à Isabel aussi poliment que possible que je n'étais pas vraiment à l'aise dans la nature. J'aime les murs en béton couverts de livres, les gratte-ciel, les camions vendant des tacos à la sortie du métro. Même Central Park est trop rural pour moi : je préfère le contourner par la Dixième Avenue. Je ne vais dans la nature que quand j'y suis obligé, pour mener l'enquête sur tel ou tel sujet.

Isabel me répondit : pas de montagne, pas d'entretien. "Allez, m'encouragea-t-elle, arrivés là-haut, nous ferons un selfie spectaculaire en essayant de ne pas nous tuer !" Pour des raisons purement journalistiques, j'acceptai finalement de la suivre en traînant des pieds. En l'observant se mettre en route, je me fis la réflexion qu'Isabel était l'une des personnes les plus à même de survivre à l'apocalypse. Elle avait grandi dans une ferme de la campagne chilienne et, comme elle me le précisa tandis que nous marchions, elle s'était donc "toujours sentie étrangement à l'aise avec les animaux sauvages". "À dix ans, je montais à cheval toute seule, dit-elle, je n'avais pas peur de tomber. Mon père avait trois aigles qui vivaient avec nous en liberté à l'intérieur de la maison." Des aigles ? Dans la maison ? Ne risquaient-ils pas de vous attaquer ? demandai-je. "Je suis issue d'un milieu très particulier", me répondit-elle, puis nous nous sommes remis à marcher. Sa famille vagabondait dans la nature, comme une tribu de nomades. Ils sillonnaient l'océan en bateau pendant des jours et, à l'âge de huit ans, Isabel dessinait les orques qu'elle avait vues de ses propres yeux. Peu de temps après, elle s'était aventurée pour la première fois dans la forêt tropicale.

Autour de vingt ans, elle avait entamé des études pour devenir biologiste évolutionniste, c'est-à-dire, selon ses propres mots, pour se pencher sur "la nature de la nature humaine[1]". Une fois diplômée de l'université d'Oxford, son travail consistait à comprendre comment nous sommes devenus ce que nous sommes, notamment en étudiant les espèces qui sont nos ancêtres et nos cousins sur le plan évolutif. Elle mena une première recherche importante au zoo de Twycross, dans le Sud de l'Angleterre, où elle avait pour projet d'étudier les différences entre les bonobos et les chimpanzés en captivité. Les bonobos ressemblent aux chimpanzés en plus minces et ont sur la tête des poils étrangement implantés, divisés par une raie au milieu et remontant sur les côtés en forme d'avion au décollage. Ils atteignent une stature importante : un adulte mesure à peu près la taille d'un enfant de douze ans. En les observant, Isabel put rapidement vérifier la validité d'une des idées les plus répandues au sujet des bonobos : ils nouent des liens grâce à des orgies fréquentes, incluant la plupart du temps des rapports lesbiens.

Isabel adorait observer la réaction des mères anglaises qui avaient amené naïvement leurs enfants assister à ce genre d'orgies. "Maman, maman, qu'est-ce qu'ils font ?", demandaient-ils en toute innocence. Les mères attiraient en vitesse leur progéniture devant l'enclos d'en face, celui des tortues des Galápagos. Mais la saison des amours des tortues finissait par arriver à son tour : "Tu n'imagines pas, me dit Isabel, à quel point deux tortues qui se reproduisent peuvent être obscènes. Le mâle qui monte la femelle ne peut pas passer inaperçu : il fait un de ces boucans !"

Depuis son poste d'observation, Isabel riait de ces mères qui passaient, le visage blême, de l'orgie des bonobos aux tortues en plein orgasme, en maugréant : "Nom de Dieu."

À cette occasion, elle développa une passion pour les bonobos et pour leur manière de voir le monde. Elle fut particulièrement impressionnée lorsqu'elle vit une femelle bonobo se fabriquer un godemiché. "Un jour, on lui avait donné sa nourriture dans une sorte de seau bleu coupé en deux", me dit-elle. Elle l'enroula sur lui-même et "l'emportait partout où elle allait pour pouvoir se masturber avec, me raconta-t-elle. C'est fou ! J'ai fini par me dire : mais oui, bien sûr ! Le plastique est lisse, contrairement aux branches. C'était une idée de génie".

Il y avait quelque chose, néanmoins, qui ne tournait pas rond chez ces bonobos, une chose qu'elle n'allait découvrir que plus tard.

Elle se dit que, pour comprendre véritablement cette espèce, elle devait aller l'étudier dans son habitat naturel, en Afrique centrale. Cependant, personne ne s'était rendu là-bas depuis des années, car la république démocratique du Congo était alors ravagée par une guerre sanguinaire qui semble aujourd'hui toucher à sa fin. Dès qu'elle mentionnait son projet, les autres la regardaient d'un air ahuri. Mais Isabel ne se laissait pas facilement décourager. Après avoir beaucoup insisté, elle se retrouva donc au cœur de la forêt congolaise. Elle y vécut pendant trois ans dans une maison faite de boue séchée, passant ses journées à observer une troupe de bonobos. Elle marchait en moyenne dix-sept kilomètres par jour. Une fois, elle fut même chargée par un sanglier sauvage. Elle apprit à connaître les bonobos mieux que quiconque. C'est ainsi qu'elle découvrit une chose qui nous concernait directement.

Au Congo, elle s'était rendu compte que la plupart des comportements qu'elle avait observés chez les bonobos tirés hors de leur habitat naturel et placés dans un zoo (tous ces comportements qu'elle avait attribués à leur façon d'être naturelle) étaient en réalité très rares.

Quand ils étaient dans la forêt tropicale, autrement dit dans un environnement auquel ils étaient parfaitement adaptés, il arrivait que certains bonobos soient persécutés par les autres membres de la troupe et commencent à se conduire bizarrement. Ils se mettaient à se gratter très fort, de façon compulsive. Ils s'asseyaient en marge du groupe et regardaient au loin. Ils faisaient moins souvent leur toilette et refusaient de laisser un autre bonobo les laver. Quand Isabel fut témoin de ces comportements, elle les reconnut immédiatement : il était clair, pour elle, qu'il s'agissait de l'équivalent de la dépression chez le bonobo, pour des raisons similaires à celles que j'ai évoquées dans le chapitre précédent. Face aux maltraitances qu'ils subissaient, ces individus réagissaient par la tristesse et le désespoir.

Une chose était étrange, néanmoins. Dans la nature, il y avait une limite à la dépression des bonobos. Elle existait, surtout chez les individus de rang inférieur, mais l'animal ne s'enfonçait pas au-delà d'un certain seuil. Dans les zoos, à l'inverse, les bonobos dépérissaient, sombrant dans un désespoir toujours plus profond, atteignant un niveau de dépression inenvisageable à l'état sauvage. Ils se grattaient jusqu'au sang, hurlaient, développaient des tics ou se mettaient à se balancer compulsivement. Isabel me dit qu'elle n'avait jamais observé ces états de "grave dépression chronique", si courants dans les zoos, chez un bonobo en liberté.

Or il se trouve que les bonobos ne sont pas les seuls à en souffrir. Cela fait plus d'un siècle que nous observons le comportement des animaux en captivité. Nous savons désormais que, lorsqu'ils sont privés de leur milieu naturel, ils tendent à développer les symptômes d'un désespoir extrême. Ainsi, il arrive que les perroquets s'arrachent les plumes, que les chevaux remuent sans pouvoir s'arrêter, que les éléphants émoussent leurs défenses en les frottant sur les murs de leur cellule, réduisant à des chicots informes ce qui constitue pour eux, à l'état sauvage, une source de force et de fierté. Certains éléphants sont tellement traumatisés par la captivité qu'ils dorment debout pendant des années, le corps sans cesse agité de mouvements nerveux[2]. Aucune de ces espèces n'a ce genre de comportements en liberté. En captivité, beaucoup d'animaux perdent le désir de s'accoupler, d'où la difficulté de les faire se reproduire dans un zoo[3].

Isabel se demanda donc ce qui pouvait expliquer que les animaux développent de tels symptômes dépressifs lorsqu'on les tirait de leur habitat naturel.

Cela devint une affaire personnelle au moment où, de retour à Oxford, elle dut rédiger un compte rendu de ses recherches. Enfermée toute la journée à travailler, elle tomba en dépression pour la première fois de sa vie. Elle n'arrivait pas à dormir, ne parvenait pas à se concentrer pour trouver une solution à cette douleur dont elle souffrait. Elle prit des antidépresseurs mais, comme la plupart des gens, resta dépressive. Elle se dit alors que sa dépression pourrait être liée à celle qu'elle avait observée chez les bonobos enfermés dans des cages. Et si les humains tombaient également en dépression lorsqu'ils étaient séparés de leur environnement naturel ? Cela pouvait-il expliquer sa propre détresse ?

Nous savons depuis longtemps déjà que les maladies mentales (y compris les plus graves, comme la psychose ou la schizophrénie) sont beaucoup plus fréquentes dans les villes que dans les campagnes[4], mais les effets psychologiques d'un manque de proximité avec la nature ne sont sérieusement étudiés que depuis quinze ans.

Un groupe de chercheurs de l'université d'Essex, en Grande-Bretagne, a conduit sur ces questions l'étude la plus détaillée à ce jour. Ils ont suivi pendant trois ans les évolutions du nombre de maladies mentales dans plus de cinq cents foyers. Leur étude s'est concentrée sur deux types de foyers en particulier : ceux qui ont déménagé de la campagne à la ville, et ceux qui ont fait le contraire, le but étant d'observer si cette migration avait ou non un effet sur leur niveau de dépression.

Cette étude montra qu'il y avait une forte diminution du nombre de dépressions chez les personnes qui s'étaient installées dans des lieux avec davantage d'espaces naturels et, à l'inverse, une forte augmentation chez celles qui avaient quitté ce type d'endroits[5]. Quantité d'autres études obtinrent par la suite des résultats similaires[6]. Les scientifiques savaient parfaitement que ces résultats pouvaient s'expliquer par toutes sortes de facteurs : les zones rurales présentent généralement un tissu social plus dense, un taux de criminalité plus faible, un niveau de pollution moins élevé. Tous ces éléments pouvaient, aussi bien que les espaces naturels, être à l'origine d'une amélioration de l'état de santé mentale des habitants. Une nouvelle étude britannique s'attacha donc à isoler l'effet direct de la proximité avec la nature. Ils comparèrent des zones défavorisées du centre-ville présentant de nombreux espaces verts avec des zones qui offraient les mêmes caractéristiques, y compris en ce qui concerne le niveau d'interaction entre les habitants, sauf qu'on n'y trouvait aucun espace vert. Ils découvrirent que les habitants de la zone plus arborée étaient moins stressés et moins déprimés[7].

Parmi toutes ces études, celle qui m'a le plus frappé est peut-être la plus simple. Les scientifiques amenèrent des citadins faire une randonnée dans la nature, puis mesurèrent leur variation d'humeur et leur niveau de concentration. Comme cela était prévisible, tous se sentaient plus heureux et arrivaient mieux à se concentrer après la promenade, mais les effets étaient particulièrement spectaculaires chez les personnes dépressives. L'amélioration était, pour elles, *cinq fois* plus importante que pour les autres[8].

Comment expliquer cela ? Que se passait-il ?

Nous étions arrivés à mi-chemin du sommet et Isabel contemplait les lacs qui se dessinaient dans le lointain quand je me décidai enfin à lui avouer quelque chose. Je voyais, dans l'abstrait, la beauté de ces paysages, mais il était si rare que je m'accorde ce genre de plaisirs que, pour être honnête, ils ne m'évoquaient pas grand-chose d'autre que l'écran de veille de mon ordinateur. Un très bel écran de veille. À voir ces paysages, je ressentais une sorte d'irritation inconsciente, comme si cela faisait trop longtemps que je n'avais pas ouvert ma session.

Isabel éclata d'un rire triste. "Je me sens personnellement responsable si tout cela n'est rien de plus à tes yeux qu'un écran de veille, me dit-elle. Tu viens de me confier une mission. Pour moi, il n'y a aucun sens à discuter de tout cela [pour en conclure] : retournons nous asseoir devant un écran." Après m'avoir fait promettre que nous irions jusqu'au sommet, elle se remit en route et je la suivis. Au fil de notre conversation, j'appris qu'Isabel avait formulé à ce sujet trois théories fondées sur de solides bases scientifiques. Elle précisa modestement que toutes trois nécessitaient des recherches plus approfondies et se recoupaient en partie.

Pour comprendre pourquoi ces paysages naturels nous font nous sentir mieux, il faut en revenir à quelque chose de très simple : "Nous sommes des animaux, même si nous l'oublions sans cesse", et en tant qu'animaux, "nous sommes faits pour bouger", dit-elle en désignant son corps. Quand nous cherchons des solutions à notre mal-être, ajouta-t-elle, nous tentons de les trouver dans le langage et dans les symboles que nous avons définis en tant qu'espèce. Or ces symboles ne sont apparus que très récemment à l'échelle du temps long de notre évolution. "Nous sommes des vertébrés depuis désormais cinq cents millions d'années, des mammifères depuis deux cent cinquante à trois cents millions d'années et des primates depuis soixante-cinq [millions d'années]", déclara-t-elle. Elle m'expliqua que toutes ces années passées dans la forêt congolaise, durant lesquelles elle avait vécu, mangé et dormi au milieu des bonobos, lui avaient appris combien nous étions proches d'eux. "Nous étions des animaux qui bougent bien avant d'être des animaux qui parlent et créent des concepts, dit-elle. Mais nous persistons à croire que la dépression peut être guérie grâce à cette part conceptuelle seule. À mon avis, la première chose à faire est plus simple. Il faut d'abord soigner la physiologie : sortir, bouger."

Un animal qui a faim et évolue dans son habitat naturel où il occupe un rang convenable parmi ses congénères n'a guère le loisir d'être dépressif[9], dit-elle. On n'en trouve quasiment aucun exemple. Il est prouvé scientifiquement que faire de l'exercice réduit significativement la dépression et l'anxiété[10]. Selon Isabel, cela est lié au fait que le sport nous permet de nous rapprocher de notre état naturel d'animal incarné et en mouvement, ce qui déclenche la sécrétion d'endorphines. "Je ne pense pas qu'un adulte ou un enfant puisse être en parfaite santé sans bouger ni voir la nature régulièrement", conclut-elle.

Ceci se double d'un phénomène plus profond. En comparant les personnes qui courent sur un tapis et celles qui courent dans la nature, quoiqu'ils aient observé une réduction de la dépression dans les deux cas, les scientifiques ont constaté une baisse plus importante chez les personnes faisant de l'exercice en plein air[11]. D'autres facteurs entrent donc en jeu. Quels sont-ils ?

À ce moment de notre conversation, je me rendis compte que nous étions arrivés au sommet de la montagne. De part et d'autre s'étendait un immense panorama. "Te voilà entouré d'écrans [de veille], me dit Isabel. Nous sommes encerclés."

Un petit écureuil s'avança d'un pas hésitant dans notre direction et s'approcha à quelques centimètres de mes pieds. Je posai par terre un morceau de viande séchée que j'avais acheté en ville le jour même.

Isabel me dit que les scientifiques avaient avancé une autre théorie pour expliquer l'effet bénéfique de la nature sur la dépression, observé chez de nombreux malades. Le biologiste Edward O. Wilson, l'un des chercheurs les plus importants du xxᵉ siècle dans son domaine, avait par exemple défendu l'idée que les êtres humains sont naturellement dotés d'un sentiment nommé "biophilie[12]". Nous serions ainsi pris d'un amour inné pour les paysages dans lesquels notre espèce a vécu pendant la plus grande partie de son histoire et pour les écosystèmes qui rendent possible notre existence. Tous les animaux ou presque tombent dans le désespoir quand ils sont privés du milieu dans lequel ils ont évolué. Une grenouille peut très bien vivre sur terre, mais elle s'y sentira si malheureuse qu'elle abandonnera rapidement ce milieu. Pourquoi les humains feraient-ils exception à cette règle ? En regardant autour de nous, Isabel s'exclama : "Il s'agit de notre habitat naturel, nom d'un chien !"

Il est difficile de rassembler des preuves scientifiques à l'appui de cette idée, mais une étude a tenté de relever le défi. Les sociologues Gordon Orians et Judith Heerwagen se sont rendus aux quatre coins du globe pour montrer à des personnes de cultures très différentes des photographies de tous les types de paysages, du désert à la ville en passant par la savane. Ils se sont ainsi rendu compte que partout dans le monde, par-delà les clivages culturels, les gens montraient une préférence pour des paysages ressemblant aux savanes africaines[13]. Ils en ont donc conclu que cette préférence était motivée par quelque chose d'inné.

Ces découvertes nous conduisent à envisager une autre raison pour laquelle, selon Isabel, le fait de se trouver dans un environnement naturel soulage les personnes dépressives ou anxieuses. La dépression nous fait "tout ramener à nous" (Isabel parlait d'expérience). Nous nous retrouvons donc pris au piège de notre propre histoire et de nos propres pensées qui tournent en boucle dans notre tête et nous rendent amers et maussades. Les malades souffrant de dépression ou d'anxiété sont prisonniers de leur ego qui les étouffe complètement, ne laissant pas pénétrer le moindre souffle d'air venu de l'extérieur. Or de nombreux scientifiques ont justement montré que le fait de se trouver en plein air, dans un environnement naturel, provoquait naturellement un sentiment inverse d'émerveillement[14].

Face à un paysage naturel, nos problèmes nous paraissent minuscules par rapport à la grandeur du monde, et cette sensation permet de ramener l'ego à des dimensions raisonnables. "Nous avons l'impression de faire partie d'un tout qui nous dépasse, dit Isabel en regardant autour de nous. Il y a quelque chose de très profondément sain, presque animal, à se sentir ainsi. Les gens apprécient les quelques instants fugaces au cours desquels ils en font l'expérience." Ces moments nous aident à réaliser la profonde relation qui nous lie à tout ce qui nous entoure. "Ces paysages sont presque la métaphore de notre intégration à un système plus vaste", ajouta-t-elle. Même sans s'en rendre compte, "nous sommes tous pris dans un réseau de relations ; nous ne sommes qu'un nœud parmi d'autres, au sein de cette immense tapisserie", conclut-elle.

À Oxford, où elle était enfermée loin de la nature, elle n'avait pas tardé à tomber en dépression. À l'inverse, au Congo, alors qu'elle vivait parmi les bonobos, elle n'avait pas le loisir d'être dépressive. Quand elle avait des idées noires, la nature "reprenait rapidement le dessus […]. Quand on campe au beau milieu de la savane et qu'on entend les lions rugir, l'idée que nous sommes avant tout des protéines se rappelle à nous", dit-elle, et cela nous libère de toute forme de repli sur soi et de désespoir.

L'écureuil vint renifler le bout de viande séchée que j'avais posé sur le sol et prit un air dégoûté avant de décamper. Quand je me décidai finalement à regarder le paquet, je me rendis compte que je lui avais offert une chose répondant au doux nom de "saumon séché" que, paraît-il, les Canadiens consomment de leur plein gré. "Cet écureuil a très bon goût !", s'exclama Isabel en jetant un coup d'œil horrifié au paquet, avant de me guider sur le chemin du retour.

Dans la prison d'État du Michigan, au cours des années 1970, une étude fut menée, presque par hasard, sur ces questions. La prison avait été construite de telle sorte que la moitié des cellules donnaient sur un paysage vallonné de bois et de bocages, tandis que l'autre moitié avait vue sur un mur de briques. Un architecte nommé Ernest Moore passa en revue les dossiers médicaux des différents prisonniers (qui ne se distinguaient en rien, si ce n'est par la position de leur cellule). Il se rendit compte que les détenus pouvant voir la nature avaient 24 % de moins de chances de tomber malades, physiquement ou mentalement[15].

"Il faut bien admettre", me dit plus tard le professeur Howard Frumkin, l'un des plus grands spécialistes au monde de la question, "que si nous trouvions un médicament d'une telle efficacité, nous mettrions immédiatement fin aux recherches […]. Nous avons là un médicament qui présente très peu d'effets secondaires, ne coûte pas d'argent, ne demande pas à être prescrit par un professionnel patenté et qui semble, du moins jusqu'ici, remarquablement efficace". Pourtant, continua-t-il, les études sur ce sujet peinent à trouver des financements car "la recherche biomédicale actuelle est en grande partie dominée par les industries pharmaceutiques" qui ne s'y intéressent guère, puisqu'"il est très difficile de commercialiser la mise en contact avec la nature".

Si tout cela était vrai, je ne pouvais m'empêcher de me demander pourquoi, de toute ma vie, je n'avais jamais apprécié la nature. Ce n'est qu'après y avoir réfléchi pendant des mois et avoir réécouté plusieurs fois l'enregistrement de ma randonnée en montagne avec Isabel, que j'ai compris. Au contact de la nature, je sens, comme prévu, mon ego se rapetisser et j'ai bel et bien l'impression d'être minuscule par rapport à l'immensité du monde. Seulement, pendant la majeure partie de ma vie, j'en ai tiré un sentiment non de soulagement mais d'angoisse.

J'aime mon ego, je m'y accroche.

Ce n'est que plus tard, comme vous le verrez, que j'ai fini par le comprendre.

Isabel avait observé que la captivité conduisait les bonobos à manifester des symptômes similaires à ceux de la dépression, dont ils n'auraient jamais souffert à l'état sauvage. Or, me dit-elle, nous, humains, "avons développé diverses formes modernes de captivité". Les bonobos dépressifs lui avaient appris la chose suivante : "Il ne faut pas être prisonnier. À bas la captivité."

Au sommet de la montagne, à Banff, se trouve une corniche d'où l'on peut admirer de tous côtés l'immensité du paysage canadien à des kilomètres à la ronde. J'étais terrorisé, mais Isabel me prit par la main et insista pour m'y amener. L'un des aspects les plus cruels de la dépression, dit-elle, est qu'elle nous ôte le désir de croquer la vie à pleines dents, de profiter pleinement du moment. "Mais nous, nous voulons nous sentir en vie", ajouta-t-elle. Nous le voulons et en avons besoin. Plus tard, elle eut ces mots : "Nous risquions certes notre vie, mais tu t'es senti vivant, non ? Tu as peut-être eu la peur de ta vie mais au moins, à ce moment-là, tu n'étais pas dépressif."

Elle avait raison.

## 12

## SEPTIÈME CAUSE :
## LA PERTE DE TOUT ESPOIR
## ET L'INCERTITUDE FACE À L'AVENIR

Au fil des années, je remarquai autre chose au sujet de ma dépression. Elle provoquait chez moi une étrange sensation de myopie. Quand elle me prenait, j'étais incapable de penser au-delà des quelques heures à venir, qui s'annonçaient longues et douloureuses. C'était comme si le futur s'était évanoui.

En discutant avec de nombreuses personnes dépressives ou gravement anxieuses, je me rendis compte qu'elles mentionnaient souvent un sentiment similaire. Une amie me raconta qu'elle savait que sa dépression était en voie de guérison quand elle sentait sa notion du temps s'élargir à nouveau et qu'elle était capable d'imaginer où elle en serait dans un mois ou un an.

J'ai donc cherché à savoir d'où pouvait bien venir ce sentiment qui semblait relever de la pure bizarrerie. Mes recherches à ce sujet m'ont mené à des travaux scientifiques remarquables. De toutes les causes de la dépression et de l'anxiété que j'ai découvertes, celle-ci est celle que j'ai mis le plus de temps à admettre – mais une fois que j'y suis parvenu, elle m'a aidé à éclaircir bon nombre de mystères.

Peu de temps avant sa mort, un chef indien du nom de Plenty Coups était assis dans sa maison au milieu des vastes plaines du Montana, absorbé dans la contemplation de ces lieux désormais déserts, où son peuple vagabondait jadis parmi les bisons[1]. À sa naissance, son peuple (les Crows) vivait ses derniers jours en tant que tribu de chasseurs nomades.

Un jour, un cow-boy était arrivé et avait dit vouloir raconter l'histoire du chef, l'enregistrer le plus fidèlement possible pour la transmettre mot pour mot à la postérité. Avant lui, de nombreux hommes blancs avaient arraché leurs histoires aux Indiens pour les contrefaire, de sorte que la confiance mit du temps à s'établir entre les deux hommes. Mais une fois les soupçons dépassés, le chef Plenty Coups s'était mis à lui raconter une histoire sur la fin du monde.

Quand il était jeune[2], dit-il, son peuple allait et venait à cheval dans toutes les Grandes Plaines, et leur vie s'organisait autour de deux activités principales : la chasse et la préparation des combats contre des tribus indiennes rivales, voisines de leur territoire. Toutes leurs actions s'articulaient autour de ces deux pôles structurants. Ainsi, la préparation des repas se faisait en prévision de la chasse ou du combat. La cérémonie de la danse du soleil visait à demander des forces pour la chasse ou le combat. Même votre nom, comme celui de tous ceux que vous connaissiez, était lié au rôle que vous occupiez dans l'une de ces deux activités.

Tout cela constituait le monde.

Il évoqua ses nombreuses règles. Le fait de planter des *coupsticks*, sorte de pic en bois sculpté qui servait à marquer le territoire de la tribu au fil de ses voyages à travers les plaines, était au cœur de la vision du monde des Crows. Le bâton servait à signaler un point au-delà duquel s'aventurer revenait à devenir un ennemi de la tribu et à s'exposer à une attaque. Planter et protéger les *coupsticks* étaient donc deux des actions les plus nobles chez les Crows. Elles constituaient les points cardinaux de leur morale[3].

Le chef Plenty Coups évoquait en détail les règles de son monde disparu. Il passait en revue sa vie, les valeurs spirituelles de son peuple, la relation de ce dernier avec les bisons et avec les tribus rivales. Il évoquait un monde aussi complexe que les civilisations d'Europe, de Chine ou d'Inde, structuré comme elles par des règles et des métaphores.

Cependant, le cow-boy remarqua que son histoire avait quelque chose d'étrange. Le chef était encore adolescent à l'arrivée des Européens, quand les bisons furent exterminés, les Crows massacrés et les survivants parqués dans des réserves. Pourtant, l'histoire du chef prenait fin à ce moment-là. Sur le reste (et la majeure partie) de sa vie, il n'avait pas d'histoire à raconter. Il n'avait rien à en dire.

Quand il en arriva au moment où les Crows furent enfermés dans les réserves, il déclara : "Après, plus rien n'est arrivé[4]."

Évidemment, le cow-boy savait, comme tout le monde, que le chef avait accompli bien d'autres choses dans sa vie. Beaucoup d'autres événements avaient eu lieu. Mais, en un sens, le monde avait pris fin à ce moment-là, pour lui et pour son peuple.

Certes, les Crows pouvaient toujours continuer, dans la réserve, à planter des *coupsticks* dans la terre, mais cela n'avait plus aucun sens. Qui donc allait s'aventurer sur leur territoire ? Comment auraient-ils pu le défendre ? Certes, ils pouvaient continuer à parler de courage, valeur qu'ils chérissaient par-dessus tout, mais comment pouvaient-ils démontrer ce courage quand toute chasse, tout combat étaient devenus impossibles ? Certes, ils pouvaient toujours faire la danse du soleil, mais pour quoi faire, quand il n'y avait plus de chasse à réussir ni de combat à remporter ? Comment manifester son ambition, son esprit ou sa bravoure ?

Même les activités quotidiennes semblaient vaines. Auparavant, les repas constituaient une préparation à la chasse ou au combat. "Les Crows continuèrent évidemment à préparer leurs repas, nota le philosophe Jonathan Lear dans son livre consacré à ce sujet. Si on le leur avait demandé, on se serait rendu compte qu'ils faisaient cela en toute conscience. Si on les avait interrogés plus longuement, ils nous auraient répondu qu'ils essayaient de survivre, de garantir jour après jour la subsistance de leur famille." Mais "tous ces actes étaient désormais déconnectés du système dans lequel ils prenaient sens[5]".

Un siècle plus tard, un professeur de psychologie du nom de Michael Chandler fit une découverte importante. Comme nombre de ses compatriotes canadiens, il avait vu passer chaque année aux informations la même terrible histoire[6].

Cent quatre-vingt-seize groupes de Premières Nations (l'équivalent canadien des Amérindiens qui survécurent à l'invasion européenne) vivaient dispersés sur l'ensemble du territoire canadien, concentrés dans des réserves et aussi dépaysés que l'étaient le chef Plenty Coups et son peuple. Comme aux États-Unis, les gouvernements canadiens successifs s'étaient attachés pendant des années à détruire leur culture, leur enlevant leurs enfants pour les placer dans des orphelinats, leur interdisant de parler leurs langues et les privant de tout contrôle sur leur mode de vie. Ces exactions ne prirent fin qu'il y a quelques décennies. Ceux qui avaient subi toutes ces épreuves ainsi que leurs enfants connaissaient par conséquent le taux de suicides le plus élevé du pays. En 2016, ce sujet fit la une des journaux quand onze Canadiens des Premières Nations se donnèrent la mort en une seule nuit.

Ce phénomène piqua la curiosité de Michael. Dans les années 1990, il se mit donc à étudier les statistiques concernant le taux de suicides parmi les Premières Nations, pour voir comment ces suicides se répartissaient sur le territoire. Il remarqua quelque chose d'étrange. La moitié des nations autochtones (ou "tribus", comme on les appelle aux États-Unis) ne connaissaient aucun suicide, tandis que les autres présentaient au contraire un taux extraordinairement élevé. Pourquoi cela ? Comment expliquer une telle différence ? Qu'arrivait-il aux nations autochtones où on n'observait aucun suicide qui n'arrivait pas aux nations où la fréquence de suicides était si importante ?

Michael avait son idée sur la question. "Historiquement, le gouvernement traitait les peuples autochtones comme des enfants et contrôlait leur vie *loco parentis* [comme s'il avait été leurs parents], me dit Michael. Mais au cours des dernières décennies, les peuples autochtones se sont élevés contre ces ingérences et ont tenté de reprendre le contrôle de leur vie." Certains ont retrouvé la possession de leurs terres traditionnelles, ressuscité leurs langues et récupéré la maîtrise de leurs écoles, de leur système de santé et de leur police, enfin libres de choisir leur mode de fonctionnement et d'en assurer la gestion. Dans certains endroits, le gouvernement a donc accepté de laisser les Premières Nations libres de s'organiser et leur a octroyé un certain degré d'autonomie, mais dans d'autres, cela n'a pas été le cas.

Il y a donc un écart important entre les groupes autochtones qui restent aujourd'hui complètement asservis, vivant à la merci des décisions du gouvernement canadien, et les nations indigènes qui ont acquis la liberté de reconstruire leur propre culture, autrement dit de recréer un monde où, selon leur conception, quelque chose se passe.

Michael et ses collègues étudièrent pendant des années les statistiques à ce sujet[7]. Ils développèrent neuf indices permettant de mesurer le degré d'autonomie dont bénéficie telle ou telle tribu. Peu à peu, ils mirent en relation ce degré d'autonomie avec le taux de suicide sur un graphique, pour voir s'il existait une quelconque corrélation entre les deux.

En compilant les résultats, ils découvrirent que les communautés les plus autonomes avaient le taux de suicides le plus bas. En représentant cette relation sur un graphique pour les 196 tribus canadiennes, on obtenait une ligne remarquablement droite. On pouvait ainsi, la plupart du temps, prévoir le taux de suicides en fonction du niveau d'autonomie de la communauté. Il ne s'agit sans doute pas du seul facteur expliquant l'agonie des peuples autochtones. Pour ne donner qu'un exemple d'exactions parmi bien d'autres : la destruction délibérée et la dispersion de leurs familles par l'État canadien, qui envoya leurs enfants dans des "pensionnats" où ils subirent toutes sortes d'abus, ont traumatisé plusieurs générations. Néanmoins Michael apporta la preuve que le manque d'autonomie de la communauté était l'un des facteurs les plus importants pour expliquer le taux de suicides.

Cette découverte eut en elle-même l'effet d'une bombe, et elle conduisit Michael à réfléchir plus profondément encore à la question.

En observant les résultats de cette étude sur les Premières Nations, Michael se souvint d'une enquête qu'il avait menée quelques années auparavant. Cette enquête est un peu plus complexe que celles que j'ai évoquées jusqu'ici, mais je vais vous l'expliquer pas à pas.

Depuis qu'il était sorti diplômé en psychologie de l'université de Berkeley, en Californie, en 1966, Michael s'était interrogé sur l'une des questions les plus fondamentales de l'humanité : comment développe-t-on le sentiment de notre identité ? Comment sait-on qui l'on est ? Cela semble une question insoluble. Quel fil conducteur y a-t-il entre le nourrisson que nous avons été, qui faisait ses dents et vomissait ses biscuits, et la personne qui est en train de lire ce livre ? Serez-vous la même personne dans vingt ans ? Si vous rencontriez cette personne, la reconnaîtriez-vous ?

Quel lien y a-t-il entre votre être passé et votre être futur ? Reste-t-on la même personne tout au long de sa vie ?

Tout le monde, ou presque, a du mal à répondre à ces questions. Intuitivement, nous avons l'impression d'être restés les mêmes toute notre vie, mais nous serions bien en peine de justifier cette impression. Pour certaines personnes, cependant, cette continuité est inconcevable.

Michael passa des mois à interviewer les patients d'un hôpital psychiatrique pour adolescents de Vancouver. Ils passaient leur temps dans des lits superposés, à recevoir leur traitement en tentant maladroitement de dissimiler, honteux, les cicatrices sur leur bras. Il leur posa de nombreuses questions sur leur vie. Il tentait, grâce à ces questions, d'approcher le cœur du sujet, c'est-à-dire la formation de l'identité, de diverses manières. L'une d'entre elles était très simple. Il existe au Canada une collection de bandes dessinées inspirées de grands romans classiques. On y trouve, par exemple, une adaptation du récit de Charles Dickens, *Un chant de Noël*. L'histoire vous est certainement familière : il s'agit d'un vieil avare nommé Scrooge qui reçoit la visite de deux fantômes et en ressort si bouleversé qu'il devient soudain extrêmement généreux. Une autre de ces bandes dessinées est une adaptation des *Misérables* de Victor Hugo. Là encore, vous en connaissez sans doute l'histoire : un pauvre homme du nom de Jean Valjean part en cavale après avoir commis un vol. Il change de nom et d'identité et finit par s'élever socialement au point de devenir maire de sa ville. Mais après l'avoir pourchassé pendant des années, l'inspecteur Javert finit par le retrouver (et lui chante, dans la comédie musicale, des airs terrifiants).

Michael fit lire ces bandes dessinées à deux groupes d'adolescents internés. L'un était composé de patients souffrant d'une anorexie suffisamment sévère pour justifier leur hospitalisation ; l'autre d'adolescents dépressifs à tendance suicidaire. Il demanda aux deux groupes de réfléchir aux personnages représentés dans ces œuvres. Scrooge resterait-il pareil à lui-même après avoir été bouleversé par sa rencontre avec les fantômes ? Si oui, pourquoi ? Jean Valjean serait-il toujours la même personne après avoir pris la fuite et changé de nom ? En quoi ?

Les jeunes de ces deux groupes étaient tous grièvement malades et partageaient la même détresse. Pourtant, les patients souffrant d'anorexie n'avaient aucune difficulté à répondre à ces questions, alors que les patients dépressifs en étaient incapables. "Cette impossibilité systématique à se figurer comment un individu pouvait rester le même était caractéristique du groupe de patients suicidaires", me dit Michael. Ces adolescents plongés dans un état dépressif sévère pouvaient répondre sans mal à bon nombre de questions, mais quand il s'agissait de dire ce qu'eux-mêmes ou quelqu'un d'autre deviendraient dans l'avenir, ils restaient perplexes. Ils savaient qu'ils auraient dû avoir la réponse, mais ils étaient bien forcés d'admettre qu'ils n'en avaient pas la moindre idée.

Or, fait intéressant : de même qu'ils ne parvenaient pas à imaginer qui serait plus tard Jean Valjean, eux-mêmes, en tant qu'individus, n'arrivaient pas à se projeter dans l'avenir. Pour eux, tout futur avait disparu. Ils étaient bien en peine de s'imaginer dans cinq, dix ou vingt ans[8]. Leur capacité à se projeter s'était atrophiée comme un muscle inutilisé[9].

Michael découvrit ainsi que les personnes souffrant d'une grave dépression perdaient tout sens de l'avenir, ce qui n'était pas le cas d'autres malades, pourtant également plongés dans une profonde détresse psychologique. Néanmoins, ces premières recherches ne lui permettaient pas de savoir de façon certaine si les symptômes qu'il avait observés chez ces jeunes étaient une cause ou un effet de leur dépression. La relation pouvait aller dans un sens ou dans l'autre : il se pouvait que le fait de perdre tout sens du futur soit à l'origine des comportements suicidaires, mais également qu'une dépression sévère empêche le patient de se projeter dans l'avenir. Comment savoir ?

Les recherches qu'il avait menées sur les Canadiens des Premières Nations lui fournirent une réponse à cette question. Quand on vit dans une communauté indigène qui ne peut décider de sa propre destinée, il est difficile de porter un regard optimiste et assuré sur l'avenir car on se trouve à la merci de forces étrangères qui ont nui bien des fois au peuple auquel on appartient. Si l'on vit dans une communauté qui, au contraire, dispose d'une certaine autonomie, on peut se projeter dans un futur propice, sachant qu'on sera libre d'en décider collectivement.

Il en conclut donc que c'était l'absence d'avenir qui était à l'origine de l'augmentation du taux de suicides. Le sentiment d'un avenir favorable constitue en effet un rempart contre le désespoir : si rien ne va aujourd'hui, vous pouvez toujours vous consoler à l'idée que, si pénible qu'elle soit, votre souffrance ne durera pas toujours. Privé de cette perspective, à l'inverse, vous ne pouvez qu'avoir l'impression que votre douleur ne s'apaisera jamais.

En ce qui concerne la vision de l'avenir, la France est l'un des pays les plus pessimistes au monde. Pas moins de 59 % des Français déclarent être inquiets au sujet du futur[10]. Cela pourrait donc expliquer que 200 000 Français tentent de mettre fin à leurs jours chaque année – un taux de suicides qui est, en proportion de la taille du pays, deux fois plus important qu'en Grande-Bretagne ou en Espagne.

Après avoir mené ces recherches, Michael me dit qu'il était extrêmement sceptique à l'idée que la dépression et l'anxiété puissent être le produit de certains dysfonctionnements génétiques ou cérébraux. "Ce sont là les vestiges d'une conception occidentale, hyper-médicalisée de la santé et du bien-être, me dit-il, qui ne prend pas sérieusement en compte le contexte culturel dans lequel ces phénomènes ont lieu." Défendre ces idées revient selon lui à "refuser toute légitimité à la dépression", y compris quand elle touche les nombreuses personnes privées d'espoir. Mais au lieu de nous pencher sur les causes de la dépression, nous nous sommes contentés de placer ces malades sous antidépresseurs, de sorte que le malheur est devenu "une véritable industrie".

De passage à Londres, j'organisai des retrouvailles avec une vieille amie que j'avais connue à l'université, douze ans auparavant, et que j'avais peu à peu perdue de vue. Je l'appellerai ici Angela. À l'époque où nous faisions nos études ensemble, elle était le genre de personnes qui réussissait à tout mener de front : avoir le premier rôle dans une pièce, lire Tolstoï, être la meilleure amie de tout le monde, sortir avec les garçons les plus séduisants. Elle était un feu d'artifice permanent d'adrénaline, de cocktails et de livres anciens. Cependant, j'avais appris par l'une de nos connaissances communes qu'elle avait rencontré de graves problèmes d'anxiété et de dépression dans les années qui suivirent. Cela me semblait si incongru que je voulais en discuter avec elle.

Je l'invitai à déjeuner et elle commença à me raconter ce qui s'était passé dans sa vie depuis notre dernière rencontre[11]. C'était un flot ininterrompu de paroles, ponctué de fréquentes excuses dont le motif restait obscur.

Angela me raconta qu'après avoir obtenu, en même temps que moi, sa licence, elle avait validé un master. Or, lorsqu'elle s'était mise à chercher du travail, elle s'était heurtée à un refus constant : les employeurs lui reprochaient d'être surqualifiée et craignaient, s'ils l'embauchaient, qu'elle n'abandonne son poste à la première occasion. Cela dura des mois. Plus d'un an s'était écoulé, et Angela entendait toujours la même rengaine. Elle était extrêmement travailleuse et supportait mal d'être au chômage. Quand finalement elle ne fut plus capable de régler ses factures, elle demanda à faire quelques heures dans un centre d'appels où elle était rémunérée 8 livres (soit environ 9 euros) de l'heure, à peine plus que le salaire minimal en Angleterre à cette époque.

Lors de son premier jour de travail, elle se présenta dans une ancienne usine de peinture située dans l'est de Londres, où étaient désormais disposées des rangées de bureaux avec plateau en plastique et pieds minuscules, semblables à ceux qu'on trouve dans les écoles primaires britanniques, surmontés d'ordinateurs. Le responsable disposait quant à lui d'un bureau plus grand, situé au centre de la pièce. On lui précisa que ce dernier pouvait écouter ses appels à tout moment pour l'évaluer. Le centre travaillait pour trois des plus importantes associations caritatives du pays, au nom desquelles Angela devait démarcher les gens par téléphone en leur posant successivement trois questions. Il fallait d'abord leur demander une somme importante : vous est-il possible de donner 50 livres par mois ? Si l'interlocuteur répondait non à cette première question, il fallait diminuer le montant à 20 puis 2 livres. L'appel n'était considéré comme réussi que si l'opérateur était arrivé à poser ces trois questions.

Dans ce centre, il n'y avait pas de "travail" au sens où l'entendaient les grands-parents d'Angela, qui avaient travaillé l'une comme domestique, l'autre comme ouvrier. Le responsable lui avait expliqué que s'il décidait de la garder, il lui enverrait un mail une fois par semaine avec les horaires de la semaine suivante. Elle pourrait travailler quatre jours ou aucun, c'était à lui de décider au jour le jour, en fonction de la qualité de son travail.

À la fin de sa première journée, le responsable prévint Angela que ses appels étaient totalement inefficaces et que, faute d'amélioration, il ne lui confierait plus de travail. Elle devait avoir plus d'aplomb. Il fallait absolument réussir à poser ces trois questions à la plus grande quantité de personnes possible, et nombre d'entre elles devaient accepter de faire un don. Les semaines suivantes, elle apprit que si son taux d'appels réussis diminuait ne serait-ce que de 2 % d'un jour à l'autre, le responsable y verrait une occasion de la réprimander, et cela pourrait signer son dernier jour de travail.

Certaines des personnes qu'Angela démarchait par téléphone finissaient par lui avouer, en pleurs, qu'elles n'avaient plus les moyens de donner. "Je sais que les enfants aveugles ont besoin de moi, sanglotait une vieille dame, peut-être que je devrais changer de marque de nourriture pour chien", se proposa-t-elle, en vue d'économiser quelques sous à donner aux aveugles. Angela avait pour ordre d'être sans pitié.

Le premier mois, elle se persuada qu'elle allait finir par s'améliorer, que ce travail lui offrirait un moyen de subsistance tolérable en attendant de décrocher un véritable emploi. "Je me disais : je n'aime vraiment pas ce travail, mais ça va s'arranger. Ça va aller", me raconta-t-elle. Les semaines où elle travaillait quatre jours, elle pouvait se permettre de prendre le bus et de s'acheter un poulet qu'elle faisait tenir une semaine en utilisant jusqu'au dernier morceau. Les semaines où elle n'avait que deux jours de travail ou moins, elle se nourrissait de haricots en boîte et allait au travail à pied. Son petit ami, qui enchaînait également les contrats précaires, finit par tomber malade. Elle était folle de rage contre lui : il aurait dû se forcer à aller travailler, ne voyait-il pas qu'ils ne pouvaient pas se passer de ces soixante livres ?

Au début de son deuxième mois, Angela se rendit compte que tous les jours, en allant au travail, elle était prise de tremblements lors de son trajet en bus. Elle ne comprenait pas ce qui lui arrivait. À la fin de sa journée, elle se laissait parfois aller à prendre une pinte de Guinness, dans le pub en face de chez elle et, pour la première fois de sa vie, elle éclata en larmes en public. À cette époque, il lui arrivait d'entrer dans des colères telles qu'elle n'en avait jamais connu de sa vie. Quand il y avait de nouveaux candidats au centre d'appels, on rognait sur ses horaires. "Alors on se met à détester les nouveaux sans pouvoir s'en empêcher", m'avoua-t-elle. Elle ne cessait de se disputer avec son petit ami à propos de choses dérisoires.

Quand je lui ai demandé de décrire ce qu'elle ressentait lorsqu'elle était au travail, elle me répondit, après réflexion : "On est compressé, comme si on essayait à chaque instant de se glisser dans un tunnel très étroit. Tu vois, c'est comme descendre un toboggan et se rendre compte que rien ne va : on ne peut pas respirer, on se sent mal et on a l'impression que la descente est sans fin. On se sent stupide, incompétent, comme un enfant incapable de prendre sa vie en main, relégué dans ce monde pourri où les gens ont le droit de vous dire que vous n'êtes pas à la hauteur et de vous virer, comme ça", fit-elle en claquant des doigts.

La grand-mère d'Angela était femme de chambre, son contrat était renouvelé chaque année pour l'Assomption. Sa mère faisait partie de la classe moyenne et avait un contrat à durée indéterminée. Angela avait l'impression d'avoir régressé en deçà même du statut de sa grand-mère dans les années 1930. Elle passait pour ainsi dire un entretien d'embauche toutes les heures, à chaque appel, pour pouvoir garder son emploi. Elle avait "peur de se rendre au travail", m'avoua-t-elle, à cause de la dureté de la tâche et parce qu'elle craignait que le jour ne soit arrivé où, immanquablement, elle allait commettre une erreur qui la ferait renvoyer, les mettant, elle et son ami, en difficulté.

Un jour, elle se rendit compte qu'elle n'arrivait plus à se débarrasser du "sentiment de n'avoir aucun avenir". Elle était incapable de prévoir quoi que ce soit au-delà de quelques jours. Quand elle entendait ses amis parler de prêts immobiliers et de retraite, cela ne lui évoquait rien d'autre qu'une utopie, de vagues échos venus d'un pays étranger où elle n'aurait jamais sa place. "Ce genre de travail abolit tout sentiment de sa propre identité et le remplace par de l'inquiétude et de la honte [...]. Qui suis-je ? Tu n'es rien. Qui suis-je ?" Elle n'arrivait pas à s'imaginer un avenir différent de sa situation présente : "J'étais terrorisée à l'idée que nous puissions être aussi pauvres à soixante ans qu'à vingt", dit-elle. Elle avait l'impression d'être prise dans un "embouteillage sans fin", incapable d'avancer d'un centimètre. Elle passait ses nuits à boire de l'alcool bon marché parce qu'elle était trop anxieuse pour fermer l'œil.

Durant ces trente dernières années, cette précarité est devenue le lot d'un nombre croissant de personnes dans presque tous les pays occidentaux. Aux États-Unis et en Allemagne, environ 20 % des travailleurs n'ont pas de contrat et sont payés à l'heure. Le philosophe italien Paolo Virno dit que nous sommes passés de l'ère du "prolétariat" (un groupe uni de travailleurs manuels) à celle du "précariat[12]", une masse instable de personnes en situation d'insécurité professionnelle chronique qui ne savent pas si elles auront du travail la semaine suivante et ne décrocheront peut-être jamais de poste stable.

Quand nous étions encore étudiants et qu'Angela avait foi en son avenir, elle était un tourbillon de pensées positives. Désormais, assise en face de moi, alors qu'elle me décrivait la manière dont la vie avait étouffé en elle tout espoir d'un avenir meilleur, elle était épuisée et comme privée de tout sentiment.

Pendant une brève période, des possibilités s'étaient ouvertes : les classes moyennes et ouvrières bénéficiaient d'un certain sentiment de sécurité qui leur permettait de se projeter dans l'avenir. Cette période a pris fin sous l'effet de décisions politiques qui favorisèrent la dérégulation de la vie économique et s'opposèrent au syndicalisme, rendant la défense des droits des travailleurs extrêmement difficile et leur faisant, par conséquent, perdre toute confiance en l'avenir. Angela n'avait aucune idée de ce qui l'attendait. Travailler dans ces conditions la rendait incapable de se projeter à quelques mois, encore moins à quelques années ou à quelques décennies.

Ce sentiment de précarité ne concernait au départ que les salariés les moins bien payés, mais il touche désormais les plus qualifiés. De nombreuses personnes appartenant à la classe moyenne sont à présent payées à la tâche et n'ont plus ni contrat ni sécurité d'emploi. Nous dissimulons ce phénomène sous de brillantes formules : les travailleurs sont désormais des "indépendants" et nous

nous acheminons vers une économie "de l'intermittence", comme si nous étions tous Kanye West donnant un concert au Madison Square Garden. La plupart d'entre nous n'ont plus aucune confiance en l'avenir et on nous demande de voir cela comme une libération.

Il serait insensé de prétendre rapprocher la situation des travailleurs occidentaux de celle des Indiens d'Amérique, qui ont survécu à un génocide et à plus d'un siècle de persécutions. Cela dit, en faisant des recherches pour ce livre, j'ai passé quelque temps dans la Rust Belt. Quelques semaines avant les élections présidentielles de 2016, je me suis rendu à Cleveland pour tenter de convaincre les électeurs de voter contre Donald Trump. Un après-midi, je me suis retrouvé dans une rue du sud-ouest de la ville, où un tiers des maisons avaient été démolies sur décision officielle, un tiers avaient été abandonnées et un dernier tiers étaient encore occupées par des habitants qui vivaient enfermés derrière leurs fenêtres agrémentées de barreaux en métal. J'ai frappé à la porte de l'une de ces maisons et une femme m'a ouvert. À vue d'œil, je lui aurais donné cinquante-cinq ans. Elle s'emporta et se plaignit de la peur qu'elle avait de ses voisins, de tous les jeunes du voisinage qui "devaient partir", de l'absence d'épicerie dans le quartier qui l'obligeait à prendre trois bus pour aller faire ses courses, et me confia qu'elle aurait donné n'importe quoi pour que quelqu'un arrange les choses. Elle mentionna son âge, au cours de la conversation : elle n'avait que trente-sept ans. J'étais très surpris.

Elle me dit ensuite quelque chose que je méditai longtemps, une fois l'élection passée. Alors qu'elle me décrivait comment, à l'époque de ses grands-parents, Cleveland était une ville où l'on pouvait à la fois travailler dans une usine et faire partie de la classe moyenne, sa langue fourcha. Elle dit "quand j'étais vivante" au lieu de "quand j'étais jeune".

Cela me rappela ce qu'un Indien crow avait déclaré à un anthropologue dans les années 1890 : "J'essaie de vivre une vie que je ne comprends pas."

Victime du précariat, comme d'autres de mes amis, Angela non plus ne trouve pas de sens à sa vie : son avenir se désintègre. Tout ce que nous avions appris à attendre de la vie s'est évanoui.

Quand j'ai parlé à Angela des études de Michael Chandler, elle a souri tristement. Ces travaux étaient en accord avec sa propre expérience. Quand on arrive à concevoir une image stable de soi dans le futur, m'a-t-elle dit, cela donne une "perspective. On est capable de se dire : « C'est vrai, j'ai passé une journée pourrie, mais ma vie, elle, n'est pas pourrie »". Elle n'avait jamais espéré faire un jour la fête avec Jay-Z ou posséder un yacht, mais elle comptait pouvoir programmer des vacances une fois par an. Elle s'attendait, à trente ans passés, à savoir qui serait son employeur la semaine suivante et la semaine d'après. Mais au lieu de cela, elle s'était retrouvée prise au piège du précariat.

Et puis, plus rien n'était arrivé.

## 13

## HUITIÈME ET NEUVIÈME CAUSE :
## LE VÉRITABLE RÔLE DES GÈNES
## ET DES MODIFICATIONS CÉRÉBRALES

Je savais désormais que l'histoire qu'on nous avait racontée au sujet de notre cerveau (à savoir que nous étions dépressifs ou anxieux à cause d'une baisse spontanée de la sérotonine) était fausse. Mais j'ai appris que certaines personnes en concluaient qu'aucune des explications biologiques de la dépression et de l'anxiété n'était valable, et prétendaient que ces maux étaient entièrement le fruit de facteurs sociaux et psychologiques. Pourtant, quand je me suis entretenu avec eux, même les plus fervents défenseurs des causes environnementales et sociales de la dépression ont insisté sur la réalité des causes biologiques.

Dès lors, j'ai cherché à comprendre leur rôle, leur fonctionnement et leur articulation avec les autres facteurs de la dépression que j'avais identifiés.

Les amis de Marc Lewis le crurent mort[1].

À l'été 1969, en Californie, ce jeune étudiant cherchait à fuir son désespoir à tout prix. Cela faisait une semaine qu'il avalait, sniffait et s'injectait tous les stimulants qu'il avait pu se procurer. Alors qu'il n'avait pas fermé l'œil depuis trente-six heures, il persuada l'un de ses amis de lui injecter une dose d'héroïne pour pouvoir enfin dormir. Lorsqu'il reprit conscience, Marc se rendit compte que ses camarades s'étaient mis à chercher un sac assez grand pour contenir son cadavre.

Quand il se mit tout à coup à parler, ils eurent la peur de leur vie. Ils lui expliquèrent que son cœur s'était arrêté de battre depuis plusieurs minutes.

Finalement, dix ans environ après cette nuit-là, Marc arrêta la drogue et entama des études de neurosciences. Au moment où je l'ai rencontré pour la première fois, à Sydney, en Australie, il était devenu l'un des acteurs les plus influents de son domaine d'étude et occupait un poste de professeur aux Pays-Bas. Il cherchait à identifier les modifications subies par le cerveau en situation de profond désespoir, pour savoir si ces changements rendaient le rétablissement plus difficile[2].

Marc m'expliqua que le scanner cérébral d'une personne dépressive ou extrêmement anxieuse ne ressemblait en rien à celui d'une personne saine. Les zones du cerveau relatives au sentiment du malheur et à la perception du danger clignotaient comme un arbre de Noël. Elles étaient plus étendues et plus actives. Il me montra des schémas et entoura les zones correspondantes dans le cerveau.

Je lui dis que cela correspondait tout à fait aux explications que mon médecin m'avait données alors que j'étais encore adolescent : ma dépression était due à un dysfonctionnement physique à l'intérieur de mon cerveau, qu'on allait réparer grâce à des médicaments. Se pouvait-il que cette histoire soit finalement vraie ?

Quand je lui posai la question, il prit un air triste et me répondit que non, pas du tout.

Pour comprendre pourquoi, me dit-il, il faut saisir un concept crucial, appelé la neuroplasticité[3]. Si vous m'aviez montré, il y a quinze ans, une image de mon cerveau en me décrivant ses caractéristiques, j'en aurais conclu, comme la plupart des gens : voilà ce que je suis. Si les zones du cerveau consacrées à la tristesse ou à la peur étaient plus actives, je me serais dit que j'étais condamné à rester à jamais une personne malheureuse ou anxieuse. Tout comme vous pourriez avoir des jambes courtes ou de longs bras, j'avais un cerveau dont les zones de la peur et de l'anxiété étaient plus actives ; c'était ainsi.

Aujourd'hui, nous savons que tel n'est pas le cas. Il m'invita à penser les choses autrement. Si je vous montrais la radiographie des bras d'un homme, me dit-il, ils pourraient très bien vous paraître faibles et grêles. Imaginez maintenant que cet homme suive un cours d'haltérophilie pendant six mois, puis revienne faire une nouvelle radiographie. Ses bras auraient complètement changé d'apparence. Leur état n'est pas fixé une fois pour toutes. Ils changent en fonction de l'usage qu'on en fait. Pour le cerveau, c'est la même chose : il se transforme en fonction de la manière dont on l'utilise. "La neuroplasticité est la capacité qu'a le cerveau de se restructurer constamment en fonction de l'expérience", conclut-il. Pour obtenir leur licence, les chauffeurs de taxis londoniens doivent par exemple mémoriser l'intégralité de la carte de Londres afin de passer une épreuve redoutable, nommée le "Savoir". Si nous faisions un scanner cérébral d'un chauffeur de taxi londonien, la partie du cerveau consacrée à la conscience de l'espace serait beaucoup plus développée chez lui que chez vous et moi[4]. Cela ne veut pas dire qu'il a un cerveau différent depuis sa naissance, mais simplement qu'il l'utilise différemment au quotidien.

Notre cerveau se modifie constamment en fonction de nos besoins. Il se transforme essentiellement de deux manières : en désactivant, voire en supprimant les connexions synaptiques inutilisées, et en renforçant celles qu'on utilise. Ainsi, si on élève un nourrisson dans une obscurité complète, celui-ci éliminera les connexions synaptiques permettant la vision, car son cerveau, percevant qu'il n'en a pas besoin, utilisera cette plasticité pour créer des connexions plus utiles[5].

Tout au long de notre vie, nous bénéficions de cette neuroplasticité et notre cerveau est "en perpétuelle transformation[6]", me dit Marc. C'est la raison pour laquelle l'histoire qu'on m'a racontée lorsque j'étais adolescent est tout à fait fausse. Selon lui, un médecin déclarant à l'un de ses patients dépressifs que "son cerveau ne fonctionne pas car il est anormal commettrait une aberration dans le contexte scientifique actuel, puisque nous savons désormais que la configuration des connexions neuronales dans le cerveau ne cesse de se transformer. La physiologie évolue parallèlement à la psychologie, voilà tout", dit-il. Un scanner cérébral n'est rien d'autre qu'un "instantané d'un processus plus long. On peut prendre une photographie à n'importe quel moment d'un match de football, cela ne nous dira rien de ce qui arrivera ensuite, ni de la direction dans laquelle le cerveau évoluera", conclut-il. Le cerveau change lorsque nous sommes dépressifs ou anxieux, de même lorsque nous sortons de notre dépression ou de notre anxiété. Il ne cesse de se transformer en fonction des signaux que lui envoie le monde extérieur.

Aujourd'hui, le cerveau de Marc n'a plus rien à voir avec ce qu'il était au moment où il était accro à la drogue. Cette transformation nous révèle simplement qu'il l'utilise d'une autre manière.

Quand je lui avouai qu'on m'avait prescrit des antidépresseurs pendant treize ans et qu'on m'avait toujours dit que ma souffrance était liée à un problème interne à mon cerveau, Marc me répondit : "C'est complètement dingue. La dépression est *toujours* liée aux circonstances de la vie personnelle d'un patient." Les sept facteurs sociologiques et psychologiques de la dépression que j'ai étudiés jusqu'ici peuvent, selon Marc, modifier le fonctionnement physique du cerveau de millions de gens. Si apprendre par cœur une carte de Londres peut transformer votre cerveau, alors il en est de même lorsque vous vous sentez seul, isolé ou que vous croyez en des valeurs extrêmement matérialistes. D'où cette conséquence, d'une importance décisive : le fait de recréer des liens avec les autres et de retrouver ses vraies valeurs peut le modifier à nouveau. Marc déclara que nous avions eu une approche trop simplificatrice de ces phénomènes. Tout comme démonter votre téléviseur ne vous permettra en aucun cas de connaître l'intrigue de *Breaking Bad*, il est impossible d'identifier la racine de vos maux en démontant votre cerveau. Pour comprendre ce qu'il se passe, il faut observer les signaux reçus par la télévision ou le cerveau[7].

La dépression et l'anxiété "ne sont pas, selon Marc, comparables à une tumeur qui croîtrait dans le cerveau du fait d'une sérieuse anomalie du tissu organique, antérieure au problème psychologique. Les choses ne se passent pas ainsi, dit-il. [La détresse causée par le monde extérieur et les changements internes au cerveau] sont concomitants".

Mais attention, précisa Marc : le cerveau joue bel et bien un rôle dans la souffrance des personnes dépressives ou anxieuses.

Imaginez que vous subissiez l'influence de l'un des sept facteurs de la dépression et de l'anxiété que j'ai considérés précédemment. Une fois lancé, le processus occasionnera, comme tout ce qui nous touche, certains changements dans le cerveau. Or cette dynamique peut s'emballer et aggraver les effets des facteurs extérieurs.

Représentez-vous dans cette situation, me dit Marc : "Vous venez de divorcer, de perdre votre travail, et pour couronner le tout votre mère a fait une attaque. Il y a de quoi être bouleversé." Quand il est soumis à une longue période de souffrance intense, le cerveau tend à en conclure qu'on va passer le reste de notre vie dans cet état, de sorte qu'il peut très bien se mettre à désactiver les réseaux neuronaux consacrés aux sources de joie et de plaisir pour renforcer ceux qui sont liés aux sentiments de peur et de désespoir. C'est l'une des raisons qui expliquent qu'on puisse se sentir enfermé dans un état dépressif ou anxieux, alors même que les causes initiales de notre souffrance semblent s'être envolées. John Cacioppo (le scientifique dont j'ai parlé, qui s'est intéressé à la solitude) parlait à ce sujet d'"effet boule de neige".

Ainsi, selon Marc, on ne peut pas dire que l'origine de ces maladies se situe uniquement dans le cerveau ; mais il serait tout aussi faux de dire qu'elles ne peuvent être aggravées par des réactions internes : c'est tout à fait possible. Les souffrances causées par la vie peuvent déclencher une réaction "si puissante que [le cerveau] a tendance à rester dans cet état [de réponse à la douleur] jusqu'à ce que quelque chose vienne l'en sortir et le ramène à un fonctionnement plus souple". Si la réalité continue à vous malmener, vous pouvez rester prisonnier de cet état pendant très longtemps, et la boule de neige continuera à grossir.

Mais selon Marc, dire aux personnes dépressives qu'elles sont dans cet état à cause de leur cerveau revient à leur donner une carte faussée qui ne leur sera d'aucune utilité pour comprendre la cause de leur mal-être et y trouver une issue[8]. Cette carte risque même de les enfermer dans leur souffrance.

Dans son premier et unique discours d'investiture, le président John Fitzgerald Kennedy a eu cette formule restée célèbre : "Ne vous demandez pas ce que votre pays peut faire pour vous, mais ce que vous pouvez faire pour votre pays." Marc me dit que pour mieux comprendre les origines de la dépression et le lien qu'elles entretiennent avec le cerveau, tout en se défaisant de ce qu'on nous a appris à leur sujet ces dernières décennies, on peut s'appuyer sur le précepte suivant, formulé il y a plusieurs années par le psychologue William M. Mace en parodiant JFK : "Ne vous demandez pas ce qui se trouve à l'intérieur de votre tête, mais à l'intérieur de quoi se trouve votre tête[9]."

Il existe une autre cause physiologique de la dépression dont nous avons, pour la plupart, entendu parler.

Ma mère a connu des périodes de dépression sévère avant (et après) ma naissance. Mes deux grands-mères ont également été dépressives à certains moments de leur vie, bien que ce terme ne fût pas encore en usage à l'époque. Durant toutes ces années passées sous antidépresseurs, quand il m'arrivait de laisser ponctuellement de côté l'hypothèse du dysfonctionnement cérébral, je me disais que la dépression faisait partie de mon patrimoine génétique. Je la comparais parfois à un jumeau mort-né avec lequel j'aurais cohabité dans le ventre de ma mère. Au fil des années, j'entendis d'autres personnes dire la même chose : "Je suis né avec la dépression", me dit, une nuit d'insomnie, l'un de mes amis qui avait connu de longs épisodes suicidaires, alors que je m'efforçais de lui donner de bonnes raisons de vivre.

J'ai donc cherché à savoir quelle part de la dépression s'expliquait par les gènes. Au cours de mes recherches, j'ai appris que les scientifiques n'avaient pas identifié de gène ou de séquence génétique spécifiques à l'origine de la dépression ou de l'anxiété. Ils savent, cependant, que le facteur génétique joue un rôle important dans leur survenue, et il y a une façon simple de vérifier cette hypothèse.

Il faut rassembler de larges effectifs de vrais et de faux jumeaux pour les comparer[10]. Tous les jumeaux ont un patrimoine génétique semblable, mais les vrais jumeaux sont identiques du point de vue génétique, car ils sont issus du même œuf, divisé en deux par la suite. Ainsi, si vous observez par exemple un taux plus élevé de cheveux roux, d'addiction ou d'obésité chez les vrais jumeaux que chez les faux, vous pouvez en conclure que les gènes jouent un rôle majeur dans l'apparition de ces caractéristiques. En quantifiant cette différence, les scientifiques estiment qu'on peut évaluer grossièrement le rôle joué par les gènes dans la formation de tels caractères.

Ce procédé a été utilisé pour mesurer la part génétique de la dépression et de l'anxiété[11]. Si l'on en croit le résumé des meilleures études menées sur les jumeaux que donne le National Institute of Health, d'éminents scientifiques ont découvert grâce à cette méthode que la dépression est héritée à 37 % ; l'anxiété sévère, entre 30 et 40 %. Pour vous donner un point de comparaison : la taille que vous mesurez est déterminée à 90 % par votre patrimoine génétique[12] alors que votre capacité à parler l'anglais l'est à 0 %. Les spécialistes des fondements génétiques de la dépression et de l'anxiété en ont donc conclu que l'influence du patrimoine génétique est réelle, mais n'explique pas la majeure partie de la survenue de ces maladies. Cette découverte a néanmoins constitué un tournant dans la compréhension que nous en avons.

Un groupe de scientifiques, dirigé par Avshalom Caspi, a mené l'une des études les plus détaillées à ce jour sur les facteurs génétiques de la dépression.

Cette équipe a suivi pendant vingt-cinq ans un millier d'enfants en Nouvelle-Zélande, de leur naissance à l'âge adulte. Ils tentaient, entre autres, d'identifier les gènes responsables d'une plus grande vulnérabilité à la dépression.

Après plusieurs années de recherches, ils découvrirent un phénomène étrange. Ils s'aperçurent que le fait de présenter un allèle particulier d'un gène nommé 5-HTT avait une influence sur la dépression.

Il ne fallait pas s'y méprendre pour autant. Nous sommes tous nés avec un certain patrimoine génétique, mais l'expression de certains de nos gènes peut être activée par l'environnement, en fonction de ce qui nous arrive. Avshalom découvrit, comme l'explique le professeur Robert Sapolsky, que "si vous présentez certaines modifications du gène 5-HTT, vos risques de développer une dépression sont multipliés, mais *seulement dans un certain environnement*". L'étude montrait donc que si vous étiez porteur de ce gène, vous aviez une probabilité plus importante de tomber en dépression – mais seulement si vous aviez traversé une épreuve terriblement stressante, ou subi plusieurs traumatismes infantiles. L'influence des autres causes de la dépression listées dans ce livre, dont la solitude, n'a pas été testée. Nous ne pouvons donc savoir si elles interagissent de la même manière avec les facteurs génétiques.

En l'absence d'événements traumatiques, même si vous présentiez ce gène, vous n'aviez donc pas plus de chances que les autres de développer une dépression[13]. Les gènes peuvent donc augmenter

significativement votre sensibilité à tel ou tel facteur environne-
mental, mais ne sont pas en eux-mêmes la cause de la dépression.

Par conséquent, si d'autres gènes fonctionnent de la même
manière que ce gène 5-HTT (comme cela semble être le cas), nul
n'est condamné à la dépression ou à l'anxiété par son patrimoine
génétique. Vos gènes peuvent sans aucun doute vous rendre plus
vulnérable, mais ils ne déterminent pas votre destinée. Nous
savons tous ce qu'il en est en ce qui concerne la prise de poids.
Certaines personnes ont beaucoup de mal à prendre du poids :
elles peuvent engloutir Big Mac sur Big Mac et n'avoir que la
peau sur les os. Pour d'autres, au contraire (je ne vise personne),
il suffit d'avaler un mini-Snickers pour ressembler à une baleine
le lendemain de Noël. Nous détestons tous ces personnes qui
restent minces tout en dévorant des Big Mac, mais nous savons
que, même si nos gènes nous rendent plus sujets à la prise de
poids, cette propension génétique n'aurait aucun effet si nous
n'étions pas entourés de nourriture. Égarés dans la forêt vierge
ou dans le désert sans rien à manger, nous perdrions du poids
quel que soit notre terrain génétique.

Les découvertes actuelles suggèrent que la dépression et l'anxiété
fonctionnent à peu près de la même façon. Il existe des facteurs génétiques qui y contribuent, mais ils doivent être sti-
mulés par notre environnement ou notre psychisme. Nos gènes
peuvent ensuite renforcer l'effet de ces facteurs, mais non les
supplanter.

En me penchant plus précisément sur ces questions, je me
suis aperçu que je ne pouvais en rester à ce que j'avais découvert
jusqu'alors sur le rôle du cerveau et des gènes.

Comme je l'ai expliqué précédemment, on pensait à une
époque que certaines dépressions étaient causées par des événements vécus, tandis que d'autres étaient purement et simplement
le fruit d'un grave dysfonctionnement cérébral. Les dépressions
correspondant à la première catégorie étaient appelées "réactionnelles" ; les autres, purement internes, "endogènes[14]".

J'ai donc cherché à savoir si, chez certaines personnes dépressives, la souffrance pouvait être causée par des problèmes méca-
niques dans le cerveau ou par un dysfonctionnement interne,

comme me l'avait expliqué mon médecin. Si tel était le cas, combien de malades cela concernait-il ?

La seule étude scientifique digne de ce nom que j'ai pu trouver sur ces questions a été menée – j'en ai déjà parlé – par George Brown et Tirril Harris, les scientifiques qui conduisirent la toute première enquête sur les causes sociales de la dépression chez les femmes du sud de Londres. Ils s'intéressèrent à des patients hospitalisés pour cause de dépression réactionnelle, et les comparèrent à d'autres à qui l'on avait diagnostiqué une dépression endogène. Ils découvrirent que rien ne les différenciait : ils avaient connu un nombre similaire d'événements susceptibles de les plonger dans le désespoir. Sur la foi de ces données, ils déclarèrent donc à l'époque que cette distinction était infondée.

Pour autant, cela ne signifie pas nécessairement que la dépression endogène n'existe pas. On pourrait simplement en déduire que les médecins de l'époque étaient incapables de saisir la différence entre les deux types de dépression[15]. Aucune recherche irréfutable n'a été menée à ce sujet, du moins à ma connaissance. J'ai donc demandé à de nombreuses personnes impliquées dans le traitement des patients dépressifs si elles croyaient en l'existence d'une dépression endogène, causée par un dysfonctionnement du corps ou du cerveau. Les avis divergent : le professeur Joanna Moncrieff m'a dit qu'elle ne croyait pas du tout en son existence ; le Dr David Healy, qu'elle concernait "un nombre de personnes négligeable, pas plus d'un patient sur mille ayant été diagnostiqués dépressifs, voire moins" ; le Dr Saul Marmot, qu'elle pouvait toucher jusqu'à un patient sur vingt atteints de dépression.

Cependant, tous s'accordaient sur un point : si une telle dépression existe, elle ne concerne qu'une petite minorité parmi les personnes dépressives. Donner à l'ensemble des patients une explication fondée sur ces causes biologiques est donc une mauvaise idée, pour des raisons que je détaillerai plus loin.

Mais qu'en est-il des patients bipolaires ou maniacodépressifs ? me demandai-je. Les facteurs physiologiques semblent jouer, chez eux, un rôle plus important. Le professeur Joanna Moncrieff me dit que tel était en effet le cas, mais qu'il ne fallait pas surestimer leur influence. Ces malades représentent une proportion très faible des patients dépressifs, mais pour eux, dit-elle, "je pense que la dépression présente une dimension biologique". Avoir un épisode maniaque ressemble un peu, selon elle, au fait de prendre beaucoup d'amphétamines : cela nous laisse ensuite dans un état dépressif comparable à celui qu'on connaît lorsque "l'effet des amphétamines se dissipe". Cela ne doit pas nous induire en erreur pour autant, précisa-t-elle. Même quand les facteurs biologiques jouent un rôle, comme dans ce cas, ils n'expliquent pas tout : de nombreuses études ont montré que les causes sociales de la dépression et de l'anxiété ont un effet sur la gravité et la fréquence des épisodes dépressifs, y compris chez ces patients[16].

Nous savons également que, dans certains cas, des changements biologiques peuvent rendre le patient plus vulnérable. Les personnes souffrant de mononucléose infectieuse ou d'une insuffisance thyroïdienne ont significativement plus de chances de tomber en dépression.

Il est insensé de nier l'influence des facteurs biologiques sur la dépression et l'anxiété (et nous sommes sans doute loin de les avoir tous identifiés), mais prétendre qu'ils en sont la seule cause ne l'est pas moins.

Pourquoi donc cherchons-nous si désespérément à nous raccrocher à une explication qui ne prend en compte que les facteurs génétiques ou cérébraux ? En interrogeant de nombreuses personnes à ce sujet, j'ai pu dégager quatre raisons principales à cela. Parmi elles, deux sont compréhensibles, et deux impardonnables.

Chacun des lecteurs de ce livre connaît sans doute au moins une personne tombée en dépression sans raison apparente. Ce phénomène a de quoi nous dérouter : quelqu'un qui nous semble avoir toutes les raisons d'être heureux se trouve soudainement plongé dans un profond désespoir. J'ai moi-même rencontré de nombreuses personnes dans cette situation. Ainsi, l'un de mes amis plus âgé avait une compagne aimante, un bel appartement, beaucoup d'argent et une voiture de course rouge vif. Un jour, il fut pris d'une grande tristesse et, quelques mois plus tard, il en était à supplier sa partenaire de mettre fin à ses jours. La cause d'un changement si soudain semblait ne pouvoir être que physique. Comment l'expliquer autrement ?

Je ne changeai d'avis à son sujet (et au sujet des nombreuses autres personnes dans ce cas) qu'après avoir entamé, par coïncidence, la lecture d'un des classiques de la littérature féministe des années 1960[17], qui me fit prendre conscience d'une chose capitale.

Imaginez une femme au foyer dans les années 1950, bien avant l'apparition des mouvements féministes contemporains. Elle va chez son médecin pour lui faire part d'un grave problème. Elle lui dit quelque chose comme[18] : "J'ai tout ce dont une femme peut rêver : un mari bienveillant qui subvient à mes besoins, une belle maison entourée d'une clôture, deux enfants en bonne santé, une voiture. Il n'y a rien qui puisse me rendre malheureuse. Pourtant regardez-moi : je me sens terriblement mal. Il y a forcément quelque chose qui ne tourne pas rond chez moi. Pourriez-vous, s'il vous plaît, me prescrire du Valium ?"

Cet ouvrage classique de la pensée féministe parle longuement de ce genre de femmes. Elles étaient des millions à tenir ce discours et à croire dur comme fer à ce qu'elles disaient. Elles étaient parfaitement sincères. Pourtant aujourd'hui, si nous étions capables de remonter le temps pour discuter avec elles, voilà ce que nous leur répondrions : vous avez tout ce dont une femme peut rêver *selon les critères définis par la société*. Il n'y a rien qui puisse vous rendre malheureuses, toujours *selon ces critères*. Mais nous savons désormais qu'ils étaient infondés. Pour se réaliser, les femmes ont besoin de bien plus qu'une maison, une voiture, un mari et des enfants. Elles ont besoin d'égalité, d'un travail épanouissant et d'une certaine autonomie.

Nous dirions à ces femmes : le problème ne tient pas à vous, mais à la société dans laquelle vous vivez.

Or si les critères définis par la société de l'époque étaient infondés, cela peut tout aussi bien être le cas aujourd'hui, pensai-je. On a beau disposer de tout ce qu'une personne est en droit d'attendre selon les critères de notre société, ces critères peuvent se méprendre sur les véritables besoins d'un être humain et sur la définition d'une vie agréable, voire tolérable. La société peut créer une image de ce dont on a "besoin" pour être heureux (en véhiculant le genre de valeurs en toc dont j'ai parlé précédemment) qui ne correspond pas du tout à nos besoins véritables[19].

Je repensai à cet ami plus âgé qui était soudainement tombé dans un profond désespoir. Il disait que personne n'avait plus besoin de lui, que personne ne prêtait attention à un vieil homme, que sa vie désormais se résumerait à être ignoré. Il ne pouvait supporter une telle humiliation. J'ai conscience désormais d'avoir réduit son mal-être à un dysfonctionnement cérébral pour ne pas avoir à regarder en face les souffrances que notre société lui infligeait. J'avais agi comme un médecin des années 1950 déclarant à une femme au foyer que la seule raison d'être malheureuse pour une femme (pourtant privée de toute possibilité de travailler, d'exprimer sa créativité et de contrôler sa propre vie) était une anomalie cérébrale ou nerveuse.

Il existe une deuxième raison, plus fondamentale encore, qui explique que nous tenions absolument à ce que ces problèmes soient liés à notre cerveau. Pendant longtemps, on a rétorqué aux personnes souffrant de dépression et d'anxiété que leur détresse n'était pas réelle, qu'il s'agissait tout simplement de paresse, de faiblesse, voire de nombrilisme. On m'a tenu ce discours à plusieurs reprises. La Britannique Katie Hopkins, une commentatrice de droite, a ainsi récemment déclaré que "la dépression est le passeport ultime vers l'égocentrisme", en s'adressant en ces termes aux personnes dépressives : "Allons, reprenez-vous", avant de leur conseiller d'aller faire un footing et d'arrêter de pleurnicher[20].

Nous avons cherché à nous défendre contre la cruauté de ces accusations en déclarant que la dépression était une maladie. Il ne vous viendrait pas à l'idée de persécuter un malade atteint du cancer en lui disant de se reprendre en main. Or il est tout aussi cruel de le demander à un malade souffrant de dépression ou d'anxiété. Pour se défaire de l'infamie dont nous souffrions, nous avons patiemment expliqué à nos détracteurs que la dépression et l'anxiété étaient des maladies physiologiques, tout comme le diabète ou le cancer.

Je craignais donc d'ouvrir à nouveau la porte à ce genre de railleries en révélant publiquement que la dépression n'était pas causée en premier lieu par un dysfonctionnement dans le cerveau ou dans le corps. Vous voyez, vous êtes bien forcés d'admettre que ce n'est pas une maladie comme le cancer ! Allons, du nerf !

Nous en sommes arrivés à la conclusion que la seule manière de se défaire du stigmate qui nous était imposé était d'expliquer aux autres que la dépression était une maladie physiologique due à des causes biologiques. Pour cette raison tout à fait légitime, nous nous sommes empressés de découvrir les effets biologiques de la dépression, afin de pouvoir les brandir comme des preuves irréfutables contre nos détracteurs.

Cette idée m'agita pendant des mois. Un jour que je discutais de cela avec Marc Lewis, chercheur en neurosciences, il me demanda ce qui me faisait penser que décrire tel ou tel phénomène comme une maladie participerait à réduire l'infamie qui l'entourait. Tout le monde savait, depuis le début, que le sida était une maladie, dit-il. Cela n'a pas empêché les malades du sida d'être horriblement stigmatisés. "Les personnes qui ont le sida sont, encore aujourd'hui, victimes de graves discriminations", poursuivit-il. Nul n'a jamais douté du fait que la lèpre soit une maladie, et pourtant les lépreux ont été persécutés pendant des millénaires.

Je n'avais jamais réfléchi à cela, et son argumentation me déconcerta. Le fait de décrire un ensemble de symptômes comme une maladie réduisait-il vraiment la stigmatisation qui y était attachée ? Je découvris qu'en 1997, une équipe de recherche de l'université d'Auburn en Alabama avait mené une enquête à ce sujet. Le professeur qui avait dirigé cette étude, Sheila Mehta, que j'ai pu interroger plus tard, avait conçu une expérience pour savoir si le fait de présenter tel ou tel problème comme une maladie avait pour effet de rendre les gens plus indulgents envers la personne qui en souffrait, ou au contraire plus cruels.

En tant que participant à cette expérience, vous étiez conduit dans une salle où l'on vous disait qu'il s'agissait d'un test pour savoir à quelle vitesse une personne assimile des informations nouvelles, puis on vous demandait de patienter quelques instants en attendant que les scientifiques finissent de tout préparer. Pendant ce temps, la personne assise à côté de vous engageait la conversation.

Vous l'ignoriez alors, mais cette personne était en réalité un acteur qui devait mentionner au cours de la discussion qu'il souffrait d'une maladie mentale, avant d'ajouter soit qu'il s'agissait d'une "maladie comme une autre" liée à un dysfonctionnement de certains "mécanismes biochimiques", soit que cette maladie avait été causée par ce qui lui était arrivé dans sa vie (une enfance difficile, par exemple).

Vous étiez ensuite conduit dans une autre pièce, où l'on vous disait que le test allait commencer.

On vous apprenait à appuyer sur des boutons selon un enchaînement complexe que vous étiez ensuite chargé d'enseigner à l'autre participant (celui dont vous ignoriez qu'il était un acteur). Les responsables de l'expérience prétendaient qu'il s'agissait de mesurer à quelle vitesse les gens étaient capables d'assimiler ce genre de savoir-faire. Mais voilà : lorsque l'autre personne n'appuyait pas sur les boutons dans le bon ordre, vous deviez actionner un gros bouton rouge, lui envoyant ainsi une décharge électrique qui ne risquait ni de lui infliger de lésions durables ni de la tuer, mais lui ferait mal.

Chaque fois que l'acteur se trompait dans l'enchaînement, vous étiez donc censé lui envoyer une décharge. En réalité, il faisait semblant de recevoir cette décharge, mais vous n'en saviez rien. Tout ce que vous saviez, c'est que vous le faisiez souffrir.

Sheila et les autres scientifiques responsables de cette expérience se demandaient s'il y aurait une différence dans le nombre et la puissance des décharges électriques infligées à l'acteur en fonction de la raison qu'il avait invoquée pour expliquer sa dépression[21].

Ils découvrirent que la probabilité de faire du mal à quelqu'un est plus importante quand on pense que sa maladie mentale est le fruit d'un déséquilibre biochimique que quand on est persuadé qu'elle est le produit de ce qui lui était arrivé. Croire que la dépression était une maladie ne réduisait en rien l'hostilité. Cela avait même plutôt tendance à l'augmenter.

Cette expérience, comme la plupart des informations que j'ai rassemblées au cours de mes recherches, nous laisse entendre une chose. On nous a dit pendant très longtemps qu'il n'y avait que deux manières de considérer la dépression : soit comme une faillite morale (un signe de faiblesse), soit comme une maladie du cerveau. Aucune de ces deux options n'a suffi à guérir la dépression, ni à débarrasser les malades de l'infamie qui lui est associée. Tout ce que j'avais appris jusqu'ici suggérait néanmoins l'existence d'une troisième manière de la considérer : comme une réaction à notre mode de vie.

Cette façon de l'envisager est la meilleure, selon Marc, car si la dépression est considérée comme une maladie congénitale d'origine biologique, la seule chose qu'on puisse espérer des autres est leur compassion, le sentiment qu'on mérite, du fait de sa différence, toute leur bonté. S'il s'agit au contraire d'une réaction à notre mode de vie, on peut prétendre à quelque chose de plus : leur empathie, car ils prendront alors conscience que cela peut arriver à tout le monde. Dans ce cas, la dépression n'est plus une maladie étrangère, mais une forme universelle de vulnérabilité humaine.

Les preuves scientifiques semblent conforter la conclusion de Marc : voir la dépression de cette manière rend les gens moins cruels, aussi bien vis-à-vis d'eux-mêmes que des autres.

Restait pourtant une chose étrange. En un sens, personne n'aurait dû trouver ce que j'étais peu à peu en train de découvrir nouveau ou polémique. Je l'ai déjà souligné : cela faisait des décennies qu'on présentait aux psychiatres au cours de leur formation ce qu'on appelle le modèle biopsychosocial[22]. On leur montrait que la dépression était déterminée par trois types de facteurs : biologiques, psychologiques et sociaux[23]. Pourtant, parmi les personnes de mon entourage ayant été dépressives ou extrêmement anxieuses, aucune n'a entendu cette histoire de la bouche de son médecin, et la plupart ne se sont vu proposer aucune aide en dehors du rééquilibrage chimique du cerveau.

Pour comprendre pourquoi, je suis allé rencontrer à Montréal Laurence Kirmayer, directeur du département de psychiatrie sociale de l'université McGill, qui propose l'une des analyses les plus réfléchies que j'aie pu lire sur ces questions.

"La psychiatrie a beaucoup évolué[24]", me dit-il, puis il me cita deux raisons pour lesquelles les psychiatres se contentent de nous parler des facteurs génétiques et cérébraux de la dépression. "Dans le discours psychiatrique, cette approche biopsychosociale a perdu beaucoup de terrain. Certains font semblant de continuer à y croire, mais la majorité des psychiatres se concentre sur la dimension biologique", m'expliqua-t-il. "C'est un vrai problème", ajouta-t-il en fronçant les sourcils, nous en sommes arrivés à une "vision caricaturale" de la dépression qui, selon lui, "ne prend plus en compte les facteurs sociaux […], et de façon plus préoccupante encore, refuse de s'intéresser aux réactions humaines fondamentales".

L'une des raisons en est qu'il apparaît "politiquement beaucoup plus dérangeant[25]" de déclarer que des personnes souffrent à cause du fonctionnement de la société actuelle. Dans notre système "capitaliste néolibéral", il est, selon lui, bien plus cohérent de proposer au patient une solution toute prête, lui permettant d'aller mieux sans se poser aucune question "qui risquerait de le déstabiliser".

Cela nous mène directement à un deuxième élément d'explication, également crucial. "Les sociétés pharmaceutiques jouent un rôle majeur dans la définition de ce qu'est la psychiatrie aujourd'hui, car ce sont des acteurs économiques extrêmement puissants, qui représentent des milliards de dollars", dit-il. Comme ce sont elles qui paient la facture, elles définissent les priorités. Or elles ont tout intérêt à présenter notre souffrance comme un problème chimique susceptible d'être résolu chimiquement. En conséquence, nous avons, dans nos sociétés, une représentation faussée de notre propre détresse. En me regardant droit dans les yeux, Laurence conclut : "Il est vraiment perturbant de penser que l'ensemble des recherches dans le domaine psychiatrique est le produit de ces dynamiques."

Quelques mois plus tard, le Dr Rufus May, un psychologue britannique, me révéla que raconter aux gens que leur souffrance est liée uniquement à un dysfonctionnement biologique peut avoir plusieurs effets néfastes.

Cela laisse d'abord la personne "désemparée et lui donne l'impression qu'elle n'est pas assez bien, puisque son cerveau ne fonctionne pas correctement". De plus, cela revient selon lui à nous "monter contre des parts de nous-mêmes". On nous raconte qu'une guerre a lieu dans notre tête, opposant d'un côté notre sentiment de désespoir, causé par une anomalie de notre cerveau ou de nos gènes, et de l'autre la partie de nous qui est en bonne santé. Notre seul espoir est donc de droguer l'ennemi jusqu'à ce qu'il se soumette définitivement.

Mais il existe un effet plus grave encore : cela nous donne l'impression que notre détresse n'a aucun sens, qu'il s'agit juste d'un dysfonctionnement organique. Or, ajouta Rufus, "je pense que nous avons de bonnes raisons de tomber en dépression".

Il s'agissait là du point d'opposition principal entre la bonne vieille histoire qu'on m'avait racontée au sujet de la dépression, et la nouvelle. La première prétendait que notre désespoir était totalement irrationnel, qu'il était dû à un problème technique dans notre tête. La seconde disait au contraire que notre souffrance, bien qu'insupportable, était en réalité une réaction rationnelle et saine.

Quand des patients viennent le consulter parce qu'ils se sentent profondément dépressifs ou anxieux, Rufus leur répond : Vous n'êtes pas fou de vous sentir mal. Vous n'êtes pas anormal. Tout fonctionne correctement chez vous. Il citait parfois à l'appui de sa démonstration le philosophe Jiddu Krishnamurti qui déclara : "Ce n'est en aucun cas un signe de santé que d'être à son aise dans une société malade[26]."

J'y ai beaucoup réfléchi durant l'année suivante. C'était difficile à admettre et j'ai dû l'entendre de différentes bouches, partout dans le monde, avant d'y croire véritablement. Charge à moi désormais de donner sens à ma souffrance et, peut-être, à celle que nous ressentons tous.

# III

## RECRÉER DU LIEN :
## UN ANTIDÉPRESSEUR
## D'UN GENRE NOUVEAU

# 14

## LA VACHE

À l'orée du xxᵉ siècle, un psychiatre sud-africain, le Dr Derek Summerfield, atterrit au Cambodge, dans un paysage typique de l'Asie du Sud-Est, pareil à ceux que l'on trouve sur les cartes postales, où des rizières tranquilles s'étageaient à perte de vue. La plupart des habitants de cette région vivaient de la culture du riz, comme leurs ancêtres depuis des siècles, mais ils durent faire face à un problème inédit. De temps à autre, l'un d'eux posait le pied sur un monticule quelconque et déclenchait une explosion dont les échos parvenaient à toutes les rizières des environs. Ils vivaient au milieu des mines que les Américains n'avaient pas pris le temps de faire exploser après la fin de la guerre des années 1960-1970[1].

Derek voulait cerner les effets de ce danger permanent sur la santé mentale des Cambodgiens qui vivaient dans ce périmètre, où je me suis également rendu dans le cadre de mes recherches pour ce livre. Par pure coïncidence, il se trouve que, peu avant son arrivée, les antidépresseurs avaient fait leur apparition sur le marché cambodgien. Les entreprises chargées de leur commercialisation se heurtèrent toutefois à une difficulté majeure : il n'existait pas de mot en langue khmer pour désigner les antidépresseurs. Les sociétés pharmaceutiques étaient désemparées.

Derek tenta d'expliquer aux Cambodgiens ce que c'était. Il définit la dépression comme un sentiment de tristesse profonde dont on ne peut se débarrasser. Après y avoir réfléchi attentivement, les Cambodgiens lui confirmèrent que certains, parmi eux, manifestaient bien ce genre de sentiments. Ils lui en donnèrent un exemple : ils connaissaient un paysan qui avait perdu sa jambe gauche en sautant sur une mine. Il était allé consulter un médecin qui lui avait offert une jambe artificielle, mais il ne s'était jamais remis de cet accident. Il restait constamment plongé dans un état de désespoir et d'angoisse face à l'avenir.

Ils finirent cependant par lui avouer qu'ils n'avaient nul besoin de ces antidépresseurs dernier cri, pour la bonne et simple raison qu'ils avaient déjà des antidépresseurs pour ce genre de cas. Derek, intrigué, voulut en savoir plus.

En voyant la détresse de cet homme, les médecins et ses voisins s'étaient rassemblés afin de discuter avec lui des difficultés qu'il rencontrait dans sa vie. Ils avaient compris que, même avec sa nouvelle jambe artificielle, le travail dans les rizières lui était devenu trop pénible : il était constamment stressé et endurait mille maux, ce qui lui ôtait l'envie de vivre et de continuer à se battre.

Tous ensemble, ils eurent alors une idée. Ils se dirent que cet homme ferait un parfait producteur laitier. Avec ce travail, sa jambe serait moins sollicitée et il ne serait plus obligé de faire face quotidiennement à des souvenirs traumatiques. Ils se cotisèrent donc pour lui offrir une vache.

Durant les mois et les années qui suivirent, la vie de cet homme changea du tout au tout. Il sortit de sa profonde dépression. "Vous voyez, docteur, la vache a joué le double rôle d'analgésique et d'antidépresseur", dirent-ils à Derek. Pour les Cambodgiens, un antidépresseur n'était pas un médicament qui modifiait les équilibres chimiques du cerveau : cette idée était aux antipodes de leur culture. Un antidépresseur était une solution offerte par la communauté, permettant à la personne dépressive de changer sa vie.

En y réfléchissant, Derek se rendit compte que cette définition correspondait parfaitement à sa propre pratique, alors qu'il officiait en tant que psychiatre dans un des principaux hôpitaux de Londres. Passant en revue les patients avec qui il avait travaillé là-bas, une chose le frappa : "Je n'ai eu l'impression de faire la différence que lorsque je me suis intéressé à leur situation sociale, et plus seulement à ce qu'ils avaient entre les deux oreilles[2]", m'avoua-t-il plus tard autour d'une bière.

Tout cela nous semble incompréhensible, à nous autres Occidentaux qui vivons à l'âge des antidépresseurs chimiques. On nous a tellement répété des fausses vérités sur la dépression que l'idée qu'une vache puisse jouer le rôle d'antidépresseur nous semble une plaisanterie. Pourtant, ce paysan cambodgien a bien guéri de sa dépression en changeant de condition sociale. Il a bénéficié d'une solution moins individualiste : les membres de sa communauté ne lui ont pas dit que son problème était uniquement dans sa tête et ne se sont pas bornés à l'encourager à se prendre en main ou à avaler un comprimé. Ils ont trouvé une solution tous ensemble. Tout seul, il n'aurait jamais pu s'offrir une vache – parce qu'il était trop abattu pour en avoir l'idée, et parce que, dans tous les cas, il n'avait pas assez d'argent. Cette vache était pourtant la solution à son problème, elle l'avait arraché à son désespoir.

Après avoir rencontré d'autres personnes dans cette situation, au cours d'un voyage en Asie du Sud-Est, et en avoir longuement discuté avec Derek, je me suis posé pour la première fois la question suivante : et si nous avions une mauvaise définition des antidépresseurs ? Pour nous, ils ne peuvent être autre chose que des pilules à avaler une ou plusieurs fois par jour. Et si nous commencions à les considérer autrement ? Et si changer notre mode de vie (ou du moins certains aspects, en s'appuyant sur des preuves scientifiques) pouvait également constituer une forme d'antidépresseur ?

Et si nous devions avant tout élargir notre conception des antidépresseurs ?

Peu de temps après, j'eus l'occasion de discuter avec la psychologue Lucy Johnstone, qui se dit tout à fait convaincue par tout ce que j'avais appris. Mais il me fallait désormais répondre à une autre question : "Quelle différence cela ferait-il, dit-elle, si, en nous rendant chez notre médecin, celui-ci nous diagnostiquait une « rupture des liens » plutôt qu'une « dépression[3] » ?" Qu'arriverait-il alors ?

Nous avons mal identifié le problème, c'est pourquoi nous n'avons pu trouver de solution adaptée jusqu'ici. Si la dépression est d'abord un problème cérébral, il est logique que nous cherchions à y répondre par des moyens d'action dans le cerveau. Mais si nous la considérons en premier lieu comme étant un problème dans notre vie, nous devons chercher à agir sur notre vie même. Par où commencer ? me demandai-je.

Il m'apparut clairement que si la rupture des liens était le principal facteur de dépression et d'anxiété, nous devions trouver le moyen de recréer du lien. J'ai donc parcouru des milliers de kilomètres afin d'interroger tous ceux qui étaient susceptibles de m'éclairer sur ce point.

Je me suis rapidement aperçu que cette question avait reçu moins d'attention encore de la part des scientifiques que les causes de la dépression et de l'anxiété. On pourrait remplir des hangars à avions avec toutes les études menées sur les manifestations neurologiques de la dépression ; un avion entier, avec les recherches conduites sur les causes sociales de la dépression et de l'anxiété. Mais l'ensemble des recherches portant sur les effets d'une restauration des liens suffirait à peine à combler un avion en plastique.

Avec le temps, j'ai néanmoins réussi à isoler à partir des premières études sept manières de soigner la dépression et l'anxiété. Je me suis mis à les considérer comme des antidépresseurs sociaux et psychologiques, s'ajoutant aux seuls antidépresseurs chimiques dont nous avons pu bénéficier jusqu'ici. Avec le recul, lorsque je considère les sept solutions que j'ai découvertes, deux choses me viennent à l'esprit : elles peuvent paraître à la fois dérisoires et trop ambitieuses.

D'un côté, ces sept façons de recréer du lien ne constituent qu'une première ébauche tirée des quelques recherches provisoires publiées à ce jour. Il est important de garder à l'esprit que la compréhension que nous en avons est encore sommaire : même si les premières études scientifiques suggèrent qu'elles pourraient fournir la solution à de nombreux cas de dépression et d'anxiété, il est vrai qu'elles ne constituent qu'un point de départ, et qu'il restera encore beaucoup à faire, même lorsque nous les aurons toutes mises en œuvre. Je pense néanmoins qu'en les étudiant en détail, nous pouvons dégager une nouvelle voie à suivre. Elles ne définissent pas un programme, mais de grandes orientations.

D'un autre côté, ces solutions vous sembleront sans doute audacieuses, parce qu'elles nécessitent d'opérer des changements importants dans nos vies et, plus largement, dans nos sociétés, à un moment de notre histoire où nous avons perdu la foi en nos capacités d'action collective. Je me suis parfois demandé si je n'en demandais pas trop. Mais en y réfléchissant, je me suis dit que l'ampleur de ces changements n'avait rien à voir avec moi : elle était tout simplement révélatrice de l'ampleur du problème. Si ces changements vous paraissent importants, c'est que le problème auquel ils s'attaquent l'est également.

Or un problème important n'est pas nécessairement insoluble.

Je veux être tout à fait honnête avec vous concernant les effets que la recherche de ces solutions a eus sur moi. Quand je revêtais mon costume de journaliste pour interroger les gens, je trouvais tout cela fascinant, mais de retour dans ma chambre d'hôtel, je passais souvent des moments difficiles à réfléchir aux implications des révélations recueillies sur ma propre vie. Ces scientifiques me disaient tous, chacun à leur manière, que pendant toute ma vie d'adulte j'avais cherché des explications à ma dépression et à mon anxiété au mauvais endroit. J'avais beaucoup de mal à l'admettre. Il n'était pas facile de forcer mon esprit à envisager les causes dont ils me parlaient.

C'est dans cet état d'esprit que je me retrouvai à Berlin, au début de l'hiver. J'aurais peine à dire pourquoi j'y suis allé. Je me dis parfois que nous sommes inconsciemment attirés vers les endroits où nos parents ont été le plus heureux. Mes parents avaient vécu à Berlin-Ouest, à l'ombre du mur, quand la ville était encore divisée, et mon frère y était né. Ou peut-être m'y étais-je rendu parce que nombre de mes amis s'y étaient installés au cours des dernières années pour fuir l'agitation de Londres ou de New York, et y trouver un environnement plus sain. L'une de mes amies, l'écrivaine Kate McNaughton, ne cessait de me répéter, à chacun de nos appels, qu'à Berlin les gens de plus de trente-cinq ans comme nous travaillaient moins et avaient plus de temps pour vivre. Dans son entourage, personne ne travaillait de neuf heures à dix-sept heures. C'était un lieu où les gens pouvaient respirer, chose absolument impossible dans les villes sous pression où je vivais. À ses yeux, Berlin était une fête permanente, sans videur et sans droits d'entrée. Tu devrais venir t'installer ici, me dit-elle.

Tous les matins, j'étais réveillé par les cajoleries du chat de sa colocataire, dans un appartement impersonnel au beau milieu du quartier impersonnel de Mitte. Pendant des semaines, j'ai sillonné la ville, discutant au hasard avec les gens que je croisais.

J'ai passé des heures à parler avec de vieux Berlinois qui vivaient là depuis près d'un siècle. Les plus âgés avaient vu le monde se reconstruire, être détruit puis se reconstruire à nouveau. Une vieille femme nommée Regina Schwenke m'a fait visiter le bunker dans lequel elle s'était réfugiée, enfant, avec sa famille, et où elle avait prié pour sa survie[4]. Une autre m'a guidé à pied le long de l'ancien tracé du mur.

Et un jour, quelqu'un m'a parlé d'un endroit à Berlin qui avait changé sa vie. Je me suis rendu sur place le lendemain. J'y suis resté des heures, interrogeant plusieurs dizaines de personnes et j'y suis retourné régulièrement au cours des trois années suivantes.

C'est à cet endroit, me semble-t-il, que j'ai appris comment recréer du lien.

## 15

## NOUS AVONS CONSTRUIT CETTE VILLE[1]

À l'été 2011, dans une cité de Berlin, une femme voilée âgée de soixante-trois ans s'était péniblement extraite de son fauteuil roulant pour coller un message à sa fenêtre. Il était écrit qu'elle allait être expulsée de chez elle pour n'avoir pas payé son loyer et qu'elle prévoyait de se suicider avant la venue des huissiers, exactement une semaine plus tard. Elle ne demandait aucune aide : elle savait que personne ne viendrait à son secours. Elle voulait simplement que la cause de sa mort ne reste pas ignorée. Elle me dit plus tard : "Je savais que c'était fini pour moi, que la fin était proche."

Nuriye Cengiz connaissait à peine ses voisins, et réciproquement. La cité dans laquelle elle vivait était située dans un quartier du nom de Kotti, l'équivalent du Bronx à Berlin, le genre d'endroits que les parents de la classe moyenne interdisent à leurs enfants de fréquenter la nuit tombée. Cette cité ressemblait à beaucoup d'autres que j'avais vues aux quatre coins du monde, de l'est de Londres à l'ouest de Baltimore : c'était un endroit immense, impersonnel, que les gens traversaient en vitesse avant d'aller s'enfermer chez eux à double tour. La détresse de Nuriye n'était qu'un signe parmi bien d'autres de la difficulté qu'il y avait à habiter ces lieux. La cité croulait sous l'anxiété et les antidépresseurs.

Certains de ses voisins se mirent bientôt à frapper à sa porte pour lui demander, hésitants, si elle allait bien et si elle avait besoin d'aide. Mais elle restait sur ses gardes. "Je pensais que ce n'était rien de plus qu'un engouement passager. Je me disais qu'ils me voyaient comme une pauvre idiote portant le voile", m'avoua-t-elle.

Pourtant, dans les couloirs et les rues qui jouxtaient l'appartement de Nuriye, ceux qui s'étaient croisés au pas de course pendant des années prenaient enfin le temps de s'adresser un regard. Ils comprenaient aisément la détresse de Nuriye. Partout, à Berlin, les loyers augmentaient, mais les habitants de Kotti faisaient face à une hausse particulièrement importante du fait d'un hasard de l'histoire : lorsque le mur de Berlin avait été construit à la hâte, en 1961, séparant la ville en deux, son tracé fut décidé de façon relativement arbitraire, zigzaguant entre les barres d'immeubles. Kotti s'était retrouvé dans une partie de Berlin-Ouest qui s'avançait sur le territoire de Berlin-Est, formant une sorte d'indentation. Le quartier se trouvait donc directement sur la ligne de front : si les Soviétiques lançaient une invasion, cette zone serait prise la première. La zone était en ruine, si bien que seuls les plus marginalisés des Berlinois acceptèrent de venir vivre au milieu des décombres : des ouvriers peu qualifiés, tels que Nuriye, des rebelles et des squatteurs d'extrême gauche, ou des homosexuels.

Lorsqu'ils s'installèrent dans ces lieux à moitié détruits, les ouvriers turcs consacrèrent leurs forces à reconstruire Kotti. Les squatteurs d'extrême gauche et les homosexuels s'efforcèrent quant à eux d'empêcher les autorités municipales de raser entièrement l'endroit pour y construire une autoroute. Tous sauvèrent le quartier.

Cela n'empêcha pas pour autant ces communautés de se regarder d'un œil soupçonneux pendant des années. Leur pauvreté les rapprochait, mais tout le reste les séparait. Soudain, le mur tomba et Kotti, de zone dangereuse, devint un haut lieu de la spéculation immobilière. C'était comme si un matin, au réveil, les New-Yorkais avaient soudain trouvé le sud du Bronx au milieu de Manhattan. En l'espace de deux ans, les loyers passèrent de 600 à 800 euros. La plupart des habitants de la cité y consacraient plus de la moitié de leur revenu. Certaines familles devaient survivre avec 200 euros par mois à peine. Nombreux furent ceux qui se virent contraints de déménager, abandonnant ainsi le seul voisinage qu'ils aient jamais connu.

Si les habitants de la cité s'arrêtaient pour lire le message de Nuriye, ce n'était donc pas seulement par compassion, mais aussi parce qu'ils s'identifiaient à elle.

Avant que Nuriye ne décide d'apposer cet écriteau sur sa fenêtre, certains habitants du quartier avaient également cherché le moyen d'exprimer leur colère. C'était l'année où les révolutionnaires égyptiens occupèrent la place Tahrir (et où l'on verrait bientôt naître le mouvement Occupy). Après que ces événements eurent brièvement fait la une des journaux, l'un des voisins eut une idée. Une grande avenue menant au centre-ville passe à proximité de la cité. Certains des habitants s'y étaient déjà rassemblés pour manifester ponctuellement leur mécontentement face à la hausse des loyers.

Et si, cette fois, nous barricadions la rue avec des chaises et des planches de bois, et faisions sortir de chez eux tous les résidents qui, comme Nuriye, sont menacés d'expulsion ? se dirent-ils. Et si nous faisions venir Nuriye, sur son fauteuil roulant électrique, et menacions de rester là tant qu'elle n'aura pas reçu l'autorisation de demeurer chez elle ?

Nous pourrions attirer l'attention, faire venir les médias sur place, et peut-être Nuriye ne se tuerait-elle pas.

La plupart étaient sceptiques, mais un petit groupe de voisins se rendirent chez Nuriye pour lui proposer de venir rejoindre le campement de fortune qu'ils avaient fabriqué afin de bloquer la rue. Elle les prit d'abord pour des fous, mais un matin, elle finit par sortir de chez elle et se posta au niveau de l'intersection principale. La vue de cette vieille femme voilée sur un fauteuil roulant, assise au beau milieu de la rue, non loin d'une barricade improvisée, était tout à fait insolite. Les médias locaux faisaient la queue pour savoir ce qui se passait. Les habitants du quartier se mirent à raconter leur histoire devant les caméras. Les gens parlaient de leur manque de moyens et de leur peur d'être forcés de déménager en banlieue, où les préjugés contre les Turcs, les militants d'extrême gauche et les homosexuels sévissaient plus encore. Une femme turque qui avait été forcée, trente ans plus tôt, d'émigrer pour fuir la pauvreté de son pays me dit plus tard : "Nous avons déjà dû renoncer une fois à notre lieu d'origine. Nous ne pouvons pas le perdre une deuxième fois."

Un proverbe turc dit que si le bébé ne pleure pas, on ne lui donnera pas le sein. Les habitants du quartier manifestaient parce que c'était pour eux la seule manière de se faire entendre.

Cependant, la police ne tarda pas à arriver pour mettre un terme aux réjouissances et renvoyer les participants chez eux. Les habitants du quartier leur expliquèrent qu'ils n'avaient jusqu'ici reçu aucune assurance que Nuriye pourrait rester chez elle, et qu'ils exigeaient désormais, plus largement, que tous leurs loyers soient gelés. Alexander (Sandy) Kaltenborn, dont les parents, originaires d'Afghanistan, étaient maçons, déclara ceci : "Nous avons construit cette ville. Nous ne sommes pas les rebuts de la société. Nous avons le droit de vivre dans cette ville, parce que nous avons construit ce quartier." Ce n'étaient pas les investisseurs, demandant des loyers toujours plus élevés, qui avaient rendu cette ville habitable, mais bien "tous ceux qui y vivent".

Les habitants du quartier craignaient que les forces de police ne détruisent, à la faveur la nuit, la barricade de chaises et de bois qu'ils avaient construite. Tous ensemble, ils s'accordèrent spontanément sur un plan. Une autre résidente de Kotti, nommée Taina Gärtner, apporta de chez elle un klaxon très puissant. Elle proposa d'établir un emploi du temps afin que chacun puisse monter la garde à tour de rôle et protéger le site de la manifestation. Si la police arrivait, les personnes sur place devaient utiliser le klaxon pour ameuter les autres, qui descendraient alors de leur appartement pour empêcher la destruction.

Tout le monde se bouscula pour écrire son nom sur l'emploi du temps, se portant ainsi volontaire pour monter la garde de jour comme de nuit et veiller sur la barricade. Impossible de savoir avec qui vous alliez faire votre ronde, cela pouvait être n'importe lequel de vos voisins, que vous n'aviez jamais rencontré.

"Je ne pensais pas que nous réussirions à tenir plus de trois jours", se souvient Uli Hamann, l'un de ceux qui étaient présents cette nuit-là.

Tout le monde, ou presque, était du même avis.

En plein milieu d'une nuit glaciale comme on en voit à Berlin, Nuriye était donc postée dans la rue, assise dans son fauteuil. Les gens avaient peur de rester dehors la nuit tombée à Kotti mais Nuriye n'avait pas peur : "Je me disais : je n'ai rien à faire, je n'ai pas d'argent ; si quelqu'un tente de me tuer, je serai morte, voilà tout, pas d'inquiétude à avoir."

On put croire un moment que le campement allait péricliter sans tarder, car les gens s'étaient vu attribuer comme partenaires de ronde, au hasard de l'endroit où ils avaient inscrit leur nom, des personnes qu'ils avaient regardées d'un mauvais œil pendant très longtemps. Ainsi, Nuriye monta d'abord la garde avec Taina, une mère célibataire de quarante-six ans aux cheveux peroxydés, dont les bras et la poitrine étaient couverts de tatouages et qui portait une minijupe même au cœur de l'hiver allemand. Mises côte à côte, elles avaient l'air d'un duo comique. Elles représentaient les deux extrêmes de la vie berlinoise : l'immigrée turque extrêmement pieuse et la hipster allemande.

Elles étaient assises toutes les deux, surveillant les barricades. Taina pensait tout connaître de ce quartier mais ainsi, dans l'obscurité, elle commença à le voir différemment : la nuit, faiblement éclairé par les réverbères, il était plongé dans un profond silence.

Au début, Taina, gênée, pianotait sur le clavier de son ordinateur portable. Mais à mesure qu'avança la nuit, elle et Nuriye se mirent à se raconter leur vie. Ce fut l'occasion pour elles de se découvrir un point commun : elles étaient toutes les deux arrivées à Kotti alors qu'elles étaient de très jeunes femmes, après avoir fui leur lieu de naissance.

Nuriye avait grandi dans un quartier pauvre où il n'y avait ni électricité ni eau courante, si bien qu'elle était forcée de cuire sa nourriture sur un brasier en plein air. À dix-sept ans, elle s'était mariée et avait eu des enfants. Elle tenait absolument à offrir à ses enfants une vie meilleure. À dix-sept ans, donc, elle dissimula son âge pour venir s'installer à Kotti et se faire embaucher dans l'atelier d'assemblage d'une usine. Elle économisait l'argent qu'elle gagnait à l'usine afin de l'envoyer à son mari mais, après lui avoir adressé toutes ses économies, elle reçut une lettre de son pays lui annonçant que son mari était mort subitement. Soudain, Nuriye prit conscience qu'elle était seule en Allemagne avec deux enfants à élever, avant même d'avoir vingt ans.

Elle dut travailler sans relâche. Quand elle terminait ses heures à l'usine, elle faisait des ménages, puis rentrait chez elle, dormait quelques heures, avant de se réveiller à l'aube pour livrer des journaux.

Taina lui raconta à son tour qu'elle était arrivée à Kotti à quatorze ans, après avoir été mise à la porte par sa mère. Elle ne voulait pas se retrouver dans un foyer et, me dit-elle, "j'étais curieuse de voir à quoi pouvait bien ressembler Kreuzberg 36 [Kotti]".

Sa mère l'avait avertie : "Si tu vas là-bas, tu finiras avec un couteau planté dans le dos", ce qui rendait à ses yeux le lieu tout à fait fascinant. À son arrivée, elle trouva que "les maisons avaient l'air d'être tout droit sorties de la Seconde Guerre mondiale : elles étaient désertes et complètement détruites […]. Nous avons donc commencé à squatter celles qui se dressaient dans l'ombre du mur. J'étais entourée de gens comme moi et de Turcs qui vivaient là auparavant, dans les logements délabrés qu'on avait bien voulu leur concéder".

Le fait de pénétrer dans ces maisons en ruine était parfois, selon Taina, "vraiment effrayant, [car on y trouvait encore] tous les meubles. Rien n'avait bougé, mais les habitants étaient partis. C'était à se demander ce qui était arrivé". Elle s'installa avec quelques-uns de ses amis et ils vécurent tous ensemble dans les vestiges. "À l'époque, nous étions des punks politisés. Dans plusieurs maisons, nous avions aménagé des clubs où des groupes de musiciens pouvaient venir jouer. L'entrée ne coûtait presque rien, c'était un, deux, trois marks maximum, pour payer le groupe. Les bières et les autres boissons étaient aussi très bon marché."

Quelques années plus tard, alors qu'elle vivait toujours dans un squat, elle tomba enceinte. "Ce fut un coup dur. Tout à coup, je me suis retrouvée seule avec mon fils. Je n'avais personne pour m'aider. C'était vraiment bizarre", me dit-elle.

Taina et Nuriye avaient toutes deux connu la solitude que peut ressentir une mère célibataire dans un endroit inconnu.

Le jour de la chute du mur, Taina promenait son fils dans une poussette quand elle aperçut un couple de punks venu d'Allemagne de l'Est en train de se faufiler par une brèche dans le mur. "Où se trouve le disquaire le plus proche ? lui demandèrent-ils. Nous voulons acheter des disques de musique punk." Elle leur répondit : "Il y en a un pas loin d'ici. Mais cela m'étonnerait que vous ayez les moyens." Ils lui demandèrent combien cela coûtait et, en entendant le tarif, ils se décomposèrent. Taina n'avait presque pas d'argent à l'époque, mais elle ouvrit son porte-monnaie et leur donna tout ce qu'il contenait. "Voilà, les gars. Allez-y, allez vous offrir un disque punk."

En entendant cela, Nuriye se dit : "En voilà une qui est aussi folle que moi !" Elle lui confia alors une chose qu'elle n'avait encore jamais avouée à personne : son mari en Turquie n'était pas mort d'un problème cardiaque, comme elle le prétendait toujours. Il avait été victime de la tuberculose. "J'avais honte de l'avouer, dit-elle. C'est une maladie liée à la pauvreté. Il n'avait pas assez à manger et n'était pas pris en charge médicalement. C'est l'une des raisons pour lesquelles je suis venue ici. Je pensais qu'il pourrait bénéficier d'un véritable traitement s'il me rejoignait. Mais c'était déjà trop tard."

Quand Nuriye et Taina avaient fini leur tour de garde, Mehmet Kavlak prenait la relève. C'était un jeune Allemand d'origine turque qui portait toujours un baggy. Il écoutait beaucoup de hip-hop et était sur le point d'être renvoyé de son école. Mehmet montait la garde en compagnie d'un professeur blanc à la retraite nommé Detlev, un communiste à l'ancienne, qui ne manqua pas de grommeler à l'intention de Mehmet : "Cela va à l'encontre de tous mes principes." À ses yeux, les actes politiques "réformistes", visant à amener un changement progressif, n'avaient aucun sens. Mais malgré tout, il était là. Au fil des nuits passées ensemble, Mehmet se mit à lui parler des problèmes qu'il rencontrait à l'école. Quelque temps après, Detlev lui suggéra d'apporter ses cahiers pour qu'il puisse l'aider à revoir ses cours. Des semaines, puis des mois s'écoulèrent et "il devint comme un grand-père pour moi", me dit Mehmet. Ses résultats s'améliorèrent et l'école cessa de le menacer d'exclusion.

Le parasol qui abritait le petit campement de fortune avait été fourni gracieusement par Sudblock, un café tenu par des homosexuels qui faisait aussi office de boîte de nuit et avait ouvert quelques années auparavant, juste en face de la cité. Son installation scandalisa certains des habitants turcs du quartier et un matin, on trouva même sa vitrine fracassée. "Je me disais qu'ils n'auraient pas dû ouvrir un de ces fichus cafés gays dans mon quartier", me confia Mehmet.

Richard Stein, le propriétaire du café, ancien infirmier, avait une courte barbe taillée en pointe. Il me raconta qu'il était arrivé à Kotti quand il avait environ vingt ans, après avoir quitté le petit village des environs de Cologne dans lequel il avait vécu. Comme Nuriye ou Taina, il avait l'impression d'être un fugitif. "Quand on grandit dans un petit village d'Allemagne de l'Ouest et qu'on est homosexuel, on est forcé de partir. Il n'y a pas d'autre choix", m'avoua-t-il. Pour atteindre Berlin-Ouest, il avait dû emprunter une longue route étroite entourée de gardes en armes : selon lui, "Berlin-Ouest était comme une île au beau milieu de l'océan communiste", et Kotti, "entouré par le mur", n'était rien qu'une île dévastée à l'intérieur de cette île plus grande, mais pareillement dévastée. Les vrais Berlinois sont ceux qui viennent d'ailleurs, me dit-il. Mais Kotti, c'était le vrai Berlin.

Richard ouvrit son premier bar, le Café Anal (il avait hésité avec Le Cochon Gay), dans les années 1990. Il y organisait des soirées avec des travestis qui, dans les années suivant la chute du mur, alors que le monde entier affluait à Berlin pour faire la fête dans ce nouveau Far West, comptaient parmi les plus hardcore de la ville. Par conséquent, quand Richard s'était installé à Kotti et avait ouvert Sudblock, il eut beau inviter les habitants du quartier à venir prendre un café et une part de gâteau, ces derniers se montrèrent pour le moins réticents. Certains le fusillèrent même du regard.

Quand la manifestation s'organisa autour de Nuriye, Richard et toute l'équipe de Sudblock fournirent gratuitement chaises, parasol, boissons et nourriture. Quand Richard proposa aux habitants du quartier de mettre le local du café à leur disposition afin qu'ils puissent notamment y organiser leurs réunions de planification, "certains parmi [nous] étaient sceptiques", m'avoua Matthias Clausen, l'un des résidents. "Il y a beaucoup de gens assez conservateurs ici", expliqua-t-il. Sandy Kaltenborn ajouta : "Beaucoup étaient même carrément homophobes." Richard et son équipe craignaient qu'une fois de plus, personne ne réponde à leur invitation.

Lors de la première réunion, après bien des hésitations, les habitants étaient pourtant venus au rendez-vous. Toutes ces femmes voilées, ces religieux pratiquants côtoyant des jeunes filles en minijupe dans un bar gay : la tension était palpable. Certains homosexuels craignaient que cette réunion ne mette à mal la solidarité des résidents en demandant trop d'efforts aux Turcs. Mais la nécessité de combattre la hausse des loyers l'emporta. "Tout le monde a fait beaucoup d'efforts", se souvient Ulrike (Uli) Kaltenborn, la femme de Sandy.

Certains des résidents les plus engagés à gauche, qui avaient participé à de nombreux mouvements de protestation auparavant, se rendirent compte d'une chose dès les premières réunions. "Nous ne parlions vraiment pas la même langue", me dit Matthias Clausen. Il était impossible de se contenter des phrases types de l'activisme de gauche qu'ils utilisaient pour communiquer entre eux, car les gens ordinaires auxquels ils avaient affaire n'y comprenaient rien. Ils leur auraient opposé un regard perplexe. "Nous avons dû trouver une manière de parler […] qui soit compréhensible par tous. Cela nous a forcés, moi y compris, à vraiment réfléchir à ce que nous voulions communiquer, sans nous réfugier derrière quelques belles expressions toutes faites qui, finalement, ne veulent pas dire grand-chose", m'avoua Matthias. Pour cela, il dut écouter ce qu'avaient à dire des gens à qui il n'avait jamais prêté la moindre attention.

Toutes les personnes présentes s'accordèrent sur un objectif commun : les loyers étaient trop hauts, il fallait les faire baisser. "Nous en étions arrivés à un point de ras-le-bol généralisé, me dit l'un des habitants du quartier. Nous avions construit ce quartier et nous ne voulions pas en partir."

Pensant que le conflit allait s'éterniser, certains ouvriers du bâtiment, qui vivaient à Kotti, transformèrent le campement provisoire fait de chaises et de parasols en un bâtiment durable. Ils lui construisirent des murs et un toit. Quelqu'un sortit de son appartement un magnifique samovar ancien (un dispositif très populaire en Turquie, destiné à faire bouillir l'eau pour le thé ou toute autre boisson chaude) et le mit à disposition des participants au mouvement. Le campement fut appelé Kotti and Co. Auparavant, la poignée d'habitants qui avaient pris l'initiative de contacter individuellement les élus municipaux pour se plaindre de la hausse des loyers n'avait obtenu en retour que mépris ou désintérêt. Désormais, on venait de toute la ville pour observer la protestation, et les habitants de Kotti faisaient la une des journaux. Nuriye devenait une icône. Les élus n'eurent d'autre choix que de se rendre sur place et promirent de se pencher sur la question.

Les habitants de Kotti, qui jusqu'alors avaient vécu en autarcie, rentrant du travail au pas de course, évitant de croiser le regard des autres, se mirent à se regarder en face. "Du jour au lendemain, le lieu a changé du tout au tout, me dit Sandy, l'un des habitants de la cité. Nous avons dû nous mettre à l'écoute des autres […]. Nous avons rencontré de nouvelles personnes." Un soir, il s'était retrouvé à écouter deux vieillards échanger des souvenirs de leur service militaire en Turquie. Ses voisins lui étaient apparus sous un jour nouveau.

Nuriye était stupéfaite que les gens aient réagi au message qu'elle avait collé à sa fenêtre. "On aurait dit qu'ils m'aimaient bien, finalement. Je ne comprends pas vraiment pourquoi, me dit-elle. Ils me rendaient souvent visite et passaient du temps avec moi."

Quelques mois plus tard, les habitants de Kotti décidèrent d'aller plus loin dans la protestation en organisant une marche. Nuriye n'avait jamais participé à une manifestation auparavant ; elle voulait rester en queue de cortège. Mais Taina (la jeune femme en minijupe) la persuada que cette idée était insensée : elles allaient ouvrir la marche, en première ligne. C'est ce qu'elles firent. Des manifestants tapaient sur des pots et des casseroles et, à mesure qu'ils traversaient Kotti, les passants les acclamaient. Une famille avait même suspendu à sa fenêtre une bannière proclamant : NOUS RESTERONS ICI TOUS ENSEMBLE.

Les habitants de la cité firent des recherches pour comprendre la hausse des loyers. Ils découvrirent que bien longtemps auparavant, dans les années 1970, d'étranges transactions immobilières avaient eu lieu. À cette époque, de nombreuses personnes fuyaient Berlin-Ouest, si bien que le gouvernement d'Allemagne de l'Ouest craignait que cette vitrine de la liberté au cœur même du monde communiste ne se vide entièrement. Les sociétés de logement se virent donc offrir pendant des générations des loyers remarquablement bas garantis par l'État, à condition de bâtir des immeubles sur la ligne de front. En additionnant les loyers payés depuis toutes ces années, les habitants calculèrent que les coûts de construction avaient été amortis cinq fois. Et pourtant, les loyers augmentaient.

Ils organisèrent plusieurs autres manifestations durant les mois qui suivirent – avec plus ou moins de succès.

Un jour, Uli Kaltenborn, l'une des habitantes les plus engagées du quartier, éclata en sanglots au beau milieu d'une réunion. Elle n'en pouvait plus. Tant de rondes de nuit, tant d'actions avaient été organisées, et l'effet sur les loyers se faisait attendre. "Tu as l'air exténuée et à bout, lui dit une femme, également membre du mouvement. Nous devrions tout arrêter, arrêter les manifestations et rentrer chez nous. Cela ne vaut pas le coup si tu te mets dans des états pareils. Arrêtons tout, si tel est le prix à payer", conclut-elle.

"Nous mesurions mutuellement nos forces pour savoir jusqu'à quand nous pourrions tenir", se souvient Uli.

Environ trois mois après les premières manifestations, un jeune cinquantenaire arriva à Kotti and Co. Il s'appelait Tuncai, il ne lui restait plus que quelques dents et il avait des difficultés à s'exprimer à cause d'une déformation du palais. Visiblement, cela faisait un bon moment qu'il était à la rue. Sans qu'on lui ait rien demandé, il s'était mis à ranger des objets qui traînaient sur le site. Puis il demanda s'il pouvait faire autre chose pour se rendre utile.

Il y avait quelques jours que Tuncai était sur place, effectuant de petites réparations et acheminant l'eau d'un côté à l'autre de la rue, depuis le club gay jusqu'au campement, quand Mehmet (le jeune fan de hip-hop, qui était de garde ce soir-là) lui proposa de rester dormir au campement. Durant les semaines qui suivirent, Tuncai fit la connaissance des résidents turcs les plus conservateurs, qui étaient jusqu'ici restés en marge de la mobilisation. Ils lui apportèrent des vêtements, de la nourriture et finirent par se joindre aux habitants mobilisés.

Les femmes turques du quartier se mirent bientôt à assurer la gestion du campement en journée : habituellement, elles passaient leurs journées seules, enfermées chez elles. Elles adoraient Tuncai.

"Nous avons besoin de toi à temps plein", lui dit un jour Mehmet. Alors on mit un lit à sa disposition et tout le monde se cotisa pour subvenir à ses besoins, jusqu'au jour où Sudblock, le bar gay de l'autre côté de la rue, lui offrit un emploi. Il devint un élément essentiel de la vie du camp : lorsque certains étaient pris de découragement, il les réconfortait en les prenant dans ses bras. Quand des marches étaient organisées, il était au premier rang, un sifflet au bec.

Cependant, un jour que la police était présente à l'une de leurs manifestations, Tuncai, qui détestait le conflit, croyant qu'une dispute allait éclater, tenta de prendre un agent de police dans ses bras. Il fut arrêté.

On découvrit alors que, plusieurs mois avant son arrivée à Kotti and Co., Tuncai s'était évadé d'un hôpital psychiatrique où il avait été interné pendant la quasi-totalité de sa vie d'adulte. La police le renvoya là-bas. Or les patients internés sont affectés dans les différents hôpitaux de Berlin en fonction de l'initiale de leur nom de famille, si bien que Tuncai fut envoyé de l'autre côté de la ville. Il vivait enfermé dans une pièce dont la fenêtre était condamnée, avec un lit pour tout mobilier. "La fenêtre est toujours fermée parce qu'un garde se tient juste derrière. On ne l'ouvre jamais, me dit-il. Le pire, c'est l'isolement. Le fait d'être coupé du monde", ajouta-t-il.

De retour à Kotti and Co., les gens demandèrent où était passé Tuncai. Les vieilles femmes turques se rendirent alors à Sudblock et dirent au propriétaire, Richard Stein : "Ils ont pris Tuncai ! Nous devons le ramener, sa place est auprès de nous."

Les habitants du quartier se rendirent au commissariat. Au départ, personne ne voulut rien leur dire. Finalement, ils apprirent que Tuncai était retenu dans un hôpital psychiatrique. Trente personnes de Kotti and Co. se rendirent là-bas pour réclamer le retour de Tuncai. Lorsque les médecins leur annoncèrent que son état justifiait son internement, ils leur répondirent : "Ce n'est pas possible. Tuncai n'est pas quelqu'un qu'il faut enfermer. Laissez-le sortir, il doit être avec nous."

Les habitants de Kotti formèrent un mouvement pour le faire libérer. Ils rédigèrent une pétition pour le faire sortir et, par groupes, ils se rendirent régulièrement à l'hôpital pour demander à le voir et réclamer sa libération. L'endroit était entouré de barbelés et plus sécurisé qu'un aéroport. Ils dirent aux psychiatres : "Nous le connaissons bien, et nous l'aimons tel qu'il est."

Les responsables de l'hôpital psychiatrique étaient sous le choc : ils n'avaient jamais connu de manifestation de masse en faveur d'une libération. "Ils n'avaient jamais envisagé la possibilité que quelqu'un s'intéresse à l'un de ceux qu'ils appelaient leurs « clients »", me dit Sandy. Sa femme, Uli, ajouta : "C'est notre entêtement, notre refus de croire que ce foutu système puisse prendre autant de temps qui les a poussés à agir." Ils apprirent que Tuncai avait déjà tenté de s'évader cinq fois, sans succès. "Personne ne lui a jamais donné sa chance, réalisa Sandy. C'est l'exemple type d'une personne qui n'a jamais eu aucune chance."

Enfin, après huit semaines de protestation continue, la direction de l'hôpital psychiatrique accepta de laisser sortir Tuncai sous certaines conditions. Il devait avoir un appartement et un emploi stable. "Tous ceux qui connaissaient Tuncai savaient que c'était le cadet de ses soucis, déclara Uli. Tuncai avait avant tout besoin d'être intégré à une communauté dans laquelle il pouvait être utile. Il avait besoin de donner un sens à sa vie, une dimension sociale, d'avoir un objectif auquel il tenait et qu'il pouvait partager. Ils étaient incapables de voir cela", ajouta-t-elle. Quoi qu'il en soit, l'équipe de Sudblock confirma qu'il avait un CDI chez eux, et on attribua à Tuncai l'appartement d'un vieillard qui avait décidé de déménager après que sa télévision eut accidentellement pris feu. Tous les membres de la communauté participèrent à rénover et à décorer l'appartement pour qu'il s'y sente chez lui.

Quand je me rendis au campement pour rencontrer Tuncai, celui-ci me dit : "Ils ont été tellement généreux avec moi : ils m'ont donné des vêtements, des repas chauds et un toit. Quand j'étais à l'hôpital ils ont même fait une pétition. Je n'arriverai jamais à leur rendre tout cela. C'était incroyable." Plus tard, il ajouta : "Je suis incroyablement heureux ici, avec ma famille : Uli, Mehmet et tous ceux qui me soutiennent. Incroyablement heureux […] d'être ici, ou là-bas au café Sudblock, tout simplement."

"À cinquante-trois ans, me dit Uli, il s'est senti chez lui pour la première fois."

De nombreux membres de Kotti and Co. partageaient ce sentiment. Matthias Clausen, un étudiant qui habitait la cité, m'avoua ceci : "Depuis mon enfance, j'ai déménagé tous les quatre ou six ans, et je ne me suis jamais senti chez moi, sauf ici. Je n'ai jamais rencontré autant de voisins, c'est vraiment exceptionnel […]. De ma vie, je n'ai jamais eu l'occasion de développer de telles relations avec mes voisins, et je pense que c'est assez rare."

En se battant contre la hausse des loyers ou pour la libération de Tuncai, les habitants de Kotti avaient changé. Lorsque le club gay avait offert son aide à ce pauvre Turc dans le besoin, tous les Turcs du quartier avaient été impressionnés. Mehmet, que l'ouverture du club gay avait scandalisé, me dit : "En apprenant à les connaître, je me suis dit que chacun était libre d'agir comme il le voulait. Sudblock nous a beaucoup aidés […]. Tout cela m'a définitivement fait changer d'opinion." En ce qui concerne plus largement la mobilisation, il déclara : "C'est par moi-même que j'ai été le plus surpris. J'ai pris conscience de ce dont j'étais capable, de mes propres capacités."

Quand certains leur faisaient remarquer la singularité de leur mouvement, rassemblant musulmans, homosexuels, femmes portant le hijab et squatteurs, tout le monde à Kotti s'esclaffait. "Je ne vois pas où est le problème. C'est les gens qui pensent de cette manière qui en ont un !, s'exclama Nuriye. Je n'en ai rien à faire. Si cela dérange quelqu'un que Taina porte une minijupe et moi un foulard, peu m'importe. Nous, on trouve que ça va bien ensemble." Elle éclata de rire. "Si cela ne vous paraît pas normal, il faut aller consulter ! Nous sommes amies. Dans ma famille et pendant toute ma vie, on m'a répété de ne pas faire attention aux apparences. Ce qui compte, c'est ce qui se trouve à l'intérieur", conclut-elle.

Le chemin vers la tolérance ne fut pas une ligne droite mais une route tortueuse. "Chacun peut faire ce qu'il veut tant qu'on ne tente pas de me convertir, déclara Nuriye. Je ne sais pas comment je réagirais si l'un de mes enfants m'annonçait qu'il était homosexuel. Je n'en sais rien", ajouta-t-elle. Sudblock proposa de sponsoriser l'équipe féminine de football dans laquelle jouaient toutes les jeunes filles turques du quartier. Leurs parents refusèrent : c'était aller trop loin que d'afficher le nom d'un club gay sur les maillots de leurs filles.

Un jour, longtemps après le début de la mobilisation, Richard Stein était dans son bar quand l'une des résidentes turques les plus conservatrices, qui portait un voile intégral, lui apporta des gâteaux. Il ouvrit la boîte. Sur l'un d'eux, elle avait ajouté un drapeau arc-en-ciel miniature en glaçage.

Mais pendant que les membres de Kotti and Co. se solidarisaient, les expulsions continuaient. Un jour, Nuriye rencontra une femme dans une situation semblable à la sienne. Rosemarie avait la soixantaine. Condamnée à se déplacer en fauteuil roulant, elle allait être expulsée de chez elle, dans un autre quartier de Berlin, parce qu'elle n'avait plus les moyens de payer son loyer. "Elle avait beaucoup souffert lorsqu'elle avait vécu en Allemagne de l'Est sous le régime communiste. Elle avait été torturée et n'était pas en bonne santé : elle était malade, physiquement et mentalement, se souvient Nuriye. La situation de cette femme qui allait être jetée dehors m'a émue." Nuriye se lança donc dans des actions plus radicales. Quand elle apprenait qu'une expulsion devait avoir lieu, elle se rendait sur les lieux, souvent accompagnée de Taina, et utilisait son gros fauteuil électrique pour bloquer l'entrée, empêchant ainsi les huissiers de pénétrer dans l'appartement.

"J'étais tellement en colère que j'ai décidé de bloquer la porte à tout prix", dit-elle. Quand la police arriva et voulut la déplacer de force, Nuriye leur dit qu'elle venait juste de subir une ablation de la vésicule biliaire (c'était vrai). "Je vous préviens : si vous me touchez et qu'il m'arrive quelque chose, j'ai des témoins autour de moi, vous aurez de gros problèmes [...]. Je ne résisterai pas, je ne vous insulterai pas, mais ce que vous faites est mal. Ne me touchez pas."

"On voyait sur leurs visages qu'ils ne s'attendaient pas à ça, me raconta Taina. Ils ne s'attendaient pas à ce genre de protestation de la part d'une femme musulmane en fauteuil roulant, qui refusait de les laisser passer et n'avait pas peur d'eux. Ils étaient armés jusqu'aux dents, comme Dark Vador, alors qu'elle était juste assise dans son fauteuil, à leur sourire et à dire : « Je ne bougerai pas d'ici. »"

Rosemarie finit malgré tout par être expulsée. Deux jours plus tard, elle mourut d'une attaque, transie de froid, dans un foyer pour sans-abris.

Peu de temps après, Nuriye elle-même fut forcée de quitter sa maison. Mais, au terme de recherches longues et chaotiques, la communauté finit par lui trouver un autre appartement à deux pas du premier.

En réponse, Kotti and Co. intensifia son action. Les protestations devinrent plus fréquentes, les membres du mouvement plaidèrent davantage leur cause, firent plus de marches, attirèrent d'autres médias. Ils continuèrent à étudier les finances des entreprises propriétaires de leurs appartements, et s'aperçurent que les élus municipaux eux-mêmes ne comprenaient pas la teneur des contrats insensés qui avaient été conclus à l'époque[2].

Finalement, un jour, près d'un an après le début de la mobilisation, la nouvelle tomba : grâce à la pression politique exercée par les habitants de Kotti, le montant de leurs loyers allait être gelé. Ils avaient l'assurance qu'ils n'augmenteraient plus. Ce qu'aucune autre cité à Berlin n'avait pu obtenir, on le leur avait concédé. C'était le fruit de leur activisme.

Tout le monde était ravi. Pourtant, quand j'en discutais avec eux, tous me dirent que, pour eux, la mobilisation dépassait désormais largement la question des loyers. L'une des habitantes de Kotti, d'origine turque, du nom de Neriman Tuncer me dit y avoir gagné bien plus qu'une diminution de loyer : ce fut pour elle l'occasion de "prendre conscience de toutes les personnes merveilleuses qui vivent autour de nous, qui sont nos voisines". Jusqu'à présent, ces gens se croisaient sans se voir, mais désormais, ils étaient là, tous ensemble. Quand elles vivaient en Turquie, ces femmes considéraient leur village entier comme leur maison. En arrivant en Allemagne, elles avaient appris à réduire leur conception de la maison à un espace délimité par quatre murs. Le sens du mot s'était recroquevillé sur lui-même, était devenu étriqué. Mais, tout à coup, quand les protestations s'étaient élevées, il s'était étendu à nouveau à l'ensemble de la cité et aux nombreuses personnes qui y vivaient.

Pendant que Neriman me racontait tout cela, je me demandais combien d'entre nous étaient, selon les critères de Kotti and Co., des sans-abris. Combien d'entre nous, s'ils devaient être chassés de leur maison ou emmenés de force dans un hôpital psychiatrique, auraient des dizaines de personnes autour d'eux pour les défendre ? "Voilà le cœur de notre mobilisation : nous sommes capables de tout parce que nous prenons soin les uns des autres, résuma l'un des habitants de Kotti. À force de prendre soin les uns des autres, nous sommes devenus plus forts", conclut-il.

Alors que nous étions assis autour du samovar, Mehmet m'avoua que si cette mobilisation n'avait pas eu lieu, il aurait laissé tomber le lycée. Il me dit avoir appris une chose : "On peut compter les uns sur les autres. Tous ensemble, on est plus forts. […] Je suis si heureux d'avoir rencontré tous ces gens formidables." Et Taina de conclure : "Nous avons tous énormément appris. Je suis désormais capable de voir les choses à travers les yeux d'un autre et cela m'ouvre de nouvelles perspectives […]. Nous sommes une grande famille."

Un autre habitant de Kotti, Sandy, me dit que la mobilisation lui avait fait prendre conscience de l'étrangeté qu'il y avait à vivre séparés, les uns à côté des autres, chacun faisant son bout de chemin de son côté, regardant sa télévision dans son coin et ignorant tous les autres autour de lui. "C'est normal de prendre soin des autres", dit-il.

Je craignais parfois que les gens à Kotti and Co. ne me prennent pour un fou, parce que je venais de temps à autre leur rendre visite, écouter leur histoire, et qu'au bout d'un moment, je me mettais à pleurer.

Avant la mobilisation, Sandy avait remarqué ceci : "De nombreuses personnes étaient dépressives. Elles s'avouaient vaincues [...]. Elles étaient vraiment désespérées, et prenaient des médicaments. [...] Tout cela les rendait malades." Nuriye avait atteint un tel niveau de désespoir qu'elle avait failli mettre fin à ses jours. Mais "grâce à la mobilisation, ces gens se sont engagés politiquement à nouveau. Ça a été une sorte de thérapie pour nous", me dit-il d'une voix douce.

Uli déclara qu'à Kotti, les habitants "s'étaient rendus publics". Quand elle me dit cela, je crus d'abord qu'il s'agissait d'une traduction maladroite, bien que son anglais fût parfait par ailleurs. Mais en y repensant, je me suis dit qu'elle avait en réalité trouvé les mots exacts pour décrire ce qu'ils avaient accompli. Ils avaient cessé de vivre de façon privée. Ils ne vivaient plus chacun de leur côté. Ils s'étaient rendus publics. Et ce n'est qu'en sortant d'eux-mêmes qu'ils avaient échappé à leur souffrance.

Deux ans après que Nuriye avait affiché son appel à l'aide sur sa fenêtre, j'appris des habitants de Kotti, en me rendant sur place pour leur faire une visite, qu'ils avaient fait équipe avec des activistes issus d'autres quartiers de Berlin pour donner plus de poids à leur lutte. Dans la capitale allemande, n'importe quel citoyen peut demander l'organisation d'un référendum à l'échelle de la ville, à condition de rassembler suffisamment de signatures. Les habitants de Kotti s'étaient donc déployés dans toute la ville pour demander aux Berlinois de signer leur pétition en faveur d'un référendum visant à limiter pour tous la hausse des loyers. Il s'agissait en réalité de tout un ensemble de réformes : l'augmentation des allocations, la mise en place de conseils élus chargés de contrôler le système de logements publics, la promesse que l'argent généré serait réinvesti dans la construction de logements sociaux accessibles et que l'on mettrait fin à l'expulsion des plus démunis.

Ils rassemblèrent le plus grand nombre de signatures jamais rassemblées à Berlin en faveur de l'organisation d'un référendum. Les membres du conseil municipal, inquiets de la radicalité de leurs propositions, contactèrent les habitants de Kotti et les autres activistes à l'origine de cette initiative pour leur proposer un marché : si vous retirez votre demande de référendum, dirent-ils, nous mettrons en œuvre la plupart de vos propositions. Si vous refusez, nous contesterons le résultat du référendum et porterons l'affaire devant les tribunaux européens pour fraude électorale, ce qui retardera les réformes pendant des années.

Ils proposèrent un large éventail de changements. Si on était trop pauvre pour payer le loyer, on pourrait bénéficier de 150 euros d'allocations supplémentaires par mois, ce qui représentait une somme importante pour une famille pauvre. L'expulsion ne serait mise en œuvre qu'en dernier ressort et serait réservée à de très rares cas. Des résidents élus pourraient désormais siéger au conseil d'administration des sociétés immobilières. "Ce n'était pas exactement ce que nous voulions, me dit Matti, mais c'était déjà beaucoup. Oui, vraiment beaucoup."

Lors de mon dernier jour à Kotti, j'étais assis à la terrasse du café Sudblock profitant du soleil hivernal avec Taina qui fumait cigarette sur cigarette. De nombreux personnages de cette histoire passaient devant moi. Le site de la mobilisation était désormais un véritable bâtiment, il ne risquait plus d'être démoli. Des femmes turques y prenaient un café, tandis que des enfants jouaient au ballon autour d'elles.

Tout en avalant sa fumée, Taina me dit que, dans notre société contemporaine, lorsque nous nous sentons déprimés, nous sommes conduits à penser que "cela se passe chez nous, ne concerne que nous. C'est parce qu'on n'a pas assez bien réussi dans la vie, qu'on n'a pas un salaire assez élevé. C'est de notre faute. C'est parce que nous sommes de mauvais parents. Et soudain, quand on descend dans la rue, on se rend compte qu'on n'est pas seul, que beaucoup sont dans le même cas [...]. De nombreuses personnes m'ont dit s'être senties désorientées et dépressives, mais elles vont mieux désormais, elles ont retrouvé la force de se battre. On sort de son coin en pleurant, puis on se lance dans la bataille".

Elle tourna la tête pour souffler sa fumée dans les airs. "Cela vous transforme. On se sent plus fort ensuite", conclut-elle.

## 16

## RECRÉER DU LIEN 1 :
## AVEC LES AUTRES

Partout ailleurs en Occident, on aurait diagnostiqué à Nuriye, comme à tous les autres habitants de Kotti, un problème chimique dans le cerveau. On leur aurait fait prendre des pilules et ils seraient restés isolés, chacun dans son petit appartement, jusqu'à ce qu'on les expulse et qu'ils se retrouvent dispersés. L'absurdité de ce système ne m'est apparue nulle part mieux qu'à Kotti. Les habitants du quartier m'ont appris que quand on redécouvre l'existence des autres, les problèmes les plus insolubles semblent tout à coup plus faciles à résoudre. Nuriye était suicidaire, Tuncai était interné dans un hôpital psychiatrique, Mehmet allait être renvoyé du lycée. Qu'est-ce qui a résolu leurs problèmes ? Le fait d'être entourés de personnes prêtes à les accompagner tout au long du chemin et à trouver collectivement des solutions à leurs difficultés, me semble-t-il. Ils n'avaient pas besoin de médicaments. Ils avaient simplement besoin d'être ensemble.

Mais ce n'était là qu'une intuition. Deux questions persistaient : au-delà des histoires personnelles de ceux que j'avais rencontrés là-bas, y avait-il des études scientifiques prouvant que de tels changements guérissent véritablement la dépression et l'anxiété ? Y avait-il un moyen d'étendre l'expérience au-delà des circonstances particulières de Kotti ?

Après avoir fait quelques lectures à propos de l'un des principaux programmes de recherche sur la question, je me suis rendu à Berkeley, en Californie, pour discuter avec l'une des sociologues qui l'avait mis en œuvre, une femme brillante nommée Brett Ford. Nous nous étions donné rendez-vous dans un café de Berkeley, connu pour être un repaire de l'extrême gauche, ce qui ne m'empêcha pas de croiser sur le trajet nombre de jeunes personnes sans-abris faisant la manche, que tout le monde ignorait. Je trouvai Brett en train de taper frénétiquement sur son ordinateur portable. Elle me dit qu'elle était en pleine recherche d'emploi. Avec ses collègues Maya Tamir et Iris Mauss, toutes deux professeures, elle avait, il y a plusieurs années, mené des recherches sur une question très simple.

Toutes trois se demandaient si la quête délibérée du bonheur était efficace[1]. Si vous décidiez, là, tout de suite, de consacrer plus de temps à rechercher activement le bonheur, cela vous rendrait-il effectivement plus heureux, dans une semaine ou dans un an ? L'équipe étudia cette question dans quatre pays : les États-Unis, la Russie (dans deux lieux différents), le Japon et Taiwan. Brett et ses collègues observèrent l'évolution de milliers de personnes, dont certaines avaient pris la décision de rechercher délibérément le bonheur et d'autres non.

Quand elles comparèrent les résultats, elles découvrirent une chose inattendue. Le fait de rechercher volontairement le bonheur ne vous rendra pas plus heureux si vous vivez aux États-Unis, alors que ce sera le cas si vous habitez en Russie, au Japon ou à Taiwan. Comment expliquer cette différence ? se demandèrent-elles.

Les sociologues savent depuis bien longtemps que, pour le dire sommairement, la façon d'envisager l'individu dans les sociétés occidentales est très différente de celle qui a cours en Asie. On peut imaginer toutes sortes de petites expériences pour s'en assurer. Prenez par exemple un groupe d'amis occidentaux et montrez-leur la photographie d'un homme s'adressant à la foule. Demandez-leur de décrire ce qu'ils voient. Ensuite, abordez le premier groupe de touristes chinois que vous voyez et répétez l'opération. La plupart des Occidentaux décriront d'abord l'homme qui se trouve face à la foule, puis la foule elle-même, alors que les Asiatiques procéderont en sens inverse : ils commenceront le plus souvent par décrire la foule, avant d'évoquer, presque incidemment, l'homme qui s'adresse à elle[2].

Vous pouvez aussi faire l'expérience avec la photographie d'une petite fille faisant un grand sourire, entourée d'autres petites filles qui ont l'air tristes. Montrez-la à des enfants et demandez-leur si la fille au milieu leur semble heureuse ou triste.

Les petits Occidentaux vous diront qu'elle est heureuse ; les petits Asiatiques qu'elle est triste. Pourquoi cela ? Parce que le fait d'isoler un individu au sein d'un groupe est naturel pour les enfants occidentaux, alors que les enfants asiatiques considèrent naturellement qu'un enfant entouré d'enfants tristes le sera aussi.

Pour le dire autrement : en Occident, nous avons une manière individualiste d'envisager les choses, alors qu'en Asie, les gens ont une façon plus collective de voir la vie.

Après avoir fait des recherches détaillées, Brett et ses collègues en conclurent que c'était là la meilleure explication à la différence qu'elles avaient observée. Si on décide de rechercher le bonheur aux États-Unis ou en Grande-Bretagne, on le recherche pour soi-même, parce que c'est à nos yeux la seule façon de procéder. On s'attache alors à faire ce que je faisais la plupart du temps, à savoir s'acheter des biens de consommation, s'efforcer d'assurer sa réussite personnelle et renforcer son propre ego. À l'inverse, si vous essayez volontairement d'être heureux en Russie, au Japon ou en Chine, vous procéderez différemment. Vous chercherez à améliorer la situation du groupe auquel vous appartenez, des gens autour de vous, car c'est pour vous la définition même du bonheur : cela semble évident. Ce sont là deux visions opposées du bonheur. Et il s'avère, pour des raisons que j'ai évoquées précédemment, que notre définition occidentale du bonheur est inadéquate : la définition collective du bonheur est la seule qui fonctionne véritablement.

"Plus vous envisagez le bonheur dans une perspective sociale, plus vous avez de chances d'être heureux", m'expliqua Brett, résumant ainsi ses propres découvertes ainsi que bien d'autres études en sciences sociales.

Tandis que Brett me parlait de ses recherches, je m'aperçus que ses résultats correspondaient tout à fait à ce que j'avais observé à Kotti. Les habitants du quartier étaient passés d'une perspective individualiste, qui consistait à s'enfermer chez soi et à y accumuler des produits de consommation, à une manière de vivre collectiviste qui supposait de former un groupe, de vivre tous ensemble et de tisser des liens les uns avec les autres. En Occident, notre être se réduit à notre ego (ou, au mieux, à notre famille) ; c'est ce qui est à l'origine de tous nos maux et de notre incapacité à être heureux.

Ces études scientifiques suggèrent qu'en percevant notre détresse et notre joie comme quelque chose que nous partageons avec les autres, nous pourrions changer cela.

Je dois avouer toutefois que quelque chose en moi résistait à cette solution. Quand je me suis mis à travailler à ce livre, je voulais avant tout trouver des solutions rapides à ma dépression et à mon anxiété ; des solutions que je puisse mettre en œuvre immédiatement, tout seul, pour me sentir mieux. Je voulais une pilule, et si les pilules ne fonctionnaient pas, une solution aussi expéditive qu'une pilule. Vous, lecteurs, qui avez choisi d'acquérir un livre sur la dépression et l'anxiété, ne désirez sans doute pas autre chose.

Alors que je discutais des idées que je comptais défendre dans ce livre avec une personne de ma connaissance, celle-ci me dit que je n'avais tout simplement pas pris la bonne pilule. Tu devrais essayer le Xanax à la place, me dit-elle. J'étais tenté de suivre son conseil. Mais je n'ai pas tardé à prendre conscience d'une chose : comment peut-on prétendre que le fait d'avaler des tranquillisants, et de placer des millions d'autres personnes sous tranquillisants pendant leur vie entière puisse être la solution à tous les maux et à toutes les souffrances légitimes que j'ai envisagées dans ce livre ?

Et pourtant, pour être tout à fait honnête, c'était là le genre de solution dont je rêvais. Une solution individuelle, que je puisse mettre en œuvre de mon côté, sans effort. Quelque chose qui prend vingt secondes à avaler le matin et qui vous permet de poursuivre votre vie bien tranquillement. Si cette solution ne pouvait pas être chimique, il fallait trouver un autre subterfuge, un autre bouton sur lequel appuyer pour faire en sorte d'aller mieux.

Ces découvertes scientifiques me montraient que cette recherche d'une solution rapide et individuelle était un piège. En réalité, elle est à l'origine même du problème que nous rencontrons. Nous nous sommes retrouvés prisonniers de notre propre ego, arrachés à toute forme de lien humain.

Je me suis alors mis à penser à l'un des clichés les plus banals de notre société : soyez vous-mêmes. Nous ne cessons de nous adresser ce genre d'injonctions. Nous poussons le vice jusqu'à en faire des mèmes. Nous prétendons ainsi encourager les personnes indécises ou déprimées. Il n'est pas jusqu'à nos bouteilles de shampooing qui nous le disent : parce que vous le valez bien.

Mais je venais d'apprendre l'inverse : si tu veux être heureux, ne sois pas toi-même[3]. Ne te focalise pas sur ce que tu vaux. C'est le fait de ne penser qu'à toi, toi, toi, qui t'a rendu si malheureux. Ne sois pas toi-même, sois nous. Pense collectif. Fais partie du groupe. Fais en sorte que le groupe le vaille bien. Tout ce que j'avais appris m'indiquait que la première étape vers le bonheur consistait à renverser les barrières de l'ego, à laisser notre histoire se mêler à celles des autres et, réciproquement, à mettre en commun nos identités et à réaliser que nous n'avions jamais vraiment été nous-mêmes, ce héros triste et solitaire.

Non, ne soyez pas vous-mêmes. Tissez des liens avec tous ceux qui vous entourent. Faites partie d'un tout. Ne souhaitez pas être celui qui parle à la foule, mais la foule elle-même.

Pour résoudre notre dépression et notre anxiété, la première étape et la plus cruciale, consiste donc à se regrouper, exactement comme à Kotti, pour déclarer à notre tour que ce qu'on nous a proposé jusqu'ici ne nous suffit pas. Que les vies que toute une propagande nous ordonne de vivre ne répondent pas à nos besoins psychologiques en termes de lien social, de sécurité et d'intimité. Que nous demandons mieux et que nous allons nous battre, tous ensemble, pour l'obtenir. Le mot clé, ici, celui qui résume la manière de penser des habitants de Kotti, le voici : "nous". Le combat collectif *est* la solution, ou du moins un élément fondamental pour la trouver. Les habitants de Kotti n'ont pas réussi à imposer l'ensemble de leurs revendications, mais le seul fait de s'être rassemblés pour se battre leur a donné le sentiment ne plus être de simples individus séparés : ils sont devenus un collectif.

Je sais que mon livre sera rangé dans le rayon "développement personnel" de certaines librairies. Mais désormais, il m'apparaît clairement que cette façon d'envisager les choses est en partie responsable du problème lui-même. Jusqu'ici, quand je n'allais pas bien, j'avais cherché à m'en sortir personnellement. Je m'étais refermé sur moi-même. Je pensais que quelque chose n'allait pas chez moi et qu'il fallait donc que je répare et renforce mon moi. Celui-ci prenait des proportions inimaginables. En réalité, il ne peut y avoir de solution dans le moi. La seule réponse à nos maux se trouve au-delà.

Mon désir de trouver une solution individuelle et privée, l'équivalent, sur le plan psychologique, d'une pilule à avaler, était précisément le symptôme de l'état d'esprit qui m'avait rendu dépressif et anxieux.

Après avoir appris tout cela, je me promis de faire les choses différemment. Avant, lorsque je me sentais tomber dans la dépression ou l'anxiété, je paniquais et tentais vainement de garder la tête hors de l'eau. J'essayais de faire quelque chose pour moi, de m'acheter quelque chose, de regarder un film que j'aimais, de lire un de mes livres préférés ou de partager ma détresse avec un ami. Tout cela visait à soulager ma souffrance individuelle et ne fonctionnait guère. Souvent, je m'enfonçais plus profondément encore dans mon désespoir.

Après avoir lu l'étude de Brett, j'ai compris mon erreur. Désormais, quand je me sens mal, loin de faire quelque chose pour moi, je tente de me rendre utile à quelqu'un d'autre. Je rends visite à un ami, je l'écoute longuement parler de ses sentiments et je fais en sorte qu'il se sente mieux. Je me mets au service de mes proches, de mes connaissances, voire d'inconnus en difficulté. Ça a été pour moi l'occasion de découvrir une chose insoupçonnée. Même quand vous êtes au plus mal, vous avez presque toujours la possibilité d'améliorer le sort de quelqu'un. Quelquefois, je m'engageais dans des causes plus directement politiques pour tenter de rendre le monde meilleur.

Cette technique ne fonctionne pas à tous les coups, mais je me suis rendu compte que l'appliquer me faisait la plupart du temps sortir de mon abattement. En tout cas, elle fonctionnait bien mieux que mes piteuses tentatives pour me remonter le moral dans mon coin.

Autour de cette époque, j'appris l'existence d'autres études consacrées à ce sujet et, cette fois, je décidai d'aller directement à la rencontre des participants.

J'aperçus pour la première fois une carriole amish au milieu des grandes plaines de l'Indiana, alors que je la dépassais en voiture à quatre-vingts kilomètres-heure. Le long de l'autoroute, un homme en robe noire avec une longue barbe était perché sur une charrette tirée par des chevaux. Derrière lui étaient assis deux femmes et un enfant qui me paraissaient tout droit sortis d'un film historique de la BBC se déroulant au XVII<sup>e</sup> siècle. Entourés des vastes étendues du Midwest, l'horizon pour seule perspective, on aurait presque dit des fantômes.

Le Dr Jim Cates et moi avions fait deux heures de voiture depuis Fort Wayne, la ville la plus proche, pour atteindre une bourgade amish du nom d'Elkhart-LaGrange. En tant que psychologue, Jim s'intéresse à l'état psychologique de certains amish qui ont enfreint la loi. Bien qu'il soit un "Anglais" (c'est ainsi que les amish désignent les individus qui ne font pas partie de leur groupe), il est l'une des rares personnes à avoir réussi à vivre pendant plusieurs années dans leur communauté. Il accepta de me les présenter.

Nous traversâmes une partie de la bourgade à pied, croisant de nombreux autres chevaux et des femmes vêtues exactement comme leurs ancêtres, trois cents ans plus tôt. Quand les amish s'étaient installés aux États-Unis, ils étaient fermement décidés à vivre selon une interprétation très stricte de la foi chrétienne et à rejeter toute nouveauté qui risquerait de les détourner de leur mode de vie. C'est ce qu'ils ont fait jusqu'à présent. Je m'apprêtais donc à rencontrer des gens qui n'étaient pas reliés au réseau d'électricité, n'avaient ni télévision, ni Internet, ni voiture, et ne possédaient presque aucun bien de consommation. Leur langue maternelle était dérivée de l'allemand. Ils fréquentaient rarement des personnes qui n'étaient pas amish. Leurs enfants étaient scolarisés dans des écoles séparées, et ils avaient un système de valeurs radicalement différent du reste des États-Unis.

Ils me rappelaient une communauté juive ultra-orthodoxe qui vivait non loin du lieu où j'avais grandi. Lorsque je les croisais dans la rue, j'étais perplexe, je me demandais qui pourrait bien vouloir vivre comme eux. En grandissant, je développai même, pour être tout à fait franc, un certain mépris pour ce genre de communautés qui refusaient obstinément les bénéfices du monde moderne. Leur mode de vie me paraissait complètement anachronique[4]. Mais en me penchant sur les faiblesses de notre propre système, je me dis qu'ils avaient peut-être quelque chose à m'apprendre. C'est du moins ce que suggère une étude capitale.

Freeman Lee Miller nous attendait devant un café-restaurant. Il avait près de trente ans et portait une barbe de longueur moyenne : les amish commencent à la laisser pousser au moment de leur mariage. Alors que nous avions à peine échangé quelques mots, il me désigna un bâtiment non loin du lieu où nous nous trouvions : "Vous voyez ce toit vert et rouge, cette grange juste là ? C'est là que j'ai grandi", dit-il. Il avait passé toute son enfance ici, entouré de ces quelques maisons, partageant son existence avec quatre générations de sa famille, remontant jusqu'à ses arrière-grands-parents. Ils tiraient leur électricité de batteries ou de bouteilles de gaz, et ne voyageaient pas au-delà des destinations accessibles à pied ou en calèche.

Par conséquent, si un parent était absent, "quantité d'autres étaient là pour vous remettre dans le droit chemin". Vous étiez constamment entouré d'adultes et d'enfants : "Il est clair que je n'ai jamais manqué d'attention", me dit Freeman Lee. L'idée même de passer du temps avec sa famille n'existait pas chez les amish, tout simplement parce qu'ils étaient *toujours* en famille. "Passer du temps en famille consistait souvent à aller travailler aux champs ou à traire les vaches", précisa-t-il. Le reste du temps, il s'agissait du traditionnel dîner en famille ou d'événements collectifs. Il m'expliqua qu'à la différence de la famille anglaise, la famille amish n'est pas constituée seulement de votre mère, de votre père et de vos frères et sœurs. C'est une grande tribu d'environ 150 personnes en interaction constante, constituée de tous les amish vivant à distance de marche ou de calèche de chez vous. Les amish n'ont pas d'églises : les différents membres de la communauté se relaient pour accueillir la messe du dimanche chez eux. Il n'existe pas non plus de hiérarchie établie : chacun exerce à tour de rôle la fonction de pasteur après avoir été tiré au sort.

"Nous accueillons la messe chez nous ce dimanche", m'annonça Freeman Lee. Seraient présents non seulement leurs proches, mais aussi tous les autres membres de la communauté amish, ceux qu'ils connaissaient le mieux, comme ceux auxquels ils n'avaient quasiment jamais adressé la parole. "Cela permet de faire connaissance [...]. Il s'agit de créer des liens affectifs à l'intérieur de notre communauté. C'est sur ces gens-là qu'on peut compter en cas de crise : tout à coup, vous avez plein de monde autour de vous."

À seize ans, tous les amish font un voyage qui leur permet de porter un regard étonnamment aiguisé sur notre société. Ils doivent quitter leur communauté pour aller vivre dans le monde des "Anglais" pendant quelques années. Ils appellent cela partir en *rumspringa*. Pendant deux ans en moyenne, ils sont libres de ne pas suivre les règles de vie strictes des amish. Ils peuvent boire de l'alcool, se rendre dans des clubs de strip-tease (en tout cas, c'est ce que fit Freeman Lee), utiliser le téléphone et Internet. Lee m'avoua qu'il ne comprenait pas pourquoi personne n'avait encore pensé à créer une marque de rhum nommée Rumspringa. Une fois qu'ils en avaient fini de leurs folies de jeunesse, ils devaient faire un choix : abandonner tout cela et rejoindre l'Église amish ou rester vivre dans le monde. Si vous décidiez de rester, vous pouviez toujours retourner chez vous de temps à autre et rendre visite à votre communauté, mais vous ne seriez jamais un amish. Environ 80 % des jeunes choisissaient de retourner dans l'Église[5]. Cette possibilité de faire l'expérience de la liberté est l'une des raisons pour lesquelles les amish ne sont pas considérés comme une secte. L'appartenance à la communauté résulte d'un véritable choix.

Freeman Lee m'avoua qu'il avait apprécié nombre de choses dans le monde extérieur : il gardait un souvenir ému des matchs de baseball à la télévision et regrettait parfois de ne pas pouvoir écouter les dernières chansons pop. Mais l'une des raisons qui l'avaient poussé à rentrer était que, selon lui, une communauté amish était un lieu bien plus agréable où passer son enfance et élever son enfant. Dans le monde, il avait l'impression que "les gens n'arrêtaient pas de courir. Ils n'ont pas de temps à consacrer à leur famille et à leurs enfants". Il n'arrivait pas à imaginer ce qu'il advenait des enfants dans une société comme celle-là. Comment faisaient-ils pour grandir ? Quel genre de vie leur offrait-on ? Je lui demandai en quoi l'achat d'une télévision, par exemple, modifierait la relation qu'il entretenait avec ses enfants. "Nous pourrions la regarder ensemble, c'est vrai, me répondit-il en haussant les épaules. Nous pourrions partager un moment devant la télévision, mais cela n'a rien à voir avec le fait de sortir se promener dans le jardin, ou de nettoyer la calèche ensemble. Absolument rien à voir."

Plus tard, je rencontrai Lauron Benchey, un amish d'un peu moins de quarante ans qui, dans le cadre de sa profession de commissaire-priseur, présidait à la vente aux enchères des biens saisis après certaines expropriations. Assis dans son salon tapissé de livres (son auteur préféré était William Faulkner), il me dit qu'une des clés pour comprendre la différence entre le monde des amish et le monde extérieur était de penser que les amish avaient délibérément choisi de ralentir le rythme et ne vivaient pas ce ralentissement comme une perte. Il savait que je venais de parcourir plusieurs milliers de kilomètres en avion, et me dit : "Quant à moi, j'adorerais pouvoir me rendre en Terre sainte, mais notre Église nous interdit de prendre l'avion. Cela nous permet de ne pas aller trop vite et de garder le lien avec notre famille. Si nous pouvions prendre l'avion, je pourrais très bien faire l'aller-retour en Californie pour une vente, mais je n'en ai pas le droit, alors je suis plus souvent à la maison."

Mais pourquoi choisir la lenteur ? demandai-je. On perd certaines choses en allant lentement, concéda Lauron, mais, selon lui, on en gagne plus encore. On gagne "ce sentiment de proximité avec ses voisins. Si nous avions des voitures, notre paroisse s'étendrait à une vingtaine de kilomètres à la ronde. Nous ne vivrions pas si près les uns des autres. Nos voisins ne viendraient pas si souvent partager notre dîner. [...] Cette proximité physique crée une proximité spirituelle. Les automobiles et les avions sont bien pratiques, nous admettons l'utilité de cette vitesse mais nous avons collectivement décidé de la refuser pour rester une communauté étroitement liée".

Quand vous pouvez vous rendre n'importe où, grâce aux moyens de transport et à Internet, vous finissez, selon lui, par n'être vraiment nulle part. À l'inverse, les amish ont en permanence "le sentiment d'être chez eux". Pour éclairer son propos, il utilisa l'image suivante : la vie humaine, dit-il, est comme un grand feu de bois. Pris isolément, un charbon ardent ne tardera pas à s'éteindre. Nous nous réchauffons les uns les autres en restant tous ensemble, conclut-il. "J'aurais adoré être chauffeur de poids lourds, pour voir du pays et être payé sans avoir à transpirer, reprit-il. Ou bien regarder les matchs de la NBA tous les soirs. J'aime bien *That '70s Show*, je trouve les personnages hilarants. Mais je renonce volontiers à tout cela."

Au fil de la conversation, il se mit à comparer les amish aux communautés du monde "anglais", tels que les Weight Watchers, un groupe de soutien qui rassemble des personnes voulant perdre du poids. Seules, ces personnes seraient incapables de résister à la tentation de la nourriture, mais en formant un groupe, en se serrant les coudes et en s'encourageant les unes les autres, elles y parviennent. Je ne le quittais pas des yeux, tentant de saisir où il voulait en venir.

"Si je comprends bien, vous êtes en train de dire que la communauté amish est un peu comme un groupe de soutien visant à résister aux tentations de la civilisation individualiste. C'est ça ?"

Après un instant de réflexion, Lauron me répondit en souriant : "C'est l'un de ses grands avantages, oui."

En confirmant ce que j'avais appris jusqu'ici, cette visite chez les amish acheva de me déstabiliser. Plus jeune, j'aurais refusé d'y voir autre chose qu'une communauté arriérée. Mais une importante étude sur la santé mentale des amish, menée dans les années 1970, avait montré que les cas de dépression étaient nettement moins fréquents chez eux que chez les autres Américains[6]. Depuis, de nombreuses études de moindre envergure ont confirmé ces résultats.

C'est à Elkhart-LaGrange que j'ai eu le meilleur aperçu de ce dont nous a privés le monde moderne et de ce que nous y avons gagné en retour. Les amish avaient un très fort sentiment d'appartenance ; leur vie avait un sens. Mais je savais bien que leur mode de vie était loin d'être la panacée. Jim et moi passâmes un après-midi avec une femme amish qui avait supplié les autres membres de la communauté de lui venir en aide car son mari s'en prenait violemment à elle et à ses enfants. Les doyens de la communauté lui avaient objecté qu'une femme amish devait se soumettre à son mari en toutes circonstances. Elle continua d'endurer ces sévices pendant de nombreuses années, jusqu'au jour où elle décida finalement de s'en aller, s'attirant les foudres de la majeure partie de la communauté.

L'unité de ce groupe forçait l'admiration à bien des égards, mais elle se fondait parfois sur des principes religieux extrêmes et brutaux. Les femmes étaient traitées en inférieures ; les homosexuels étaient atrocement rejetés ; le fait de battre les enfants n'avait rien de condamnable. Elkhart-LaGrange me rappelait le village où mon père avait grandi, dans les montagnes suisses : on y trouvait une communauté très unie et un fort sentiment d'appartenance, mais cela n'allait pas sans un mode de fonctionnement parfois pervers. L'appartenance à la communauté et le besoin de sens sont si forts que, pour certaines personnes, ils peuvent peser plus lourd dans la balance que les terribles souffrances qui leur sont infligées.

S'agit-il d'une contrepartie nécessaire ? me demandai-je. Le fait d'avoir plus de droits et de libertés individuelles implique-t-il nécessairement de renoncer aux bénéfices d'une communauté qui donne sens à nos vies ? Doit-on nécessairement choisir entre la belle, mais brutale convivialité d'Elkhart-LaGrange et la liberté dépressive d'Edgware, la ville où j'ai grandi ? Je ne veux pas abandonner tous les bénéfices du monde moderne pour me réfugier dans un passé mythique qui offrait certes un lien social plus fort, mais était aussi bien plus violent. Je voulais essayer de trouver une synthèse entre ces deux options, qui nous permette de retrouver la convivialité de la communauté amish, sans pour autant adhérer à une idéologie qui m'apparaissait parfois odieuse. À quoi devrions-nous renoncer pour y parvenir ? Qu'y gagnerions-nous ?

Au cours de mes voyages, j'ai découvert d'autres techniques et d'autres modes de vie, qui me semblent offrir un début de réponse à ces questions.

Au beau milieu du pays amish, Freeman Lee me dit qu'il savait combien son monde devait me paraître étrange. "Je comprends que vous ayez du mal à comprendre notre mode de vie, dit-il. Mais nous pensons qu'on peut avoir, ici sur terre, un avant-goût du paradis si on prend le temps d'interagir avec les autres. Ça doit ressembler à ça le paradis, pour nous : à la fin de notre vie, si on a la chance d'y aller, on pourra continuer à communiquer avec les autres. On le voit comme ça." Si votre représentation du paradis est d'être entouré pour l'éternité de ceux que vous aimez, pourquoi ne pas choisir dès aujourd'hui, tant que vous êtes en vie, de passer du temps à leurs côtés ? me demanda-t-il. Pourquoi préférer se perdre dans un brouillard de distractions ?

## 17

## RECRÉER DU LIEN 2 :
## PRESCRIRE UNE VIE SOCIALE

Je voyais bien pourquoi tant de gens à Kotti échappaient à la dépression et à l'anxiété, mais ils se trouvaient dans des circonstances particulières. Je me demandais s'il était possible de passer, comme eux, de l'isolement au lien social. Pendant tout le temps qu'avait duré ma dépression, la réponse se trouvait à quelques kilomètres de moi, dans une petite clinique située dans un quartier pauvre de Londres. Les équipes médicales qui y travaillaient pensaient avoir trouvé le moyen de généraliser l'expérience qu'ils y avaient menée.

Lisa Cunningham s'assit dans le cabinet de son médecin, dans l'est de Londres, et lui expliqua qu'il était impossible qu'elle soit dépressive, avant d'éclater en larmes, prise de sanglots irrépressibles. "Mon Dieu, lui dit son médecin, vous êtes bel et bien dépressive." Tandis qu'elle laissait sortir sa souffrance, Lisa se disait : cela ne peut pas m'arriver à moi. Je suis infirmière dans un hôpital psychiatrique. Mon travail consiste à résoudre ce genre de problèmes, pas à y succomber.

À bientôt trente-cinq ans, elle n'en pouvait plus. Nous étions alors au milieu des années 1990 ; cela faisait plusieurs années qu'elle travaillait en tant qu'infirmière dans un service psychiatrique de l'un des principaux hôpitaux de Londres. Cet été-là avait été l'un des plus chauds de toute l'histoire de la ville, ce qui n'avait pas empêché la direction de couper la climatisation dans son service (pour faire des économies, semble-t-il). En nage, elle avait vu les choses aller de mal en pis. Son service accueillait des malades atteints de diverses maladies mentales dont la gravité

rendait nécessaire une hospitalisation, allant de la schizophrénie aux troubles bipolaires en passant par la psychose. Elle était
devenue infirmière pour aider ces gens, mais elle réalisa peu à
peu que l'hôpital pour lequel elle travaillait se contentait de les
gaver de médicaments.

Un jeune homme qui avait été interné pour psychose était
tellement imbibé de médicaments qu'il tenait à peine sur ses
jambes. Lisa avait vu son frère le porter sur ses épaules depuis sa
chambre jusqu'à la cantine afin qu'il puisse se nourrir. L'une de
ses collègues s'était moquée de lui et avait déclaré, faisant référence à un sketch des Monty Python : "Non mais c'est le minis-
tère des marches stupides, ici. Regardez-moi ses jambes !" Une
autre fois, une patiente avait été prise d'incontinence, et une infirmière l'avait réprimandée devant tout le monde. "Voyez-moi ça :
elle s'est fait pipi dessus, s'était-elle exclamée. Tu ne pourrais pas
aller aux toilettes quand tu en as envie ?"

Quand Lisa avait le malheur de dire que les patients étaient traités de façon inhumaine, on lui répondait qu'elle était "trop sensible" et, en peu de temps, toutes les infirmières s'étaient liguées
contre elle. Lisa avait grandi dans une maison où les violences
étaient quotidiennes, de sorte que cette façon de s'en prendre à
quelqu'un pour le rabaisser lui était à la fois familière et insupportable. "Un jour, en allant au travail, je me suis dit : je ne sup-
porte plus d'être ici, me confia-t-elle. J'étais assise à mon bureau,
fixant mon écran d'ordinateur, je n'arrivais à rien faire. C'était
physique. Alors j'ai pensé : je ne me sens pas bien, je vais rentrer."
De retour chez elle, Lisa ferma la porte derrière elle, se traîna jusqu'à son lit et se mit à pleurer. Durant les sept années suivantes,
elle ne le quitta qu'en de rares occasions.

Pendant ces longues années de dépression, une journée type
pour Lisa consistait à se réveiller à midi, rongée par l'anxiété.
"Une anxiété vraiment terrible", précisa-t-elle. Elle était assaillie de questions : "Que pense-t-on de moi ? Aurais-je la force de
sortir ? Je vivais dans l'est de Londres : on ne peut guère y faire
un pas dehors sans voir du monde." Jour après jour, elle se
maquillait, espérant trouver le courage de franchir sa porte, mais
elle enlevait tout l'instant d'après pour s'effondrer à nouveau sur
son lit. S'il n'y avait eu ses chats, qu'il fallait bien nourrir, elle se

serait laissée dépérir, seule chez elle. Au lieu de cela, elle se ruait au petit magasin situé à cinq portes de chez elle, faisait des stocks de nourriture pour chat, de chocolat et de crèmes glacées, puis rentrait chez elle en courant. Peu de temps avant d'obtenir son arrêt maladie, on lui avait prescrit du Prozac et, sous l'effet du médicament, elle avait pris plus de cent kilos. Elle mangeait compulsivement : "du gâteau glacé au chocolat, des barres chocolatées, et presque rien d'autre pendant la journée", m'avoua-t-elle.

Lorsque j'en ai discuté avec elle, des années plus tard, Lisa avait encore du mal à évoquer ces années de sa vie. "La dépression me handicapait complètement, me dit-elle. Toute ma confiance en moi s'était envolée. Avant, j'adorais danser. Quand j'ai emménagé à Londres, j'ai gagné la réputation d'être toujours la première personne à me mettre à danser ; on me laissait entrer gratuitement dans les boîtes de nuit. « C'est Lisa ? Laisse-la entrer, elle ne va pas tarder à danser. » Mais ma dépression a tout emporté sur son passage. J'avais l'impression de n'être plus moi-même […]. J'avais perdu mon identité", me confia-t-elle.

Jusqu'au jour où son médecin lui parla d'un nouveau genre de traitement et lui demanda si elle voulait tenter l'expérience.

Un après-midi, au milieu des années 1970, dans la grisaille de la côte ouest de la Norvège, deux garçons de dix-sept ans travaillaient sur un chantier naval. Ils faisaient partie d'une équipe chargée de construire un grand navire. Le vent avait été fort la nuit précédente et, pour éviter que la grue ne se renverse, ils l'avaient attachée à un lourd rocher à l'aide d'un grappin. Le lendemain, oubliant que la grue était immobilisée, un ouvrier tenta de la déplacer. Les deux garçons entendirent un lourd fracas et virent tout à coup la grue basculer sur eux. L'un d'eux, Sam Everington, réussit à se dégager à temps, mais il vit son camarade, juste à côté de lui, disparaître sous la grue.

"Il y a des moments, dans la vie, où vous croyez votre dernière heure venue", me dit Sam. Après avoir vu son ami mourir sous ses yeux, il se fit la promesse de ne pas traverser sa vie comme un zombie mais de vivre pleinement, en laissant de côté les scénarios éculés pour aller à l'essentiel.

Sam se rappela le malaise qu'il avait ressenti, lorsque, jeune médecin dans l'est de Londres, il n'avait pu s'empêcher de remarquer une chose qu'il aurait dû ignorer. Face aux nombreux patients souffrant de dépression et d'anxiété qui venaient le voir, sa formation lui avait appris comment réagir. "À l'école de médecine, tout se réduisait à la dimension biomédicale. Ce que vous décriviez comme une dépression était en fait lié aux neurotransmetteurs, ce n'était rien de plus qu'un déséquilibre chimique", me dit-il. Les médicaments étaient donc la seule solution. Mais cela ne correspondait pas vraiment à ce qu'il observait. Lorsque Sam prenait le temps d'écouter ses patients, ce diagnostic initial (l'idée d'un dysfonctionnement du cerveau) "n'était que très rarement au cœur de leur problème". Il y avait presque toujours quelque chose de plus profond, qu'ils révélaient aussitôt que Sam prenait la peine de les interroger.

Un jour, un jeune originaire de l'est de Londres était venu le voir, se sentant terriblement abattu. Sam avait sorti son carnet d'ordonnances, hésitant à lui prescrire des pilules ou à l'adresser aux services sociaux. Mais le jeune homme lui avait dit en le regardant droit dans les yeux : "Je n'ai pas besoin d'une foutue assistante sociale. J'ai besoin du salaire d'une assistante sociale." Sam l'avait regardé à son tour et s'était dit : "C'est lui qui a raison." En y réfléchissant, il prit conscience que sa formation lui faisait "rater quelque chose". Tout ce qu'il avait appris le conduisait à "passer complètement à côté de la solution". La plupart de ses patients étaient dépressifs parce qu'ils avaient été privés de tout ce qui fait que la vie vaut d'être vécue. Il se souvint alors du serment qu'il s'était fait, encore adolescent, et se mit à se demander : que doit-on faire pour apporter une réponse honnête à la dépression ?

En entrant pour la première fois dans la clinique où officiait Sam, le centre Bromley-by-Bow, situé dans un coin bétonné de l'est de Londres, entre deux tours, près de la sortie d'un énorme tunnel automobile, Lisa se sentait très mal à l'aise. Cela faisait des années qu'elle n'était presque pas sortie de chez elle. Ses cheveux avaient poussé et s'étaient mis à friser, lui donnant un air négligé. Elle se dit qu'elle ressemblait à Ronald McDonald. Elle doutait que ce nouveau programme puisse vraiment l'aider, et n'était pas sûre de supporter longtemps d'être entourée de gens.

L'idée de Sam (et de ceux qui partageaient sa vision des choses, avec qui il avait monté ce projet) était très simple. Il pensait que la dépression de ses patients n'était pas liée à leur corps ou à leur cerveau, mais à leur vie : pour les aider à s'en sortir, il fallait donc les aider à changer de vie. Ils avaient avant tout besoin d'une vie sociale. Son équipe[1] l'aida à transformer son cabinet en un centre d'accueil pour tous les groupes de volontaires de l'est de Londres, et à monter une expérience sans précédent. Quand vous vous rendiez chez l'un des médecins du centre, ce dernier ne se contentait pas de vous prescrire des pilules. Il vous prescrivait l'une des nombreuses manières de vous reconnecter, que ce soit avec les autres, avec la société ou avec vos valeurs fondamentales.

Lisa se vit prescrire une chose qui, de l'extérieur, pouvait sembler simpliste. Au coin du centre médical se trouvait un misérable lopin de terre envahi par les broussailles, que les habitants du quartier surnommaient "l'allée aux crottes de chien". Il n'y avait là que des herbes folles, un kiosque à musique délabré et, comme son nom le suggérait, des crottes de chien. Sam participa donc à la création d'un programme qui visait à transformer cet affreux terrain vague en un petit jardin public plein de fleurs et de légumes. Sous la coordination de l'un des employés du centre, le projet était confié à une vingtaine de patients volontaires souffrant de dépression ou d'autres types de détresse psychologique. Cet endroit est à vous, leur dirent les médecins. Aidez-nous à l'embellir.

Le premier jour, en regardant tour à tour ce coin broussailleux et les autres volontaires, Lisa fut prise de panique à l'idée de la responsabilité qui pesait sur leurs épaules. Ils n'arriveraient à rien en travaillant deux jours par semaine. Son cœur se mit à cogner dans sa poitrine.

Elle réussit néanmoins à surmonter sa nervosité et, après quelques hésitations, finit par engager la conversation avec plusieurs membres du groupe. Elle fit ainsi la connaissance d'un ouvrier blanc qui lui raconta avoir arrêté les études très jeune. Plus tard, les médecins lui confièrent que, lors de ses précédentes visites au centre, il avait eu des comportements si agressifs et menaçants qu'ils avaient failli ne pas l'intégrer au programme. Elle rencontra également M. Singh, un vieil homme d'origine asiatique qui disait avoir voyagé dans le monde entier et lui raconta des histoires fantastiques sur les endroits qu'il avait visités[2]. Le groupe comprenait également deux personnes qui avaient d'importantes difficultés d'apprentissage, et des gens issus de la classe moyenne qui n'arrivaient pas à surmonter leur désespoir. En les observant, Lisa se dit que ces gens ne se seraient jamais adressé la parole dans un autre endroit. Si différents qu'ils soient, ils réussirent néanmoins à s'accorder sur un objectif commun : faire de ce lieu un petit parc que les gens traverseraient avec plaisir.

Les premiers mois, ils s'informèrent sur les graines et les plantes et discutèrent de ce à quoi le petit parc devait ressembler. Il n'y avait parmi eux que des citadins : ils n'y connaissaient rien. Ils prirent conscience du fait qu'ils avaient encore beaucoup à apprendre sur la nature. Ce fut un long processus. Ils passèrent une semaine à planter des graines qu'ils s'attendaient à voir pousser, mais il n'en fut rien. Ce n'est qu'après avoir eu l'idée de plonger leurs doigts dans la terre qu'ils s'aperçurent de leur erreur : sur toute une partie de l'allée, ils avaient planté dans de l'argile. Au fil des semaines, il devint de plus en plus évident qu'ils allaient devoir s'instruire sur le rythme des saisons et sur la terre qui se trouvait sous leurs pieds.

Ils décidèrent de planter des jonquilles, quelques arbustes et des plantes à floraison saisonnière. Au départ, cela leur parut laborieux et difficile. Ils réalisèrent qu'"il faut compter avec la nature. On ne peut rien y changer : le temps est ce qu'il est, les saisons aussi. Les plantations, ça prend ou ça ne prend pas. Ça s'apprend. Il faut savoir être patient. On ne peut pas faire ça en deux temps trois mouvements. Créer un jardin demande du temps, de l'énergie et des efforts [...]. Lors de certaines séances de jardinage, il arrive qu'on ait l'impression que notre action n'a servi à rien, mais en venant chaque semaine pendant un certain temps, on voit la différence", me dit Lisa. Elle était en train d'apprendre que le jardinage est "un engagement de longue haleine qui nécessite beaucoup de patience".

La plupart du temps, quand les patients souffrant de dépression ou d'anxiété se voient offrir un traitement autre que médicamenteux, ils se trouvent forcés de parler de ce qu'ils ressentent alors que, bien souvent, c'est la dernière chose dont ils ont envie. Leurs sentiments leur sont insupportables. Dans ce cas précis, on leur offrait au contraire une occupation régulière sur le long terme, sans leur mettre aucune pression pour qu'ils parlent d'autre chose que du projet qu'ils avaient en commun. Mais à mesure qu'ils faisaient plus ample connaissance, ils commencèrent à se confier, à leur propre rythme. Lisa raconta son histoire aux membres du groupe qu'elle appréciait particulièrement, et ils se livrèrent à elle en retour.

C'est alors que Lisa prit conscience d'une chose : tous avaient une bonne raison de se sentir mal. L'un des participants avait fini par avouer à Lisa, en chuchotant, qu'il dormait toutes les nuits dans le bus 25 : les chauffeurs, sachant qu'il était sans-abri, le laissaient faire. En le regardant, Lisa pensa : comment peut-on éviter de tomber en dépression dans ce genre de situations ? Exactement comme les médecins cambodgiens avaient réalisé que c'était une vache qu'il fallait au paysan dépressif, Lisa s'aperçut que de nombreuses personnes de son groupe de jardinage avaient avant tout besoin de solutions pratiques. Elle se mit donc à harceler de coups de téléphone les services sociaux jusqu'à ce qu'ils accordent un logement à cet homme. Durant les mois qui suivirent, son état s'améliora sensiblement.

Quelque temps plus tard, le groupe vit ses plantations fleurir. Des gens se mirent à traverser le petit jardin public et à remercier, au passage, ces personnes qui, pendant si longtemps, s'étaient renfermées sur elles-mêmes et senties complètement inutiles. Une vieille femme blanche avait pris l'habitude de s'arrêter chaque fois auprès d'eux en rentrant des courses et de donner de l'argent aux femmes bengalies pour qu'elles plantent davantage de fleurs. M. Singh, le vieil homme bengali, décrivait au groupe comment ces plantes s'inscrivaient dans l'ensemble de l'univers et faisaient partie d'un plan cosmique. Tous commençaient à sentir que leur existence avait un sens, fût-il modeste, et qu'ils pouvaient se rendre utiles.

Un jour, un autre membre du groupe interrogea Lisa sur les causes de sa dépression. Quand elle les lui exposa, il s'exclama : "Ça alors, on t'a persécutée au travail ? Moi aussi !" Plus tard, il lui avoua que cette discussion avait constitué un véritable tournant pour lui : "Je me suis rendu compte que nous étions pareils", lui expliqua-t-il.

Alors qu'elle me racontait cela, les larmes montèrent aux yeux de Lisa : "Mon Dieu, c'était donc ça, le but du projet !"

La plupart des membres du groupe sortirent de cette expérience guéris de deux formes graves de "ruptures". La perte du lien social, d'abord. Sam a créé un café à l'intérieur du centre de Bromley-by-Bow : les patients s'y rassemblaient après leurs séances de jardinage. En quelques mois, Lisa s'aperçut qu'elle criait presque lorsqu'elle s'adressait aux autres : c'était un tel soulagement de pouvoir enfin parler à quelqu'un, après un si long isolement. Avant, elle avait peur de passer le pas de sa porte et se sentait horriblement gênée en présence des autres ; désormais, grâce à l'aide qu'elle avait reçue, elle avait passé ce premier seuil. "Je pensais être incapable de retrouver un lien avec les autres", me dit-elle. Mais à mesure qu'elle s'était sentie concernée par leurs problèmes et leurs joies, elle s'était ouverte aux autres : "Je me suis libérée de mon obsession pour moi-même, car je me suis mise à m'inquiéter du sort des autres", me raconta-t-elle.

Phil, ce jeune ouvrier blanc si irritable qu'il avait effrayé les médecins et failli ne pas faire partie du programme, prit sous son aile les deux membres du groupe qui rencontraient des difficultés d'apprentissage. Il fut le premier à veiller à ce qu'ils puissent participer à toutes les activités. C'est également lui qui eut l'idée de leur proposer à tous de passer un diplôme d'horticulture, ce qu'ils firent tous ensemble.

La deuxième rupture à laquelle ce programme mit un terme, selon Lisa, était la perte du lien avec la nature. "Cela a clairement un effet de faire quelque chose en lien avec notre environnement naturel, même s'il s'agit simplement de travailler sur une parcelle embroussaillée au beau milieu de la ville, dit-elle. Cela m'a permis de recréer un lien avec la terre et de remarquer certains petits détails que j'avais ignorés jusqu'ici. On oublie alors le bruit des avions et des voitures et on prend conscience de notre petitesse, de notre insignifiance." Plus tard, elle ajouta : "Je me salissais les mains, littéralement" et cela l'aida à développer une "conscience de l'environnement. Je n'étais pas seule : il y avait le ciel, le soleil au-dessus de ma tête [...]. Tout ne tournait plus autour de moi, de mon combat contre l'injustice. Il y avait quelque chose de plus vaste, dans lequel je devais m'inscrire à nouveau. Voilà ce que je ressentais, assise sur les pavés du petit jardin public, les mains plongées dans les plates-bandes", continua-t-elle.

Grâce à ce petit programme, "deux choses avec lesquelles j'avais complètement perdu contact [les autres et la nature] étaient de retour dans ma vie", dit-elle.

C'était comme si Lisa et les autres membres du groupe étaient soudain revenus à la vie. Pour la première fois depuis des années, ils étaient fiers de ce qu'ils avaient accompli. Ils avaient réalisé quelque chose de beau. En visitant l'espace vert qu'ils avaient créé, une grande sérénité m'envahit : c'était une petite oasis de verdure, pourvue d'une fontaine qui clapotait doucement, au cœur d'un quartier étouffant et pollué de l'est de Londres, où j'avais vécu si longtemps.

Après avoir participé pendant quelques années à ce groupe de jardinage, Lisa arrêta de prendre du Prozac et perdit en peu de temps plus de trente kilos. Elle avait rencontré un jardinier appelé Ian, dont elle était tombée amoureuse et, quelques années plus tard, elle partit s'installer avec lui au pays de Galles, dans un village où, au moment où je l'ai rencontrée, elle était sur le point d'ouvrir sa propre jardinerie. Elle est restée en contact avec plusieurs personnes du groupe. Ils s'en étaient sortis tous ensemble, me dit-elle. Tout cela, c'était grâce à eux, et grâce à la terre.

Alors que je discutais depuis des heures avec Lisa dans un restaurant de l'est de Londres, autour d'un petit-déjeuner constitué de saucisses et de frites, elle me mit en garde : certaines personnes pourraient mal comprendre la leçon du groupe de jardinage. "Cela n'aurait pas pu arriver naturellement. Je pense que quand on est dépressif, il ne suffit pas de sortir de chez soi et de se planter dans un coin de jardin pour aller mieux. Il faut que ce soit organisé et qu'on soit encouragé à le faire", dit-elle. Si les gens vous disent juste : "Tu n'as qu'à t'asseoir dans un parc, et ça ira mieux ; ou : va faire un tour dans les bois, et ça ira mieux, cela ne suffit pas. Bien sûr, ce sont des activités bénéfiques en soi, mais il faut que quelqu'un soit là pour nous mettre sur la voie."

Elle ne s'en serait jamais sortie toute seule. Pour accomplir tout cela, il avait fallu qu'un médecin lui prescrive cette solution, qu'il prenne le temps de lui parler de ce programme, de ses bénéfices du point de vue médical et la pousse à y prendre part. Sans cela, elle me dit qu'à l'heure qu'il était, elle serait sans doute encore enfermée chez elle, à engloutir des Ben & Jerry's dans la peur du regard des autres, à se refermer lentement sur elle-même.

À l'accueil du centre Bromley-by-Bow, il suffit d'un coup d'œil pour voir que les options ne manquent pas. On pouvait vous orienter vers un médecin ou encore vers l'un des cent programmes disponibles à l'extérieur du centre, des cours de poterie aux cours de sports, en passant par les programmes qui avaient pour but d'aider d'autres habitants du quartier dans le besoin. Il vous suffisait de rendre visite à un médecin pour vous apercevoir que son cabinet était différent de tous ceux dans lesquels vous aviez pu aller. Le médecin n'était pas assis à son bureau, derrière un écran d'ordinateur : il s'installait à vos côtés. Sam me dit que ce détail anodin était le signe d'une façon différente d'envisager la santé.

Pendant ses études de médecine, on l'avait préparé à agir comme "celui qui détient le savoir". Le patient arrive, décrit ses symptômes, on fait quelques tests, puis on lui annonce ce qui ne va pas et ce qu'il doit faire pour se soigner. Dans certains cas, cette approche reste valable, dit-il : "Si vous avez une bronchite, il vous faut des antibiotiques – tac, tac, c'est réglé", mais "dans la très grande majorité des cas", cela ne marche pas comme ça. La plupart des gens viennent voir leur médecin parce qu'ils sont dans une situation de détresse psychologique. Même quand vous souffrez physiquement, que vous avez par exemple mal au genou, vous souffrirez beaucoup plus si vous n'avez rien d'autre dans votre vie et si vous êtes socialement isolé. La plupart de ses consultations concernaient la santé émotionnelle du patient. Selon lui, la principale tâche d'un médecin est d'écouter.

Il me dit qu'il avait appris, tout spécialement en ce qui concerne les cas de dépression et d'anxiété, à demander à ses patients ce qui comptait pour eux, plutôt que ce qui n'allait pas chez eux. Il fallait écouter le patient dépressif ou anxieux et cerner ce qui manquait dans sa vie, afin de trouver comment résoudre le problème à l'origine de son état.

Il arrive aux médecins de Bromley-by-Bow de prescrire des antidépresseurs : ils défendent leur usage et croient en leur effet. Mais, pour eux, ils ne représentent qu'une infime part du tableau et ne peuvent constituer une solution sur le long terme. Un autre médecin du centre, Saul Marmot, me dit ceci : "Il est insensé de vouloir coller un sparadrap" sur la douleur des patients. Non, "avant toute chose, il faut comprendre comment ils en sont arrivés là". Plus tard, il ajouta : "Il est inutile d'utiliser des antidépresseurs si rien n'a changé dans leur vie : quand ils arrêteront d'en prendre, ils en seront toujours au même point […]. Leur vie doit changer, sans quoi ils ne seront guère plus avancés."

En arrivant, les patients pensaient souvent (comme moi) que leur dépression s'expliquait par des facteurs purement biologiques. Sam commençait par leur expliquer deux choses qui peuvent sembler surprenantes. Il leur disait d'abord que de nombreux médecins ne savaient rien de la dépression et de l'anxiété, qu'il s'agissait de maladies complexes, qui nécessitaient un long travail avec le patient pour en identifier la cause. "Notre philosophie consiste à ne pas avoir peur d'avouer qu'on ne sait pas. C'est fondamental. C'est ce qu'il y a de plus important à dire, et en l'admettant, on gagne la confiance du patient", expliqua-t-il.

Puis, il leur racontait comment après son divorce, quelques années auparavant, il avait longtemps souffert d'anxiété. Cela peut arriver à n'importe qui, disait-il. Vous n'êtes pas les seuls. "C'est important de rassurer les patients, me dit Sam. J'hésite à utiliser le mot « normal » mais en un sens, oui, c'est normal", ajouta-t-il.

Si Sam s'était contenté de vous diagnostiquer un problème au cerveau, "ne pouvant rien y faire, vous auriez été condamné à l'impuissance, me dit-il. C'est complètement absurde. Comment pouvez-vous vous projeter sur le long terme ?" Et il ajouta : "Être en dépression, c'est comme être enfermé dans un lieu obscur. Arriver à donner à une personne l'impression qu'elle pourra s'en sortir un jour, même si c'est une impression diffuse, un mince espoir, c'est déjà énorme. On ne peut jamais savoir à l'avance d'où surgira cet espoir", continua-t-il. C'est pourquoi il proposait à ses patients tout un ensemble de marches à suivre en vue de recréer du lien.

En discutant avec ses patients, il tentait de cerner leurs besoins. Une partie du travail consistait à "se lier d'amitié avec eux". Il habitait à quelques centaines de mètres du centre médical. Il était à leur disposition. Selon lui, un élément essentiel de la philosophie du centre était : "Tout prétexte est bon pour faire la fête." Ils trouvaient sans cesse quelque chose à célébrer et invitaient tous leurs patients à se joindre à eux.

La "prescription sociale", comme Sam se plaît à qualifier cette méthode, a suscité un débat important[3]. Ses avantages potentiels sont évidents. Le centre de santé de Sam dépense à lui seul un million de livres par an (soit 1,15 million d'euros) en antidépresseurs pour subvenir aux besoins de 17 000 patients, avec des résultats mitigés. Selon Sam, la prescription sociale pourrait obtenir des résultats comparables, voire meilleurs, à moindre coût. Depuis des années, le centre Bromley-by-Bow ainsi que d'autres organismes pratiquant la prescription sociale se sont attachés à collecter des données, dans l'espoir que l'impact de leurs actions serait un jour évalué par des universitaires. Mais en réalité, peu de recherches ont été menées à ce jour.

Pourquoi cela ? C'était toujours la même histoire. Fournir des médicaments susceptibles de soigner la dépression et l'anxiété était au fondement de l'une des plus grandes industries mondiales, aussi l'argent affluait-il pour financer des recherches à ce sujet (dont les résultats étaient biaisés, comme je l'ai montré précédemment). La prescription sociale, si elle était efficace, produirait peu de bénéfices. Il est même probable, à l'inverse, qu'elle creuserait un déficit dans les recettes du marché pharmaceutique, hautes de plusieurs milliards de dollars, et en diminuerait les profits. C'est la raison pour laquelle les investisseurs ne voulaient pas en savoir plus.

Plusieurs études avaient toutefois été menées sur "l'horticulture thérapeutique", autrement dit le fait de faire jardiner les patients pour améliorer leur santé mentale[4]. Aucune de ces études ne porte sur un groupe important ou sur une longue période, et plusieurs d'entre elles présentent des faiblesses méthodologiques. Il ne faut donc pas les prendre pour argent comptant, mais leurs résultats doivent nous encourager à mener des études complémentaires. Une étude portant sur des patients dépressifs en Norvège a montré qu'un programme de jardinage était capable de faire redescendre les patients de 4,5 points sur l'échelle de la dépression, soit deux fois plus que les antidépresseurs. Une autre, menée sur des jeunes femmes souffrant d'anxiété sévère, a abouti à des résultats semblables. Cela nous indique qu'il s'agit là d'un terrain pour le moins favorable où semer les graines de la recherche[5].

Je retournai voir Michael Marmot, ce chercheur en sciences sociales qui avait découvert que le fait d'être privé d'un travail stimulant pouvait être à l'origine de la dépression. Vous vous souvenez peut-être qu'il avait commencé à réfléchir à la dépression alors qu'il travaillait dans une clinique de Sydney, où il voyait des patients rendus dépressifs par leurs conditions de vie renvoyés chez eux avec un simple flacon de comprimés blancs. Je savais qu'il avait visité le centre médical de Bromley-by-Bow et prodigué officieusement, au fil des années, quelques conseils aux médecins qui y travaillaient. Je voulais donc connaître son avis. Il me dit qu'au centre, les médecins procédaient de façon très simple : quand les patients venaient les voir avec un problème physiologique, ils s'attaquaient à ce problème. Mais il y a beaucoup d'autres raisons d'aller consulter un médecin : "quand les patients qui viennent les voir rencontrent un problème dans leur vie, dit-il, c'est ce problème qu'ils tentent de résoudre".

Sam, le médecin qui avait œuvré à la transformation de la clinique, me dit que d'ici un siècle, le moment où nous avions découvert qu'il fallait répondre aux besoins émotionnels des patients pour les libérer de la dépression ou de l'anxiété nous apparaîtrait comme un tournant dans l'histoire de la médecine. Jusque dans les années 1850, personne ne comprenait les causes du choléra, qui était pourtant responsable de la mort de quantité de gens[6]. Un médecin nommé John Snow avait alors découvert (à quelques kilomètres à peine de la clinique de Sam) que la maladie se transmettait par l'eau. Nous nous sommes donc mis à construire de véritables systèmes d'évacuation des eaux et les épidémies de choléra ont disparu en Occident.

Sam et son équipe avaient appris qu'un antidépresseur pouvait prendre une autre forme qu'une pilule : c'était tout ce qui pouvait vous arracher au désespoir. La preuve que les antidépresseurs chimiques ne fonctionnent pas pour la plupart des gens ne doit pas nous conduire à abandonner l'idée même d'antidépresseur. Cela devrait au contraire nous pousser à chercher de meilleurs antidépresseurs qui, sans doute, n'auront pas grand-chose à voir avec la définition qu'en donne la puissante industrie pharmaceutique.

Saul Marmot, l'un des médecins généralistes du centre, me dit que les avantages de la méthode qu'ils avaient mise en œuvre à Bromley-by-Bow étaient "si évidents que je ne comprends pas comment j'ai pu ne pas les voir plus tôt, ni pourquoi la société refuse encore de les voir".

Nous discutions, Sam Everington et moi, assis dans le café bondé du centre médical. Nous ne cessions d'être interrompus par des gens qui venaient lui parler ou le prendre dans leurs bras. Voilà la dame qui apprend aux patients à peindre des fenêtres, me dit-il ; voilà un homme qui était agent de police et qui, alors qu'il était en mission, a eu le coup de foudre pour cet endroit. Il travaille ici désormais. C'est drôle, dit-il, certains adolescents viennent le voir pour lui demander que faire, en théorie, pour éviter de commettre tel ou tel crime hypothétique.

Tandis que Sam adressait un signe de main à une énième personne, il ajouta une chose. Il avait appris que, quand on est capable de se lier à son entourage, "on est rendu à sa nature humaine". Dans cette atmosphère de convivialité retrouvée, une femme qui avait écouté notre conversation, assise à la table voisine, sourit à Sam, et à elle-même.

Sam la regarda et lui sourit en retour.

## 18

## RECRÉER DU LIEN 3 :
## RETROUVER UN TRAVAIL ÉPANOUISSANT

Chaque fois que j'espérais pouvoir généraliser la restauration des liens au-delà de lieux spécifiques, comme Kotti ou le centre Bromley-by-Bow, je me heurtais à un obstacle qui m'a longtemps paru insurmontable : nous consacrons la majeure partie de notre temps à travailler ; or 87 % d'entre nous sont indifférents à leur travail ou le trouvent insupportable. Vous avez deux fois plus de chances de détester votre travail que de l'aimer. En ajoutant les heures passées à consulter nos mails, les horaires de travail prennent de plus en plus de place dans nos vies : on en arrive à cinquante, soixante heures de travail par semaine. Ce n'est pas moi qui fais une montagne d'une taupinière : le travail occupe une place centrale dans la plupart de nos existences. Nous y passons notre temps et notre vie.

C'était bien beau d'offrir aux gens des alternatives pour les aider à s'en sortir, mais quand trouveraient-ils le temps de les mettre en œuvre ? Pendant les quatre heures où, de retour du travail, ils s'effondrent sur leur canapé et tentent de discuter avec leurs enfants, avant de se traîner péniblement jusqu'à leur lit et de tout recommencer le lendemain ?

Là n'était toutefois pas le plus gros obstacle. Le problème principal était que ces tâches inintéressantes devaient malgré tout être accomplies. Contrairement aux autres causes de la dépression et de l'anxiété que j'ai évoquées, telles que les traumatismes infantiles ou le matérialisme outrancier, qui sont des dysfonctionnements contingents liés à un système plus vaste, le travail est essentiel. Je passais en revue les emplois de mes proches : ma grand-mère maternelle nettoyait des toilettes ; mon grand-père maternel était docker ; mes grands-parents paternels, paysans ; mon père, chauffeur de bus ; ma mère travaillait dans un refuge pour femmes battues ; ma sœur est infirmière, et mon frère responsable de la gestion des stocks dans un supermarché. Tous ces métiers sont nécessaires. Le bon fonctionnement de pans entiers de notre société en dépend. Même s'ils génèrent de nombreux cas de dépression et d'anxiété, il nous faut donc les maintenir (et admettre du même coup que certains d'entre nous soient menés à la baguette, forcés de faire telle ou telle chose, soumis à la loi du marché et prisonniers d'activités aussi ennuyeuses que nécessaires). Je me trouvais face à une impasse.

Rares sont ceux qui, parmi nous, ont la possibilité d'échapper à tout cela. Si vous pouvez décrocher un travail moins contraignant, plus autonome et qui vous donne la sensation d'être utile, foncez. Vous sortirez sans doute de votre dépression et de votre anxiété. Mais dans un contexte où seulement 13 % des gens exercent un travail qu'ils jugent épanouissant, un tel conseil semble presque cruel. Seule une petite minorité d'entre nous peut espérer décrocher un emploi satisfaisant sur le plan personnel. En écrivant ces mots, je pense à une personne que je connais et que j'adore : mère célibataire, elle est contrainte d'exercer un emploi très mal payé qu'elle déteste, afin de permettre à ses trois enfants de continuer à vivre dans leur appartement. Lui dire qu'elle a besoin d'un travail plus épanouissant quand elle lutte déjà pour garder le sien serait aussi absurde que désobligeant.

Je n'ai commencé à comprendre comment surmonter cet obstacle qu'après avoir visité un endroit pour le moins modeste : un petit magasin de vente et de réparation de vélos, à Baltimore. Apprendre l'histoire de ce magasin m'a ouvert à un débat bien plus vaste. J'ai alors découvert plusieurs études scientifiques qui semblaient indiquer une possibilité de redonner du sens à notre travail, le rendant ainsi beaucoup moins déprimant, et ce pour l'ensemble de la société – et non pour quelques rares privilégiés.

Le jour où Meredith Evans donna sa démission, elle se demanda si elle n'était pas en train de commettre une énorme erreur. Elle était chargée de la collecte de fonds dans un groupe d'actions caritatives du Maryland. Elle exerçait un travail de bureau typique :

on lui confiait certaines tâches à effectuer dans certains délais, et elle devait se contenter de faire profil bas et d'obéir aux ordres. Quelquefois, elle avait des idées pour améliorer le fonctionnement du service, mais si elle s'aventurait à en parler à ses supérieurs, ceux-ci lui disaient qu'elle ferait mieux de se concentrer sur ses missions. Sa supérieure n'était pas méchante, seulement lunatique : Meredith avait du mal à anticiper ses réactions. Dans l'absolu, elle savait que son travail était bénéfique, mais elle n'en voyait pas l'utilité au quotidien. Sa vie était comme un karaoké : son travail consistait à suivre une partition écrite par quelqu'un d'autre[1]. Elle n'aurait jamais la possibilité d'écrire sa propre chanson. À vingt-quatre ans, elle réalisa que cette vie serait la sienne pour les quarante années à venir.

À partir de ce moment-là, un sentiment d'anxiété inexplicable l'envahit. Le dimanche soir, elle sentait son cœur tambouriner dans sa poitrine et était prise d'un sentiment de panique à la pensée de la semaine à venir[2]. En peu de temps, elle constata qu'elle avait également du mal à dormir en semaine. Sans savoir pourquoi, elle se réveillait au milieu de la nuit, dans un état d'extrême nervosité.

Et pourtant, en annonçant sa démission à sa patronne, elle n'était pas sûre de faire le bon choix. Elle avait grandi dans une famille assez conservatrice, et ses proches allaient trouver étrange et radicale l'aventure dans laquelle elle était sur le point de se lancer, elle le savait – et, pour être tout à fait honnête, elle était du même avis.

Le mari de Meredith, Josh, avait un projet. Depuis ses seize ans, il travaillait dans des boutiques de vélos et, même avant, il avait pratiqué le cyclisme en amateur pendant des années. Il adorait tout particulièrement ces petites bicyclettes, hautes de 50 centimètres, qui bruissaient partout en ville et permettaient de faire toutes sortes de cascades dans les escaliers au pied des immeubles. Cependant, il s'aperçut rapidement qu'il était très difficile de vivre d'un travail de vendeur dans un magasin de vélos. C'était un emploi très mal payé, sans contrat et donc sans possibilité d'arrêt maladie ou de vacances, parfois monotone. On s'y trouve plongé dans une insécurité constante. Impossible de prévoir quoi que ce soit ou d'espérer une promotion : on est bloqué tout en bas de l'échelle. Pour obtenir une augmentation, un jour de congé ou de repos en cas de maladie, pas d'autre choix que de supplier le patron.

Cela faisait quelques années que Josh travaillait dans un magasin de vélos de la ville, pareil à tant d'autres. Le propriétaire n'était pas un mauvais bougre, mais les conditions de travail dans sa boutique étaient, pour toutes les raisons évoquées ci-dessus, relativement mauvaises. Jusqu'à la vingtaine, cela restait supportable, mais une fois passé ce cap, quand on commençait à penser à l'avenir, on s'apercevait que ce travail n'offrait aucune perspective.

Au départ, Josh envisagea une solution étrangement archaïque pour les États-Unis : il demanda aux dix autres personnes qui travaillaient alors dans ce magasin leur accord pour former un syndicat, afin de réclamer officiellement une amélioration de leurs conditions de travail. Les autres ne se laissèrent pas aisément persuader, mais l'enthousiasme de Josh était communicatif et tous les employés finirent par rejoindre le syndicat. Ils établirent une liste de revendications pour le moins élémentaires, dont ils pensaient qu'elles faciliteraient considérablement leur vie professionnelle : ils demandèrent des contrats, une augmentation pour deux vendeurs moins payés que les autres et l'organisation de réunions annuelles pour renégocier leurs salaires. Ce n'était pas grand-chose, mais ils savaient que cela suffirait à les rendre moins anxieux et plus confiants en l'avenir.

À leurs yeux, ce n'était pas seulement une liste de revendications. C'était une manière de proclamer qu'ils n'étaient pas de simples rouages, de simples écrous comme ceux qu'ils utilisaient pour réparer les vélos, mais des personnes à part entière, avec des besoins ; des associés qui méritent le respect. Josh me dit que, sans en être tout à fait conscient à l'époque, il avait avant tout tenté de rendre leur dignité à des travailleurs dévalorisés à longueur de journée et menacés d'être remplacés à tout instant. Selon lui, ces employés, en tant qu'éléments essentiels au fonctionnement de la boutique, auraient dû au contraire se trouver en position de force.

Quand ses employés lui présentèrent leurs revendications, le patron de Josh, malgré sa surprise, leur répondit qu'il allait y réfléchir. Mais quelques jours plus tard, il embaucha un avocat redoutable, réputé pour avoir mis de nombreux salariés au chômage, et entama toute une série de démarches visant à priver ses employés du droit de s'organiser. Ce conflit dura des mois. Le système judiciaire américain dans son ensemble est conçu pour entraver la création d'un syndicat et faciliter sa dissolution. Qui plus est, les employés n'avaient pas les moyens de se payer un avocat. Leur patron embaucha de nouveaux salariés pour mettre en minorité ceux qui s'étaient syndiqués. Josh était au courant que son patron n'avait pas le droit de licencier l'un d'entre eux sans motif valable, mais il savait aussi, tout comme son patron, qu'aucun des employés n'avait la possibilité de se lancer dans une bataille juridique pour faire valoir ses droits.

C'est alors que Josh eut une nouvelle idée : il savait comment gérer un magasin de vélos ; les autres employés aussi, puisqu'ils faisaient déjà la plus grande part du travail. Il se dit : pourquoi ne pas se lancer ? Nous pourrions gérer par nous-mêmes une boutique comme celle-ci, sans avoir de patron. Si Josh avait été un exemple de réussite à l'américaine, il aurait claqué la porte de son travail, monté sa propre boutique et serait devenu le Jeff Bezos du vélo (ou, du moins, aurait fini par s'offrir un bungalow sur la côte du New Jersey). Mais Josh n'avait aucune envie de donner des ordres. Au cours de toutes ces années passées à travailler dans des magasins de vélos, il avait appris une chose : le patron est isolé. Même quand il est sympathique, il se trouve dans la position étrange de diriger les autres, ce qui l'empêche de tisser des liens avec ses salariés. Tout compte fait, ce système hiérarchique (un homme seul, au sommet, donnant des ordres à tous les autres) lui semblait particulièrement inefficace. Les employés en boutique avaient souvent de bonnes idées pour améliorer les ventes, car ils étaient témoins de choses que le patron ne soupçonnait pas. Pourtant, on n'écoutait pas leurs propositions, ce qui portait directement préjudice au chiffre d'affaires.

Josh voulait au contraire faire partie d'une entreprise fondée sur un principe de démocratie – autre grand idéal américain. Il fit plusieurs lectures au sujet d'organisations nommées coopératives. Il s'avère que notre façon actuelle de travailler (autrement dit, de gérer une entreprise comme une armée, dans laquelle une seule personne tient l'ensemble des troupes sous ses ordres sans qu'elles aient leur mot à dire), loin d'être la seule valable, est en réalité assez récente. Elle ne s'est imposée comme mode de travail majoritaire qu'au XIXᵉ siècle et, avant de prendre le dessus, ce modèle a subi d'importantes contestations. De nombreuses personnes avaient alors affirmé que cela reviendrait à créer un système d'"esclavage salarial" au sein duquel les employés seraient contrôlés à chaque instant, ce qui ne pouvait que les rendre malheureux. Josh apprit qu'à l'époque, certains salariés avaient même proposé un autre modèle d'organisation du travail, fondé sur des principes opposés, appelé coopératives démocratiques. Parmi elles, certaines avaient, semble-t-il, fait leurs preuves[3].

Josh parla donc de son projet à certains de ses amis les plus proches, à des collègues de longue date, et à sa femme, Meredith. Pourquoi ne pas créer notre propre magasin de vélos ? leur demanda-t-il. Nous le gérerons comme une coopérative, en nous partageant le travail et les recettes et en prenant toutes les décisions démocratiquement. Nous serons nos propres patrons. Nous travaillerons aussi dur qu'aujourd'hui, mais différemment, et nous nous en trouverons peut-être plus heureux. Ce projet semblait séduisant aux yeux de Meredith, mais lorsqu'elle démissionna de son poste, elle ne put s'empêcher de se demander si ce choix était bien raisonnable et si l'entreprise allait fonctionner.

De loin, l'Atelier Vélos de Baltimore, situé au coin d'une rue en plein centre-ville, ressemble à n'importe quel magasin de bicyclettes. Au rez-de-chaussée, les vélos et les accessoires aux couleurs vives s'entassent sur un sol en béton. On y trouve également une caisse enregistreuse, derrière laquelle se tenait Meredith au moment de mon arrivée. Elle m'entraîna au premier étage, occupé par une rangée de vélos pendus à des sortes de poulies. Autour d'eux, des ouvriers s'activaient, pratiquant ce qui me semblait être de grossières opérations chirurgicales. Les vélos étaient en partie démontés et on les réparait à l'aide de tournevis et d'autres outils que je n'avais jamais vus auparavant. Des images de George Clooney en train d'opérer à cœur ouvert dans *Urgences* me revenaient à l'esprit.

Alex Ticu, un jeune homme à la moustache broussailleuse qui allait sur ses trente ans, continua à s'affairer sur son vélo tout en me racontant ce qu'avait été sa vie avant de devenir associé dans ce magasin. Il travaillait pour un traiteur. Sa patronne le contactait toutes les deux semaines : "Une fois, elle me passait un coup de téléphone le matin pour me crier dessus ou me dire combien je la décevais ; la fois suivante, c'était un coup de téléphone en pleine nuit pour me sermonner et m'exprimer, une fois de plus, sa déception […]. Mais elle n'avait aucune idée de ce que je faisais au jour le jour, alors je n'ai jamais compris comment je pouvais la décevoir." Comme la plupart des employés qui ne travaillent pas sur un mode coopératif, il me dit que "le stress [le] réveillait au milieu de la nuit". "J'allais mal, et cela affectait mon existence dans son ensemble", m'avoua-t-il.

"Ici, reprit-il, les choses fonctionnent différemment." À l'Atelier Vélos de Baltimore, les membres de l'équipe se rassemblent tous les jeudis matin pour débattre de la stratégie de l'entreprise. Ils ont divisé le travail en sept postes différents, du marketing à la réparation des vélos, et chacun doit assumer des responsabilités dans au moins deux d'entre eux. Si quelqu'un a une idée pour améliorer le fonctionnement de la boutique ou souhaite mettre fin à une pratique peu efficace, il peut formuler sa proposition lors de cette réunion hebdomadaire. Il suffit qu'un autre membre de l'équipe soutienne sa démarche pour qu'ils en discutent collectivement et votent pour ou contre. Si, par exemple, l'un d'entre eux veut que le magasin propose une nouvelle marque de vélos, il lui suffit de suivre ces différentes étapes.

Il y a six associés qui se partagent les recettes à parts égales et, quand j'y suis allé, trois apprentis qui passaient un an dans l'entreprise avant de devenir, si tout le monde juge qu'ils se sont bien intégrés à l'équipe, des associés à part entière. À la fin de chaque année, chaque membre de l'équipe fait un rapport sur tous les autres, afin que tous se sentent également investis et donnent le meilleur d'eux-mêmes dans leur travail.

Ils avaient tous travaillé dur pour monter l'entreprise : Meredith me dit que pendant toute la première année elle avait travaillé dix heures par jour. Elle avait plus de responsabilités que dans son emploi précédent mais, étrangement, peu de temps après avoir pris son nouveau poste, l'angoisse qui lui faisait battre le cœur et la réveillait la nuit s'était envolée, pour ne jamais revenir.

Je lui demandai comment elle expliquait ce phénomène. Ce qu'elle m'en dit correspondait à peu près au discours que m'avaient tenu les différents spécialistes de la dépression et de l'anxiété que j'avais rencontrés jusqu'alors. Dans les postes qu'elle avait occupés auparavant, elle n'avait "aucun poids", me dit-elle. "Tout le monde se fichait qu'on puisse avoir une bonne idée : s'il dépassait vos prérogatives, votre avis n'intéressait personne. Une fois embauché, vous n'aviez qu'à faire ce qu'on vous demandait et cinq ans plus tard, votre tour venu, on vous accorderait peut-être une promotion. Il ne vous restait plus qu'à vous plier aux exigences de ce nouveau poste pendant les cinq années suivantes, et ainsi de suite." Dans son nouveau travail, au contraire, ses idées comptaient autant que celles des autres. "Cela change tout : je sais que si j'ai une bonne idée ou si je veux développer les activités dans telle ou telle direction, j'ai la liberté de le faire, et je peux voir ainsi mes idées se concrétiser", dit-elle. Quand elle souhaite proposer une nouvelle stratégie de communication, remarque une erreur technique dans les réparations de tel ou tel vélo, ou pense à introduire un nouvel article dans les stocks, elle a le moyen de se faire entendre et peut voir directement les résultats de son action.

En discutant avec Meredith et en voyant toutes ces réparations de vélos se faire sous nos yeux, je me suis souvenu de ce que m'avait dit Michael Marmot, le scientifique qui avait démontré, à la suite d'une étude sur les fonctionnaires britanniques, que notre travail pouvait nous rendre malades, aussi bien physiquement que mentalement. Il m'avait expliqué que ce n'était pas le travail en lui-même qui était responsable de nos maux, mais trois autres choses : le sentiment d'être contrôlé, d'être un vulgaire rouage à l'intérieur d'un système plus vaste ; le sentiment que, quel que soit le cœur qu'on mette à l'ouvrage, on sera traité de la même manière car personne n'est là pour reconnaître notre zèle (ce qu'il appelle un déséquilibre entre l'effort et la récompense) ; le sentiment, enfin, qu'on se situe au bas de la hiérarchie, qu'on est une personne infiniment inférieure au grand patron, assis dans son coin.

Tous ceux qui travaillaient à l'Atelier Vélos de Baltimore disaient être rapidement devenus plus heureux, moins anxieux et moins dépressifs que lorsqu'ils étaient employés dans le genre d'entreprises strictement hiérarchisées majoritaires au sein de notre société.

Mais une chose me fascina plus encore et me montra comment vaincre cet obstacle que je pensais insurmontable. Au jour le jour, le travail que faisaient la plupart des membres de l'équipe n'avait guère changé. Ceux qui réparaient des vélos dans leur ancienne vie continuaient à le faire ; ceux qui avaient fait du marketing en faisaient toujours. Pourtant, le changement opéré sur la structure de l'entreprise avait complètement transformé la manière dont ils percevaient leur propre travail. Plus tard, alors que j'interrogeais Josh sur les raisons de cette transformation, il me dit : "Je pense que la dépression et l'anxiété arrivent quand on se sent complètement perdu et impuissant […]. Il me paraît difficile de vivre dans une société où on ne peut rien maîtriser […]. On ne maîtrise pas ses ressources économiques, puisqu'on ne sait même pas si on va trouver du travail. Si on en a un, on y passe quarante, cinquante, soixante, quatre-vingts heures par semaine, sans avoir le droit de s'exprimer ni de voter sur quelque sujet que ce soit", me répondit-il. À ses yeux, la dépression et l'anxiété sont "des réactions rationnelles à la situation dans laquelle on se trouve, et non une sorte d'anomalie biologique".

L'Atelier Vélos propose une nouvelle manière de vivre et de travailler pour tenter de résoudre ce problème, me dit-il[4]. Quand on n'a pas son mot à dire sur son travail, il apparaît automatiquement ennuyeux et sans intérêt. Avec une certaine autonomie, à l'inverse, on peut y investir certaines valeurs, un sens, se l'approprier. Si une tâche nous déplaît, on peut demander à ce qu'elle soit supprimée ou à pouvoir la faire alterner avec une activité plus épanouissante, et il y a de grandes chances que ce souhait soit exaucé.

Il peut sembler prétentieux de décrire en ces termes un modeste magasin de bicyclettes, mais il me semble que le mode de fonctionnement de l'Atelier Vélos n'est pas très différent de la manière qu'avaient les premiers êtres humains de coopérer, au sein de leur tribu, dans les savanes africaines il y a plusieurs milliers d'années : tous sont utiles et chacun exerce un rôle qui compte à ses yeux (les membres de l'équipe bénéficiant, en outre, de nombreux avantages appréciables inconnus de nos ancêtres, puisqu'ils ne risquent pas d'être dévorés par des animaux sauvages et peuvent espérer vivre bien au-delà de trente ans).

Cette manière de travailler recrée, à elle seule, plusieurs types de liens, me dis-je. Grâce à elle, on se sent plus en prise avec son travail : on a l'impression de pouvoir le choisir, de voir l'impact de ses actions et d'en tirer directement les bénéfices. On retrouve également un certain statut : on n'est plus humilié par un patron qui passe son temps à donner des ordres. On regagne enfin un avenir stable : au lieu de craindre à tout instant d'être renvoyé, on peut, si on le souhaite et à condition de continuer à bien travailler, se projeter dans un an, voire dans cinq.

Bien sûr, les membres de l'équipe de l'Atelier Vélos ne me cachèrent pas qu'ils connaissaient, de temps à autre, des journées difficiles : des journées où ils devaient se motiver les uns les autres, où ils n'avaient pas envie de travailler et où certaines tâches leur paraissaient une corvée. La charge de travail était parfois écrasante : l'un des fondateurs de l'entreprise n'avait pas supporté le poids de ses nouvelles responsabilités et avait préféré retrouver un emploi plus conventionnel. Il ne s'agit pas d'une solution magique, mais Meredith et plusieurs de ses collègues m'ont répété : "Quand j'ai commencé à travailler ici, mes troubles du sommeil ont disparu."

Tous sentent également que ce mode d'organisation les rend plus efficaces, que leur boutique de vélos est plus performante qu'un magasin classique. C'est que, dans l'ancien système, tous les problèmes devaient être résolus par un seul et même cerveau qui, avec un peu de chance, écoutait l'avis des autres tandis que, dans ce nouveau système, neuf cerveaux se penchent sur chaque problème.

Quand Meredith parlait de son travail aux gens qu'elle rencontrait dans des bars ou des soirées, ils étaient, la plupart du temps, incrédules. "Les gens sont stupéfaits : ils ne comprennent pas comment il est possible de diriger une entreprise de cette façon", me confia-t-elle. Elle avait beau leur expliquer que tout le monde avait déjà été intégré à un groupe, à une famille ou à une équipe, et s'adaptait donc aisément à ce mode d'organisation, "Soudain, quand on projette ce modèle dans le cadre de la gestion d'une entreprise destinée à faire du profit, personne n'y comprend plus rien, me dit-elle. De mon point de vue, ce n'est pas si difficile. Les gens veulent rendre la chose bien plus compliquée qu'elle ne l'est réellement […]. Ils n'arrivent pas à concevoir qu'on puisse prendre collectivement certaines décisions simples […]. J'aime leur dire qu'il s'agit d'une organisation démocratique, mais ce concept leur est étranger. On vit en Amérique, dans une soi-disant démocratie, pourtant les gens ignorent complètement ce que c'est en réalité."

Nos hommes politiques ne cessent de chanter les louanges du système démocratique – le meilleur qui soit, à les en croire. Il s'agit simplement d'étendre la démocratie au lieu où nous passons la majeure partie de notre vie. Selon Josh, le fait de nous obliger à passer la plupart de notre temps dans un environnement de travail insupportable, où le fruit de nos efforts est entièrement absorbé par l'individu placé au sommet de la hiérarchie, sans que nous renoncions jamais à "nous croire des individus libres", est la meilleure illustration du succès de la propagande orchestrée par les classes dirigeantes.

Les gens dont Meredith me parlait prétendaient que, sans patron, les travailleurs étaient voués à se tourner les pouces. Elle leur expliquait que c'était l'inverse : "Notre entreprise est notre moyen de subsistance. Si nous restions assis à ne rien faire, elle cesserait d'exister et nous n'en tirerions plus aucun revenu", leur disait-elle. En outre, Meredith savait d'expérience que "les gens veulent travailler. Tout le monde veut avoir un travail, se sentir utile et avoir un but[5]". L'humiliation et le manque d'autonomie infligés dans de nombreux métiers parviennent à nous faire oublier cela, à nous en ôter l'envie, mais dans un environnement favorable, ce besoin renaît. Les gens "veulent sentir que leurs actions ont un impact sur la vie de leurs semblables, qu'ils améliorent à leur façon l'état du monde".

Dans les faits, on observe que l'organisation en coopérative présente un gain d'efficacité sur le long terme. Une importante étude, menée par des chercheurs de l'université de Cornell s'est penchée sur le cas de 320 petites entreprises. La moitié de ces entreprises était dirigée hiérarchiquement, tandis que l'autre laissait les employés fixer leurs propres objectifs et fonctionnait selon des principes démocratiques comparables à ceux de l'Atelier Vélos de Baltimore. Les entreprises les plus démocratiques avaient une croissance en moyenne quatre fois supérieure aux autres[6]. Pourquoi cela ? Alex Ticu, toujours penché sur le vélo qu'il bricolait, me confia ceci : pour la première fois, "je suis fier de mon travail". Un autre mécanicien, Scott Myers, me dit quant à lui la chose suivante : "C'est vraiment gratifiant de se dire, quand on entre dans le bâtiment, qu'on n'est pas simplement là pour faire ses heures, mais pour participer à un projet dont on est partie prenante."

En contemplant le parterre de vélos que nous avions sous les yeux, Meredith m'avoua que quelquefois elle avait l'impression d'être "au seuil d'une révolution culturelle". Pourquoi les gens continueraient-ils à travailler à l'ancienne, se demandaient les membres de l'équipe de l'Atelier Vélos de Baltimore, quand ils pouvaient prendre le contrôle de leur travail et lui redonner sens ?

J'ai appris qu'il existait plusieurs dizaines de milliers de lieux de travail démocratiques comme celui-là, partout dans le monde. De nombreux scientifiques, parmi les plus éminents, ont tenté d'obtenir des fonds pour étudier l'effet de ce mode de travail alternatif sur la santé mentale. Hélas, leurs projets ont été massivement rejetés, si bien que peu de données sont actuellement disponibles à ce sujet[7]. De nombreux éléments suggèrent néanmoins, comme je l'ai déjà mentionné, que le fait d'être contrôlé et de devoir obéir à des ordres, associé au sentiment de se trouver au bas de la hiérarchie, tend à favoriser la dépression et l'anxiété[8]. Il semble donc tout à fait raisonnable de penser qu'une généralisation du modèle de la coopérative pourrait avoir un effet antidépresseur, bien que ce phénomène reste encore largement à étudier.

Je me suis rendu compte que ce remède pouvait être résumé en trois mots, instinctivement compréhensibles par tous : élis ton patron. Le travail ne nous serait plus imposé comme un calvaire que nous devrions endurer. Il serait l'œuvre d'une tribu démocratique dont nous ferions partie et où nous aurions exactement le même pouvoir que les autres. L'un des slogans politiques qui a connu le plus de succès ces dernières années est : "Reprenez le contrôle." Les gens ont raison d'adhérer à ce slogan, de vouloir regagner le pouvoir qu'ils ont perdu, mais ce mot d'ordre a malheureusement été détourné par des mouvements politiques en faveur de l'élection de Donald Trump ou du Brexit, qui auront pour seul effet de priver leurs électeurs de leurs dernières capacités de contrôle. À l'inverse, l'organisation alternative du travail dont j'ai parlé m'apparaît comme une manière de se réapproprier ce slogan afin d'aider les gens à satisfaire leur soif légitime d'autonomie.

Juste avant de partir, Meredith me dit que, selon elle, le besoin d'avoir un travail épanouissant et d'avoir son mot à dire sur l'activité qui absorbe la majeure partie de nos vies existe, si l'on creuse un peu, en chacun de nous. "Le bonheur véritable consiste à avoir un effet positif sur la vie de quelqu'un d'autre. Je pense que la plupart des gens recherchent cela dans leur travail", déclara-t-elle ; puis, après avoir parcouru du regard ces lieux qu'elle et ses collègues avaient construits et dirigés ensemble, elle se tourna vers moi et ajouta : "Tu ne crois pas ?"

## 19

## RECRÉER DU LIEN 4 :
## RETROUVER DES VALEURS FONDAMENTALES

Quand je voulus tirer les leçons de ce que j'avais appris et changer de vie pour me sentir mieux, une pression sourde et insistante m'en empêcha. J'étais en permanence exposé à des messages disant que la recette du bonheur était simple : il suffisait d'acheter des choses, de les exhiber et de faire étalage de son statut social, puis d'acquérir de nouveaux produits, et ainsi de suite. Toutes les publicités que je voyais ainsi que certaines relations sociales m'invitaient à céder à cet élan. Tim Kasser m'avait appris qu'il s'agissait là de valeurs en toc, d'un piège qui ne me conduirait qu'à tomber dans une dépression et une anxiété plus profondes. Mais comment les dépasser ? J'admettais aisément qu'il y eût des arguments en leur défaveur, mais le fait est que ces valeurs se pressaient toujours dans ma tête et partout autour de moi, prêtes à me faire rechuter.

J'appris que Tim avait envisagé deux manières de s'en libérer. La première est défensive tandis que la seconde, offensive, consiste à laisser s'exprimer en nous d'autres valeurs.

Quand la pollution de l'air devient insupportable, nous agissons sur les causes de la pollution : ainsi, nous refusons aux usines le droit de rejeter du plomb dans l'atmosphère. Selon Tim, la publicité est une sorte de polluant pour notre esprit. Il y a donc une solution évidente, qui consiste à restreindre ou à interdire cette pollution mentale, tout comme nous restreignons ou interdisons la pollution atmosphérique.

Il ne s'agit pas là d'une idée abstraite. Cette solution a été mise en œuvre dans de nombreux endroits du monde. La ville de São Paulo, au Brésil, s'était progressivement recouverte de panneaux publicitaires[1] qui envahissaient tous les espaces libres : de tous côtés, des logos et des marques aux couleurs criardes saturaient votre champ de vision. Cela avait ôté tout son charme à la ville et, à force de tomber sur des injonctions à la consommation à tous les coins de rue, ses habitants se sentaient mal dans leur peau.

En 2007, le conseil municipal fit donc preuve de courage en interdisant toute forme de publicité dans l'espace public, grâce à une loi intitulée "Cité propre". À mesure que les panneaux d'affichage étaient démantelés, les habitants redécouvrirent la beauté des bâtiments anciens, jusqu'alors dissimulés. Cette décision mit fin à la sollicitation constante de l'ego des passants, poussés à dépenser toujours plus, et les affiches furent remplacées par des œuvres d'art publiques. De l'avis de 70 % des citadins, cette décision a fait de la ville un lieu de vie plus agréable. Je me suis rendu sur place, et presque toutes les personnes que j'ai pu interroger m'ont dit avoir l'impression que la ville était désormais plus saine et plus propre au plan psychologique.

On pourrait généraliser cet exemple. Dans de nombreux pays, parmi lesquels la Grèce et la Suède, les publicités destinées aux enfants ont été interdites. À Londres, au moment où j'écrivais ce livre, de vives critiques se sont élevées à l'encontre d'une entreprise commercialisant des produits diététiques, qui avait placardé dans le métro des affiches demandant : VOTRE CORPS EST-IL PRÊT POUR L'ÉTÉ ? et représentant une femme aux mensurations aussi parfaites qu'invraisemblables[2]. Cette campagne publicitaire sous-entendait que si vous faisiez partie des 99,99 % de la population au corps moins ferme que ce mannequin, vous n'étiez pas "prêt" à vous exposer sur la plage. Après une série de réactions violentes, ces affiches finirent par être retirées, mais cela n'empêcha pas la formation d'une importante vague de protestation venue de tous les coins de Londres, à l'occasion de laquelle de nombreuses affiches publicitaires furent recouvertes du message suivant : "La publicité nous chie dans la tête."

Et s'il y avait un agent chargé de réguler strictement la publicité et d'interdire toutes les réclames culpabilisantes, de quelque manière que ce soit ? Combien de publicités resterait-il ? Voilà en tout cas une solution viable pour libérer notre esprit de toute cette pollution qui l'accable en permanence.

Cette solution, bénéfique en elle-même, pourrait également susciter, lors de sa mise en œuvre, une discussion plus large. La publicité n'est rien d'autre que l'organe de communication d'un système économique plus vaste qui joue sur nos sentiments pour nous amener à dépenser toujours plus d'argent. Je pense que si nous commençons à débattre de l'influence de la publicité sur notre santé émotionnelle, nous serons nécessairement amenés à considérer des changements plus radicaux.

J'avais une idée de ce que nous pourrions faire pour agir sur les causes profondes de notre mal-être. Il ne fallait pas nous contenter de bloquer les messages attirant notre attention sur des objets indignes, mais trouver le moyen de laisser s'exprimer en nous des valeurs plus positives. Ceci m'amène à la seconde solution (de loin la plus passionnante) envisagée par Tim.

Les jeunes interrogés par Nathan Dungan lui faisaient sans cesse la même réponse. Ils avaient *besoin* d'acheter des choses, de posséder des produits de consommation et étaient frustrés (voire furieux) s'ils ne les obtenaient pas. Il suffisait que leurs parents refusent de leur offrir des baskets, des vêtements de marque ou le dernier gadget qu'ils désiraient, pour qu'ils se trouvent plongés dans une angoisse existentielle et saisis d'un fort sentiment d'incompréhension : était-il possible que leurs parents ignorent l'importance capitale qu'il y avait à posséder tout cela ?

Nathan ne s'attendait guère à avoir un jour ce genre de conversations. C'était un homme d'âge moyen qui avait travaillé dans la finance en Pennsylvanie pendant des années, prodiguant à ses clients des conseils d'investissements. Un jour, une éducatrice en collège lui parla d'un problème que rencontraient les jeunes issus de la classe moyenne avec lesquels elle travaillait : ils pensaient que le bonheur et le sens de la vie résidaient dans le fait d'acheter des choses. Si leurs parents ne pouvaient pas se permettre de leur offrir tel ou tel produit, ils semblaient s'enfoncer dans une véritable détresse psychologique. Elle demanda donc à Nathan de venir dans le collège où elle travaillait pour parler à ces jeunes des réalités financières.

Celui-ci accepta sans entrain, sans se douter un instant de tout ce qu'il allait apprendre par la suite. Il ignorait alors qu'il était sur le point de revoir ses positions sur bien des points.

Quand il arriva sur place, Nathan pensait avoir cerné sa mission. Il était là pour apprendre à ces jeunes et à leurs parents à gérer un budget et à vivre selon leurs moyens. Cependant, ses prévisions se heurtèrent de plein fouet à leur besoin insatiable de produits de consommation. Il n'en revenait pas. Pourquoi désiraient-ils tant posséder ces choses ? Quelle différence cela faisait-il d'avoir des Nike ou des baskets qui n'étaient pas de marque ? Comment expliquer que cette distinction puisse être à l'origine d'une telle panique chez les jeunes ?

Il se dit donc que l'enjeu de sa venue n'était peut-être pas tant d'enseigner à ces gens à tenir leur budget que d'identifier les raisons pour lesquelles leurs enfants en étaient venus à développer un tel appétit pour les objets de consommation. Plus encore, le fait de voir ces jeunes se consumer de désir pour des produits en apparence insignifiants conduisit Nathan à se demander si les adultes agissaient vraiment différemment.

Nathan ne savait pas comment engager la conversation. Il se lança donc dans une improvisation qui allait le mener à concevoir une expérience scientifique majeure en collaboration avec Tim Kasser.

Peu de temps après, dans une salle de conférences de Minneapolis, il rencontra les familles qui allaient être au cœur de cette expérience. En face de lui, assis sur des chaises, se tenait un groupe de soixante parents, accompagnés de leurs enfants adolescents. Pendant trois mois, il allait partager de longs moments avec eux, pour tenter d'élucider les ressorts de ces comportements de consommation et y trouver des alternatives. L'expérience suivait en parallèle un groupe témoin de même effectif, qui ne bénéficiait pas des réunions organisées par Nathan, ni d'aucune autre forme d'assistance.

Nathan commença par distribuer à chacune des personnes présentes un questionnaire qui ne comprenait que des questions ouvertes. Il expliqua aux participants qu'il n'y avait pas de bonne ou de mauvaise réponse : il s'agissait simplement d'un support de réflexion. L'une de ces questions se présentait sous la forme d'une affirmation à compléter : "Pour moi, l'argent est…"

Au début, les participants étaient décontenancés. Personne ne leur avait jamais posé ce genre de question. La plupart répondirent que l'argent était rare, ou une source de stress, ou encore une chose à laquelle ils évitaient de penser. Par groupes de huit, ils confrontèrent ensuite leurs réponses d'un air hésitant. La majorité des jeunes n'avait encore jamais entendu leurs parents parler de soucis financiers.

Toujours par groupes, les participants se mirent ensuite à discuter d'une autre question : "Pourquoi dépense-t-on ?" Ils firent d'abord une liste des raisons qui les poussaient à acheter des biens de première nécessité (raisons évidentes : tout le monde a besoin de manger) puis de celles qui les poussaient à acquérir des marchandises non nécessaires. Certains disaient qu'ils achetaient parfois des biens superflus quand ils se sentaient déprimés. Les adolescents avouaient quant à eux désirer toutes ces marchandises parce qu'ils voulaient s'intégrer : les vêtements de marque permettaient de se faire une place dans le groupe, d'acquérir un statut social.

Au fil de la conversation, sans même que Nathan ait à intervenir, il leur apparut que, la plupart du temps, le fait de dépenser de l'argent n'était pas tant lié à l'objet lui-même qu'à un désir de réconfort psychologique. Ces idées n'étaient pas vraiment refoulées : elles s'imposèrent rapidement dans le débat, bien qu'en les exprimant à haute voix les participants aient semblé légèrement surpris. Ils savaient ces choses inconsciemment, mais on ne leur avait encore jamais demandé de mettre des mots sur ces impressions latentes.

Nathan leur demanda enfin de faire la liste des choses auxquelles ils tenaient réellement, de ce qu'ils jugeaient être le plus important dans la vie. Nombre d'entre eux répondirent : "prendre soin de sa famille", "dire la vérité" ou "aider les autres". Un jeune garçon de quatorze ans n'écrivit qu'un mot : "aimer", et quand il lut sa réponse à haute voix, tout le monde se tut pendant quelques instants. "On aurait pu entendre une mouche voler, me dit Nathan. Au fond, la question que soulevait ce garçon était celle de l'importance des autres pour notre bien-être."

Le simple fait de poser ces deux questions : "Comment dépensez-vous votre argent ?" et "Qu'est-ce qui compte vraiment pour vous ?" avait permis à la plupart des participants de prendre conscience de l'écart qui existait entre leurs deux réponses, et cela les amena à en discuter collectivement. Ils économisaient donc de l'argent pour le dépenser en achetant des objets auxquels, finalement, ils ne tenaient pas vraiment. Comment l'expliquer ?

Nathan fit alors des recherches pour comprendre d'où venait un tel désir d'accumuler des biens de consommation. Il découvrit qu'un Américain était en moyenne exposé à mille publicités par jour, des panneaux d'affichage aux logos imprimés sur les tee-shirts, en passant par les réclames à la télévision. Nous baignons dans la publicité. Et cette publicité "nous raconte que l'achat de tel ou tel produit nous rendra plus heureux. Nous sommes assaillis par ce genre de messages mille fois par jour", m'expliqua-t-il. Il se demanda ensuite d'où provenaient ces messages : les personnes qui nous les adressaient n'avaient certes pas pour but de partager généreusement avec nous la recette du bonheur. Leur seul but était de nous faire acheter leur produit.

Nathan en arriva à la conclusion que, dans notre société, nous nous laissions diriger par un pilote automatique programmé pour obéir à des valeurs matérialistes. Nous sommes sans cesse bombardés de messages publicitaires affirmant que nous nous sentirons mieux (moins puants, moins difformes, moins insignifiants, en somme) à la seule condition d'acheter toujours plus d'objets, d'acheter encore et encore, jusqu'à ce que notre famille, en fin de compte, achète à son tour notre cercueil. Il se demandait s'il serait possible, en libérant les gens de ces pensées négatives et en les amenant à envisager des solutions alternatives, comme il l'avait fait avec son groupe, de désactiver ce pilote automatique et de leur rendre leur autonomie.

Lors de la séance suivante, il demanda aux participants de faire un petit exercice : chacun devait citer un objet qu'il avait ardemment désiré, le décrire, raconter comment il en avait entendu parler, pourquoi il en avait eu envie, ce qu'il avait ressenti en l'achetant et comment il s'était senti quelque temps après. En répondant à ces questions, la plupart des participants découvrirent que la majeure partie du plaisir se trouvait souvent dans l'attente et dans l'anticipation de l'achat, plutôt que dans la possession elle-même. Nous avons tous fait au moins une fois cette expérience : finir par obtenir la chose que nous désirions, la rapporter chez nous, puis être pris d'un abattement inexplicable jusqu'à ce que le cycle du désir reprenne possession de nous.

À force de discuter des raisons qui les poussaient à dépenser, les participants commençaient à comprendre à quel besoin ces achats répondaient véritablement. Il s'agissait la plupart du temps de "combler un vide, le vide de la solitude". Mais l'instinct qui les poussait vers cette satisfaction euphorique et éphémère les éloignait en même temps des choses auxquelles ils tenaient vraiment et qui pourraient seules les rendre heureux sur le long terme. En conséquence, ils se sentaient de plus en plus vides.

Certains parmi les adultes et les adolescents rejetaient catégoriquement cette interprétation. Ils prétendaient qu'acheter les rendait heureux, et n'avaient aucune envie de changer de comportement. Mais la plupart des participants souhaitaient envisager les choses autrement.

Ils abordèrent ensuite le sujet de la publicité. Au départ, presque tous déclarèrent qu'elle agissait sans doute sur les autres, mais lui dénièrent tout effet sur eux-mêmes. "Tout le monde veut être plus intelligent que la publicité", me dit plus tard Nathan. Il leur rappela alors tous ces biens de consommation qu'ils avaient désirés. Quelques instants plus tard, les participants s'expliquaient les uns aux autres qu'il aurait été insensé que des entreprises dépensent des millions de dollars pour rien. C'était impossible. Aucune entreprise n'investirait autant d'argent sans être sûre du résultat.

Il s'agissait jusqu'ici d'amener les participants à mettre en question les valeurs en toc dont nous avons été abreuvés pendant si longtemps, mais la part cruciale de l'expérience restait à venir.

Nathan leur expliqua la différence que j'ai évoquée précédemment entre valeurs extrinsèques et intrinsèques. Il pria ensuite les participants de dresser une liste de leurs valeurs intrinsèques, autrement dit des choses qui comptaient à leurs yeux indépendamment de ce qu'il était possible d'en retirer. Enfin, il leur demanda en quoi leur vie serait différente s'ils se mettaient à agir en fonction de ces valeurs et les laissa en discuter par groupes.

Les volontaires se surprirent eux-mêmes. On nous demande souvent de parler de nos valeurs extrinsèques, mais les moments où nous pouvons évoquer nos valeurs intrinsèques à haute voix sont rares. Certains dirent que, suivant ces valeurs, ils devraient travailler moins et passer plus de temps avec les gens qu'ils aimaient. Nathan restait impartial, il n'était pas là pour défendre la supériorité d'un mode de vie sur un autre. Il lui suffisait de poser quelques questions ouvertes, et les participants en tiraient les conclusions après en avoir discuté avec leur groupe.

Nathan se rendit compte que nos motivations intrinsèques sont toujours là, "dans un état de latence. Il n'y avait qu'à les mettre en lumière", dit-il. Or il est rarissime d'avoir de telles conversations dans la société actuelle : "Nous n'offrons ni ne créons aucun espace dédié à la discussion de ces questions cruciales, de sorte que les gens se sentent de plus en plus isolés", ajouta-t-il.

Après leur avoir fait prendre conscience du leurre que représentaient les valeurs en toc et leur avoir permis d'identifier leurs valeurs intrinsèques, Nathan se demandait si les volontaires réussiraient collectivement à réorienter leur vie autour de ces nouveaux objectifs. Au lieu de subir l'influence de la publicité, seraient-ils capables d'obéir aux valeurs les plus importantes à leurs yeux et de rendre compte de leur conduite devant un groupe qui partageait les mêmes objectifs ?

Ayant déterminé ses objectifs intrinsèques, chacun devait témoigner au cours des réunions suivantes de ce qu'il avait entrepris pour tenter de s'en rapprocher. Chacun était responsable vis-à-vis des autres. Tous avaient désormais un endroit où ils pouvaient réfléchir à ce qu'ils voulaient réellement dans la vie et à ce qu'ils devaient mettre en œuvre pour l'obtenir. Certains racontaient comment ils avaient réussi à travailler moins afin de profiter davantage de leurs enfants, d'autres disaient s'être mis à apprendre à jouer d'un instrument de musique ou à écrire.

Restait que, d'un point de vue scientifique, nul ne savait si ce projet avait une quelconque efficacité. Se pouvait-il que ces conversations rendent effectivement les participants moins matérialistes ?

Des sociologues indépendants avaient estimé le niveau de matérialisme des volontaires au début de l'expérience, et le mesurèrent à nouveau à la fin. Nathan attendit nerveusement les résultats : tout cela n'avait après tout constitué qu'une intervention minime au beau milieu d'une vie entière bombardée de slogans consuméristes. Se pouvait-il qu'on observe néanmoins un effet ?

En découvrant les résultats, Nathan et Tim étaient aux anges. Tim avait montré dans une précédente étude qu'il existait une forte corrélation entre le matérialisme et la dépression ou l'anxiété. Cette expérience était la première à prouver qu'il était possible d'intervenir dans la vie des gens de façon à réduire leur niveau de matérialisme dans des proportions significatives. Les participants de cette étude en étaient ressortis nettement moins matérialistes, et avec une confiance en eux incontestablement accrue. Elle avait eu sur eux un effet conséquent et mesurable[3].

Cette étude fournissait donc les premières preuves de l'efficacité d'un effort ciblé visant à se débarrasser des valeurs responsables de notre malheur.

Selon Nathan, les participants à cette expérience n'auraient jamais pu accomplir une telle transformation par eux-mêmes. "Le lien social et le sentiment de faire partie d'une communauté ont joué un rôle essentiel dans ce processus. Ils ont permis de libérer les volontaires de la solitude et de l'appréhension. C'est d'autant plus important qu'il y a beaucoup de peur autour de ce sujet." Ce n'est qu'en avançant tous ensemble, en tant que groupe, qu'ils ont pu "se débarrasser de leurs oripeaux afin d'en revenir à l'essentiel, à ce qui fait sens, pour retrouver un but".

J'ai demandé à Nathan s'il pensait que sa solution pouvait être généralisée à nos vies ordinaires. Était-il envisageable pour nous de suivre une formation et de rejoindre un groupe, sur le modèle des Alcooliques Anonymes, pour nous désintoxiquer des valeurs en toc ? Était-il possible de concevoir un lieu où nous pourrions nous rassembler pour mettre en question les idées anxiogènes qui nous ont été inculquées et nous empêchent de nous mettre à l'écoute de nos valeurs intrinsèques ? "Je n'en doute pas le moins du monde", me répondit-il. Nombre d'entre nous en ont assez de valoriser des choses qui ne le méritent pas. Nous devons offrir "un contrepoint" à ces valeurs en toc qui nous rendent psychologiquement malades. Dans cette banale salle de conférences de Minneapolis, Nathan a prouvé une chose : nous ne sommes pas forcés de croire dans les valeurs qui nous ont pourri la vie pendant si longtemps. En nous réunissant avec d'autres personnes et en y réfléchissant sérieusement, nous pouvons retrouver ce qui compte vraiment, et commencer à tracer une voie nouvelle vers nos valeurs fondamentales.

## 20

## RECRÉER DU LIEN 5 :
## PRATIQUER UNE EMPATHIE JOYEUSE
## ET SURMONTER L'ADDICTION AU MOI[1]

Il y avait bientôt trois ans que je n'avais pas vu mon amie Rachel lorsqu'elle entra dans ma chambre d'hôtel, dans une petite ville du centre de l'Amérique, avant de s'allonger sur le lit et de se mettre à rire.

Quand je me suis installé à New York, Rachel Shubert a été l'une des premières personnes avec lesquelles je me suis lié d'amitié. Nous nous asseyions à côté en cours, à l'université de New York ; nous étions tous les deux un peu perdus, dans la ville comme dans la vie. Rachel était prise au piège d'un mariage qui ne fonctionnait pas pour tout un tas de raisons. Elle voulait se lancer dans la vie professionnelle, mais allait tomber enceinte de son premier enfant. De mon côté, je venais de sortir, épuisé, d'une série de crises existentielles. Nous avions de nombreux points communs. L'un d'entre eux était notre goût de la médisance. Elle avait vécu pendant deux longues années en Suisse où, quand j'étais enfant, mes parents avaient l'habitude de m'exiler pendant l'été : nous passions donc des heures à critiquer les Suisses. Nous échangions également des commérages au sujet des autres étudiants de notre classe et de nos professeurs. Nous riions beaucoup, bien que ce fût souvent (mais pas toujours) d'un rire jaune – le genre de rire qui vous laisse un goût amer. Il y avait beaucoup de joie dans notre amitié (sa passion des comédies anglaises, par exemple, nous a liés pour la vie), mais aussi beaucoup de haine, au moment où nous nous sommes rencontrés.

Après son fiasco conjugal, Rachel retourna s'installer dans la petite ville où elle avait grandi, dans la campagne de l'Illinois, et nous nous sommes quelque peu perdus de vue. En retournant la voir, après ces quelques années, je m'aperçus rapidement qu'une chose avait changé chez elle. Elle semblait plus joyeuse et nettement moins déprimée. Je lui demandai les causes de ce changement. Elle me dit que, lorsqu'elle était revenue vivre ici, elle avait pris des antidépresseurs qui l'avaient soulagée un moment, mais ne l'avaient pas empêchée de replonger. Au lieu d'augmenter sa dose, comme le lui avait conseillé son médecin, elle s'était alors mise à s'interroger sur sa manière d'envisager la vie. Après avoir beaucoup lu, m'expliqua-t-elle, elle avait identifié des outils qui pourraient l'aider à vivre autrement et dont l'efficacité était prouvée scientifiquement.

Rachel s'aperçut qu'elle vivait plongée dans un état d'irritation et de jalousie permanent. Elle avait un peu honte de l'avouer, car cela donnait une mauvaise image d'elle-même, mais elle avait par exemple entretenu une haine profonde pour l'une de ses proches pendant des années. Cette dernière était pourtant très sympathique, et Rachel n'avait aucune raison particulière de lui en vouloir, mais chacun de ses succès (qu'ils soient familiaux ou professionnels) lui donnait l'impression d'être une moins que rien et ravivait sa haine, contre cette personne et contre elle-même. La jalousie avait peu à peu envahi sa vie et pesait chaque jour sur son moral, au point de devenir l'une des principales causes de sa dépression et de son anxiété. Elle ne supportait plus d'aller sur Facebook : il lui semblait que tout le monde y faisait étalage de sa supériorité, déchaînant le "monstre d'envie", comme elle l'appelait, qui dormait en elle.

Au fil des années, elle s'attacha à trouver des astuces pour se sentir mieux. Dès qu'elle était envieuse de quelqu'un, elle s'efforçait de lui trouver une faille. Telle personne était magnifique, certes, mais son mari était laid. Telle autre personne avait une belle carrière, certes, mais elle ne voyait jamais ses enfants. Ce n'était là, de son propre aveu, qu'une "tentative maladroite pour calmer sa jalousie", qui ne lui apportait qu'un soulagement éphémère.

Elle pensait que le problème venait d'elle. Mais en se renseignant sur le sujet, elle s'aperçut que c'était la société qui lui insufflait ce sentiment. On lui avait appris à se comparer aux autres et à rivaliser sans relâche avec eux. "Nous sommes extrêmement individualistes", me dit-elle, la vie nous est constamment présentée comme "un jeu à somme nulle, une sorte de gâteau avec un nombre de parts limité, comme si le fait que quelqu'un d'autre réussisse ou soit beau ou je ne sais quoi en laissait moins pour nous". On nous forme à envisager la vie comme une lutte pour des ressources rares, "même quand cela concerne une qualité comme l'intelligence, qui ne connaît aucune limite et peut se développer dans le monde entier". Si l'un cultive son intelligence, cela ne rendra pas l'autre moins intelligent, pourtant nous sommes incités à penser le contraire.

Admettons que Rachel écrive un jour un livre génial, et que cette femme dont elle était si jalouse en écrive un également, elle savait parfaitement que "cela couperait tout [son] élan, bien que la publication de ce dernier livre ne diminue en rien le mérite de celui, complètement différent, qu'[elle] [aurait] écrit". Nous nous retrouvons donc pris dans une dynamique infernale, ballottés entre notre propre jalousie et notre volonté d'être jalousés des autres. "C'est comme si, pendant toutes ces années, nous avions si bien appris la leçon de la publicité que nous étions devenus nos propres responsables marketing. Désormais, nous savons exactement comment présenter notre vie pour la rendre désirable, sans même en être conscients. C'est culturel", déclara-t-elle. Nous passons donc notre temps, en bon chef marketing, à exhiber notre vie sur Instagram ou dans nos conversations, en "essayant à tout prix de vendre aux autres l'idée que nous sommes géniaux et dignes d'être jalousés".

Rachel prit pleinement conscience de la perversité de cette logique le jour où, ayant appris qu'une personne de sa connaissance la jalousait, elle en fut ravie. "J'ai honte de t'avouer une chose pareille", me dit-elle.

Cette façon d'être ne lui plaisait pas. En bonne tenante, comme moi, de la rationalité et du scepticisme, elle se mit alors à rechercher une façon de remédier à sa jalousie qui repose sur des bases scientifiques. Elle découvrit finalement l'existence d'une technique ancienne, du nom de "joie sympathique", dont l'efficacité avait été prouvée.

En réalité, me dit-elle, c'est assez simple. La joie sympathique est une méthode qui vise à cultiver les sentiments "inverses de la jalousie et de l'envie […]. Il s'agit tout simplement de se réjouir du bonheur des autres". Rachel m'expliqua comment y parvenir.

On commençait par fermer les yeux et par imaginer que quelque chose de positif nous arrivait, comme tomber amoureux ou écrire quelque chose dont on pouvait être fier, puis on se laissait traverser par la joie ressentie.

Ensuite, on répétait l'opération en imaginant qu'une chose merveilleuse arrivait à une personne aimée.

Jusqu'ici, cela semblait facile. Mais il fallait ensuite recommencer avec quelqu'un qu'on connaissait à peine, la caissière de son supermarché de quartier par exemple. On imaginait qu'un heureux événement lui arrivait, et on devait essayer de se réjouir pour elle, de ressentir une joie authentique.

Les choses se corsaient encore quand il s'agissait d'imaginer que cet heureux événement arrivait à une personne qu'on n'appréciait pas, et qu'on devait tâcher d'en ressentir la même joie que s'il était arrivé à nous-mêmes ou à une personne aimée, en se figurant le bonheur et l'émotion ressentis par cette personne.

La dernière étape consistait à répéter l'opération avec une personne qu'on détestait ou dont on était jaloux (Rachel pensait par exemple à cette femme qu'elle enviait tant), et à tenter de se réjouir pour elle, du fond du cœur. "Quand on médite, il se peut qu'on ne ressente aucune joie. Le seul fait d'envisager tout cela peut même provoquer une souffrance intolérable, précisa Rachel. On a beau détester cette personne et ses succès, il faut continuer à se dire qu'on en tire de la joie."

Il faut s'astreindre à cet exercice tous les jours, pendant quinze minutes. Les premières semaines, Rachel n'en voyait pas l'utilité. Rien ne changeait. Mais, avec le temps, elle remarqua qu'"[elle] ne ressentait plus cette douleur aiguë à l'estomac. Elle avait tout simplement disparu". Peu à peu, ses sentiments malsains s'évanouirent. L'envie ne la tourmentait plus à longueur de journée, comme avant. Plus elle méditait, plus ses mauvais sentiments refluaient. En ce qui concerne celle de ses proches avec laquelle les relations étaient si difficiles, elle m'avoua que "cela ne voulait pas dire qu'[elle] n'était plus jalouse d'elle, mais simplement que ce sentiment s'étai[t] considérablement atténué, devenant beaucoup moins difficile à supporter".

Ce genre de méditation consiste avant tout à "affirmer son intention de changer sa vision des choses, me dit-elle. C'est un peu comme se répéter qu'on veut changer son attitude vis-à-vis d'une personne autant de fois qu'il le faut pour y arriver réellement. Je pense que cela agit sur nous à un niveau inconscient", précisa-t-elle.

Tandis qu'elle continuait à s'exercer, elle remarqua une chose : la technique de la joie sympathique permettait certes de réduire l'envie mais, plus important encore, elle offrait la possibilité de faire du bonheur des autres une occasion de se réjouir, et pas seulement de se blâmer. Un jour, Rachel aperçut dans un parc une mariée et son époux, en train de poser pour un photographe. Autrefois, elle aurait envié la mariée, et se serait consolée en lui cherchant désespérément des défauts, ainsi qu'au marié. Mais désormais, leur vue l'emplissait de joie et, après les avoir croisés, elle passa une excellente journée. Au lieu d'enlever quelque chose à son propre bonheur, celui de la mariée y participait. Elle ne comparait pas son apparence le jour de son mariage à celle de cette belle mariée. Sa route ne croiserait jamais plus celle de ce couple. Pourtant, à la vue de leur bonheur, ses yeux se remplirent de larmes de joie.

Je lui ai demandé quel effet cela faisait. "On se sent heureux, pénétré par une chaleur très tendre, me répondit-elle. C'est comme si les autres étaient devenus vos enfants. Vous ressentez la même satisfaction tendre et chaleureuse que quand vos enfants s'amusent, sont heureux ou obtiennent ce qu'ils veulent. C'est incroyable : on se met à ressentir cette joie pour des inconnus. On les voit à travers les yeux d'un parent aimant, qui veut leur bonheur et leur souhaite le meilleur. On devient beaucoup plus tendre, à mon avis."

Elle n'avait pas imaginé qu'elle arriverait à changer ainsi. "On a tendance à croire que certaines choses sont gravées dans le marbre", dit-elle. Mais en réalité, "ce n'est pas le cas. On a beau être un monstre de jalousie et croire que cela fait partie de nous, on finit par découvrir que quelques exercices tout simples peuvent nous changer du tout au tout".

En passant quelques jours à me promener et à manger dans des cafés-restaurants avec Rachel, je pris la mesure de sa transformation et, ironie du sort, je me mis à l'envier. Alors, elle me regarda et me dit : "J'ai passé ma vie à essayer d'être heureuse : je suis épuisée, et je ne me sens pas plus près du but. C'est une entreprise sans fin ; la barre est toujours plus haute." Cette nouvelle manière d'envisager les choses lui procurait néanmoins un plaisir véritable, une manière de se libérer des pensées déprimantes et anxiogènes qui l'avaient assaillie jusqu'alors. "Il y aura toujours des coups durs dans la vie pour nous casser le moral ; mais pour peu qu'on parvienne à être heureux pour les autres, on aura toujours accès à une part de bonheur. On aura chaque jour des millions de raisons de se réjouir pour les autres. En acceptant de partager leur bonheur, on peut être sûr d'être heureux toute sa vie, quoi qu'il arrive", me dit-elle.

Quand elle voulut mettre ces conseils en pratique, elle s'aperçut qu'ils étaient à l'opposé de tout ce qu'elle avait appris jusqu'ici. Aux yeux de nombreuses personnes, ces préceptes avaient tout d'une philosophie pour *losers* : on n'avait d'autre choix que de se réjouir du succès des autres, puisqu'on ne réussissait pas par soi-même ; on perdait inévitablement du terrain dans la course au succès en renonçant à prendre l'avantage. Mais selon Rachel, il s'agissait là d'une fausse opposition. Pourquoi ne pourrait-on pas être heureux à la fois pour les autres et pour soi-même ? En quoi le fait d'être rongés par l'envie nous rendrait-il plus forts ?

Elle réalisa progressivement que la société lui avait appris à envier les choses les moins dignes de l'être. "Qui a jamais été jaloux du bon caractère de quelqu'un d'autre ? De sa manière formidable de traiter son conjoint ? On n'est pas envieux de ce genre de choses, même s'il arrive qu'on les admire. On n'est jaloux que de bêtises sans importance : on envie les possessions matérielles des autres, leur statut", dit-elle. Au fil des années, en continuant à méditer, Rachel prit conscience du fait que ces choses ne la rendraient pas heureuse, que ce n'était pas là ce qui comptait réellement.

"Je pense que cette idée peut aider de nombreuses personnes souffrant de dépression", déclara Rachel, avant de me mettre sur la voie de sources scientifiques que j'ai ensuite approfondies. La principale étude portant sur la méditation comme traitement possible de la dépression a débouché sur une découverte intéressante en montrant que la participation des personnes dépressives à un stage de méditation de huit semaines augmentait significativement leurs chances de guérison par rapport au groupe de contrôle qui n'y avait pas participé. 58 % des patients du groupe de contrôle retombèrent en dépression contre 38 % des patients ayant récemment développé la capacité de méditer : une énorme différence[2]. D'autres études ont prouvé que la méditation est également efficace pour lutter contre l'anxiété. Une étude visant à affiner ces résultats a montré que la méditation fonctionne particulièrement bien pour soigner les patients dépressifs ayant été victimes de certains abus durant leur enfance : leur taux de guérison augmente de 10 %[3].

Au-delà de ces résultats encourageants, je souhaitais lire des études scientifiques portant sur le type de méditation que Rachel m'avait enseigné, afin de savoir s'il était effectivement susceptible de changer les gens. Les participants de la principale étude conduite dans ce domaine ont été répartis au hasard en deux groupes, dont un seul était formé aux techniques de méditation visant à solliciter chez eux l'amour et la bienveillance. Si vous aviez fait partie de ce groupe, vous auriez pratiqué chaque jour pendant quelques semaines le même genre de méditation que Rachel. À la fin de cette période, les chercheurs testèrent les réactions des membres des deux groupes en les faisant participer à des jeux qui leur avaient été présentés comme de simples échauffements. Ils ignoraient que certains participants étaient en réalité des acteurs qui étaient censés, au cours de cette première phase, faire tomber quelque chose ou signifier d'une autre manière qu'ils avaient besoin d'aide. L'enjeu de cette expérience était de savoir si les participants qui avaient pratiqué la méditation seraient ou non plus serviables que les autres.

Ils découvrirent que les personnes qui avaient cultivé, lors des séances de méditation, leurs sentiments d'amour et de bienveillance avaient presque deux fois plus de chances que les autres de venir en aide à un individu en difficulté. Ce premier élément semblait donner raison à Rachel : même sur un temps assez court, on pouvait doubler sa compassion grâce à cette technique[4] et raviver ainsi ses liens avec les autres. Ces exercices de méditation renforçaient en nous – pour ainsi dire – un muscle permettant de résister aux pires aspects de la civilisation. À cet égard, le plus important n'est pas ce qui se passe pendant les quinze minutes de travail quotidien : Rachel me dit qu'elle en était arrivée à la conclusion que "pendant la méditation, on ne fait que planter des graines qui fleuriront spontanément au cours de la journée, voire de la vie entière".

Jusqu'ici, j'ai tenté de prouver dans ce livre que la dépression peut avoir trois sortes de causes : biologiques, psychologiques et sociales. J'ai commencé par évoquer l'inefficacité, dans la majeure partie des cas, des modes d'intervention biologiques dont nous disposons à ce jour (les antidépresseurs). Puis j'ai montré en quoi certains changements sociaux ou environnementaux pourraient constituer un remède à nos maux.

La solution que Rachel m'avait enseignée, cependant, était d'un autre type : le changement qu'elle proposait était d'ordre psychologique.

Or la méditation n'est pas le seul changement psychologique envisageable : on peut aussi penser à la prière. Il a été prouvé que les personnes qui prient ont moins de chances de tomber en dépression[5] (étant athée, la question ne se pose pas pour moi). On peut également citer la thérapie cognitivo-comportementale (TCC) qui consiste à entraîner les patients à se dégager de schémas de pensée négatifs pour s'acheminer vers des modèles plus positifs[6]. Les expériences menées jusqu'ici suggèrent que ce type de thérapie a un effet réel, quoique faible et de court terme (le principal défenseur de la TCC, le professeur Richard Layard, admet lui-même qu'elle doit être couplée à des changements sociaux pour de meilleurs résultats). Enfin, la psychothérapie peut être une solution valable. Bien qu'il soit difficile de mesurer scientifiquement son effet (il faudrait pour cela donner à certains participants une fausse psychothérapie, afin de pouvoir comparer leur état à ceux qui en ont reçu une vraie : un protocole expérimental pour le moins irréaliste), de nombreuses études ont prouvé son efficacité dans le cas des patients ayant subi des traumatismes infantiles, auxquels je m'intéresserai dans le prochain chapitre.

Il est donc important de souligner que les changements environnementaux ne sont pas les seules transformations bénéfiques envisageables. Quand bien même vous pensez sincèrement être pris au piège de votre existence sans rien pouvoir changer à votre environnement, ces méthodes peuvent vous aider. Je crois fermement qu'une fois qu'elles vous auront permis de surmonter votre anxiété et votre dépression, vous vous apercevrez que les possibilités d'agir collectivement en ce sens sont plus nombreuses que vous ne le pensiez.

Avant d'en faire l'expérience avec Rachel, j'avoue que j'étais sceptique au sujet de la méditation, et ce pour deux raisons. La première était que le fait de m'asseoir en silence, seul avec mes pensées me faisait peur : cette attitude était trop liée, pour moi, à la dépression et à l'anxiété.

La seconde est que je trouve contestables les raisons pour lesquelles la méditation est redevenue à la mode depuis quelques années. De nombreux gourous du développement personnel ont fait fortune en racontant aux gens que la méditation pouvait les transformer en petites abeilles industrieuses, capables de travailler sans arrêt et de supporter un stress constant. Je n'y voyais rien de plus que l'une de ces prétendues "solutions" individualistes qui passaient à côté des véritables enjeux en refusant de s'attaquer aux causes de notre stress et d'y trouver une solution.

Mais je savais désormais qu'il y avait toute sorte de méditation. L'école à laquelle appartenait Rachel n'avait rien à voir avec ce type de méditation individualiste qui me déplaisait. Dans ce cas, il ne s'agissait pas de rendre la rupture des liens supportable, mais de nous permettre d'en renouer.

Ce qui me paraissait le plus fascinant dans la transformation de Rachel, c'était le changement qu'elle avait su introduire dans sa relation avec son propre ego : elle semblait désormais libérée de ses assauts constants et du vacarme assourdissant dont nous entourent la publicité, les réseaux sociaux et tous ceux qui, autour de nous, ont l'esprit de compétition. Elle avait trouvé le moyen de s'en protéger.

En voyant cela, je me suis interrogé : que pourrait-on faire de plus pour se protéger de ces facteurs de dépression qui polluent notre environnement ? Quel autre moyen y a-t-il de calmer notre ego et de renforcer nos liens sociaux ? Au cours de mes recherches sur la dépression, j'en vins à considérer un ensemble d'études connexes qui, au départ, me laissèrent perplexe. Si vous avez lu mon précédent livre, *La Brimade des stups*, vous savez que j'ai fait référence à certains de leurs résultats avec mépris.

Les dernières découvertes scientifiques dans ce domaine me parurent cependant si étonnantes que je décidai d'explorer en profondeur ce champ d'études. Ce que j'en ai appris vous paraîtra sans doute étrange dans un premier temps, tout comme à moi, mais il vaut la peine de s'y intéresser.

Lorsqu'il s'était essayé à la méditation, Roland Griffiths s'était heurté à un échec. Les quelques minutes qu'il devait passer assis lui semblaient des heures s'étirant péniblement devant lui. Il ne ressentait rien que de la frustration, et abandonna donc l'expérience. Pendant vingt ans, il ne tenta plus de méditer, jusqu'à ce qu'il participe à un projet qui allait révéler quelque chose de crucial, non seulement pour lui mais aussi pour nous tous.

Lorsque ses timides tentatives de méditation avortèrent, Roland était encore un jeune diplômé sur le point d'entamer une extraordinaire carrière dans le domaine de la recherche en psychologie. Sa notoriété grandissante fit de lui l'un des professeurs les plus influents dans ce domaine, rattaché à la faculté de médecine de l'université Johns Hopkins, dans le Maryland – l'un des meilleurs établissements mondiaux. Quand je l'ai rencontré, il était l'une des figures les plus respectées au monde pour l'étude des effets des drogues, en particulier de la caféine. Une fois assis dans son bureau, il m'avoua qu'après avoir trimé vingt ans pour atteindre cette position, "si on ne [l']avait pas encore diagnostiqué accro au travail, [il] n'étai[t] sans doute pas loin de l'être".

"J'ai sans nul doute fait une belle carrière", me dit-il. Mais un jour, il avait eu l'impression que quelque chose lui manquait : "J'avais l'impression de cocher toutes les cases que doit cocher un scientifique qui veut faire carrière." Les vaines tentatives de méditation qu'il avait faites, des années auparavant, lui étaient revenues à l'esprit sans qu'il sache pourquoi. Dans son domaine, le fait de s'intéresser au moi profond était considéré comme une hérésie. Il était l'un des principaux spécialistes d'un domaine de la psychologie qui ne voyait rien d'autre dans la méditation qu'une pratique hippie parfaitement absurde. Ce n'était certainement pas un phénomène auquel un chercheur sérieux devait s'intéresser. "Cependant, me dit-il, quelque chose me fascinait dans cette méthode qui, depuis des milliers d'années, permet de sonder les tréfonds de l'esprit, de l'être ou de la conscience, pour autant que cela veuille dire quelque chose."

Un de ses amis se rendait régulièrement dans un ashram dans le Nord de l'État de New York pour y méditer en groupe. Un jour, Roland lui demanda de l'emmener avec lui. Contrairement à ses premières tentatives, des années auparavant, il n'était pas seul : un guide était à ses côtés, pour lui apprendre comment faire, si bien qu'il réussit lui aussi à méditer. En répétant l'expérience, jour après jour, il s'aperçut, à sa grande surprise, qu'"un monde intérieur s'ouvrait à [lui] et [que] [lui]-même commençai[t] à [s]'ouvrir". "Très honnêtement, je trouvais ça captivant", me dit-il. Il fit la connaissance de personnes qui pratiquaient la méditation depuis des années : leur vie semblait enrichie d'une dimension spirituelle qui leur apportait toutes sortes de bénéfices. Ils avaient l'air plus calmes, plus heureux et moins anxieux. Ce fut pour Roland l'occasion d'ouvrir les yeux : il avait négligé certains aspects de sa personnalité et de celle des autres – des aspects globalement trop peu étudiés par les chercheurs.

Il commença par se poser une question très simple : que se passe-t-il quand une personne médite ? Quels changements cela produit-il chez elle ? La plupart des gens qui pratiquent régulièrement la méditation déclarent, comme mon amie Rachel, connaître un changement spirituel qui les amène à envisager les choses différemment, à voir le monde autrement. Roland voulait tenter d'expliquer cela : pourquoi les personnes pratiquant la méditation avaient-elles l'impression de connaître une transformation mystique, et que voulait dire, dans ce contexte, le mot "mystique" ?

Il se mit donc à la recherche d'études scientifiques portant sur les expériences dites "mystiques". Il découvrit alors qu'il existait à ce sujet une littérature importante, quoique assez marginale. Entre le milieu des années 1950 et la fin des années 1960, plusieurs équipes de recherche rattachées aux meilleures universités des États-Unis avaient découvert une chose : si l'on administrait dans des conditions cliniques des drogues psychédéliques comme le LSD (qui était légal à l'époque) à des volontaires, il y avait de fortes chances pour que cela entraîne chez eux l'impression de connaître une expérience spirituelle. On pouvait ainsi leur donner la sensation de transcender leur ego et les soucis du quotidien, pour recréer des liens plus profonds avec les autres, la nature, voire avec l'essence même de l'existence[7]. C'est, du moins, ce que la plupart des volontaires auxquels les médecins avaient administré ces drogues disaient avoir ressenti : un véritable bouleversement intérieur.

En lisant ces études, un détail attira particulièrement l'attention de Roland. Les sensations que ces personnes disaient avoir éprouvées sous l'effet des psychotropes étaient remarquablement similaires à celles que décrivent les personnes qui pratiquent la méditation de manière régulière et durable.

À l'occasion de ces recherches, les scientifiques découvrirent que le fait d'administrer ce genre de drogues dans un cadre médical pouvait avoir toutes sortes de bénéfices. Un nombre important d'alcooliques cessaient de boire[8] ; de nombreuses personnes souffrant de dépression chronique s'en trouvaient soulagées et sortaient peu à peu de leur abattement[9]. Ces expériences n'obéissant pas aux critères scientifiques actuels[10], leurs résultats doivent être considérés avec prudence. Ils éveillèrent néanmoins la curiosité de Roland. Malheureusement, à la fin des années 1960, un mouvement de panique se déclencha aux États-Unis autour des drogues psychédéliques : certaines personnes qui en avaient un usage récréatif connurent des expériences malheureuses, et on répandit beaucoup d'histoires, fictives pour la plupart, dans le seul but de diaboliser la prise de substances psychédéliques (l'une d'elles prétendait par exemple que le fait de regarder le soleil sous LSD pouvait vous rendre aveugle[11]). À la suite de ces controverses, le LSD fut interdit et toutes les expériences menées sur les psychotropes cessèrent brutalement, si bien que cette piste de recherche tomba peu à peu dans l'oubli.

En relisant ces études dans les années 1990 avec un œil neuf, Roland était curieux de savoir quel type de lien pouvait exister entre l'expérience des personnes pratiquant la méditation sur le long terme et celle des volontaires sous psychotropes. S'il s'agissait là de deux manières d'arriver à la même sensation, cela nous éclairerait peut-être sur les phénomènes à l'œuvre. Pour la première fois depuis l'interdiction de ces drogues[12], une génération auparavant, Roland monta donc un dossier de financement pour mener une expérience sur l'effet des substances psychédéliques. Il se proposait d'administrer de la psilocybine, une substance chimique naturellement présente dans les champignons "magiques", à d'honnêtes citoyens qui n'en avaient jamais pris, pour voir si cela produirait chez eux une expérience mystique et observer d'éventuels effets sur le long terme.

"Je dois bien avouer que j'étais sceptique", me dit-il dans son bureau du Maryland. Il ne pensait pas qu'une drogue puisse produire des effets comparables à ceux de la méditation, pratiquée régulièrement pendant plusieurs décennies, tels qu'il avait pu les observer lors de sa visite à l'ashram. Il ne croyait pas non plus que la drogue puisse avoir un effet durable. Aucun scientifique n'avait obtenu l'autorisation de mener une telle expérience depuis le verrouillage des années 1960, mais le prestige de Roland était si grand qu'on ne pouvait rien lui refuser : contre toute attente, on lui donna le feu vert. De l'avis de nombreux scientifiques, il avait obtenu l'accord des autorités uniquement parce que ces dernières croyaient que son expérience allait démontrer les ravages de la drogue. Toujours est-il que des dizaines de salariés ordinaires furent recrutés dans le Maryland pour participer à cette expérience insolite.

En traversant le laboratoire de Roland, Mark ne savait pas à quoi s'attendre[13]. On le guida jusqu'à une petite salle dont la décoration évoquait le salon d'une maison lambda : un canapé, des photos apaisantes sur les murs et un tapis. C'était un conseiller financier de quarante-neuf ans, l'air guindé. Il avait vu une annonce dans le journal au sujet d'une étude s'intéressant à la spiritualité. Il n'avait jamais consommé de psychotropes de sa vie, ni même fumé le moindre joint.

Il s'était porté volontaire car, après avoir divorcé de sa femme, il était tombé en dépression. Il avait alors pris des antidépresseurs (du Paxil, comme moi) pendant quatre mois, mais cela avait eu pour seul effet de le rendre apathique. Depuis un an et demi qu'il avait arrêté d'en prendre, il était inquiet : "J'avais l'impression qu'une chose manquait à ma vie : la capacité à entrer en relation avec les autres, me dit-il. J'étais le genre de personne qui gardait ses distances. Je n'avais jamais vraiment été à l'aise à l'idée de devenir intime avec quelqu'un." Tout avait commencé à dix ans lorsque son père s'était mis à souffrir de troubles cardiaques (l'une de ses valves ne fonctionnait pas correctement). Un jour que la douleur était devenue insoutenable, on l'emmena à l'hôpital et, en le voyant partir, Mark sut qu'il ne le reverrait jamais. Terrassée par son propre chagrin, sa mère n'avait jamais pris le temps de discuter avec lui de la mort de son père et personne ne le fit. "J'étais livré à moi-même, sans aucun secours pour trouver un sens à cette perte et une façon de continuer à vivre, me confia-t-il. Alors je crois que j'ai enfoui tout cela. Je me suis réfugié dans le déni." Se mit alors en place un schéma qui allait se répéter durant toute sa vie : dissimuler ses sentiments pour se protéger.

En grandissant, cette façon de se situer à distance des autres se transforma en phobie sociale. Quand on l'invitait à une fête, par exemple, il inventait toujours une raison pour ne pas y aller et, lorsqu'il se forçait à s'y rendre, il passait la soirée dans un coin, rougissant dès qu'on lui adressait la parole. "Je faisais très attention à tout ce que je disais, je me surveillais à chaque instant", me dit-il. Il était constamment en train de se demander si ce qu'il disait était idiot, de chercher quoi dire ensuite et de se demander à nouveau si cela serait idiot, puis de réfléchir à ce qu'il dirait encore après. C'était sans fin.

Il sentait donc l'anxiété monter en lui ce jour-là, en s'installant sur le canapé de ce faux salon. Il était sur le point de prendre part à la première des trois séances durant lesquelles on devait lui administrer de la psilocybine. Pendant plusieurs mois, en guise de préparation, il avait appris la méditation sous la direction de Bill Richards, psychologue à l'université Johns Hopkins. On lui avait enseigné à se réciter un mantra (*om mani padme hum*) pour se calmer si d'aventure il se sentait perdu ou paniqué, une fois sous l'emprise de la drogue. Bill assura à Mark qu'il serait à ses côtés pendant toute la durée de l'expérience, pour le rassurer et le guider.

Mark ne savait qu'une chose au sujet des drogues psychédéliques : elles pouvaient vous rendre fous. À l'église baptiste qu'il fréquentait dans son enfance, on distribuait aux adolescents une petite bande dessinée racontant l'histoire d'un homme qui, après avoir pris du LSD, était persuadé que son visage était en train de fondre. Cette hallucination ne cessait de le hanter, si bien qu'il avait dû être interné. Il n'avait jamais retrouvé son état normal. Mark n'aurait jamais imaginé qu'on lui administrerait un jour ce genre de substances, au cœur de l'une des plus prestigieuses universités mondiales.

On lui avait demandé d'apporter quelques objets qui avaient une importance particulière à ses yeux. Il était donc venu avec une photographie de ses parents (tous les deux décédés) et une autre de sa nouvelle amie, Jean. Il avait également apporté une châtaigne qu'il avait trouvée par terre le jour où sa femme lui avait annoncé qu'elle voulait divorcer, et qu'il avait conservée depuis, sans trop savoir pourquoi. Une fois qu'il fut installé confortablement sur le canapé, on lui donna un petit comprimé de psilocybine à avaler. Bill feuilleta ensuite tranquillement avec lui un livre de photos représentant des paysages, avant de placer un bandeau sur ses yeux et de lui mettre des écouteurs d'où sortait une musique douce. Quarante-cinq minutes plus tard, Mark commença à ressentir les effets de la drogue.

"Je sentais mon esprit se libérer, me dit-il, j'avais l'impression que quelque chose était sur le point de se passer : un changement imminent, comme ils disent. [...] J'ai vraiment perçu les effets de la drogue se déployer en moi."

Tout à coup, Mark fut pris de panique. Il ne comprenait pas ce qui lui arrivait. Il se leva et dit vouloir partir. Il s'était rendu compte qu'il n'avait pas été tout à fait honnête avec sa petite amie au sujet de ses sentiments, il voulait aller le lui dire immédiatement.

Bill tenta de le raisonner calmement et, quelques minutes plus tard, Mark accepta de se rasseoir sur le canapé et de réciter son mantra pour se concentrer et se calmer. Il devait laisser la drogue pénétrer "de plus en plus profondément", en lui, me dit-il, et prendre confiance. Durant la longue phase de préparation qui avait précédé cette expérience, les scientifiques lui avaient expliqué qu'on ne pouvait pas, à proprement parler, qualifier la psilocybine de drogue "hallucinogène". Une véritable hallucination impliquait de voir une chose qui n'est pas là et de la croire aussi réelle que le livre que vous teniez entre vos mains ou que n'importe quel autre objet au monde. C'était un phénomène très rare. Il était donc plus juste de parler dans ce cas de drogue "psychédélique", qui signifie littéralement, en grec, "manifestation de l'esprit". Cette drogue puisait en effet des matériaux dans votre inconscient pour les présenter à votre conscience. Vous n'étiez donc pas en état d'hallucination, mais aviez simplement des visions similaires à celles des rêves, tout en étant conscient. À tout moment, vous pouviez parler à votre guide, Bill, et vous saviez qu'il était physiquement à vos côtés, tandis que les choses que vous voyiez étaient de simples simulacres produits par la drogue.

"Il n'est pas question que les murs se mettent à tourner autour de nous, m'expliqua Mark. Nous sommes simplement plongés dans le noir, avec cette musique dans les oreilles qui nous offre une base, me dit-il. Ensuite, il s'agit tout simplement de visualisation mentale […]. Je dirais qu'on est comme dans un rêve éveillé" sauf qu'au réveil, on se souvient de tout de façon très précise, "aussi précise que si nous l'avions réellement vécu".

Lorsqu'il s'installa à nouveau dans le canapé, Mark se vit en train de pagayer sur les eaux calmes d'un immense lac. Il se promenait tranquillement le long des rives lorsqu'il aperçut l'entrée de plusieurs grottes qui s'enfonçaient dans la roche, dont plusieurs étaient accessibles. Il sentait intuitivement (comme cela arrive parfois dans les rêves) que ce lac était un symbole de l'humanité tout entière, la somme de nos sentiments, nos envies, nos pensées.

Il décida de partir explorer l'une des grottes. Sautant de rocher en rocher, il remonta le cours d'eau en direction de sa source. Une force le poussait à continuer, à s'enfoncer toujours plus profondément. Arrivé au pied d'une cascade haute d'une vingtaine de mètres, il s'arrêta pour la contempler, ébahi. Il réalisa qu'il pouvait la remonter à la nage. À son sommet, il le savait, se trouvait une chose qu'il avait attendue toute sa vie : "la réponse" à toutes ses questions.

Il raconta à Bill, son guide, ce qu'il voyait. Ce dernier l'encouragea : "Allez-y."

Une fois arrivé en haut, Mark aperçut un jeune faon en train de s'abreuver au bord de l'eau. L'animal leva la tête vers lui et lui dit : "Tu as des choses à régler si tu veux continuer à grandir et à t'épanouir." Ces mots eurent sur Mark l'effet d'une révélation. Cette expérience "m'a fait prendre conscience du fait que j'avais refoulé certaines choses que j'avais vécues dans mon enfance. Je les avais enfouies et j'essayais tant bien que mal de continuer à vivre", me dit-il.

Pour la première fois de sa vie, au sommet de cette cascade, Mark se sentait prêt à affronter le chagrin qu'il avait dissimulé en lui depuis ses dix ans. Il suivit le faon le long de la rivière, jusqu'à un amphithéâtre où l'attendait son père. Il était exactement le même que la dernière fois où il l'avait vu.

Il lui expliqua qu'il était là pour lui parler de choses qu'il aurait voulu lui dire depuis longtemps. Il voulait tout d'abord qu'il sache que tout allait bien pour lui, "qu'il avait dû partir et qu'il en était désolé", se souvient Marc. Puis il s'était adressé à lui en ces termes : "Mark, reste comme tu es, tu es parfait. Tu n'as besoin de rien de plus."

À ces mots, Mark éclata en larmes. Il n'avait jamais pleuré ainsi depuis la mort de son père. Ce dernier le prit alors dans ses bras et lui dit : "Ne te cache pas, Mark, pars à la découverte du monde."

Alors, Mark comprit que "tout le chemin qu'il avait parcouru, tout ce qu'il avait connu, jusqu'à cette pression qui l'avait poussé en avant, tout cela était une manière de lui faire comprendre que la vie vaut la peine d'être vécue. Qu'il lui fallait vivre désormais. Vivre et explorer, profiter à fond de toutes les expériences". Il fut tout à coup saisi par la chance qu'il avait d'être humain et en vie, "subjugué par la splendeur et la sagesse que tout cela comportait". Mais le plus incroyable était que "cela ne venait pas de l'extérieur, mais directement de l'intérieur de moi, me dit-il. Ce n'était pas la drogue qui était à l'origine de ces visions ; la drogue ne faisait qu'ouvrir un nouvel espace en moi-même", un espace qui était là, depuis toujours, enfoui sous son deuil.

Les effets de la drogue commencèrent à se dissiper, et il eut l'impression, selon ses propres mots, de "regagner les limites de son ego". Il était arrivé sur le campus de l'université Johns Hopkins à neuf heures du matin et en sortit à cinq heures et demie de l'après-midi. Quand son amie, Jean, vint le chercher en voiture et lui demanda comment cela s'était passé, il ne sut que répondre.

Durant les mois qui suivirent, Mark parla de son père avec une facilité inédite. Il avait l'impression qu'en "[s']exposant, en [s'] ouvrant davantage au monde, [il] tirerai[t] davantage de tout ce qu'[il] entreprendrai[t]". Son anxiété s'était en grande partie évanouie pour laisser place à un émerveillement constant. "J'avais l'impression d'être plus humain avec les autres", me confia-t-il. Il accepta même de suivre des cours de danse de salon avec son amie, alors qu'il n'y aurait jamais mis les pieds auparavant sans qu'on ne l'y ait traîné de force, hurlant et se débattant.

Il dut attendre trois mois avant la séance suivante. On suivit la même procédure, mais cette fois, il fut simplement traversé par une série de flashs qui lui sembla n'avoir ni queue ni tête. "Après la poésie, c'était le tour de la prose", me dit-il. Il en sortit déçu.

Mais la troisième séance "a complètement changé ma vie", me confia-t-il.

En tant que participant à ces expériences, vous ne pouviez savoir si on vous administrait une dose faible, moyenne ou importante, mais Mark était sûr d'avoir reçu la dose maximum lors de sa dernière séance.

Quand les effets commencèrent à se faire sentir, il fut à nouveau projeté dans un autre espace. Cette fois, cependant, ce n'était pas un paysage familier comme celui de la cascade, mais un lieu radicalement différent de tout ce qu'il avait connu. Il avait l'impression de flotter dans le néant, "dans un univers infini", comme s'il avait été dans l'espace. Alors qu'il tentait de comprendre où il se trouvait, quelqu'un apparut près de lui, habillé en bouffon. Mark sentit confusément que cette personne était là pour l'aider dans son périple. Au loin, il distinguait un objet cylindrique qui tournait sur lui-même et contenait, il en était sûr, toute la sagesse de l'univers. Il savait aussi que cet objet s'approcherait de lui, et que, s'il se montrait prêt à le recevoir, tout ce savoir se déverserait en lui.

En voyant cela, le premier réflexe de Mark fut de dire : "Je sais. Je sais." Mais immédiatement d'autres voix reprirent en chœur : "Nous savons. Nous savons", et il répéta à son tour ce refrain.

Cette deuxième affirmation lui sembla bien plus convaincante. "C'était comme si la danse de l'univers qui venait vers moi sous la forme de ce cylindre s'était arrêtée. Mon guide me dit : « Avant tout, nous devons régler une chose », puis il extirpa de moi un petit être tremblant, anxieux et craintif. Il s'adressa alors à moi en ces termes : « Mark, nous devons discuter avec cette partie de toi […] », puis, se tournant vers la créature : « Tu as fait un travail formidable. Tu as protégé Mark. Tu lui as construit des murailles immenses, des tranchées profondes, de gigantesques échafaudages qui l'ont défendu pendant de très nombreuses années. C'est grâce à toi qu'il en est arrivé là. Nous voulons simplement nous assurer que tu es prêt désormais à mettre à bas ces murailles pour découvrir ce qui t'attend. »"

"Il y avait tellement d'amour dans ce discours, me dit Marc. Je ne me sentais pas jugé, personne ne me condamnait d'être là." Alors, la partie anxieuse de son être accepta de laisser s'effondrer les murs qu'elle avait construits et, au moment où il donna son consentement, Mark s'aperçut qu'il était entouré des défunts qu'il avait aimés (son père, sa tante). Ils l'applaudissaient.

Alors, Mark se sentit prêt à accueillir toute la sagesse que l'univers voudrait bien lui offrir. Heureux, il se laissait traverser par cette sagesse.

"Il y a toujours une partie de nous qui juge, qui braque son regard sur nous et sur les autres, qui nous surveille sans cesse, me dit-il. Mais à cet instant, dans cet endroit, mon ego avait tout simplement disparu. Les médecins appellent cette expérience une mort de l'ego. Mais je n'avais aucune place dans ce processus, j'en étais tout simplement exclu." Pour la première fois de sa vie, Mark ne se sentait "pas jugé mais pris au contraire d'une immense compassion, pour lui-même et l'univers tout entier". Il sentait clairement désormais que les êtres vivants formaient un tout unifié au sein de la nature.

Tout en savourant la joie qui s'emparait de lui, il se tourna vers le bouffon, sa tante et son père et leur demanda : "Quel est le véritable Dieu ?" Alors, ils le regardèrent et lui répondirent, en haussant les épaules : "Aucune idée. Nous savons beaucoup de choses, mais cela, nous n'en savons rien." Puis ils éclatèrent de rire et Mark se mit à rire avec eux.

Mark n'est plus le même depuis cette expérience. Il sait, désormais, que les gens ont besoin "d'être acceptés, aimés, et de sentir que leur avis compte. Ce sont des choses que je peux offrir à n'importe qui, à n'importe quel moment, me dit-il. C'est aussi simple que cela. Il suffit de faire attention aux autres, d'être là pour eux, de les aimer."

Nous verrons plus tard ce qu'il est advenu de Mark.

Roland (le scientifique sceptique qui avait conçu cette expérience) était chargé d'interroger tous les participants à qui on avait administré de la psilocybine, deux mois après la fin de l'expérience. Ceux-ci défilaient dans son bureau, un à un, et tous lui disaient la même chose. Ils déclaraient généralement que cela avait constitué "l'une des expériences les plus importantes de [leur] vie", aussi forte que la naissance d'un enfant ou la perte d'un parent. Le cas de Mark n'était pas isolé. "Au départ, je n'en croyais pas mes oreilles, m'avoua Roland. J'ai commencé par me demander quel genre de vie avaient vécue ces gens [avant cette expérience]. Mais la plupart d'entre eux étaient des travailleurs performants, on pouvait *a priori* se fier à leur expérience […]. Je ne m'attendais pas du tout à avoir ce genre de résultats. Je n'avais aucune idée de la manière dont j'étais censé les interpréter."

Après deux mois, 80 % des participants qui avaient pris de la psilocybine classaient cette expérience parmi les cinq événements les plus marquants de leur vie. Roland et son équipe s'attachèrent à mesurer les changements que la drogue avait provoqués chez eux. Une écrasante majorité des participants avaient "une attitude plus positive vis-à-vis d'eux-mêmes et de la vie, de meilleures relations avec les autres et étaient devenus plus compatissants". Il s'agissait d'effets comparables à ceux que provoquait la méditation. Roland était abasourdi.

Le simple fait d'interviewer les volontaires qui avaient participé à cette expérience ou à d'autres programmes de recherche similaires me redonnait espoir. Nombre d'entre eux avaient connu des traumatismes infantiles qu'ils avaient longtemps refoulés et dont ils étaient enfin capables de parler. D'autres étaient finalement parvenus à surmonter leurs peurs. Beaucoup pleuraient de joie en me racontant tout cela.

Sans le savoir, en conduisant l'une des premières études scientifiques de sa génération sur les drogues psychédéliques, Roland avait forcé une porte qui était restée fermée pendant bien long-temps. En voyant ces résultats surprenants, de nombreux scientifiques s'engagèrent sur la voie qu'il avait tracée. Son expérience fut la première d'une longue série. Pour comprendre ce phénomène, j'ai sillonné le monde de Los Angeles au Maryland, de New York à Londres, d'Aarhus à Oslo en passant par São Paulo, afin de rencontrer les différentes équipes qui avaient mené des recherches sur ce type de psychotropes, et de les interroger sur les effets de ces drogues sur la dépression et l'anxiété[14].

En collaboration avec Roland, une équipe de l'université Johns Hopkins a testé l'effet de la psilocybine sur des fumeurs de longue durée qui avaient tenté en vain, pendant de longues années, d'arrêter la cigarette. Au terme de trois séances (comme Mark), 80 % d'entre eux avaient arrêté de fumer, et n'avaient toujours pas rechuté six mois plus tard[15]. Aucune autre technique n'avait jusqu'ici démontré une efficacité comparable. Une équipe de l'University College of London administra quant à elle de la psilocybine à des personnes souffrant de dépression sévère et n'ayant reçu aucune autre forme de traitement. Les résultats de cette étude préliminaire ne doivent pas être surévalués, mais 50 % des patients furent guéris de la dépression en à peine trois mois, avant la fin de l'expérience[16].

Découverte plus cruciale encore, les chercheurs s'aperçurent que ces effets positifs dépendaient d'un seul et unique facteur : la probabilité que vous guérissiez de la dépression ou de l'addiction était liée à l'intensité de l'expérience spirituelle provoquée chez vous par la prise de drogue. Plus elle était intense, plus l'issue de l'expérience avait de chances d'être favorable[17].

Tous les scientifiques que j'ai rencontrés m'ont mis en garde contre la généralisation abusive des résultats de ces premières études, menées sur des effectifs limités. Ils n'en restent pas moins remarquables et justifient *a posteriori* les études pionnières qui avaient été conduites dans les années 1960.

Roland me dit qu'il commençait à penser que "ces drogues avaient des effets capables de bouleverser en profondeur la vie des gens".

Comment expliquer cela ? Quels processus étaient à l'œuvre ?

Pour tenter de répondre à ces questions, les chercheurs les abordèrent de façon indirecte et s'efforcèrent d'identifier ce qui rapprochait ou distinguait les expériences psychédéliques et la méditation profonde. Fred Barrett, professeur adjoint à l'université Johns Hopkins, conçut avec Roland une expérience qui consistait à administrer de la psilocybine à des personnes qui pratiquaient la méditation depuis plus de dix ans, avaient fait plusieurs retraites d'une durée supérieure à un mois, et médité au moins une heure par jour pendant des années[18]. Il m'expliqua que les personnes qui, comme Mark, n'avaient jamais médité ni consommé de psychotropes auparavant, avaient du mal à mettre des mots sur leur expérience et étaient incapables d'y trouver un quelconque équivalent dans leur vie. Mais il était aisé aux personnes qui avaient pratiqué la méditation sur le long terme d'en parler, dans la mesure où elles atteignaient sous l'effet de la drogue "le même endroit" que lorsqu'elles se plongeaient dans un état de profonde méditation. "La plupart, me dit Fred, ont des visions similaires, si ce n'est identiques."

Les scientifiques se demandèrent donc quel était l'effet de ces deux pratiques, et ce qu'elles pouvaient bien avoir en commun. Dans un restaurant thaï où nous dînions ensemble, Fred me proposa une explication qui m'interpella.

La méditation et la drogue suspendent toutes deux notre "addiction à nous-mêmes". À la naissance, quand nous étions encore des nourrissons, nous n'avions aucune idée de notre identité. Si vous avez l'occasion d'observer un nouveau-né, vous verrez qu'il se frappe souvent au visage. Cela s'explique par le fait qu'il ne connaît pas encore les limites de son propre corps. En grandissant, il prend peu à peu conscience de son identité et construit des barrières qui le séparent du monde extérieur. Il s'agit là d'un processus tout à fait naturel et sain, mais certaines des barrières que nous créons peuvent avoir des effets négatifs à long terme. Ainsi, les murailles que Mark s'était construites, à dix ans, pour se protéger du chagrin d'avoir perdu son père sans pouvoir en parler à quiconque, sont devenues plus tard une prison qui l'empêchait de vivre pleinement. Notre ego, le sentiment de notre propre identité, peuvent aussi bien nous protéger que nous enfermer en nous-mêmes.

La méditation et les expériences psychédéliques nous apprennent à discerner la part construite de cet ego. Mark s'aperçut ainsi que sa phobie sociale constituait une protection dont il n'avait plus l'utilité désormais. Mon amie Rachel avait pris conscience que sa jalousie était un moyen de se défendre contre la tristesse et avait trouvé, grâce à la méditation, d'autres moyens de se protéger, comme l'amour et la pensée positive.

La méditation et la prise de drogues psychédéliques permettent donc de renouveler "la relation que l'on entretient avec son propre esprit", me dit Roland. Notre ego ne représente qu'une petite part de nous-mêmes. En faisant l'expérience de moments où ce dernier "se dissout dans un tout plus vaste" ou encore dans le lac de l'humanité dont Mark avait eu la vision, nous nous rendons capables de voir au-delà. C'est l'occasion de changer profondément le regard que nous portons sur nous-mêmes. Selon Fred, ce genre d'expériences nous apprend que "notre conduite n'est pas nécessairement déterminée par l'idée que nous avons de nous-mêmes".

"Si la méditation est la seule façon éprouvée et authentique d'y parvenir, me dit Roland, la psilocybine nous permet d'y accéder en accéléré."

Parmi les scientifiques que j'ai interrogés, tous ceux qui avaient mené des essais cliniques sur les drogues psychédéliques s'accordaient à dire que ce genre de substances permettait aux participants de se sentir intensément reliés aux autres et à la nature, et de trouver un sens à leur vie. Il s'agissait d'un antidote aux valeurs en toc dont nous étions continuellement abreuvés.

"Quand les gens se lèvent du canapé [après une expérience sous psilocybine], me dit Fred, la plupart parlent d'amour. Ils ont pris conscience du lien qui les unit aux autres […]. Ils ressentent le besoin de tisser des liens et de vivre de manière plus saine, fuyant les comportements autodestructeurs." En l'écoutant, je ne pouvais m'empêcher de penser aux sept causes sociales et psychologiques de la dépression et de l'anxiété que j'avais identifiées. Ce type d'expériences permettait de prendre conscience de l'insignifiance de nos obsessions quotidiennes (le shopping, la reconnaissance sociale, toutes ces vétilles). Elles permettaient de porter un autre regard sur nos propres traumatismes infantiles. Elles rendaient possible un "changement perceptif nous amenant à reconnaître que, loin d'être les esclaves de nos pensées, de nos émotions et de nos sentiments, nous sommes libres de nos choix à chaque instant ; et c'est là une grande source de joie". C'est la raison pour laquelle 80 % des fumeurs de longue durée arrêtaient la cigarette après avoir fait cette expérience : non parce que la drogue avait actionné un interrupteur rétablissant l'équilibre chimique dans leur cerveau, mais bien parce qu'elle leur avait permis de mettre les choses en perspective et d'apercevoir toute la grandeur de la vie. Face à cela, ils ne pouvaient que se dire : la cigarette ? L'addiction ? Je vaux mieux que cela. Je choisis la vie.

Cela nous aide aussi à comprendre pourquoi cette petite étude préliminaire, menée à l'University College of London, a eu des résultats si convaincants sur les volontaires souffrant de dépression sévère. "La dépression est une sorte de crispation de la conscience de soi, me dit Bill Richards, qui a également codirigé les essais menés à l'université Johns Hopkins. Les personnes dépressives semblent avoir oublié qui elles sont et ce dont elles sont capables. Elles se retrouvent bloquées. […] Nombre d'entre elles sont obsédées par leurs souffrances, leurs blessures et leur colère. Elles ne voient plus le bleu du ciel et la beauté des feuilles qui jaunissent." Lorsque, grâce à la drogue ou à la méditation, leur conscience s'ouvre à nouveau, elles peuvent sortir de cette logique délétère, et se libérer ainsi de leur dépression. Ces expériences permettent de mettre à bas les murs de notre ego afin de recréer du lien avec ce qui compte vraiment.

"Même quand les effets de la drogue se dissipent, me dit Roland, la mémoire de cette expérience reste", et nous fournit un guide de conduite pour le reste de notre vie.

On ne peut toutefois passer sous silence deux réserves importantes.

La première est que certaines personnes, loin de se sentir libérées, paniquent complètement à l'idée de se déprendre de leur ego. Environ 25 % des personnes qui ont participé aux études menées à l'université Johns Hopkins ont été proprement terrifiées à certains moments de l'expérience. Si pour la plupart, comme Mark, cette sensation s'est rapidement évanouie, pour certains, les six heures passées sous psilocybine furent un calvaire. Une femme raconta par exemple avoir eu l'impression de marcher dans un paysage désolé où toute trace d'humanité avait disparu. La plupart des histoires qui avaient circulé au sujet des drogues psychédéliques dans les années 1960 (comme celle selon laquelle ces drogues pouvaient nous contraindre à regarder le soleil jusqu'à en être aveuglés) étaient fausses, mais le *bad trip*, lui, n'était pas un mythe. De nombreuses personnes en furent victimes.

En apprenant tout cela, je me souvins d'une chose. Lors d'une randonnée en montagne au cœur du Canada, Isabel Behncke m'avait appris qu'être séparé de la nature pouvait être une cause de dépression et d'anxiété. Elle m'avait également dit qu'au sein de paysages grandioses, en pleine nature, à l'inverse, nous prenions conscience de notre petitesse et de la trivialité des histoires dont notre ego nous rebattait les oreilles à longueur de journée, sur notre propre importance et l'urgence de nos soucis. Pour de nombreuses personnes, cette dissolution de l'ego est une expérience libératrice. J'admettais tout à fait l'existence de tels phénomènes, j'en avais d'ailleurs fait l'expérience au sommet de cette montagne, mais je n'en avais ressenti aucun soulagement. Au contraire, cela m'avait semblé être une menace, j'y avais résisté de toutes mes forces, sans vraiment savoir pourquoi : Isabel avait beau m'assurer que cela apaiserait ma dépression et mon anxiété, ses dires avaient beau être confirmés par toutes sortes de preuves scientifiques, c'était plus fort que moi.

Après m'être penché sur toutes ces études et avoir longuement discuté avec Mark de la manière dont la drogue l'avait finalement aidé à faire le deuil de son père, je pense désormais pouvoir expliquer cette résistance. J'avais construit mon ego (c'est-à-dire le sentiment de ma propre importance dans le monde) pour me protéger dans des situations parfois périlleuses. Regardez quelqu'un sous l'emprise d'un psychotrope, l'utilité que peut avoir votre ego vous apparaîtra d'autant plus clairement. Une fois leur ego suspendu, les personnes droguées sont littéralement sans défense : elles seraient incapables de marcher seules dans la rue. Notre ego nous protège, il nous défend des agressions, il nous est absolument nécessaire. Mais s'il prend trop de place, il peut nous empêcher de nous ouvrir aux autres. La destruction de l'ego ou sa suspension ne doivent pas être prises à la légère. Mettre à bas les murailles de quelqu'un qui ne se sent en sécurité qu'à l'abri derrière elles ne lui donnera pas l'impression d'une libération, mais d'une invasion.

Ce jour-là, en pleine nature, je n'étais pas prêt à me débarrasser de mes barrières, j'avais le sentiment d'en avoir encore besoin.

C'est pourquoi, de toutes les personnes avec qui j'en avais discuté, aucune ne pensait que la prise de drogues psychédéliques sans contrôle médical ni accompagnement puisse fournir une solution adéquate à la dépression ou à l'anxiété. Elles étaient trop puissantes. Bill Richards compara leur consommation au fait de descendre une montagne à skis : il serait fou de vouloir le faire sans préparation. En revanche, il serait bon de faire évoluer la législation à ce sujet, afin que ces drogues puissent être administrées sous contrôle médical, dans des circonstances favorables, aux personnes pouvant en tirer un bénéfice.

Il ne s'agit nullement de réduire à néant l'ego sur le long terme, me dit Bill, mais simplement de restaurer une relation saine avec lui. Pour cela, les patients devaient se sentir suffisamment en sécurité, dans un endroit sûr, entourés de personnes de confiance.

La seconde réserve me semble plus importante encore. Le Dr Robin Carhart-Harris était l'un des scientifiques à l'origine de l'expérience menée à Londres consistant à administrer de la psilocybine à des personnes souffrant de dépression sévère. Alors que nous discutions de cette expérience depuis des heures, assis dans un café de Notting Hill, il finit par me dire qu'il avait remarqué une chose. Les drogues psychédéliques avaient un effet très fort pendant les trois premiers mois : la plupart des participants se sentaient plus en prise avec la réalité et les autres, donc nettement soulagés. Il me raconta néanmoins le cas d'une patiente, qui semblait représentatif d'une tendance plus vaste.

Après avoir fait cette expérience extraordinaire, elle reprit le cours de sa vie. Elle était réceptionniste dans une petite ville anglaise sans aucun charme : un travail ingrat. Après avoir pris conscience de la futilité du matérialisme, de l'égalité fondamentale de tous les êtres humains et de la vanité des distinctions sociales, elle était de retour dans un monde qui ne cessait de lui répéter que le matérialisme était le but de la vie, que nous n'étions pas tous égaux et que nous avions intérêt à respecter les différences de statut social. Ce retour au réel lui fit l'effet d'une douche froide : elle était à nouveau plongée dans un état d'isolement. Peu à peu, elle retomba en dépression. Les découvertes qu'elle avait faites lors de cette expérience psychédélique ne pouvaient rivaliser avec la pression du monde extérieur, tel qu'il est actuellement.

J'ai beaucoup réfléchi au cas de cette femme, mais ce n'est qu'après en avoir discuté avec le Dr Andrew Weil, qui avait mené plusieurs recherches dans ce domaine au cours des années 1960, que j'ai compris ses implications. Personne ne prétend que les psychotropes ont des vertus comparables à celles que l'on a prêtées aux antidépresseurs dans les années 1990 : ils n'ont aucune action sur la chimie du cerveau et, par conséquent, ne peuvent vous "réparer". Quand tout fonctionne, ils peuvent en revanche vous donner le sentiment d'être intensément relié au reste du monde pour une courte période. "Tout l'intérêt de cette expérience, me dit Andrew, est de vous montrer que c'est possible", de vous faire ressentir les bienfaits qu'il y a à renouer des liens. Ensuite, "c'est à vous de trouver le moyen de prolonger l'expérience" : sa valeur ne réside pas dans le fait de prendre de la drogue, mais d'en tirer les leçons et de les mettre en pratique, d'une façon ou d'une autre.

Si après ces révélations, si intenses soient-elles, vous vous isolez à nouveau des autres et du monde, les effets de l'expérience ne dureront pas. Si, à l'inverse, vous l'utilisez comme un tremplin pour construire des liens durables et solides, par-delà votre ego et votre matérialisme, il est possible qu'elle porte ses fruits sur le long terme. En elle-même, elle ne fait que vous révéler les liens que vous avez perdus et qu'il vous faut renouer.

C'est en tout cas la leçon que Mark a tirée des visions si frappantes qu'il avait eues au cours de l'expérience menée à l'université Johns Hopkins. À l'issue de sa troisième séance sous psilocybine, il demanda au professeur à l'initiative de ce projet : "Roland, que dois-je faire après avoir vécu tout cela ? […] Je dois trouver le moyen d'intégrer tout ça à ma vie." Ce même Roland, qui avait été si obsédé par son travail qu'il était incapable de méditer plus de quelques minutes, connaissait désormais la solution. Il orienta Mark vers un centre de formation aux techniques de méditation.

Au moment où je l'ai rencontré, Mark s'y rendait régulièrement depuis cinq ans. Il était tout à fait conscient de l'impossibilité de vivre uniquement dans le monde qui s'était ouvert à lui grâce à la psilocybine – et d'ailleurs, il n'en aurait eu aucune envie. Ce qu'il voulait, c'était adopter dans sa vie de tous les jours les solutions qu'il y avait découvertes. "Je ne voulais en aucun cas perdre ce que j'en avais tiré", me confia-t-il.

Roland ne s'attendait pas à conseiller un jour à quelqu'un la pratique de la méditation ou la consommation de drogues psychédéliques. Quant à Mark, il n'aurait jamais cru suivre un jour ce genre de conseils à la lettre. Leur vie avait pris un tournant inattendu après qu'ils se furent confrontés à des preuves incontestables, pour l'un, et à l'intensité de l'expérience vécue, pour l'autre.

Aujourd'hui, Mark enseigne la méditation. Grâce à ces techniques, il a réussi à se débarrasser de la phobie sociale qui le paralysait. Désormais, il se sent prêt à accueillir tout ce que la vie lui réserve. En conclusion de notre dernier entretien, il m'a dit qu'il se sentait "constamment relié" à ceux qui l'entouraient par un sentiment d'empathie joyeuse. Jamais plus il n'avait envisagé de prendre des antidépresseurs : ils n'avaient jamais eu aucun effet sur lui et, quoi qu'il en soit, il n'en avait plus besoin.

Il n'est pas nécessaire d'en passer par là pour arriver à ce résultat, m'assura Mark. Il existe plusieurs manières de se débarrasser des valeurs en toc et de l'égotisme responsables du morcellement du moi. Certains y arriveront grâce aux psychotropes, d'autres (plus nombreux encore) grâce à la méditation, et il reste sans doute bien d'autres techniques à expérimenter. Mais quelle que soit la voie que nous choisissons, précisa-t-il, "il ne s'agit pas d'un tour que nous jouerait notre esprit : l'enjeu est bel et bien de l'ouvrir […] à un monde qui se trouve déjà à l'intérieur de nous".

En considérant le long trajet qu'il avait parcouru, il me dit ceci : "En somme, il s'agit tout simplement d'ouvrir grande la porte" à des besoins dont nous n'avions jusqu'alors qu'une conscience obscure.

## 21

## RECRÉER DU LIEN 6 :
## RECONNAÎTRE ET DÉPASSER
## SES TRAUMATISMES INFANTILES

Pour Vincent Felitti, ce n'était pas tout de mettre au jour un phénomène tragique : il voulait trouver une manière d'y remédier. C'était le médecin qui, comme je l'ai raconté plus tôt, avait révélé, à la surprise générale, qu'un traumatisme infantile pouvait être à l'origine d'une dépression ou d'une anxiété, et augmentait fortement la probabilité de connaître de tels problèmes à l'âge adulte. Après avoir présenté ses découvertes aux quatre coins des États-Unis, il reçut l'appui de la plupart des scientifiques. Mais Vincent n'entendait pas s'arrêter en si bon chemin. Il refusait d'annoncer aux personnes ayant survécu à un traumatisme que leur cas était désespéré et qu'elles étaient condamnées à vivre une vie diminuée, tout simplement parce qu'on ne les avait pas protégées correctement durant leur enfance. Il voulait soulager leurs souffrances. Mais comment faire ?

Comme je l'ai expliqué précédemment (mais cela fait déjà un bon moment, je pense donc qu'un petit rappel sera bienvenu), Vincent avait découvert cette corrélation en distribuant un questionnaire à tous les patients qui recevaient des soins médicaux de la compagnie d'assurances Kaiser Permanente. Ce questionnaire portait sur dix événements traumatiques ayant pu avoir lieu durant leur enfance, puis confrontait leurs réponses à leur état de santé. Ce n'est qu'après avoir enquêté pendant plus d'un an et amassé des données incontestables que Vincent eut une idée.

Et si, lorsqu'un patient disait avoir subi un traumatisme infantile, son médecin l'invitait à en parler lors de sa prochaine visite, quel qu'en soit le motif ? Cela changerait-il quelque chose ?

Vincent et son équipe se lancèrent donc dans une nouvelle expérience. Tous les médecins qui recevaient des patients affiliés à Kaiser Permanente – que ceux-ci souffrent d'hémorroïdes, d'eczéma ou de schizophrénie – devaient consulter le questionnaire qu'ils avaient rempli et suivre, avec ceux qui avaient subi un traumatisme infantile, une procédure très simple. Le médecin s'adressait à eux en ces termes : "Je vois que vous avez dû faire face à un événement traumatique durant votre enfance. J'en suis désolé, une chose pareille n'aurait jamais dû vous arriver. Souhaitez-vous m'en parler ?" Si le patient acquiesçait, le praticien était censé l'assurer de sa compassion et lui demander si, selon lui, ces événements avaient eu sur sa vie des effets négatifs sur le long terme et pouvaient avoir une influence sur son état de santé actuel[1].

Le but de cette démarche était d'offrir au patient la possibilité de parler de son expérience traumatique et de composer une histoire qui lui permette d'en rendre raison. L'une des premières choses que Vincent et son équipe découvrirent en mettant en place cette expérience était que la plupart des patients n'avaient jamais avoué à quiconque ce qui leur était arrivé.

De plus, cette étude leur offrait la possibilité, tout aussi cruciale, de se confier sans se sentir jugés. L'objectif était au contraire, selon Vincent, de leur montrer qu'une figure d'autorité en laquelle ils avaient toute confiance pouvait compatir sincèrement avec ce qu'ils avaient vécu.

Malgré quelques refus, les médecins se rendirent compte que la plupart des patients étaient heureux de pouvoir s'épancher. Certains leur dirent avoir été victimes de négligence, d'autres d'abus sexuels, d'autres encore avaient été battus par leurs parents. La plupart ne s'étaient jamais demandé si ces événements pouvaient avoir un quelconque impact sur leur état de santé actuel, mais le simple fait de leur poser la question les invitait à y réfléchir.

Vincent voulait savoir si cette procédure soulageait les patients ou si, à l'inverse, le fait de déterrer de vieux traumatismes leur était néfaste. Il attendit donc avec une grande impatience que les données issues de ces dizaines de milliers de consultations soient rassemblées.

Enfin, les statistiques tombèrent[2]. Durant les mois et les années qui suivirent, les patients qui avaient vu leur traumatisme reconnu par une figure d'autorité semblaient connaître significativement moins de maladies : la probabilité qu'ils reviennent au centre médical, sous quelque motif que ce soit, diminuait de 35 %.

La première réaction des médecins fut de craindre d'avoir vexé leurs patients, mais aucun ne manifesta de mécontentement. Au contraire, dans leurs questionnaires de suivi, de nombreux patients exprimèrent leur reconnaissance. Ainsi, une vieille femme qui avait avoué pour la première fois avoir subi un viol durant son enfance[3], leur écrivit une lettre de remerciement qui disait simplement : "Merci de m'avoir demandé d'en parler. Je craignais de mourir sans que personne sache ce qui était arrivé."

Dans une étude pilote menée à plus petite échelle, les patients se voyaient offrir la possibilité, après avoir répondu à ce questionnaire, de parler de leur traumatisme au cours d'une séance de psychanalyse. Pour ceux qui bénéficièrent de ce traitement, la probabilité de retourner consulter le médecin l'année suivante, pour des problèmes physiques ou d'addiction, diminuait de 50 %[4].

Les patients qui avaient eu l'occasion de parler de leur traumatisme se sentaient visiblement moins anxieux et moins malades, puisqu'ils se rendaient moins souvent chez le médecin. De tels résultats étaient à peine croyables. Comment cela était-il possible ? Selon Vincent, cela s'expliquait par le soulagement de leur sentiment de honte. "Qu'une personne avoue à une autre pour la première fois de sa vie une chose qui compte pour elle [...] et dont elle a terriblement honte, et qu'elle constate que celle à qui elle s'est confiée ne semble pas la rejeter pour autant, cela peut suffire à changer sa vie", me dit-il.

Cette expérience nous révèle que les problèmes rencontrés par les victimes d'un traumatisme infantile (parmi lesquels la dépression et l'anxiété) ne sont pas tant dus au traumatisme lui-même qu'au fait de le dissimuler, de n'en parler à personne parce qu'on en a honte. Quand on enferme ce traumatisme en soi, il s'infecte et la honte grandit. Il n'appartenait pas à un médecin comme Vincent, hélas, d'inventer une machine à remonter le temps pour prévenir le mal. Mais il pouvait inciter ses patients à ne plus le dissimuler, à ne plus en avoir honte.

De nombreux éléments semblent indiquer que le sentiment d'humiliation joue un rôle important dans la survenue de la dépression, comme je l'ai évoqué précédemment. Je me demandais si cette remarque pouvait être pertinente dans ce cas précis. Vincent me répondit : "Je pense que la solution que nous proposons permet de réduire efficacement le sentiment de honte et de mépris de soi." Pour lui, il s'agissait d'un équivalent séculier du rite catholique de la confession. "Je ne parle pas en tant que croyant, car je ne le suis pas, mais la confession a existé pendant mille huit cents ans. C'est bien qu'elle devait répondre à un besoin humain fondamental", précisa-t-il. Nous avons besoin de raconter aux autres ce qui nous est arrivé en sachant qu'ils ne nous en mépriseront pas pour autant. Cette expérience laisse à penser qu'en permettant à quelqu'un de reprendre contact avec le traumatisme qu'il a vécu, et en lui montrant que ce dernier n'est pas un sujet de honte aux yeux d'une personne extérieure, on peut atténuer ses effets néfastes. "Je ne prétends pas avoir réglé le problème. Il reste beaucoup à faire, mais c'est déjà une avancée significative", conclut Vincent.

Était-ce possible ? D'autres études scientifiques ont montré que la honte peut rendre malade. Ainsi, au plus fort de l'épidémie du sida, les homosexuels refoulés mouraient en moyenne deux ou trois ans plus tôt que les homosexuels revendiqués, même lorsqu'ils avaient bénéficié d'une prise en charge médicale au même stade[5]. Dissimuler des parties de vous en les jugeant condamnables ne peut que vous empoisonner la vie. Se pouvait-il qu'une dynamique similaire soit à l'œuvre ici ?

Les scientifiques impliqués dans ces recherches sont les premiers à dire qu'il reste beaucoup à faire pour tirer toutes les conclusions de cette première ébauche. Ce n'est là qu'un début, aussi encourageant soit-il. "La connaissance de ce sujet reste à développer, me dit Robert Anda, le collaborateur de Vincent. La question que vous posez nécessite un renouvellement total de la pensée : il faudra toute une génération d'études scientifiques pour y répondre. Tout reste à faire."

Je n'avais jamais parlé à quiconque des violences que j'avais subies durant mon enfance avant de consulter, à l'âge de vingt-cinq ans, un psychothérapeute génial. Quand nous en arrivâmes à parler de mon enfance, je lui racontai l'histoire que je m'étais racontée à moi-même pendant toutes ces années : je méritais tout ce qui m'était arrivé, je l'avais cherché.

"Vous rendez-vous compte de ce que vous êtes en train de dire ?", s'exclama-t-il. Je n'ai pas compris tout de suite où il voulait en venir. Il me répéta ce que je venais de lui dire. "Croyez-vous qu'un enfant mérite d'être traité ainsi ? Que penseriez-vous si un adulte disait ce que vous venez de dire à un enfant de dix ans, dans cette situation ?"

En gardant ces souvenirs enfermés en moi, je n'avais jamais remis en question l'histoire que j'avais construite à l'époque, la seule qui me semblait possible. C'est pourquoi cette question me surprit.

En réaction, mon premier réflexe fut de défendre les adultes qui s'étaient si mal comportés et de mettre en cause mes souvenirs d'enfant. Ce n'est que peu à peu que j'ai compris le message que mon psychothérapeute avait cherché à me faire passer.

Et je me suis senti pleinement libéré de ma honte.

## 22

## RECRÉER DU LIEN 7 :
## RETROUVER CONFIANCE EN L'AVENIR

Pour pouvoir mettre en œuvre les solutions à la dépression et à l'anxiété évoquées précédemment, il me restait à franchir un dernier obstacle – le plus insurmontable de tous, à mes yeux. Deux choses sont nécessaires pour recréer du lien (en fondant une communauté, en démocratisant votre lieu de travail ou en formant des groupes de soutien visant à cultiver vos valeurs intrinsèques, par exemple) : du temps et de la confiance.

Deux choses qui se font, hélas, de plus en plus rares. La plupart des gens travaillent sans arrêt et n'ont aucune confiance en l'avenir. Ils sont épuisés, sous pression et on leur en demande davantage chaque année. Il leur est difficile d'envisager un combat plus vaste alors qu'ils luttent déjà pour aller au bout de leur journée. Leur demander de se lancer dans de nouvelles aventures alors qu'ils n'ont pas une minute à eux peut faire l'effet d'une mauvaise blague.

Mais en faisant des recherches pour ce livre, j'ai appris l'existence d'une expérience précisément conçue pour redonner aux gens du temps et un sentiment de confiance en l'avenir.

Au milieu des années 1970, un groupe de hauts fonctionnaires canadiens choisirent, apparemment au hasard, la petite ville de Dauphin, située dans la province rurale de Manitoba, pour y mener une expérience[1]. Elle n'avait rien de remarquable, ils le savaient. La ville la plus proche, Winnipeg, se trouvait à quatre heures de voiture. Les 17 000 habitants de cette bourgade, située au milieu des champs, étaient majoritairement des agriculteurs qui vivaient de la culture d'une plante nommée canola ; et ils avaient beau suer sang et eau, ils vivaient dans une grande précarité. Quand la récolte de canola était bonne, tout allait pour le mieux : le concessionnaire local vendait des voitures et, au bar, l'alcool coulait à flots ; mais si la récolte était mauvaise, tout le monde en pâtissait.

Un jour vint, cependant, où on annonça aux habitants de Dauphin qu'ils avaient été choisis pour participer à une expérience, à la suite d'une décision audacieuse du gouvernement libéral. Depuis longtemps, les Canadiens se demandaient si leur système d'État providence, après avoir subi plusieurs bouleversements au fil des ans, n'était pas un dispositif trop lourd, incapable d'offrir une couverture convenable à un nombre suffisant de citoyens. L'objectif d'un État providence est de mettre en place une sorte de filet de sécurité, en deçà duquel nul ne peut tomber. C'est une sorte de sécurité minimale qui empêche les gens de sombrer dans la misère et l'anxiété. Mais force était de constater que la pauvreté et l'insécurité continuaient à sévir au Canada. Quelque chose clochait.

Quelqu'un eut alors une idée toute simple : jusqu'alors, l'État providence s'était attaché à combler les trous, autrement dit à rattraper les gens qui tombaient en dessous d'un certain niveau de revenus et à les aider à remonter la pente. Mais si l'insécurité était liée au manque d'argent, pourquoi ne pas donner à tous un revenu minimal, sans leur demander aucune compensation ? Qu'adviendrait-il si tous les Canadiens jeunes ou vieux, sans exception, recevaient chaque année un chèque d'un montant suffisant pour garantir leur subsistance ? Ce montant serait fixé avec précaution : il serait suffisant pour survivre, pas pour s'offrir une existence luxueuse. On appela ce système : "revenu universel". Au lieu de construire un filet pour empêcher les gens de tomber, il s'agissait de remonter le niveau du plancher sur lequel tout le monde se tenait.

Cette idée avait déjà été évoquée par des politiciens, comme Richard Nixon par exemple, sans jamais avoir été mise en œuvre. Les Canadiens décidèrent donc de tester son efficacité localement. Pendant plusieurs années, les habitants de Dauphin se virent garantir par le gouvernement un revenu annuel de 19 000 dollars (selon le cours monétaire actuel), sans condition. Rien ne pouvait les empêcher de recevoir ce revenu. Il leur appartenait de droit.

Les hauts fonctionnaires attendaient de voir ce qui allait se passer.

À la même époque, une jeune étudiante en économie à Toronto, Evelyn Forget, entendit parler de cette expérience à l'université. Cela la fascina. Mais trois ans plus tard, les conservateurs arrivèrent au pouvoir au Canada et mirent brutalement fin à ce programme. Il ne fut plus question de revenu garanti. Le projet fut oublié de tous, excepté de ceux qui en avaient bénéficié… Et de quelqu'un d'autre.

Trente ans plus tard, cette jeune étudiante en économie, Evelyn, devenue professeur à la faculté de médecine de l'université de Manitoba, ne cessait de se heurter au même problème. C'est un fait désormais bien établi que plus on est pauvre, plus on a de chances de tomber dans la dépression ou l'anxiété et de développer toutes sortes de maladies. Aux États-Unis, si on gagne moins de 20 000 dollars par an, la probabilité de tomber en dépression est deux fois plus importante que si on gagne plus de 70 000 dollars[2]. Si on tire de ses biens un revenu régulier, on a dix fois moins de chances que les autres de développer des troubles anxieux. "L'une des choses qui me surprenaient le plus, m'avoua-t-elle, était l'existence de cette relation directe entre la pauvreté et la quantité de psychotropes et d'antidépresseurs consommée par les gens, rien que pour réussir à survivre à leur journée." Pour proposer une solution valable à ces problèmes, il fallait d'abord se pencher sur ces questions.

Evelyn repensa donc à cette expérience avortée plusieurs décennies auparavant. Quels en avaient été les résultats ? La santé des personnes qui recevaient ce revenu minimal s'était-elle améliorée ? Elle se mit à la recherche d'études publiées à l'époque sur le sujet, mais n'en trouva aucune. Elle envoya alors des courriers, passa des coups de téléphone. Elle savait que le déroulement de cette étude avait été suivi attentivement ; des montagnes de données avaient dû être amassées, puisque l'idée était précisément d'étudier l'effet de ce revenu universel. Où tout cela avait-il bien pu passer ?

Au terme d'un long travail d'enquête et de cinq années de recherches intensives, elle finit par trouver la réponse. Les données récoltées pendant la durée de l'expérience étaient enterrées au fin fond des Archives nationales, et sur le point d'être détruites. "Je me suis donc rendue sur place. La majeure partie des données avait été conservée sur papier. Pendant toutes ces années, elles étaient là, dans des boîtes en carton", me raconta-t-elle. Personne n'avait pris le temps de compiler les résultats. À leur arrivée au pouvoir, les conservateurs, considérant cette expérience comme une perte de temps contraire aux valeurs qu'ils promouvaient, n'avaient pas souhaité y donner suite.

Evelyn et une équipe de chercheurs s'attelèrent donc à la lourde tâche de tirer les conclusions de cette première expérience à plusieurs années de distance. En parallèle, ils se mirent à la recherche des personnes qui en avaient bénéficié, afin d'estimer ses éventuels effets à long terme.

En discutant avec ces personnes, la première chose qui frappa Evelyn fut la vivacité de leurs souvenirs. Chacun lui racontait l'effet de ce revenu garanti sur son existence. Dans un premier temps, "cet argent a joué le rôle d'une assurance, lui dirent-ils. Nous étions moins angoissés, puisque la question de savoir si nous pourrions payer un an de plus l'école de nos enfants, ou subvenir à nos besoins, était réglée".

Mais l'un des principaux changements que connut cette petite communauté de paysans conservateurs concerna le regard que les femmes portaient sur elles-mêmes. Evelyn rencontra l'une d'entre elles, qui avait utilisé le chèque qu'elle avait reçu pour entamer des études supérieures – une première dans sa famille. Devenue bibliothécaire, elle était désormais l'un des membres les plus respectés de sa communauté. Elle montra à Evelyn des photographies de ses filles à leurs remises de diplôme et lui confia combien elle était fière d'avoir pu être un modèle pour elles.

D'autres personnes lui racontèrent que cet argent leur avait permis d'échapper, pour la première fois de leur vie, à une insécurité constante. Une femme dont le mari était infirme et qui avait quatre enfants à charge avait jusqu'alors survécu tant bien que mal en installant un salon de coiffure dans sa salle à manger. Le revenu universel lui avait permis de "mettre du beurre dans les épinards", autrement dit d'améliorer un peu son quotidien.

Toutes ces histoires étaient émouvantes, certes, mais elles ne pesaient pas grand-chose face à la froide vérité des statistiques. Après avoir passé des années à agréger les données disponibles, voici quelques-uns des effets les plus marquants découverts par Evelyn : les étudiants continuaient plus longtemps leurs études et obtenaient de meilleurs résultats ; le nombre de nourrissons morts d'un poids insuffisant à la naissance déclinait, car les femmes faisaient des enfants plus tard ; les parents restaient plus longtemps à la maison après la naissance de leur enfant, car ils étaient moins pressés de retourner au travail. Dans l'ensemble, le nombre d'heures travaillées diminuait légèrement à mesure que les gens prenaient plus de temps pour profiter de leurs enfants ou pour s'instruire[3].

Mais c'est un autre de ces résultats qui retint tout particulièrement mon attention.

Evelyn m'expliqua plus tard qu'en examinant le dossier médical de tous ceux qui avaient participé à cette expérience, elle avait découvert que "les personnes qui ressentaient le besoin de consulter leur médecin pour des troubles de l'humeur étaient moins nombreuses". Le nombre de cas de dépression et d'anxiété au sein de cette communauté diminua dans des proportions significatives. Quant aux cas de dépression sévère et d'autres types de désordres psychologiques justifiant une hospitalisation, en à peine trois ans, ils connurent un déclin de 9 %.

Comment expliquer ce phénomène ? "Cela a tout simplement permis de faire disparaître (ou du moins d'alléger) le stress qui pesait sur ces gens au quotidien", me dit Evelyn en guise de conclusion. Ils savaient pouvoir compter sur un revenu minimal pour les mois et les années à venir, et cela leur permettait de se projeter dans un futur stable.

Cette expérience avait eu un autre effet inattendu, me dit-elle. En sachant qu'on avait assez d'argent pour vivre décemment quoi qu'il arrive, on était libre de refuser un travail dans lequel on était maltraité ou qui nous semblait dégradant. "On n'est plus l'otage de son travail. Or certaines personnes sont obligées d'accomplir des tâches qu'ils estiment déshonorantes ou extrêmement pénibles pour survivre", précisa Evelyn. Cet argent donne "*a minima* le pouvoir de dire : je ne suis pas obligé d'être là". Par conséquent, les employeurs durent s'efforcer de rendre le travail plus attractif. Avec le temps, les inégalités entre les habitants de cette ville auraient sans doute pu être atténuées, réduisant ainsi le nombre de dépressions induites par les différences criantes de statut social.

Aux yeux d'Evelyn, ce résultat nous apprend une chose fondamentale sur la nature de la dépression. "S'il s'agissait simplement d'un dysfonctionnement du cerveau ou d'une affection physique, me dit-elle, on n'observerait pas une telle corrélation avec la pauvreté", et l'octroi d'un revenu minimal ne causerait pas une diminution si conséquente du nombre de cas. "Cet argent rend sans doute la vie des gens plus agréable et agit comme un antidépresseur", conclut-elle.

Lorsqu'elle considère le monde contemporain et son évolution par rapport à l'état de Dauphin dans les années 1970, Evelyn se dit qu'un tel programme est plus nécessaire que jamais, et ce dans toutes les sociétés. À l'époque, me dit-elle, "après avoir passé leur baccalauréat, les gens pouvaient s'attendre à trouver un travail et à être employés, sinon par la même entreprise, au moins dans la même branche jusqu'à ce qu'ils prennent leur retraite, à soixante-cinq ans, une montre en or au poignet et une pension confortable en poche". Mais "aujourd'hui, les gens ne peuvent guère espérer ce genre de stabilité dans leur vie professionnelle [...]. Cette époque est bel et bien révolue. Nous vivons désormais dans un monde globalisé, qui a changé du tout au tout". Nous ne retrouverons pas ce sentiment de sécurité en revenant en arrière, d'autant que les robots et le progrès technologique rendent chaque jour davantage d'emplois obsolètes, mais nous pouvons aller de l'avant en garantissant à tous un revenu minimal. Comme Barack Obama l'a laissé entendre dans l'un des derniers entretiens qu'il a donnés en tant que président, le revenu universel pourrait être le meilleur outil dont nous disposions pour restaurer ce sentiment de sécurité que nous avons perdu. Loin des promesses trompeuses de ressusciter un monde qui n'est plus, il s'agit de tenter une expérience radicalement novatrice.

Enfoui sous un tas de boîtes en carton poussiéreuses, au fond des Archives nationales canadiennes, Evelyn pourrait bien avoir trouvé le plus important antidépresseur du XXIe siècle.

Afin de mieux comprendre les conséquences de ces découvertes et d'explorer plus en profondeur les questions qui me taraudaient, je suis allé à la rencontre d'un historien de l'économie néerlandais extrêmement renommé, Rutger Bregman, l'un des principaux défenseurs du revenu universel en Europe[4]. Autour de burgers et de boissons caféinées, nous avons prolongé notre conversation sur les implications d'un revenu minimal jusque tard dans la nuit. "Nous ne cessons d'imputer un problème collectif aux individus. Vous êtes déprimé ? Avalez donc une pilule. Vous êtes au chômage ? Pourquoi ne pas aller consulter un conseiller à l'emploi ? Il vous aidera à écrire votre CV et à vous créer un profil sur LinkedIn. En faisant cela, on passe complètement sous silence la racine du problème […]. Nous ne sommes pas nombreux à réfléchir sérieusement à l'avenir de notre marché du travail et, plus généralement, à celui de nos sociétés. Beaucoup refusent de voir que ce genre de situations désespérées se multiplient autour de nous", me dit-il.

Même les classes moyennes vivent désormais avec "un sentiment d'incertitude" chronique : les gens sont incapables de se projeter, ne serait-ce qu'à quelques mois, continua Rutger. La solution alternative que constituerait un revenu garanti vise notamment à remplacer ce sentiment d'incertitude par un sentiment de sécurité. Ce dispositif a jusqu'ici fait l'objet de plusieurs expérimentations à petite échelle dans divers endroits du monde, que Rutger passe en revue dans son livre *Utopies réalistes*[5]. Partout, on observe un processus similaire. Il montre que l'annonce du projet suscite d'abord des réactions plutôt hostiles : Quoi ? Distribuer de l'argent ? Et l'éthique professionnelle, alors ? Les gens vont le dépenser entièrement en alcool et en drogue, ils passeront leur temps affalés devant la télévision. Puis les résultats arrivent et démentent toutes ces craintes.

Dans les Great Smoky Mountains, par exemple, une tribu indienne composée de huit mille individus forma le projet d'ouvrir un casino un peu spécial. Il fut en effet décidé que l'intégralité des profits serait partagée à parts égales entre tous les membres de la tribu : chacun reçut donc un chèque de 6 000, puis 9 000 dollars par an. Dans les faits, il s'agissait là d'un revenu universel. Les observateurs extérieurs ne voyaient là qu'une idée insensée, mais lorsque des chercheurs en sciences sociales se penchèrent sur ce programme, ils découvrirent qu'il avait eu un effet important. Grâce à cet argent, les parents pouvaient passer plus de temps avec leurs enfants et, étant moins stressés, s'impliquer vraiment dans leur éducation. Par conséquent, les troubles comportementaux, tels que les troubles du déficit de l'attention (TDAH) ou la dépression infantile, diminuèrent de 40 %[6]. Au cours de mes recherches, je n'ai pu trouver aucun autre exemple d'une telle diminution des problèmes psychiatriques chez l'enfant sur une période comparable. Le revenu minimal avait tout simplement permis aux parents d'améliorer leur relation avec leurs enfants.

Partout dans le monde, du Brésil à l'Inde, ces expériences donnaient des résultats semblables. "Quand je demande aux gens comment ils utiliseraient leur revenu minimal, 99 % me répondent qu'ils réaliseraient leurs rêves et leurs ambitions ; qu'ils veulent faire quelque chose d'utile et d'audacieux", m'apprit Rutger. Mais lorsqu'il leur demande ce que les autres en feraient, les gens répondent invariablement qu'ils se transformeraient en zombies et qu'ils passeraient leur temps à regarder des séries sur Netflix.

Le revenu universel change certes beaucoup de choses, mais pas nécessairement de la façon qu'on imagine : selon Rutger, le changement le plus important concerne la manière d'envisager le travail[7]. En interrogeant des personnes sur l'utilité de leur emploi et sur leur propre contribution au bien commun, il a été ébahi de constater que nombre d'entre elles trouvaient leur travail inutile et sans intérêt. Le principal avantage du revenu universel est donc de donner le pouvoir aux gens de dire non[8]. Pour la première fois de leur vie, ils se sentent autorisés à démissionner d'un travail qui leur semble indigne, dégradant ou insupportable. Évidemment, nous aurons toujours besoin de travailleurs pour accomplir certaines tâches pénibles, mais les employeurs devront alors offrir à leurs employés un meilleur salaire ou des conditions de travail plus agréables. Soudain, les pires emplois, ceux qui causent le plus de dépression et d'anxiété, devront être plus attractifs.

Alors, les gens seront libres de créer des entreprises fondées sur des valeurs en lesquelles ils croient, de monter des projets comme Kotti and Co., visant à améliorer le bien-être de la communauté, de s'occuper de leurs enfants et des personnes âgées de leur entourage. Ces activités demandent aussi du travail mais, la plupart du temps, elles ne sont pas rémunérées comme telles par le marché. Quand les gens peuvent dirent non, selon Rutger, "la définition du travail évolue. Il devient une activité qui crée une valeur ajoutée, qui rend le monde un peu plus beau ou intéressant".

Il faut bien avouer qu'il s'agit là d'une solution coûteuse : la mise en place d'un véritable revenu minimal garanti nécessite, pour la plupart des pays développés, de renoncer à une grande partie de leur richesse nationale. Nous en sommes encore loin, mais toutes les propositions progressistes, de l'État providence à l'égalité des sexes, en passant par les droits des homosexuels, ont commencé par n'être que des rêves utopiques. Barack Obama a estimé qu'un tel revenu universel pourrait être mis en place dans les vingt prochaines années[9]. Si nous commençons à défendre ce modèle dès aujourd'hui, comme un antidépresseur et un moyen de lutter contre l'angoisse constante qui pèse sur nombre d'entre nous, nous pourrons du même coup, avec le temps, identifier l'une des causes de notre désespoir. Car cet argent est aussi une manière de redonner confiance en l'avenir à des personnes qui n'envisagent aucune issue à leur situation actuelle, m'expliqua Rutger ; c'est une façon d'offrir à tous la possibilité de changer sa vie et notre civilisation.

En considérant les sept solutions provisoires à la dépression et à l'anxiété que j'ai énumérées, je m'aperçois qu'elles exigent d'énormes changements, à la fois en nous-mêmes et dans nos sociétés. Dans ces moments de doute, j'entends en moi une petite voix insidieuse qui me dit que rien ne changera jamais, que les bouleversements sociaux que je défends ne sont rien d'autre que de purs fantasmes, que nous sommes prisonniers de cette situation. Tu as regardé les informations ? me demande-t-elle. Tu crois vraiment que le changement est imminent ?

Quand de telles pensées viennent me hanter, je pense à l'un de mes amis les plus chers.

En 1993, on annonça au journaliste Andrew Sullivan qu'il était séropositif. Nous étions alors au plus fort de l'épidémie de sida. Partout dans le monde, les homosexuels mouraient par milliers sans qu'on ait le moindre traitement à leur proposer. Le premier réflexe d'Andrew fut de se dire : je l'ai bien mérité. C'est de ma faute. Il avait grandi dans une famille catholique, au sein d'une société très largement homophobe. Enfant, il pensait être le seul homosexuel au monde, parce qu'il n'avait jamais vu personne comme lui à la télévision, dans la rue ou dans les livres[10]. Il vivait dans un monde où, si vous aviez de la chance, être gay était une formule frappante et, si vous n'en aviez pas, une raison pour vous frapper.

C'est pourquoi son seul réflexe fut de se dire qu'il l'avait bien cherché. À ses yeux, cette maladie mortelle était un châtiment mérité.

Ayant appris qu'il allait mourir du sida, Andrew repensa à une chose qui lui était arrivée quelque temps auparavant, et l'interpréta comme une métaphore. Un jour qu'il s'était rendu au cinéma, le projecteur avait eu un problème technique et l'image sur l'écran s'était trouvée déformée. Elle était projetée sous un angle étrange : le film était irregardable. Cela ne dura que quelques minutes, mais Andrew prit conscience que, désormais, il allait devoir passer sa vie assis dans ce cinéma, sans que l'image ne puisse jamais être rétablie.

Peu de temps après, il abandonna son poste de rédacteur en chef de l'un des principaux magazines aux États-Unis, *The New Republic*. L'un de ses meilleurs amis, Patrick, allait bientôt mourir du sida. Son destin était scellé.

Il s'installa à Provincetown, une petite ville gay sur la pointe de Cape Cod, dans le Massachusetts, pour y mourir. Cet été-là, dans une maisonnette près de la plage, il se mit à écrire un livre. Il savait que ce serait la dernière chose qu'il ferait, et décida par conséquent de consacrer ses dernières forces à défendre une idée absolument grotesque, si excentrique que personne n'avait jamais eu l'idée d'y consacrer un livre : il allait faire valoir le droit des homosexuels à se marier, exactement comme les hétérosexuels. Selon lui, c'était là la seule façon de libérer les homosexuels de la haine de soi et de la honte dont il avait lui-même souffert. Il se disait que, bien qu'il soit trop tard pour lui, ce livre pourrait être utile après sa mort.

Un an plus tard, quelques jours après la sortie de son livre, paru sous le titre de *Virtually Normal*, Patrick mourut et Andrew fut tourné en ridicule pour avoir osé défendre une telle idée. Il fut non seulement l'objet des railleries des partisans de droite, mais essuya également des critiques venues de certains homosexuels de gauche, qui l'accusèrent de trahir la cause ou de vouloir se transformer en hétérosexuel : à leurs yeux, il fallait être fou pour être gay et croire au mariage. Un groupe de militantes nommé Lesbian Avengers manifestait lors de chacune de ses apparitions publiques, brandissant un portrait de lui dans le viseur d'un pistolet. Andrew était désespéré. Cette idée folle, cette ultime tentative, n'avait servi à rien.

Dès que j'entends des gens me dire que les changements que nous devons consentir pour venir à bout de la dépression et de l'anxiété sont impossibles, je m'imagine en train de retourner dans le passé, à l'été 1993, dans cette maison en bord de plage à Provincetown, et de dire à Andrew :

Écoute, je sais que tu ne vas pas me croire, mais voilà ce qui va arriver. Dans vingt-cinq ans, tu seras toujours en vie. Je sais, c'est dingue, mais attends un peu, le meilleur reste à venir : un mouvement va naître du livre que tu as écrit, qui finira même par être cité dans un avis de la Cour suprême donnant aux homosexuels le droit de se marier. Moi, je serai avec toi et ton futur époux le lendemain du jour où tu auras reçu une lettre personnelle de la part du président des États-Unis te disant que c'est en partie grâce à toi que le combat pour le mariage gay a porté ses fruits. La Maison Blanche prendra les couleurs du drapeau arc-en-ciel ce soir-là. Ce même président t'invitera à dîner en remerciement et, devine quoi, il sera le premier président noir.

À l'époque, on aurait pris cela pour de la science-fiction ; et pourtant, c'est bel et bien arrivé. Ce n'est pas rien d'avoir réussi à tourner la page de milliers d'années durant lesquelles les homosexuels se sont fait emprisonner, mépriser, battre et brûler. Nous y sommes arrivés pour une raison simple : parce que suffisamment de personnes courageuses se sont mobilisées pour réclamer l'égalité.

Tous les lecteurs de ce livre, sans exception, bénéficient au quotidien de bouleversements sociaux qui semblaient totalement inenvisageables la première fois que quelqu'un en a eu l'idée. Vous êtes une femme ? Mes deux grands-mères n'ont pas eu le droit d'ouvrir un compte en banque avant leurs quarante ans. Vous travaillez ? Lorsque les syndicats commencèrent à se battre pour obtenir des week-ends chômés, tout le monde s'est moqué d'eux tant cette idée paraissait utopique. Vous êtes noir, asiatique ou handicapé ? Nul besoin de vous faire la liste des droits que vous avez acquis[11].

Je me suis donc promis que chaque fois que j'entendrais cette voix dans ma tête m'affirmer qu'il était impossible de remédier aux causes sociales de la dépression et de l'anxiété, je m'arrêterais un instant pour me dire qu'il s'agissait justement d'un symptôme de la dépression et de l'anxiété ambiantes. Il est vrai que les changements nécessaires sont considérables. Ils ne sont pas moins importants que la révolution qui a été nécessaire pour changer le statut des homosexuels. Mais cette révolution a bel et bien eu lieu.

Un long combat nous attend pour remédier à ces maladies. Il s'agit là d'un enjeu majeur de notre époque. Nous pouvons certes l'ignorer, mais cela ne réglera pas le problème. Face à une telle épidémie, il ne suffit pas de rentrer chez soi pour pleurer. Il faut avoir le courage de demander l'impossible et de ne trouver le repos qu'une fois que nous l'aurons obtenu.

Régulièrement, Rutger (le plus grand défenseur européen du revenu universel) tombait dans les journaux sur une énième histoire racontant comment telle ou telle personne avait choisi de changer radicalement de voie. À cinquante-cinq ans, un manager prend conscience que son travail ne le satisfait plus et démissionne pour devenir chanteur d'opéra. À quarante-cinq ans, une employée quitte Goldman Sachs pour s'engager dans une association caritative. "Chaque fois, on nous présente ça comme un acte d'héroïsme", me dit Rutger, alors que nous en étions à notre dixième Coca light. Stupéfaits, les gens demandent à ces quelques élus : "Vous allez vraiment faire ce que vous avez envie de faire ?" Vous allez vraiment bouleverser toute votre vie pour vous lancer dans quelque chose de plus épanouissant ?

Selon Rutger, le seul fait de considérer la possibilité d'avoir un travail satisfaisant comme une exception digne d'être racontée suffit à prouver que nous faisons fausse route. À nos yeux, c'est un peu comme gagner au loto, alors que nous devrions tous pouvoir vivre ainsi. Garantir un revenu minimal "revient à dire aux gens qu'ils ont le droit de faire ce qu'ils souhaitent, tout simplement parce qu'ils sont des êtres humains et que la vie est trop courte pour s'enfermer dans un travail qui ne leur plaît pas", conclut-il.

CONCLUSION

RETOUR À LA MAISON

Après avoir terminé mes recherches et écrit la majeure partie de ce livre, je passai un après-midi à errer dans Londres, sans but, jusqu'à arriver par hasard à deux pas du centre commercial où j'avais avalé mon premier antidépresseur, presque vingt ans auparavant, alors que j'étais encore adolescent. Je retournai sur les lieux, restai quelques instants sur le seuil de cette pharmacie, à me rappeler l'histoire à laquelle j'avais cru alors, et pour si longtemps. Mon médecin, les grandes compagnies pharmaceutiques et le best-seller du moment me le disaient tous : le problème est dans ta tête. C'est un déséquilibre chimique. Il y a un dysfonctionnement dans ton cerveau qu'il faut réparer. Les antidépresseurs sont la solution.

Devant moi, des gens entraient et sortaient de la pharmacie. Étant donné l'importance de la consommation d'antidépresseurs, il était plus que probable que, parmi eux, certains soient justement venus en acheter. Peut-être même l'un d'entre eux était-il sur le point d'avaler son premier comprimé : retour à la case départ.

Je me suis demandé ce que je dirais aujourd'hui à l'adolescent que j'étais si j'avais la possibilité de retourner dans le passé et d'intervenir quelques secondes avant qu'il ne prenne son premier cachet, à cet endroit même.

J'aurais essayé (du moins je l'espère) d'offrir à cet adolescent une explication plus honnête sur l'origine de sa détresse. Tout ce qu'on t'a raconté jusqu'ici est faux, aurais-je dit. Cela ne veut pas dire que les antidépresseurs chimiques soient mauvais dans tous les cas : certains scientifiques de renom défendent l'idée qu'ils peuvent soulager efficacement une minorité de malades pour un temps, et ce n'est pas rien. Mais il est faux de prétendre que la dépression est le fruit d'un déséquilibre chimique dans le cerveau, dont les antidépresseurs peuvent venir à bout dans la majorité des cas. Cette histoire a permis aux grandes compagnies pharmaceutiques d'empocher 100 milliards de dollars[1], et c'est l'une des seules raisons qui explique qu'on la raconte encore aujourd'hui.

Depuis des décennies les scientifiques connaissent la véritable histoire de la dépression et de l'anxiété. Les causes de ces maladies sont de trois types : biologiques, psychologiques et sociales. Toutes ont un effet réel et aucune ne se résume à un simple déséquilibre chimique. Les causes sociales et psychologiques ont été passées sous silence pendant une longue période, alors que, sans elles, les causes biologiques n'auraient sans doute aucune influence.

Il ne s'agit pas d'une théorie marginale ou excentrique, lui aurais-je expliqué. Ces conclusions sont reprises par les principales institutions médicales du monde. L'Organisation mondiale de la santé les a bien résumées en 2011, en expliquant que "les maladies mentales sont produites par la société : leur présence ou leur absence est avant tout un indicateur de la santé de la société. Elles nécessitent donc des solutions sociales autant qu'individuelles[2]".

L'Organisation des Nations unies, dans le communiqué officiel qu'elle a publié à l'occasion de la Journée mondiale de la santé en 2017, soutient également que "l'explication biomédicale qui domine actuellement le discours sur la dépression" se fonde sur "un usage biaisé et sélectif des résultats scientifiques" qui "fait plus de mal que de bien, compromet le droit de tous à accéder aux soins et doit, de ce fait, être abandonnée". Toujours selon ce communiqué, "un nombre croissant de preuves" indiquent que la dépression est le produit d'une causalité plus profonde. Dans ce cadre, les médicaments ont certes un rôle à jouer, mais doivent cesser d'être utilisés dans "les cas de dépression intimement liés à des difficultés sociales". Au lieu de "nous concentrer sur les déséquilibres chimiques, nous devrions commencer à nous pencher sur les déséquilibres de pouvoir[3]".

Enfin, j'aurais voulu dire à cet adolescent que ces découvertes avaient tout à voir avec sa souffrance.

Tu n'es pas une machine cassée, mais un animal dont les besoins fondamentaux ne sont pas satisfaits. Tu as besoin d'une communauté à laquelle t'intégrer, de valeurs pour te guider (et pas de ces valeurs en toc, qui te font croire que l'argent et les possessions font le bonheur), d'un travail dans lequel t'épanouir, d'un contact avec la nature, d'être respecté et d'avoir confiance en l'avenir. Tu dois réussir à recréer un lien avec tout cela. Tu dois cesser d'avoir honte des maltraitances qu'on t'a infligées.

Tout être humain a besoin de ces choses. Dans les pays occidentaux, la société a su répondre de manière relativement efficace aux besoins corporels, mais elle a, en chemin, oublié comment subvenir à nos besoins psychologiques. C'est l'une des raisons principales de ta dépression et de ton anxiété, comme de celles de tant de gens autour de toi.

Tu ne souffres pas d'un déséquilibre chimique dans le cerveau, mais du déséquilibre social et spirituel de notre mode de vie. Contrairement à ce qu'on t'a dit jusqu'ici, plus que la sérotonine, c'est la société qui est à l'origine de ta dépression ; plus que ton cerveau, tes maux. Les phénomènes biologiques peuvent certes empirer ton état, mais ils n'en sont ni la cause ni le déclencheur. Ce n'est pas là que tu trouveras la principale explication, ni la principale solution à ta douleur.

Parce qu'on t'a donné une fausse explication de ta dépression et de ton anxiété, tu es condamné à en chercher la solution au mauvais endroit. Parce qu'on t'a raconté qu'elles étaient liées à des dysfonctionnements chimiques dans le cerveau, tu cesseras de chercher à résoudre les problèmes que tu rencontres dans ta vie, ton psychisme ou ton environnement. Cette histoire de sérotonine te retiendra en otage[4]. Tu chercheras à éradiquer les sentiments dépressifs de ta tête, mais cela ne fonctionnera pas tant que tu n'en auras pas éradiqué les causes dans ta vie.

Loin d'être un dysfonctionnement, aurais-je dit à celui que j'étais, ta détresse est un signal. Un signal nécessaire.

Je sais combien tout cela peut être dur à entendre, aurais-je précisé, car je connais la profondeur de ta souffrance. Mais la douleur n'est pas ton ennemie, quelque pénible qu'elle soit (et Dieu sait qu'elle l'est). Elle est ton alliée, le guide qui t'aidera à t'échapper de cette vie misérable et te montrera le chemin de l'épanouissement.

Enfin, je lui dirais : tu es à la croisée des chemins. Tu peux ignorer le signal et perdre des années à tenter en vain de te débarrasser de ce mal, ou bien y prêter l'oreille, afin qu'il t'emmène loin de toutes ces choses qui te font du mal et t'épuisent, et te conduise vers la satisfaction de tes véritables besoins.

Pourquoi personne ne m'avait-il dit tout cela à l'époque ? Les cent milliards de dollars de bénéfices de l'industrie pharmaceutique me fournissaient un premier élément de réponse, mais il était insuffisant. Les grandes compagnies pharmaceutiques ne sont pas les seules responsables. Si elles avaient réussi à imposer leur version de l'histoire, c'est parce que cette dernière s'accordait parfaitement avec une tendance plus profonde de notre société.

Nous avons commencé à rompre les liens qui nous attachaient aux autres et à ce qui compte depuis déjà plusieurs décennies, bien avant que le premier antidépresseur ne soit mis sur le marché. Peu à peu, nous avons perdu la foi en l'existence d'un tout plus vaste et plus important que nos préoccupations individuelles et que notre désir d'accumuler toujours plus de biens matériels. Quand j'étais enfant, Margaret Thatcher avait eu cette phrase : "La société n'existe pas ; seul l'individu et la famille ont une réalité." Partout dans le monde, cette opinion l'avait emporté : elle était devenue un credo, même pour ceux qui s'en défendaient. Je m'en rends compte désormais, parce que je vois clairement qu'en treize ans de dépression, il ne m'est jamais venu à l'esprit de mettre en relation ma détresse et le monde qui m'entourait. Je pensais qu'il n'était question que de moi et de ma tête. J'avais complètement privatisé ma douleur, comme tout le monde dans mon entourage.

Dans un monde qui nie l'existence de la société, l'idée même que la dépression et l'anxiété puissent avoir des causes sociales nous semble aussi inintelligible qu'un discours en araméen pour un enfant du XXIe siècle. L'industrie pharmaceutique n'a fait qu'offrir à notre civilisation individualiste et matérialiste la seule solution dont elle pensait avoir besoin : une solution qui s'achète. Nous avons perdu la capacité de comprendre que tous les problèmes ne peuvent pas se régler en faisant du shopping.

Pourtant, nous avons beau prétendre le contraire, nous vivons toujours en société. Notre besoin de lien social est toujours aussi pressant.

Au lieu de voir la dépression et l'anxiété comme une sorte de folie, je dirais à celui que j'étais de voir dans cette tristesse une réaction saine et sensée, aussi insoutenable soit-elle. Toute ma vie je craindrai le retour de cette douleur, mais cela ne veut pas dire qu'elle soit irrationnelle ou pathologique pour autant. Si vous posez votre main sur un poêle brûlant, vous aurez tout aussi mal et la retirerez aussi vite que possible du brasier. C'est là une réaction saine, car si vous la laissiez trop longtemps en contact avec le poêle, elle finirait irrémédiablement brûlée[5].

La dépression et l'anxiété sont donc, dans certaines circonstances, la réaction la plus saine que l'on puisse avoir[6]. Elles sont un moyen de nous signaler qu'on ne devrait pas vivre comme on le fait, et que, faute de trouver rapidement quelqu'un qui nous remette dans le droit chemin, on risque de passer à côté de ce que la vie a de plus beau.

Au cours de cet après-midi d'errance, je me suis mis à repenser à toutes les personnes que j'avais rencontrées au cours de mes recherches, et à l'une d'elles en particulier. Joanne Cacciatore avait perdu sa fille à la naissance, et elle sentait obscurément que l'immense chagrin qu'elle ressentait était une réaction normale et naturelle à la perte brutale d'une personne aimée. Pourtant, elle avait entendu des psychiatres dire tout à fait sérieusement à des patients en deuil que si leur chagrin persistait au-delà d'une courte période, ils seraient considérés comme des malades mentaux auquel on devait prescrire des médicaments.

Joanne défendait au contraire l'idée que le chagrin était nécessaire. Nous sommes en deuil parce que nous avons aimé. Nous portons le deuil d'une personne parce qu'elle a compté pour nous. Prétendre limiter notre chagrin à un emploi du temps bien établi est une insulte envers l'amour que nous avons ressenti.

Joanne m'avait expliqué que le deuil et la dépression partageaient les mêmes symptômes pour une bonne et simple raison : la dépression était en réalité une forme de deuil, le deuil des liens nécessaires que nous avions perdus.

Pour Joanne, c'était une insulte que d'assimiler le chagrin durable qu'elle avait ressenti après la mort de sa fille à une maladie mentale. De la même manière, je m'aperçus que c'était faire affront à l'adolescent que j'étais, à ce qu'il avait traversé et à ses besoins véritables, que d'affirmer que ma douleur était le produit de mécanismes chimiques dans mon cerveau.

Partout dans le monde, aujourd'hui, on injurie la douleur des gens. Nous devons commencer à nous défendre et à exiger qu'on s'attaque enfin aux vrais problèmes.

Ces dernières années, j'ai tenté d'appliquer dans ma vie quelques-uns des préceptes qu'on m'avait appris et certains des conseils psychologiques que je donne dans ce livre : peu à peu, j'ai cessé d'entretenir mon ego, d'amasser des biens matériels et de chercher la reconnaissance. Je m'aperçois désormais que ces prétendus remèdes me rendaient malades. J'ai appris à consacrer plus de temps à cultiver mes valeurs intrinsèques. Grâce à la méditation notamment, je suis plus calme. Je me suis débarrassé de mon traumatisme.

J'ai également agi sur les facteurs environnementaux évoqués dans ce livre. J'ai cherché à m'inscrire plus solidement dans diverses communautés : j'ai recréé des liens avec ma famille et mes amis et je me suis engagé pour défendre des causes qui me dépassent. J'ai modifié mes habitudes, afin de ne plus être entouré d'éléments qui m'inspirent des pensées négatives : j'ai radicalement diminué ma fréquentation des réseaux sociaux et je ne regarde plus aucune chaîne de télévision qui diffuse de la publicité. Par conséquent, je passe plus de temps entouré des gens que j'aime et je suis libre de défendre des causes qui comptent vraiment à mes yeux. Je me sens étroitement lié aux autres, connecté à l'essentiel.

En effectuant ces changements dans ma vie, ma dépression et mon anxiété se sont apaisées. Je n'en suis pas complètement guéri : il y a encore des jours difficiles, à cause de certains problèmes personnels et parce qu'il n'est pas facile d'échapper complètement aux logiques de la société dans laquelle nous vivons. Néanmoins, je ne suis plus débordé par ma douleur ; je ne ressens plus la même tristesse.

Je refuse, pourtant, de clore ce livre sur un slogan simpliste, prétendant que si je l'ai fait, vous pouvez le faire. Ce ne serait pas honnête. Tout le monde n'a pas la chance de pouvoir changer sa vie : j'ai un travail assez souple, beaucoup de temps pour moi, et l'argent tiré de la publication de mon précédent livre m'offre une certaine marge de manœuvre ; je n'ai pas de personne à charge, pas d'enfant. Nombre de lecteurs de ce livre, rendus dépressifs ou anxieux par la société dans laquelle nous vivons, disposent de capacités d'action beaucoup plus réduites.

C'est pourquoi nous ne devrions pas cantonner les solutions à la dépression et à l'anxiété au seul niveau individuel. Dire aux gens que, pour guérir, il leur suffit d'effectuer quelques petits aménagements dans leur vie, reviendrait à nier tout ce que j'ai appris au cours de mes recherches. Une fois que vous avez compris que la dépression est avant tout un problème collectif causé par un dysfonctionnement de notre civilisation, il vous semble évident que les solutions à ces maux doivent être en grande partie collectives. Nous devons d'abord changer notre façon de vivre, pour que plus de gens puissent changer la leur.

Jusqu'ici, nous nous sommes efforcés de soulager la dépression et l'anxiété en traitant individuellement les personnes dépressives ou anxieuses. Nous leur faisons la leçon ou les amadouons ; nous leur enjoignons de se reprendre ou les poussons à prendre des antidépresseurs. Mais si le problème ne vient pas uniquement d'elles, elles ne peuvent résoudre le problème à elles seules. Nous devons, tous ensemble, transformer la société, nous débarrasser de tous ces facteurs de dépression et d'anxiété qui causent un si grand désespoir autour de nous.

C'est le principal conseil que je donnerais à celui que j'étais. Tu ne t'en sortiras pas tout seul, car le problème ne vient pas de toi. Il y a une soif de changement qui dort en chacun de nous. Quand vous lirez ces mots, regardez les personnes autour de vous dans le métro. Nombre d'entre elles sont déprimées ou anxieuses. Plus encore sont malheureuses et ne se sentent pas à leur place dans le monde que nous avons construit. Si chacun reste dans son coin, chacun restera sans doute dépressif ou anxieux, mais en regroupant nos forces, nous pouvons agir sur notre environnement.

À Kotti, cette cité où j'avais passé tant de temps à Berlin, ce bouleversement était né d'une demande tout à fait prosaïque : le gel des loyers. Au cours de cette lutte, cependant, les habitants avaient avant tout renoué de nombreux liens rompus depuis trop longtemps. Depuis, je n'ai cessé de ressasser le récit de l'une des habitantes de Kotti. Elle avait grandi dans un village, en Turquie, qu'elle considérait tout entier comme sa maison. En arrivant en Europe, elle avait appris que sa maison était censée se résumer à son seul appartement, alors elle s'y était sentie très seule. Peu à peu, au fil des manifestations, l'ensemble de la cité était devenu sa maison. Elle prit alors conscience que, pendant trente ans, elle avait, pour ainsi dire, été sans domicile. Mais désormais, elle se sentait à nouveau chez elle.

En Occident, actuellement, nous sommes nombreux à être privés de domicile. Il avait suffi d'un élan infime, d'un instant de solidarité, pour que les habitants de Kotti s'en aperçoivent et y trouvent une solution. Mais quelqu'un avait dû faire le premier pas.

Voilà ce que j'aurais voulu dire à l'adolescent que j'étais : il faut te tourner vers tous ceux qui souffrent autour de toi et trouver le moyen de tisser un lien avec eux. Ensemble, vous vous construirez une maison, un lieu où vous serez unis et donnerez un sens à vos vies.

Nous nous sommes éloignés de notre tribu depuis trop longtemps.

Nous devons désormais rentrer à la maison[7].

Ce n'est qu'à ce moment-là que j'ai compris pourquoi, tout au long de mes recherches, je n'avais cessé de penser à ce jour où j'étais tombé terriblement malade, au beau milieu de la campagne vietnamienne. Quand j'avais réclamé à cor et à cri des médicaments pour apaiser le plus pénible de mes symptômes (ce tournis qui me donnait la nausée), le médecin m'avait répondu : "Cette nausée est nécessaire. C'est un message que votre corps nous envoie. Nous devons l'écouter pour comprendre ce qui ne va pas." Si j'avais passé sous silence ou fait taire ce symptôme, mes reins auraient lâché et je serais mort à l'heure qu'il est.

Tout comme la nausée, la douleur est nécessaire. C'est un message que nous devons écouter. Partout dans le monde, les personnes dépressives ou anxieuses nous envoient un message. Elles nous révèlent qu'il y a un problème dans notre mode de vie. Nous devons cesser d'étouffer leur douleur, voire de la réduire au silence en y voyant une simple pathologie. Au contraire, nous devons l'écouter et la reconnaître à sa juste valeur. Ce n'est qu'en prêtant l'oreille à notre propre souffrance que nous pourrons remonter à ses causes véritables et, enfin, la surmonter.

## NOTES

### PROLOGUE : LA POMME (p. 11 à 14)

1. Je retranscris les citations de ce prologue de mémoire, à partir de notes que j'ai prises peu après l'événement. Dang Hoang Linh, mon interprète et accompagnateur, qui était présent tout au long de l'épisode, m'a confirmé par écrit qu'elles correspondent à son souvenir. Étant donné qu'à ce moment-là il n'était pas en train de vomir, je ne doute pas que ses souvenirs soient plus fiables que les miens !

### INTRODUCTION : UN MYSTÈRE (p. 15 à 28)

1. L'expression apparaît pour la première fois dans le livre de Peter D. Kramer, *Listening to Prozac*, Penguin, New York, 1997 [en français : *Prozac, le bonheur sur ordonnance ? L'enquête d'un médecin sur les nouveaux traitements de la dépression*, trad. Françoise Fauchet, Éditions générales First, Paris, 1994].
2. Mark Rapley, Joanna Moncrieff et Jacqui Dillon (dir.), *De-Medicalizing Misery: Psychiatry, Psychology and the Human Condition*, Palgrave Macmillan, Londres, 2011, p. 7.
3. Je retranscris ces propos de mémoire, de nombreuses années après les faits. Je les ai soumis à mon psychothérapeute, qui a confirmé aux éditeurs de ce livre qu'ils correspondaient à ses propres souvenirs.
4. Allen Frances, *Saving Normal: An Insider's Revolt against Out-of-Control Psychiatric Diagnosis, DSM-5, Big Pharma and the Medicalization of Ordinary Life*, William Morrow, New York, 2014, p. 14.

5. http://www.health.harvard.edu/blog/astounding-increase-in-antide-pressant-use-by-americans-201110203624 [page consultée le 8 janvier 2016] ; EDWARD SHORTER, *How Everyone Became Depressed: The Rise and Fall of the Nervous Breakdown*, Oxford University Press, New York, 2013, p. 2 ; 172.

6. CARL COHEN et SAMI TIMIMI (dir.), *Liberatory Psychiatry: Philosophy, Politics and Mental Health*, Cambridge University Press, Cambridge, 2008 ; ALAN SCHWARZ et SARAH COHEN, "ADHD Seen in 11 % of US Children as Diagnoses Rise", *New York Times*, 31 mars 2013, https://www.nytimes.com/2013/04/01/health/more-diagnoses-of-hyperacti-vity-causing-concern.html ; RYAN D'AGOSTINO, "The Drugging of the American Boy", *Esquire*, 27 mars 2014, http://www.esquire.com/news-politics/a32858/drugging-of-the-american-boy-0414/ ; Dr MARYLIN WEDGE, "Why French Kids Don't Have ADHD", *Psychology Today*, 8 mars 2012, https://www.psychologytoday.com/blog/suffer-the-chil-dren/201203/why-french-kids-dont-have-adhd ; JENIFER GOODWIN, "Number of US Kids on ADHD Meds Keeps Rising", *USNews.com*, 28 septembre 2011, http://health.usnews.com/health-news/family-health/brain-and-behavior/articles/2011/09/28/number-of-us-kids-on-adhdmeds-keeps-rising [pages consultées le 8 janvier 2016].

7. MATT HARVEY, "Your Tap Water Is Probably Laced with Anti-depressants", *Salon*, 14 mars 2013, http://www.salon.com/2013/03/14/your_tap_water_is_probably_laced_with_anti_depressants_partner/ ; "Prozac « Found in Drinking Water »", BBC News, 8 août 2004, http://news.bbc.co.uk/1/hi/health/3545684.stm [pages consultées le 8 janvier 2016].

8. https://www.livescience.com/15225-global-depression-poor-rich-countries.html ; http://www.maxisciences.com/depression/depres-sion-la-france-en-tete-du-classement-mondial_art16021.html [pages consultées le 30 janvier 2017].

9. https://www.forbes.com/2007/02/15/depression-world-rate-forbes-life-cx_avd_0216depressed.html#66df92362081 [page consultée le 30 janvier 2017].

10. http://inpes.santepubliquefrance.fr/Barometres/barometre-sante-2010/pdf/SH-depression.pdf [page consultée le 30 janvier 2017].

11. http://www.ipubli.inserm.fr/bitstream/handle/10608/2072/?-sequence=5 ; https://www.ofdt.fr/produits-et-addictions/de-z/medicaments-psychotropes/ ; http://sante.lefigaro.fr/article/

psychotropes-la-consommation-a-diminue-mais-reste-trop-elevee/ [pages consultées le 30 janvier 2017].

12. https://www.west-info.eu/french-tranquilizers-drugs-anxiolytics/ [page consultée le 30 janvier 2017].

13. https://www.thelocal.fr/20130910/why-france-has-such-a-high-suicide-rate [page consultée le 30 janvier 2017].

14. http://www.lemonde.fr/societe/article/2018/02/05/le-nombre-de-suicides-continue-de-diminuer_5251863_3224.html [page consultée le 30 janvier 2017].

15. https://www.west-info.eu/baudelaires-spleen-handed-on-young-compatriots/ [page consultée le 30 janvier 2017].

16. http://inpes.santepubliquefrance.fr/Barometres/barometre-sante-2010/pdf/SH-depression.pdf [page consultée le 30 janvier 2017].

17. Comme la plupart des personnes qui ont pris des antidépresseurs pendant de longues années, j'ai connu des périodes de quelques mois durant lesquelles je les ai arrêtés, comme je l'ai raconté dans plusieurs de mes écrits. Ici, en revanche, je parle de mon arrêt définitif.

18. J'ai écrit des articles de journaux à ce sujet pendant plus de dix ans, principalement dans *The Independent* et l'*Evening Standard*. Comme je l'explique dans cette introduction, j'entamais des recherches sur certains aspects des questions envisagées dans ce livre, je commençais à changer d'avis, mais je reculais aussitôt, bouleversé à l'idée de devoir m'y pencher à nouveau. Je ne décris pas ici les moindres atermoiements de ma pensée. J'ai eu ponctuellement l'intuition des idées que je défends dans ce livre, mais cela ne durait pas et n'empêchait jamais ma croyance en la théorie du déséquilibre chimique de refaire surface et d'éclipser les autres explications, plus complexes, auxquelles je pensais parfois.

Au moment de commencer ce livre, cependant, j'avais définitivement réglé son compte à cette théorie : j'y avais cru lorsque j'avais commencé à prendre des antidépresseurs, pendant la majeure partie de la durée du traitement et jusqu'à ma toute dernière prise. Ce livre tente de revenir sur ces différentes étapes.

19. Titre original : *Chasing The Scream: The First and Last Days of the War on Drugs*, Bloomsbury, Londres, 2015 [en français : *La Brimade des stups. 1916-2016 : la guerre de cent ans*, Slatkine & Cie, Paris, 2016].

20. https://www.nimh.nih.gov/about/directors/thomas-insel/blog/2013/transforming-diagnosis.shtml [page consultée le 10 janvier 2017].

21. Pour plus d'informations à ce sujet, voir EDWARD SHORTER, *op. cit.* Je signalerais une seule exception à ce que je défends ici : les phobies provoquées par une expérience traumatique (être pris d'une peur panique de l'avion après avoir survécu à un crash, par exemple). Elles sont également appelées "troubles d'anxiété", mais ce n'est pas d'elles dont je parle dans ce livre. Ces troubles sont l'objet d'une autre discipline scientifique et présentent des causes bien différentes de celles de la dépression ou de ce que la plupart des gens considèrent comme des troubles d'anxiété généralisés.

22. Tout au long de ce livre, je me fonde sur deux types d'expériences que j'ai accumulées au fil des années.

J'ai tout d'abord suivi une solide formation en sciences sociales au cours de mes études à l'université de Cambridge. Les sciences sociales consistent en l'application de méthodes scientifiques non pas aux phénomènes qui ont lieu à l'intérieur d'un tube à essai ou d'un accélérateur de particules, mais à notre vie de tous les jours, à la vie sociale. Il s'agit d'étudier scientifiquement les modes de vie. Elles comprennent aussi bien la psychologie et la sociologie que l'anthropologie. Cette formation m'a appris, du moins je l'espère, à passer au crible les éléments que j'allais devoir examiner et à distinguer le vrai du faux.

J'ai ensuite développé un certain talent pour raconter des histoires. Je suis journaliste depuis quinze ans et j'ai appris qu'on intègre bien mieux les informations lorsqu'elles nous sont communiquées à travers l'histoire d'un autre être humain. Je vous parlerai donc des connaissances scientifiques sur la dépression à travers ma propre histoire et celles de quelques personnes admirables que j'ai rencontrées. Certes, une histoire individuelle ne prouve pas grand-chose. La multiplication des anecdotes n'est pas non plus une preuve. C'est pourquoi j'ai essayé de ne raconter que des histoires personnelles qui illustrent des preuves scientifiques ou nous permettent de les approcher. La science est au fondement de ma démarche.

Si j'en viens à raconter dans ce livre une histoire qui dépasse le domaine de la preuve ou dont la signification fait l'objet de sérieux débats scientifiques, je le signalerai pour vous mettre en garde.

I. QUAND LA BONNE VIEILLE HISTOIRE A CESSÉ DE FONCTIONNER

1. LA BAGUETTE MAGIQUE (p. 31 à 42)

1. John Haygarth, *Of the Imagination as a Cause and as a Cure of Disorders of the Body, Exemplified by Fictitious Tractors and Epidemical Convulsions*, R. Cruttwell, Londres, 1800 ; Stewart Justman, "Imagination's Trickery: The Discovery of the Placebo Effect", *The Journal of the Historical Society*, vol. 10, n° 1, mars 2010, p. 57-73 ; DOI : 10.1111/j.1540-5923.2009.00292.x [page consultée le 1er janvier 2016] ; Joel Faflak et Julia M. Wright (dir.), *A Handbook of Romanticism Studies*, Wiley-Blackwell, Hoboken, États-Unis, 2012, p. 31-32 ; Heather R. Beatty, *Nervous Disease in Late Eighteenth-Century Britain: The Reality of a Fashionable Disorder*, Pickering and Chatto, Londres et Vermont, 2011.

2. Irving Kirsch, *Antidépresseurs. Le grand mensonge*, trad. Axelle Demoulin, Music and Entertainment Books, Champs-sur-Marne, 2010. Édition originale : *The Emperor's New Drugs: Exploding the Antidepressant Myth*, Bodley Head, Londres, 2009.

3. Irving Kirsch, *The Emperor's New Drugs*, op. cit., p. 1.

4. Dylan Evans, *Placebo: The Belief Effect*, HarperCollins, New York, 2003, p. 35.

5. *Ibid.*, p. 1-2 ; Ben Goldacre, *Bad Science: Quacks, Hacks, and Big Pharma Flacks*, Harper, Londres, 2009, p. 64.

6. Irving Kirsch, *The Emperor's New Drugs*, op. cit., p. 7.

7. *Ibid.*, p. 9-11. Dans ce chapitre et dans le suivant, je me fonde aussi, parmi bien d'autres études, sur : Irving Kirsch et Guy Sapirstein, "Listening to Prozac but Hearing Placebo: A Meta-Analysis of Antidepressant Medication", *Prevention & Treatment*, vol. 1, n° 2, juin 1998 ; Irving Kirsch, "Antidepressants and the Placebo Effect", *Z Psychol*, vol. 222, n° 3, 2014, p. 128-134 ; DOI : 10.1027/2151-2604/a000176 ; Irving Kirsch, "Challenging Received Wisdom: Antidepressants and the Placebo Effect", *MJM*, vol. 11, n° 2, 2008, p. 219-222, DOI : PMC2582668 ; Irving Kirsch *et al.*, "Initial Severity and Antidepressant Benefits: A Meta-Analysis of Data Submitted to the Food and Drug Administration" : http://dx.doi.org/10.1371/journal.pmed.0050045 ; Irving Kirsch *et al.*, "The Emperor's New Drugs: An Analysis of Antidepressant Medication Data Submitted to the US

Food and Drug Administration", *Prevention & Treatment*, vol. 5, n° 1, juillet 2002 : http://dx.doi.org/10.1037/1522-3736.5.1.523a ; Irving Kirsch (dir.), "Efficacy of Antidepressants in Adults", *BMJ*, 2005, p. 331 : https://doi.org/10.1136/bmj.331.7509.155 ; Irving Kirsch (dir.), *How Expectancies Shape Experience*, American Psychology Association, Washington, 1999, p. XIV et 431 : http://dx.doi.org/10.1037/10332-000 ; Irving Kirsch *et al.*, "Antidepressants and Placebos: Secrets, Revelations, and Unanswered Questions", *Prevention & Treatment*, vol. 5, n° 1, juillet 2002, article 33 : http://dx.doi.org/10.1037/1522-3736.5.1.533r ; Irving Kirsch et Steven Jay Lynn, "Automaticity in Clinical Psychology", *American Psychologist*, vol. 54, n° 7, juillet 1999, p. 504-515 : http://dx.doi.org/10.1037/0003-066X.54.7.504 ; Arif Kahn *et al.*, "A Systematic Review of Comparative Efficacy of Treatments and Controls for Depression" : http://dx.doi.org/10.1371/journal.pone.0041778 ; Irving Kirsch, "Yes, There *Is* a Placebo Effect, but Is There a Powerful Antidepressant Drug Effect?", *Prevention & Treatment*, vol. 5, n° 1, juillet 2002, article 22 : http://dx.doi.org/10.1037/1522-3736.5.1.522i ; Ben Whalley *et al.*, "Consistency of the Placebo Effect", *Journal of Psychosomatic Research*, vol. 64, n° 5, mai 2008, p. 537-541 ; Irving Kirsch *et al.*, "National Depressive and Manic-Depressive Association Consensus Statement on the Use of Placebo in Clinical Trials of Mood Disorders", *Archives of General Psychiatry*, vol. 59, n° 3, 2002, p. 262-270 ; DOI : 10.1001/archpsyc.59.3.262 ; Irving Kirsch, "St John's Wort, Conventional Medication, and Placebo: An Egregious Double Standard", *Complementary Therapies in Medicine*, vol. 11, n° 3, septembre 2003, p. 193-195 ; Irving Kirsch, "Antidepressants Versus Placebos: Meaningful Advantages Are Lacking", *Psychiatry Times*, 1er septembre 2001, p. 6, Academic Onefile [page consultée le 5 novembre 2016] ; Irving Kirsch, "Reducing Noise and Hearing Placebo More Clearly", *Prevention & Treatment*, vol. 1, n° 2, juin 1998, article 7r : http://dx.doi.org/10.1037/1522-3736.1.1.17r ; Irving Kirsch *et al.*, "Calculations Are Correct: Reconsidering Fountoulakis & Möller's Re-analysis of the Kirsch Data", *International Journal of Neuropsychopharmacology*, vol. 15, n° 8, août 2012, p. 1193-1198 : https://doi.org/10.1017/S1461145711001878 ; Erik Turner *et al.*, "Selective Publication of Antidepressant Trials and Its Influence on Apparent Efficacy", *The New England Journal of Medecine*, vol. 358, 2008, p. 252-260 ; DOI : 10.1056/NEJMsa065779.

8. Irving Kirsch, *The Emperor's New Drugs, op. cit.*, p. 25. Mon ami le Dr Ben Goldacre a réalisé une étude remarquable sur ce "biais de publication". Pour plus d'informations à ce sujet, voir : http://www.badscience.net/category/publication-bias/.

9. Irving Kirsch, *The Emperor's New Drugs, op. cit.*, p. 26-27.

10. *Ibid.*, p. 41.

11. *Ibid.*, p. 38.

12. *Ibid.*, p. 40 ; http://web.law.columbia.edu/sites/default/files/microsites/career-services/Driven%20to%20Settle.pdf ; http://www.independent.co.uk/news/business/news/drug-firm-settles-seroxat-research-claim-557943.html ; http://news.bbc.co.uk/1/hi/business/3631448.stm ; http://www.pharmatimes.com/news/gsk_to_pay_$14m_to_settle_paxil_fraud_claims_995307; http://www.nbcnews.com/id/5120989/ns/business-us_business/t/spitzer-sues-glaxosmithkline-over-paxil/ ; http://study329.org/ ; http://science.sciencemag.org/content/304/5677/1576.full?sid=86b4a57d-2323-41a5-ae9e-e6cbf406b142 ; http://www.nature.com/nature/journal/v429/n6992/full/429589a.html [pages consultées le 3 janvier 2017] ; Wayne Kondro et Barb Sibbald, "Drug Company Experts Advised Staff to Withhold Data about SSRI Use in Children", *Canadian Medical Association Journal*, vol. 170, n° 5, mars 2004, p. 783.

13. Andrea Cipriani *et al.*, "Comparative Efficacy and Tolerability of Antidepressants for Major Depressive Disorder in Children and Adolescents: A Network Meta-Analysis", *The Lancet*, vol. 338, n° 10047, août 2016, p. 881-890 ; DOI : http://dx.doi.org/10.1016/S0140-6736(16)30385-3 [page consultée le 1er novembre 2016].

14. Pour mieux comprendre le contexte où cela a pu arriver, je recommande la lecture de trois ouvrages formidables : Ben Goldacre, *Bad Pharma: How Drug Companies Mislead Doctors and Harm Patients*, Fourth Estate, Londres, 2012 ; Marcia Angell, *The Truth About Drug Companies: How They Deceive Us and What We Can Do About It*, Random House, New York, 2004 [en français : *La Vérité sur les compagnies pharmaceutiques. Comment elles nous trompent et comment les contrecarrer*, trad. Philippe Even, Les Éditions du Mieux-Être, Saint-Sauveur, Québec, 2005] ; Harriet A. Washington, *Deadly Monopolies: The Shocking Corporate Takeover of Life Itself*, Anchor, New York, 2013.

2. DÉSÉQUILIBRE (p. 43 à 56)

1. David Healy, *Let Them Eat Prozac*, New York University Press, New York et Londres, 2004, p. 263.
2. John Read et Pete Saunders, *A Straight Talking Introduction to the Causes of Mental Health Problems*, PCCS Books, Ross-on-Wye, 2011, p. 43-45.
3. Katherine Sharpe, *Coming of Age on Zoloft: How Antidepressants Cheered Us Up, Let Us Down, and Changed Who We Are*, Harper, New York, 2012, p. 31; article sans titre, *Popular Science*, novembre 1958, p. 149-152. Voir aussi : https://deepblue.lib.umich.edu/bitstream/handle/2027.42/83270/LDH%20science%20gender.pdf?sequence=1 [page consultée le 20 septembre 2016] ; "TB Milestone", *Life Magazine*, 3 mars 1952, p. 20-21 ; Scott Stossell, *My Age of Anxiety: Fear, Hope, Dread, and the Search for Peace of Mind*, William Heinemann, Londres, 2014, p. 171.
4. Irving Kirsch, *The Emperor's New Drugs*, op. cit., p. 83-85.
5. Gary Greenberg, *Manufacturing Depression: The Secret History of a Modern Disease*, Bloomsbury, Londres, 2010, p. 167-168. Voir aussi Gary Greenberg, *The Noble Lie: When Scientists Give the Right Answers for the Wrong Reasons*, Wiley, Hoboken, 2008. J'ai également interviewé le Dr Greenberg.
6. James Davies, *Cracked: Why Psychiatry Is Doing More Harm Than Good*, Icon Books, Londres, 2013, p. 29.
7. Irving Kirsch, *The Emperor's New Drugs*, op. cit., p. 91-92.
8. Edward Shorter, *How Everyone Became Depressed*, op. cit., p. 4-5; James Davies, *Cracked*, op. cit., p. 125 ; Gary Greenberg, *The Book of Woe: The DSM and the Unmasking of Psychiatry*, Scribe, Victoria, 2013, p. 62-64 ; Gary Greenberg, *Manufacturing Depression*, op. cit., p. 160-168 ; 274-276.
9. Henricus G. Ruhé *et al.*, "Mood is Indirectly Related to Serotonin, Norepinephrine, and Dopamine Levels in Humans: A Meta-Analysis of Monoamine Depletion Studies", *Molecular Psychiatry*, vol. 8, n° 12, avril 2007, p. 951-973.
10. James Davies, *Cracked*, op. cit., p. 128 ; John Read et Pete Saunders, *A Straight Talking Introduction…*, op. cit., p. 45.
11. Edward Shorter, *How Everyone Became Depressed*, op. cit., p. 156-159.

12. Lawrence H. Diller, *Running on Ritalin: A Physician Reflects on Children, Society, and Performance in a Pill*, Bantam Books, New York, 1999, p. 128.

13. Je recommande la lecture des excellents ouvrages de Joanna Moncrieff qui m'ont apporté une aide précieuse au cours de ma réflexion : *The Myth of the Chemical Cure: A Critique of Psychiatric Treatment*, Palgrave Macmillan, Londres, 2009 ; et en collaboration avec Mark Rapley et Jacqui Dillon (dir.), *De-Medicalizing Misery, op. cit.*

14. Je recommande vivement les formidables livres de Lucy Johnstone, *A Straight Talking Introduction to Psychiatric Diagnosis*, PCCS, Londres, 2014 ; *Formulation In Psychology and Psychotherapy*, Routledge, Londres, 2006 ; *Users and Abusers of Psychiatry*, Routledge, Londres, 1989.

15. J'adapte ici la métaphore que le grand journaliste californien Robert Scheer a employée pour décrire le démantèlement de la régulation bancaire qui a conduit à la crise des saisies immobilières aux États-Unis.

16. David H. Freedman, "Lies, Damned Lies, and Medical Science", *The Atlantic*, novembre 2010, http://www.theatlantic.com/magazine/archive/2010/11/lies-damned-lies-and-medical-science/308269/ [page consultée le 20 mars 2016].

17. Après que je lui ai envoyé la retranscription de ses commentaires, le professeur Ioannidis m'a demandé de procéder à quelques modifications de détail. Il y a donc une légère différence entre ses propos tels que vous pouvez les écouter en ligne et tels qu'ils sont retranscrits ici.

18. H. Edmund Pigott *et al.*, "Efficacy and Effectiveness of Antidepressants: Current Status of Research", *Psychotherapy and Psychosomatics*, vol. 79, 2010, p. 267-279 ; DOI : 10.1159/000318293 ; Yasmina Molero *et al.*, "Selective Serotonin Reuptake Inhibitors and Violent Crime: A Cohort Study", *PLOS Medicine*, vol. 12, n° 9, septembre 2015 ; DOI : 10.1371/journal.pmed.1001875 ; Paul W. Andrews, "*Primum non nocere*: An Evolutionary Analysis of Whether Antidepressants Do More Harm Than Good", *Frontiers in Psychology*, vol. 3, n° 177, avril 2012 : https://doi.org/10.3389/fpsyg.2012.00117 ; Alice D. Domar, "The Risks of Selective Serotonin Reuptake Inhibitor Use in Infertile Women: A Review of the Impact on Fertility, Pregnancy, Neonatal Health and Beyond", *Human Reproduction*, vol. 28, n° 1, 2013, p. 160-171 ; Dheeraj Rai, "Parental Depression, Maternal Antidepressant Use During Pregnancy, and Risk of Autism Spectrum

Disorders: Population Based Case-Control Study", *BMJ*, vol. 346, avril 2013 : https://doi.org/10.1136/bmj.f2059 ; André F. Carvalho *et al.*, "The Safety, Tolerability and Risks Associated with the Use of Newer Generation Antidepressant Drugs: A Critical Review of the Literature", *Psychotherapy and Psychosomatics*, vol. 85, 2016, p. 270-288 : https://doi.org/10.1159/000447034.

19. Irving Kirsch, *The Emperor's New Drugs, op. cit.*, p. 153.

20. John Haygarth, *Of the Imagination as a Cause and as a Cure of Disorders of the Body, op. cit.*, p. 25.

21. Peter D. Kramer, *Listening to Prozac, op. cit.*, p. vi-vii.

22. J'ai tenté de résumer ici les travaux de Peter Kramer aussi précisément que possible. Je me suis rendu compte, en lisant ses publications, qu'il s'opposait avec agressivité à quiconque refusait d'adresser des louanges à ses travaux. J'ai donc essayé de récapituler ses arguments principaux avec justesse et en toute objectivité, mais il se peut qu'il ne soit pas d'accord avec mon analyse. Si vous voulez lire son argumentation dans ses propres mots, je vous conseille la lecture de son livre : Peter D. Kramer, *Ordinarily Well: The Case for Antidepressants*, Farrar, Straus and Giroux, New York, 2016.

23. Irving Kirsch, *The Emperor's New Drugs, op. cit.*, p. 63-67 ; James Davies, *Cracked, op. cit.*, p. 143.

24. Peter D. Kramer, *Ordinarily Well, op. cit.*, p. 127.

25. Joanna Moncrieff, *The Myth of the Chemical Cure, op. cit.*, p. 143.

26. Peter D. Kramer, *Ordinarily Well, op. cit.*, p. 132-133 ; 138-146.

27. Je prenais ces médicaments depuis treize ans, sans compter quelques interruptions. Lors de cet entretien, ma langue a fourché et j'ai dit à Peter que j'en prenais depuis quatorze ans. C'est la raison pour laquelle il a utilisé cet exemple.

28. Irving Kirsch, *The Emperor's New Drugs, op. cit.*, p. 58-62 ; 73 ; 94 ; David Healy, *Let Them Eat Prozac, op. cit.*, p. 29.

29. Diane Warden *et al.*, "The STAR*D Project Results: A Comprehensive Review of Findings", *Current Psychiatry Reports*, vol. 9, n° 6, 2007, p. 449-459 ; A. John Rush *et al.*, "Acute and Longer-Term Outcomes in Depressed Outpatients Requiring One or Several Treatment Steps: A STAR*D Report", *American Journal of Psychiatry*, vol. 163, 2006, p. 1905-1917 ; Bradley Gaynes *et al.*, "What Did STAR*D Teach Us? Results from a Large-Scale, Practical, Clinical Trial for Patients With Depression", *Psychiatric Services*, vol. 60, n° 11, novembre

2009 : http://dx.doi.org/10.1176/ps.2009.60.11.1439 ; Mark Sinyor *et al.*, "The Sequenced Treatment Alternatives to Relieve Depression (STAR\*D) Trial: A Review", *Canadian Journal of Psychiatry*, vol. 55, nᵒ 3, mars 2010, p. 126-135 ; DOI : 10.1177/070674371005500303 ; Thomas Insel *et al.*, "The STAR\*D Trial: Revealing the Need for Better Treatments", *Psychiatric Services*, vol. 60, 2009, p. 1466-1467 ; Diane Warden *et al.*, "The STAR\*D Project Results: A Comprehensive Review of Findings", *loc. cit.* Les preuves apportées par l'essai STAR\*D sont remises en cause, de façon non convaincante à mon avis, par Peter Kramer. Ceux qui veulent aller lire sa critique la trouveront dans *Ordinarily Well, op. cit.*, p. 192-193. Voir aussi : Robert Whitaker, "Mad in America: History, Science, and the Treatment of Psychiatric Disorders", *Psychology Today* : https://www.psychologytoday.com/blog/mad-in-america/201008/the-stard-scandal-new-paper-sums-it-all ; https://www.nimh.nih.gov/funding/clinical-research/practical/stard/allmedicationlevels.shtml [pages consultées le 1ᵉʳ novembre 2016].

30. Patricia K. Corey-Lisle *et al.*, "Response, Partial Response, and Nonresponse in Primary Care Treatment of Depression", *Archives of Internal Medicine*, vol. 164, 2004, p. 1197-1204 ; Madhukar H. Trivedi *et al.*, "Medication Augmentation after the Failure of SSRIs for Depression", *New England Journal of Medicine*, vol. 354, 2006, p. 1243-1252 ; Stephen S. Ilardi, *The Depression Cure: The Six-Step Programme to Beat Depression Without Drugs*, Ebury Publishing, Londres, 2010, p. 44-45. Ces études montrent aussi qu'on peut tout à fait ressentir les bénéfices des antidépresseurs tout en restant dépressif, car les médicaments peuvent provoquer une amélioration sur l'échelle de Hamilton. Si les antidépresseurs ne guérissent pas la dépression, cela ne veut pas dire qu'ils ne sont d'aucun secours, mais simplement qu'ils ne peuvent pas être considérés comme une solution suffisante et définitive à cette maladie.

3. L'EXCEPTION DU DEUIL (p. 57 à 64)

1. Je dois cette phrase à l'admirable Lucy Johnstone, psychologue clinicienne. Ce n'est pas elle qui l'a formulée ainsi pour la première fois, mais je n'ai pas réussi à remonter jusqu'à son auteur. Si vous connaissez cette expression, n'hésitez pas à me contacter, pour que je puisse l'attribuer à qui de droit.

2. Dans ce chapitre, je me fonde sur de nombreux écrits de Joanne : JOANNE CACCIATORE et KARA THIELEMAN, "When a Child Dies: A Critical Analysis of Grief-Related Controversies in *DSM-5*", *Research on Social Work Practice*, vol. 24, n° 1, janvier 2014, p. 114-122 ; JOANNE CACCIATORE et KARA THIELEMAN, "The *DSM-5* and the Bereavement Exclusion: A Call for Critical Evaluation", *Social Work*, 2013 ; DOI : 10.1093/sw/swt021 ; JEFFREY R. LACASSE et JOANNE CACCIATORE, "Prescribing of Psychiatric Medication to Bereaved Parents Following Perinatal/Neonatal Death: An Observational Study", *Death Studies*, vol. 38, n° 9, 2014 ; JOANNE CACCIATORE, "A Parent's Tears: Primary Results from the Traumatic Experiences and Resiliency Study", *Omega: Journal of Death and Dying*, vol. 68, n° 3, octobre 2013-2014, p. 183-205 ; JOANNE CACCIATORE et KARA THIELEMAN, "Pharmacological Treatment Following Traumatic Bereavement: A Case Series", *Journal of Loss and Trauma*, vol. 17, n° 6, juillet 2012, p. 557-579.

3. J'ai rencontré pour la première fois la notion d'"exception du deuil" dans les brillants ouvrages de Gary Greenberg, dont je vous recommande chaudement la lecture : *The Book of Woe, op. cit.*, p. 6 ; 158-160 ; *Manufacturing Depression: The Secret History of a Modern Disease, op. cit.*, p. 246-248. Voir aussi JOHN READ et PETE SAUNDERS, *A Straight Talking Introduction to the Causes of Mental Health Problems, op. cit.*, p. 60 ; 88-91.

4. L'un des contributeurs principaux à la quatrième édition du *DSM*, Robert Spitzer, a tacitement reconnu cette idée. Voir le documentaire de mon ami Adam Curtis, produit par la BBC : *The Trap*, dans lequel Spitzer apparaît.

5. D'autres personnalités ayant joué un rôle essentiel dans l'écriture du *DSM* ont admis cela. Voir WILLIAM DAVIES, *The Happiness Industry: How the Government and Big Business Sold Us Well-Being*, Verso, New York, 2016, p. 174.

6. Voir American Psychiatric Association, *Diagnostic and Statistical Manual of Mental Disorders*, 5ᵉ édition, American Psychiatric Publishing, Washington, 2013, p. 155-189. La note se trouve à la page 126.

4. LE PREMIER DRAPEAU SUR LA LUNE (p. 65 à 77)

1. À la demande de George, j'ai modifié quelques détails au sujet de cette jeune femme, en vue de préserver son anonymat.

2. Pour écrire ce chapitre, je me suis appuyé sur un grand nombre des publications scientifiques de George et Tirril, parmi lesquelles : GEORGE W. BROWN *et al.*, "Social Class and Psychiatric Disturbance Among Women in an Urban Population", *Sociology*, vol. 9, nᵒ 2, mai 1975, p. 225-254 ; GEORGE W. BROWN, TIRRIL HARRIS *et al.*, "Social Support, Self-Esteem and Depression", *Psychological Medicine*, vol. 16, nᵒ 4, novembre 1986, p. 813-831; GEORGE W. BROWN *et al.*, "Life Events, Vulnerability and Onset of Depression: Some Refinements", *The British Journal of Psychiatry*, vol. 150, nᵒ 1, janvier 1987, p. 30-42 ; GEORGE W. BROWN *et al.*, "Loss, Humiliation and Entrapment Among Women Developing Depression: A Patient and Non-Patient Comparison", *Psychological Medicine*, vol. 25, nᵒ 1, janvier 1995, p. 7-21 ; GEORGE W. BROWN *et al.*, "Depression and Loss", *British Journal of Psychiatry*, vol. 130, nᵒ 1, janvier 1977, p. 1-18 ; GEORGE W. BROWN *et al.*, "Life Events and Psychiatric Disorders Part 2: Nature of Causal Link", *Psychological Medicine*, vol. 3, nᵒ 2, mai 1973, p. 159-176 ; GEORGE W. BROWN *et al.*, "Life Events and Endogenous Depression: A Puzzle Reexamined", *Archives of General Psychiatry*, vol. 51, nᵒ 7, 1994, p. 525-534 ; GEORGE W. BROWN et TIRRIL HARRIS, "Aetiology of Anxiety and Depressive Disorders in an Inner-City Population. 1. Early Adversity", *Psychological Medicine*, vol. 23, nᵒ 1, février 1993, p. 143-154 ; GEORGE W. BROWN *et al.*, "Life Stress, Chronic Subclinical Symptoms and Vulnerability to Clinical Depression", *Journal of Affective Disorders*, vol. 11, nᵒ 1, juillet-août 1986, p. 1-19 ; TIRRIL HARRIS *et al.*, "Befriending as an Intervention for Chronic Depression Among Women in an Inner-City. 1: Randomised Controlled Trial", *British Journal of Psychiatry*, vol. 174, nᵒ 3, mars 1999, p. 219-224 ; GEORGE W. BROWN *et al.*, "Depression: Distress or Disease? Some Epidemiological Considerations", *British Journal of Psychiatry*, vol. 147, nᵒ 6, décembre 1985, p. 612-622 ; GEORGE W. BROWN *et al.*, "Depression and Anxiety in the Community: Replicating the Diagnosis of a Case", *Psychological Medicine*, vol. 10, nᵒ 3, août 1980, p. 445-454 ; GEORGE W. BROWN *et al.*, "Aetiology of Anxiety and Depressive Disorders in an Inner-City Population. 2. Comorbidity and Adversity", *Psychological Medicine*, vol. 23, nᵒ 1, février 1993, p. 155-165 ; GEORGE W. BROWN et TIRRIL HARRIS, "Stressor, Vulnerability and Depression: A Question of Replication", *Psychological Medicine*, vol. 16, nᵒ 4, novembre 1986, p. 739-774 ; TIRRIL HARRIS *et al.*, "Mourning

or Early Inadequate Care? Reexamining the Relationship of Maternal Loss in Childhood with Adult Depression and Anxiety", *Development and Psychopathology*, vol. 4, n° 3, juillet 1992, p. 433-449 ; George W. Brown *et al.*, "Psychotic and Neurotic Depression Part 3. Aetiological and Background Factors", *Journal of Affective Disorders*, vol. 1, n° 3, septembre 1979, p. 195-211 ; George W. Brown *et al.*, "Psychiatric Disorder in a Rural and an Urban Population: 2. Sensitivity to Loss", *Psychological Medicine*, vol. 11, n° 3, août 1981, p. 601-616 ; "Psychiatric Disorder in a Rural and an Urban Population: 3. Social Integration and the Morphology of Affective Disorder", *Psychological Medicine*, vol. 14, n° 2, mai 1984, p. 327-345 ; George W. Brown et Tirril Harris, "Disease, Distress and Depression", *Journal of Affective Disorders*, vol. 4, n° 1, mars 1982, p. 1-8.

Je me suis également inspiré de l'ouvrage que George et Tirril ont publié en 1989 : *Life Events and Illness*, Unwin Hyman, Sydney, 1989 et de l'excellent recueil d'articles publié par Tirril en l'honneur de George : *Where Inner and Outer Worlds Meet: Psychosocial Research in the Tradition of George Brown*, Routledge, Londres, 2000.

3. Tirril Harris et George W. Brown, *Social Origins of Depression: A Study of Psychiatric Disorder in Women*, Tavistock Publications, Londres, 1978, p. 19 ; Edward Shorter, *How Everyone Became Depressed, op. cit.*, p. 152-155.

4. John Read et Pete Saunders, *A Straight Talking Introduction to the Causes of Mental Health Problems, op. cit.*, p. 32-41.

5. Edward Shorter, *How Everyone Became Depressed, op. cit.*, p. 80 ; 89 ; 112 ; 122 ; 135-139 ; 171.

6. Tirril Harris (dir.), *Where Inner and Outer Worlds Meet, op. cit.*, p. 7-10.

7. Tirril Harris et George W. Brown, *Social Origins of Depression, op. cit.*, p. 49.

8. Il s'agit d'un pseudonyme que l'équipe lui a donné afin de préserver le secret médical.

9. Tirril Harris (dir.), *Where Inner and Outer Worlds Meet, op. cit.*, p. 14-16 ; Tirril Harris et George W. Brown, *Social Origins of Depression, op. cit.*, p. 174-175.

10. Tirril Harris et George W. Brown, *Social Origins of Depression, op. cit.*, p. 63 ; 136.

11. *Ibid.*, p. 180.

12. Tirril Harris (dir.), *Where Inner and Outer Worlds Meet, op. cit.*, p. 123.

13. Tirril Harris et George W. Brown, *Social Origins of Depression, op. cit.*, p. 46.

14. *Ibid.*, p. 83.

15. *Ibid.*, p. 82 ; 234.

16. Idoia Gaminde *et al.*, "Depression in Three Populations in the Basque Country – A Comparison with Britain", *Social Psychiatry and Psychiatric Epidemology*, vol. 28, 1993, p. 243-251 ; Jeremy Broadhead *et al.*, "Life Events and Difficulties and the Onset of Depression Amongst Women in an Urban Setting in Zimbabwe", *Psychological Medicine*, vol. 28, 1998, p. 29-30. Voir aussi Tirril Harris (dir.), *Where Inner and Outer Worlds Meet, op. cit.*, p. 22-25.

17. Tirril Harris et George W. Brown, *Social Origins of Depression, op. cit.*, p. 217-218.

18. Robert Finlay-Jones et George W. Brown, "Types of Stressful Life Event and the Onset of Anxiety and Depressive Disorders", *Psychological Medicine*, vol. 11, n° 4, 1981, p. 803-815 ; Ray Prudo *et al.*, "Psychiatric Disorder in a Rural and an Urban Population: 3. Social Integration and the Morphology of Affective Disorder", *Psychological Medicine*, vol. 14, mai 1984, p. 327-345 ; George W. Brown et Tirril Harris, "Aetiology of Anxiety and Depressive Disorders in an Inner-City Population. 1. Early Adversity", *loc. cit.* ; George W. Brown *et al.*, "Aetiology of Anxiety and Depressive Disorders in an Inner-City Population. 2. Comorbidity and Adversity", *loc. cit.*

19. Tirril Harris et George W. Brown, *Social Origins of Depression, op. cit.*, p. 235. Voir aussi, pour plus de détails à ce sujet : Tirril Harris (dir.), *Where Inner and Outer Worlds Meet, op. cit.*, p. 25-27.

20. Bien que je ne sois pas d'accord avec certaines des conclusions qui en sont tirées, les grandes lignes de l'histoire de ce concept sont exposées dans Nassir Ghaemi, *The Rise and Fall of the Biopsychosocial Model: Reconciling Art and Science in Psychiatry*, Johns Hopkins University Press, Baltimore, 2010. Voir aussi : Nassir Ghaemi, *On Depression: Drugs, Diagnosis and Despair in the Modern World*, Johns Hopkins University Press, Baltimore, 2013 ; John Read et Pete Saunders, *A Straight Talking Introduction to the Causes of Mental Health Problems, op. cit.*, p. 36-37 ; 53-55.

21. Tirril Harris et George W. Brown, *Social Origins of Depression*, *op. cit.*, p. 266.

22. George insistait cependant sur le fait qu'il ne voyait pas de lien direct entre ce suicide et les recherches qu'il a menées ensuite sur la dépression : il dit n'y avoir repensé que des années plus tard.

## II. RUPTURE DES LIENS : LES NEUF CAUSES DE LA DÉPRESSION ET DE L'ANXIÉTÉ SÉVÈRE

### 5. RELEVER LE DÉFI. INTRODUCTION À LA DEUXIÈME PARTIE (p. 81 à 82)

1. Tirril Harris (dir.), *Where Inner and Outer Worlds Meet*, *op. cit.*, p. 27-28.

### 6. PREMIÈRE CAUSE : L'ENFERMEMENT DANS UN TRAVAIL PRIVÉ DE SENS (p. 83 à 97)

1. Joe n'apparaît pas sous son vrai nom. Il m'a demandé de recourir à un pseudonyme. Aucun autre détail n'a été modifié ; son identité réelle et les enregistrements de notre conversation ont été vérifiés par Bloomsbury, l'éditeur de ce livre en langue originale.

2. William Davies, *The Happiness Industry*, *op. cit.*, p. 106.

3. Peter Fleming, *The Mythology of Work*, Pluto Press, Londres, 2015, p. 41-43 ; Daniel Pink, *Drive: The Surprising Truth About What Motivates Us*, Canongate, Londres, 2011, p. 111 [en français : *La Vérité sur ce qui nous motive*, trad. Marc Rozenbaum, Flammarion, Paris, 2016]. On trouve un excellent développement sur la manière dont nous sommes conditionnés à réagir de cette façon dans le livre injustement oublié de Joel Spring, *A Primer of Libertarian Education*, Black Rose Books, Toronto, 1999.

4. Peter Fleming, *The Mythology of Work*, *op. cit.*, p. 35. D'autres statistiques ahurissantes à ce sujet sont reproduites dans le livre de Rutger Bregman, *Utopia for Realists: The Case for a Universal Basic Income, Open Borders, and a 15-hour Workweek*, Bloomsbury, Londres, 2017, p. 41 [en français : *Utopies réalistes*, trad. Jelia Amrali, Seuil, Paris, 2017].

5. Matt Haig, *Reasons to Stay Alive*, Canongate, Londres, 2016, p. 157.

6. Michael Marmot, *The Health Gap: The Challenge of an Unequal World*, Bloomsbury, Londres, 2015, p. 2-3. Dans ce passage, je me suis appuyé sur de nombreuses études menées par Michael et ses collègues, parmi lesquelles : Michael Marmot *et al.*, "Health Inequalities Among British Civil Servants: The Whitehall II Study", *The Lancet*, vol. 337, n° 8745, juin 1991, p. 1387-1393 ; Michael Marmot *et al.*, "Low Job Control and Risk of Coronary Heart Disease in Whitehall II (prospective cohort) Study", *BMJ*, vol. 314, 1997, p. 558 ; DOI : http://dx.doi.org/10.1136/bmj.314.7080.558 ; Michael Marmot *et al.*, "Work Characteristics Predict Psychiatric Disorder: Prospective Results from the Whitehall II Study", *Occupational and Environmental Medicine*, vol. 56, 1999, p. 302-307 ; DOI : 10.1136/oem.56.5.302 ; Michael Marmot *et al.*, "Subjective Social Status: its Determinants and its Association with Measures of Ill-health in the Whitehall II Study", *Social Science & Medicine*, vol. 56, n° 6, mars 2003, p. 1321-1333 ; Michael Marmot *et al.*, "Psychosocial Work Environment and Sickness Absence among British Civil Servants: The Whitehall II Study", *American Journal of Public Health*, vol. 86, n° 3, mars 1996, p. 332-340 ; DOI : 10.2105/AJPH.86.3.332 ; Michael Marmot *et al.*, "Explaining Socioeconomic Differences in Sickness Absence: The Whitehall II Study", *BMJ*, vol. 306, n° 6874, février 1993, p. 361-366 : http://dx.doi.org/10.1136/bmj.306.6874.361 ; Michael Marmot *et al.*, "When Reciprocity Fails: Effort-Reward Imbalance in Relation to Coronary Heart Disease and Health Functioning within the Whitehall II Study", *Occupational and Environmental Medicine*, vol. 59, 2002, p. 777-784 ; DOI : 10.1136/oem.59.11.777 ; Michael Marmot *et al.*, "Effects of Income and Wealth on GHQ Depression and Poor Self Rated Health in White Collar Women and Men in the Whitehall II Study", *Journal of Epidemiology and Community Health*, vol. 57, 2003, p. 718-723 ; DOI : 10.1136/jech.57.9.718 ; Marianna Virtanen *et al.*, "Long Working Hours and Symptoms of Anxiety and Depression: a 5-Year Follow-up of the Whitehall II Study", *Psychological Medicine*, vol. 41, n° 12, décembre 2011, p. 2485-2494.

7. Michael Marmot, *Status Syndrome: How Your Place on the Social Gradient Affects Your Health*, Bloomsbury, Londres, 2004, p. 1.

8. *Ibid.*, p. 130-131 ; 157.

9. *Ibid.*, p. 126.

10. *Ibid.*, p. 129.

11. Michael m'a dit s'être inspiré des recherches d'autres sociologues. Ainsi, l'idée que le stress est dû à un déséquilibre entre la pression exercée sur l'individu et son degré d'autonomie se fonde notamment sur les travaux de Robert A. Karasek et de Töres Theorell. Les développements concernant la relation entre l'effort et la récompense s'appuient quant à eux sur les écrits de Johannes Siegrist, et plus spécifiquement sur son article "Adverse Health Effects of High-Effort/Low-Reward Conditions", *Journal of Occupational Health Psychology*, vol. 1, nº 1, janvier 1996, p. 27-41.

12. Ceci explique également en partie pourquoi il a été prouvé que les chômeurs se sentent plus mal encore que les personnes qui occupent un travail vide de sens. Le principal facteur qui fait d'un travail vide de sens une source de dépression est le manque de marge de manœuvre. Or les chômeurs disposent d'un contrôle plus réduit encore sur leur propre vie. Ils n'ont ni ressources financières, ni statut social, ni la moindre prise sur leur existence.

13. MICHAEL MARMOT, *The Health Gap*, *op. cit.*, p. 180.

14. MICHAEL MARMOT, *Status Syndrome*, *op. cit.*, p. 125.

15. https://www.independent.co.uk/news/world/europe/french-people-are-so-underworked-it-s-leading-to-clinical-depression-a6677011.html [page consultée le 30 janvier 2017].

16. https://www.west-info.eu/france-says-burn-out-is-not-a-disease/ [page consultée le 30 janvier 2017].

## 7. DEUXIÈME CAUSE : LA PERTE DU LIEN AVEC LES AUTRES (p. 98 à 121)

1. Pour écrire ce chapitre, je me suis appuyé sur de nombreuses études publiées par John et ses collègues, parmi lesquelles : YE LUO *et al.*, "Loneliness, Health, and Mortality in Old Age: A National Longitudinal Study", *Social Science & Medicine*, vol. 74, nº 6, mars 2012, p. 907-914 ; JOHN T. CACIOPPO *et al.*, "Loneliness as a Specific Risk Factor for Depressive Symptoms: Cross-sectional and Longitudinal Analyses", *Psychology and Aging*, vol. 21, nº 1, mars 2006, p. 140-151 ; LOUISE C. HAWKLEY et JOHN T. CACIOPPO, "Loneliness Matters: A

Theoretical and Empirical Review of Consequences and Mechanisms", *Annals of Behavioral Medicine*, vol. 40, nᵒ 2, 2010, p. 218 ; JOHN T. CACIOPPO *et al.*, "Loneliness and Health: Potential Mechanisms", *Psychosomatic Medicine*, vol. 64, nᵒ 3, mai-juin 2002, p. 407-417 ; JOHN T. CACIOPPO *et al.*, "Lonely Traits and Concomitant Physiological Processes: The MacArthur Social Neuroscience Studies", *International Journal of Psychophysiology*, vol. 35, nᵒ 2-3, mars 2000, p. 143-154 ; JOHN T. CACIOPPO *et al.*, "Alone in the Crowd: The Structure and Spread of Loneliness in a Large Social Network", *Journal of Personality and Social Psychology*, vol. 97, nᵒ 6, décembre 2009, p. 977-991 ; JOHN T. CACIOPPO *et al.*, "Loneliness within a Nomological Net: An Evolutionary Perspective", *Journal of Research in Personality*, vol. 40, nᵒ 6, décembre 2006, p. 1054-1085 ; JOHN T. CACIOPPO *et al.*, "Loneliness in Everyday Life: Cardiovascular Activity, Psychosocial Context, and Health Behaviors", *Journal of Personality and Social Psychology*, vol. 85, nᵒ 1, juillet 2003, p. 105-120 ; JOHN T. CACIOPPO et JOHN M. ERNST, "Lonely Hearts: Psychological Perspectives on Loneliness", *Applied and Preventive Psychology*, vol. 8, nᵒ 1, 1999, p. 1-22 ; JOHN T. CACIOPPO *et al.*, "Loneliness Is a Unique Predictor of Age-Related Differences in Systolic Blood Pressure", *Psychology and Aging*, vol. 21, nᵒ 1, mars 2006, p. 152-164 ; JOHN T. CACIOPPO *et al.*, "A Meta-Analysis of Interventions to Reduce Loneliness", *Personality and Social Psychology Review*, vol. 15, nᵒ 3, 2011 ; LOUISE C. HAWKLEY et JOHN T. CACIOPPO, "Loneliness and Pathways to Disease", *Brain, Behavior, and Immunity*, vol. 17, nᵒ 1, février 2003, p. 98-105 ; JOHN T. CACIOPPO *et al.*, "Do Lonely Days Invade the Nights? Potential Social Modulation of Sleep Efficiency", *Psychological Science*, vol. 13, nᵒ 4, 2002 ; LOUISE C. HAWKLEY *et al.*, "From Social Structural Factors to Perceptions of Relationship Quality and Loneliness: The Chicago Health, Aging, and Social Relations Study", *Journal of Gerontology Series B: Psychological Sciences and Social Sciences*, vol. 63, nᵒ 6, 2008, p. S375-S384 ; JOHN T. CACIOPPO *et al.*, "Loneliness. Clinical Import and Interventions Perspectives on Psychological Science", vol. 10, nᵒ 2, 2015 ; JOHN T. CACIOPPO *et al.*, "Social Isolation", *Annals of the New York Academy of Sciences*, vol. 1231, juin 2011, p. 17-22 ; JOHN T. CACIOPPO *et al.*, "Evolutionary Mechanisms for Loneliness", *Cognition and Emotion*, vol. 28, nᵒ 1, 2014 ; JOHN T. CACIOPPO *et al.*, "Toward a Neurology of Loneliness", *Psychological Bulletin*, vol. 140, nᵒ 6, novembre 2014,

p. 1464-1504 ; John T. Cacioppo *et al.*, "In the Eye of the Beholder: Individual Differences in Perceived Social Isolation Predict Regional Brain Activation to Social Stimuli", *Journal of Cognitive Neuroscience*, vol. 21, nº 1, janvier 2009, p. 83-92 ; John T. Cacioppo *et al.*, "Objective and Perceived Neighborhood Environment, Individual SES and Psychosocial Factors, and Self-Rated Health: An Analysis of Older Adults in Cook County, Illinois", *Social Science & Medicine*, vol. 63, nº 10, novembre 2006, p. 2575-2590 ; Lisa M. Jaremka *et al.*, "Loneliness Predicts Pain, Depression, and Fatigue: Understanding the Role of Immune Dysregulation", *Psychoneuroendocrinology*, vol. 38, nº 8, août 2013, p. 1310-1317 ; John T. Cacioppo *et al.*, "On the Reciprocal Association Between Loneliness and Subjective Well-Being", *American Journal of Epidemiology*, vol. 176, nº 9, 2012, p. 777-784 ; David Mellor *et al.*, "Need for Belonging, Relationship Satisfaction, Loneliness, and Life Satisfaction", *Personality and Individual Differences*, vol. 45, nº 3, août 2008, p. 213-218 ; Leah D. Doane et Emma K. Adam, "Loneliness and Cortisol: Momentary, Day-to-day, and Trait Associations", *Psychoneuroendocrinology*, vol. 35, nº 3, avril 2010, p. 430-441 ; John T. Cacioppo *et al.*, "Social Neuroscience and its Potential Contribution to Psychiatry", *World Psychiatry*, vol. 13, nº 2, juin 2014, p. 131-139 ; Aparna Shankar *et al.*, "Loneliness, Social Isolation, and Behavioral and Biological Health Indicators in Older Adults", *Health Psychology*, vol. 30, nº 4, juillet 2011, p. 377-385 ; John T. Cacioppo *et al.*, "Day-to-day Dynamics of Experience-Cortisol Associations in a Population-Based Sample", *PNAS*, vol. 103, nº 45, octobre 2006, p. 17058-17063 ; John T. Cacioppo *et al.*, "Loneliness and Health: Potential Mechanisms", *Psychosomatic Medicine*, vol. 64, 2002, p. 407-417.

2. John T. Cacioppo et William Patrick, *Loneliness: Human Nature and the Need for Social Connection*, W. W. Norton, New York, 2008, p. 94-95.

3. Michael Marmot, *Status Syndrome*, *op. cit.*, p. 164-165.

4. Susan Pinker, *The Village Effect: Why Face-to-Face Contact Matters*, Atlantic Books, Londres, 2015, p. 67-68.

5. John T. Cacioppo et William Patrick, *Loneliness*, *op. cit.*, p. 5 ; 94 ; George Monbiot, "The Age of Loneliness Is Killing Us", *The Guardian*, 14 octobre 2014, https://www.theguardian.com/commentisfree/2014/oct/14/age-of-loneliness-killing-us [page consultée le 16 septembre 2016].

6. John T. Cacioppo *et al.*, "Loneliness within a Nomological Net: An Evolutionary Perspective", *loc. cit.*

7. John T. Cacioppo et William Patrick, *Loneliness, op. cit.*, p. 88.

8. John T. Cacioppo *et al.*, "Perceived Social Isolation Makes Me Sad: 5-Year Cross-Lagged Analyses of Loneliness and Depressive Symptomatology in the Chicago Health, Aging, and Social Relations Study", *Psychology and Aging*, vol. 25, n° 2, 2010, p. 453-463.

9. John T. Cacioppo et William Patrick, *Loneliness, op. cit.*, p. 61.

10. Bill McKibben, *Deep Economy: The Wealth of Communities and the Durable Future*, Henry Holt, New York, 2007, p. 109 ; 125.

11. John T. Cacioppo et William Patrick, *Loneliness, op. cit.*, p. 7.

12. On trouvera un développement brillant à ce sujet dans le livre de Sebastian Junger, *Tribe: One Homecoming and Belonging*, Twelve, New York, 2016, p. 1-34 notamment. Voir aussi Hugh MacKay, *The Art of Belonging: It's Not Where You Live, It's How You Live*, Pan Macmillan, Sydney, 2016, p. 27-28 notamment.

13. John T. Cacioppo et William Patrick, *Loneliness, op. cit.*, p. 15.

14. Les huttérites ne sont bien sûr pas nomades et ne vivent donc pas exactement dans les mêmes conditions que la plupart de nos ancêtres. Ils sont néanmoins bien plus proches de leur mode de vie que nous.

15. John T. Cacioppo *et al.*, "Loneliness Is Associated with Sleep Fragmentation in a Communal Society", *Sleep*, vol. 34, n° 11, novembre 2011, p. 1519-1526. Voir aussi Sebastian Junger, *Tribe, op. cit.*, p. 19.

16. Robert Putnam, *Bowling Alone: The Collapse and Revival of American Community*, Simon and Schuster, New York, 2001, p. 111-112.

17. *Ibid.*, p. 60.

18. John T. Cacioppo et William Patrick, *Loneliness, op. cit.*, p. 247 ; Miller McPherson *et al.*, "Social Isolation in America: Changes in Core Discussion Networks over Two Decades", *American Sociological Review*, vol. 71, 2006, p. 353-375.

19. Robert Putnam, *Bowling Alone, op. cit.*, p. 101.

20. http://plus.lefigaro.fr/note/loneliness-is-becoming-a-common-phenomena-in-france-20100702-236888 [page consultée le 30 janvier 2017].

21. https://www.west-info.eu/is-france-the-loneliest-nation/ [page consultée le 30 janvier 2017].

22. http://www.npr.org/sections/health-shots/2015/10/22/450830121/sarah-silverman-opens-up-about-depression-comedy-and-troublemaking [page consultée le 16 septembre 2016].

23. Susan Pinker, *The Village Effect*, *op. cit.*, p. 26 ; Martha McClintock *et al.*, "Social Isolation Dysregulates Endocrine and Behavioral Stress While Increasing Malignant Burden of Spontaneous Mammary Tumors", *Proceedings of the National Academy of Sciences of the United States of America*, vol. 106, n° 52, décembre 2009, p. 22393-22398.
24. Bill McKibben, *Deep Economy*, *op. cit.*, p. 96-104.
25. On trouvera un excellent développement sur ce champ d'études dans le livre de Susan Pinker, *The Village Effect*, *op. cit.*, p. 4-18. Voir aussi William Davies, *The Happiness Industry*, *op. cit.*, p. 212-214.
26. James n'est pas son vrai nom : Hilarie m'a demandé d'utiliser un pseudonyme afin de préserver son anonymat.
27. Hilarie décrit ce type d'addiction dans son livre *Video Games and Your Kids: How Parents Stay in Control*, Issues Press, New York, 2008.
28. Seul le prénom de ces patients a été modifié, toutes leurs autres caractéristiques ont été conservées.
29. Sherry Turkle, *Reclaiming Conversation: The Power of Talk in a Digital Age*, Penguin, New York, 2015, p. 42.
30. https://www.lexpress.fr/actualite/societe/plus-de-2-millions-de-jeunes-souffrent-de-solitude-en-france_1944049.html [page consultée le 30 janvier 2017].
31. Marc Maron, *Attempting Normal*, Spiegel and Grau, New York, 2014, p. 161.

8. TROISIÈME CAUSE : UN ENVIRONNEMENT DE VALEURS EN TOC (p. 122 à 139)

1. Tim décrit sa relation à la musique de John Lennon dans son livre *Lucy in the Mind of Lennon*, OUP, New York, 2013.
2. Russell W. Belk, "Worldly Possessions: Issues and Criticisms", *Advances in Consumer Research*, vol. 10, 1983, p. 514-519 ; Tim Kasser et Allen Kanner (dir.), *Psychology and Consumer Culture: The Struggle for a Good Life in a Materialistic World*, American Psychological Association, Washington, 2003, p. 3-6.
3. Tim Kasser, *The High Price of Materialism*, MIT Press, Cambridge, 2003, p. 6-8 ; Tim Kasser et Richard M. Ryan, "A Dark Side of the American Dream: Correlates of Financial Success as a Central Life

Aspiration", *Journal of Personality and Social Psychology*, vol. 65, n° 2, 1993, p. 410-422.

4. Tim Kasser et Richard M. Ryan, "A Dark Side of the American Dream…", *loc. cit.* ; Tim Kasser, *The High Price of Materialism*, *op. cit.*, p. 10.

5. Tim Kasser et Richard M. Ryan, "Further Examining the American Dream: Differential Correlates of Intrinsic and Extrinsic Goals", *Personality and Social Psychology Bulletin*, vol. 31, p. 907-914.

6. Tim Kasser, *The High Price of Materialism*, *op. cit.*, p. 11-12 ; 14.

7. Daniel Pink, *Drive*, *op. cit.*, p. 1-11 ; 37-46 ; Sebastian Junger, *Tribe*, *op. cit.*, p. 21-22.

8. J'ai découvert cette distinction dans un brillant article de George Monbiot : voir http://www.monbiot.com/2010/10/11/the-values-of-everything/ [page consultée le 1er décembre 2016]. Pour comprendre comment les notions de motivations intrinsèques et extrinsèques ont été découvertes, je recommande la lecture du livre de Daniel Pink, *Drive*, *op. cit.*

9. Tim Kasser et Kennon M. Sheldon, "Coherence and Congruence: Two Aspects of Personality Integration", *Journal of Personality and Social Psychology*, vol. 68, n° 3, 1995, p. 531-543.

10. Helga Dittmar *et al.*, "The Relationship Between Materialism and Personal Well-Being: A Meta-Analysis", *Journal of Personality and Social Psychology*, vol. 107, n° 5, novembre 2014, p. 879-924 ; Tim Kasser, *The High Price of Materialism*, *op. cit.*, p. 21.

11. Tim Kasser et Richard Ryan, "Be Careful What You Wish for: Optimal Functioning and the Relative Attainment of Intrinsic and Extrinsic Goals", *in* P. Schmuck et K. Sheldon (dir.), *Life Goals and Well-Being: Towards a Positive Psychology of Human Striving*, Hogrefe & Huber Publishers, New York, 2001, p. 116-131. Voir aussi Tim Kasser, *The High Price of Materialism*, *op. cit.*, p. 62.

12. Sherry Turkle, *Reclaiming Conversation*, *op. cit.*, p. 83. Voir aussi Robert Frank, *Luxury Fever: Weighing the Cost of Excess*, Princeton University Press, Princeton, 2010 ; William Davies, *The Happiness Industry*, *op. cit.*, p. 143.

13. Mihály Csíkszentmihályi, *Creativity: The Psychology of Discovery and Invention*, Harper, Londres, 2013 [en français : *La Créativité. Psychologie de la découverte et de l'invention*, trad. Claude-Christine Farny, Robert Laffont, Paris, 2006].

14. Tim Kasser, "Materialistic Values and Goals", *Annual Review of Psychology*, vol. 67, 2016, p. 489-514 ; DOI : 10.1146/annurev-psych-122414-033344.

15. Tim Kasser, "The « What » and « Why » of Goal Pursuits", *Psychological Inquiry*, vol. 11, nᵒ 4, 2000, p. 227-268 ; Richard M. Ryan et Edward L. Deci, "On Happiness and Human Potential", *Annual Review of Psychology*, vol. 52, 2001, p. 141-166.

16. Tim Kasser, "Materialistic Values and Goals", *loc. cit.* ; S. H. Schwartz, "Universals in the Structure and Content of Values: Theory and Empirical Tests in 20 Countries", *Advances in Experimental Social Psychology*, vol. 25, décembre 1992, p. 1-65.

17. J'étais tout à fait conscient, comme Tim tout au long de ses recherches, de la différence entre corrélation et causalité. Le fait que deux phénomènes se produisent en même temps ne prouve pas que l'un soit la cause de l'autre. Le coq chante en même temps que le soleil se lève, mais cela n'implique pas que le chant du coq fasse se lever le soleil.

J'ai demandé à Tim (ainsi qu'à tous les autres sociologues que j'ai rencontrés) s'il pouvait s'agir d'une simple corrélation que nous aurions surinterprétée. Voici ce que Tim me répondit : "Tout d'abord, il est extrêmement difficile de prouver l'existence d'une relation de cause à effet. La seule manière de le faire est de comparer deux groupes sélectionnés aléatoirement. Dans notre cas, cela voudrait dire forcer les gens tirés au sort à devenir ou non matérialistes, puis tester si un groupe a développé davantage de dépressions que l'autre. Mais un : c'est impossible ; et deux : cela est sans doute contraire à l'éthique."

Toute une série de techniques permettent cependant de vérifier, selon lui, que nous ne sommes pas, dans ce cas, en présence d'une simple coïncidence. Il m'a expliqué (et on retrouvera ces explications dans ses recherches) que, premièrement, il est possible, dans le cadre d'une expérience, de rendre sur le moment les gens plus ou moins matérialistes, grâce à une technique appelée l'"amorçage". Il suffit de suggérer aux participants l'idée de l'argent et de constater ensuite si leurs sentiments évoluent.

Deuxièmement, on peut mener des études longitudinales qui mettent en relation les variations du degré de matérialisme d'une personne avec le développement d'éventuels symptômes dépressifs.

Enfin, troisièmement, on peut observer que, statistiquement, ce qui arrive lorsque les gens deviennent plus matérialistes correspond

au modèle suivant : le matérialisme "crée un mode de vie relativement inadapté aux besoins psychologiques, la plupart des recherches
s'accordent sur ce point. Par conséquent, les personnes matérialistes
finissent par se sentir moins libres, moins compétentes et leurs relations sociales se détériorent, ce qui, en retour, diminue leur bien-être",
m'a expliqué Tim. C'est ce qu'on appelle un "modèle de pistes cau-
sales ou modèle par équations structurelles" : celui-ci "relie les valeurs
matérialistes extrinsèques au faible niveau de satisfaction des besoins
et au faible niveau de bien-être".

Lorsqu'on rassemble tous ces éléments, il semble qu'on puisse en
tirer des conclusions assez robustes, même s'il nous faut admettre
que, faute de pouvoir être testée sur un groupe témoin sélectionné
aléatoirement, notre hypothèse n'a pas passé l'ultime épreuve de la
vérité scientifique.

Tim m'a aussi précisé que certains éléments qu'il avait observés semblaient suggérer l'existence d'une causalité réciproque : la dépression
et l'insécurité, surtout quand elles interviennent dans l'enfance, pourraient renforcer la tendance au matérialisme. La relation de causalité
existe donc dans les deux sens.

18. MARVIN E. GOLDBERG et GERALD J. GORN, "Some Unintended
Consequences of TV Advertising to Children", *Journal of Consumer
Research*, vol. 5, nº 1, juin 1978, p. 22-29 ; TIM KASSER, *The High Price
of Materialism*, *op. cit.*, p. 66 ; TIM KASSER, "Materialistic Values and
Goals", *loc. cit.*, p. 499 ; STEPHEN E. G. LEA *et al.*, *The Individual in
the Economy: A Textbook of Economic Psychology*, Cambridge University Press, New York, 1987, p. 397 ; TIM KASSER et ALLEN KANNER
(dir.), *Psychology and Consumer Culture*, *op. cit.*, p. 16-18.
19. NEAL LAWSON, *All Consuming: How Shopping Got Us into This
Mess and How We Can Find Our Way Out*, Penguin, Londres, 2009,
p. 143.
20. MARTIN LINDSTROM, *Brandwashed: Tricks Companies Use to Mani-
pulate Our Minds and Persuade Us to Buy*, Kogan Page, New York,
2012, p. 10.
21. JEAN TWENGE et TIM KASSER, "Generational Changes in Materialism", *Personality and Social Psychology Bulletin*, vol. 39, 2013, p. 883-
897. J'ai également interrogé Jean Twenge.
22. TIM KASSER, *The High Price of Materialism*, *op. cit.*, p. 91.
23. GARY GREENBERG, *Manufacturing Depression*, *op. cit.*, p. 283.

24. Tim Kasser donne dans son article "Materialistic Values and Goals", *loc. cit.*, p. 499, un bon aperçu des preuves scientifiques qui justifient cette idée.

25. Dans l'enregistrement de notre entretien, Tim ne compte que deux stops, mais j'ai rectifié cette erreur avec son accord au cours de ma phase de vérification des faits.


9. QUATRIÈME CAUSE : LE DÉNI DES TRAUMATISMES INFAN-
TILES (p. 140 à 152)


1. J'ai entendu parler pour la première fois du travail du Dr Felitti lors de l'entretien que j'ai mené avec le Dr Gabor Maté à Vancouver. Gabor en parle également dans ses écrits, notamment dans son merveilleux livre *In the Realm of Hungry Ghosts*, Random House Canada, Toronto, 2013. J'ai déjà mentionné brièvement le travail du Dr Felitti dans mon dernier ouvrage, *La Brimade des stups*, *op. cit.*, travail dont j'ai tiré quelques éléments.

2. http://www.bbc.co.uk/history/events/republican_hunger_strikes_ maze [page consultée le 17 septembre 2016].

3. VINCENT FELITTI *et al.*, "Obesity: Problem, Solution, or Both ?", *Permanente Journal*, vol. 14, n° 1, 2010, p. 24 ; VINCENT FELITTI *et al.*, "The Relationship of Adult Health Status to Childhood Abuse and Household Dysfunction", *American Journal of Preventive Medicine*, vol. 14, 1998, p. 245-258.

4. VINCENT FELITTI, "Ursprünge des Suchtverhaltens – Evidenzen aus einer Studie zu belastenden Kindheitserfahrungen", *Praxis der Kinderpsychologie und Kinderpsychiatrie*, vol. 52, 2003, p. 547-559.

5. VINCENT FELITTI *et al.*, *Chadwick's Child Maltreatment*, vol. 2 : *Sexual Abuse and Psychological Maltreatment*, STM Learning, Inc. Saint Louis, États-Unis, 2014, p. 203 ; VINCENT FELITTI *et al.*, "The Relationship of Adult Health Status to Childhood Abuse and Household Dysfunction", *loc. cit.*

6. VINCENT FELITTI *et al.*, *Chadwick's Child Maltreatment*, *op. cit.*, p. 203.

7. VINCENT FELITTI *et al.*, "Obesity: Problem, Solution, or Both ?", *loc. cit.*

8. VINCENT FELITTI *et al.*, *Chadwick's Child Maltreatment*, *op. cit.*, p. 204.

9. Vincent Felitti, "Adverse Childhood Experiences and the Risk of Depressive Disorders in Childhood", *Journal of Affective Disorders*, vol. 82, novembre 2004, p. 217-225.

10. Vincent Felitti *et al.*, *Chadwick's Child Maltreatment, op. cit.*, p. 209.

11. Vincent Felitti *et al.*, *Chadwick's Child Maltreatment, op. cit.*, p. 206 ; Vincent Felitti, "Ursprünge des Suchtverhaltens – Evidenzen aus einer Studie zu belastenden Kindheitserfahrungen", *loc. cit.* ; Vincent Felitti, "Childhood Sexual Abuse, Depression, and Family Dysfunction in Adult Obese Patients", *Southern Medical Journal*, vol. 86, 1993, p. 732-736.

12. Vincent Felitti, "Adverse Childhood Experiences and the Risk of Depressive Disorders in Childhood", *loc. cit.*, p. 223. On trouvera également un graphique éclairant, mettant en relation les prescriptions d'antidépresseurs avec les expériences adverses connues pendant l'enfance dans le livre de Vincent Felitti *et al.*, *Chadwick's Child Maltreatment, op. cit.*, p. 208.

13. En ce qui concerne les méta-analyses, voir par exemple Andrea Danese et Min-Han Tan, "Childhood Maltreatment and Obesity: Systematic Review and Meta-Analysis", *Molecular Psychiatry*, vol. 19, mai 2014, p. 544-554 ; Valentina Nanni *et al.*, "Childhood Maltreatment Predicts Unfavorable Course of Illness and Treatment Outcome in Depression: A Meta-Analysis", *American Journal of Psychiatry*, vol. 169, n° 2, février 2012, p. 141-151.

14. https://www.lexpress.fr/actualite/societe/en-france-81-des-victimes-d-abus-sexuels-sont-mineures_1656684.html [page consultée le 30 janvier 2017].

15. George Brown et Tirril Harris ont mené des recherches intéressantes qui ont donné des résultats similaires, bien que non identiques. On en trouvera un aperçu dans Tirril Harris (dir.), *Where Inner and Outer Worlds Meet, op. cit.*, p. 16-20 ; 227-240.

16. Vincent Felitti *et al.*, *Chadwick's Child Maltreatment, op. cit.*, p. 209.

17. Vincent Felitti *et al.*, "Obesity: Problem, Solution, or Both ?", *loc. cit.*

18. J'avais appris l'existence de l'étude *ACE* quelque temps auparavant et j'avais pris connaissance de ses conclusions, tout particulièrement celles qui concernaient l'addiction. Mais ce n'est qu'à ce moment-là, sur

la plage, que j'ai réalisé que je n'avais pas tiré toutes les conséquences de ces découvertes, en tout cas de celles qui éclairaient ma situation. C'est pour cela, je pense, que j'ai réagi si violemment à notre conversation.

## 10. CINQUIÈME CAUSE : LA PRIVATION DE LA CONSIDÉRATION SOCIALE ET DU RESPECT DES AUTRES (p. 153 à 161)

1. Je n'aurais pas pu écrire ce chapitre sans l'aide de Kate Pickett et de Richard Wilkinson. J'ai rencontré Kate il y a des années, alors que nous avions tous deux fait une intervention à la conférence du Parti écologiste. Elle et Richard sont deux des sociologues que j'admire le plus au monde. C'est grâce à leurs écrits que j'ai découvert le travail de Robert Sapolsky, et j'ai longuement discuté avec eux des thèmes traités dans ce chapitre. Ils sont sur le point de publier un ouvrage sur un sujet similaire qui n'est pas encore sorti au moment de l'écriture de ce livre ; son titre n'est pas encore connu, mais je recommande chaudement la lecture de tous leurs écrits. L'un de leurs ouvrages a été traduit en français : *Pourquoi l'égalité est meilleure pour tous*, trad. André Verkaeren, Les Petits Matins, Paris, 2013.

2. ROBERT SAPOLSKY, *A Primate's Memoir: A Neuroscientist's Unconventional Life Among the Baboons*, Vintage, Londres, 2002, p. 13. Richard Wilkinson et Kate Pickett furent les premiers à me conseiller la lecture des travaux de Robert Sapolsky et à m'expliquer le lien que ses découvertes pouvaient entretenir avec la dépression et l'anxiété. Je leur en suis extrêmement reconnaissant. L'une des sources principales de ce récit est son livre, *A Primate's Memoir*, dans l'introduction duquel Robert écrit qu'il a regroupé certains personnages secondaires, pour plus de clarté. Je ne fais référence à aucun de ces personnages secondaires ici, mais je souhaitais tout de même le signaler, par souci d'honnêteté. Contrairement aux autres sociologues auxquels je me réfère dans ce livre, je n'ai pu interviewer Robert que par brefs échanges de mails.

3. ROBERT SAPOLSKY, *A Primate's Memoir, op. cit.*, p. 65 ; ROBERT SAPOLSKY, *Why Zebras Don't Get Ulcers*, Henry Holt, New York, 2004, p. 312.

4. ROBERT SAPOLSKY, *A Primate's Memoir, op. cit.*, p. 240.

5. *Ibid.*, p. 302-303.

6. *Ibid.*, p. 14-15.

7. *Ibid.*, p. 16-21.

8. *Ibid.*, p. 21-22.

9. *Ibid.*, p. 38 ; 105 ; Robert Sapolsky, *Why Zebras Don't Get Ulcers*, *op. cit.*, p. 355-336.

10. Robert Sapolsky, "Cortisol Concentrations and the Social Significance of Rank Instability Among Wild Baboons", *Psychoneuroendochrinology*, vol. 17, n° 6, novembre 1992, p. 701-709 ; Robert Sapolsky, "The Endocrine Stress-Response and Social Status in the Wild Baboon", *Hormones and Behavior*, vol. 16, n° 3, septembre 1982, p. 279-292 ; Robert Sapolsky, "Adrenocortical Function, Social Rank, and Personality Among Wild Baboons", *Biological Psychiatry*, vol. 28, n° 10, novembre 1990, p. 862-878.

11. Robert Sapolsky, *A Primate's Memoir*, *op. cit.*, p. 97 ; Robert Sapolsky, *Why Zebras Don't Get Ulcers*, *op. cit.*, p. 300-304 ; 355-359.

12. Robert Sapolsky, *A Primate's Memoir*, *op. cit.*, p. 23.

13. *Ibid.*, p. 95.

14. *Ibid.*, p. 177.

15. Voir par exemple Carol Shively *et al.*, "Behavior and Physiology of Social Stress and Depression in Female Cynomolgus Monkeys", *Biological Psychiatry*, vol. 41, n° 8, avril 1997, p. 871-882.

16. Notons néanmoins que les babouins aussi sont susceptibles d'évoluer sur le plan culturel. Voir la fascinante histoire racontée par Natalie Angier dans son article "No Time for Bullies: Baboons Retool Their Culture", *New York Times*, 13 avril 2004 : http://www.nytimes.com/2004/04/13/science/no-time-for-bullies-baboons-retool-their-culture.html [page consultée le 23 décembre 2016].

17. Erick Messias *et al.*, "Economic Grand Rounds: Income Inequality and Depression Across the United States: An Ecological Study", *Psychiatric Services*, vol. 62, n° 7, 2011, p. 710-712. Voir aussi : http://csi.nuff.ox.ac.uk/?p=642 [page consultée le 10 décembre 2016].

18. Richard Wilkinson et Kate Pickett, *The Spirit Level: Why Equality Is Better for Everyone*, Penguin, Londres, 2009, p. 31-41 ; 63-72 ; 173-196.

19. Paul Moloney, *The Therapy Industry: The Irresistible Rise of the Talking Cure, and Why it Doesn't Work*, Pluto Press, Londres, 2013, p. 109.

20. http://www.hrreview.co.uk/hr-news/ftse-100-bosses-earn-average-5-5m-year-report-says/100790 [page consultée le 10 janvier 2017] ; Sebastian Junger, *Tribe*, *op. cit.*, p. 31.

21. http://www.vanityfair.com/news/2012/05/joseph-stiglitz-the-price-on-inequality [page consultée le 10 décembre 2016].

22. http://www.bbc.co.uk/news/business-38613488 [page consultée le 1er avril 2017].

23. Je ne prétends nullement que Robert Sapolsky partage toutes les analyses qui ont été faites dans ce chapitre (ou dans le reste de ce livre). Ses premières recherches menées sur les babouins ont ouvert la voie à une nouvelle manière d'envisager la dépression et l'anxiété qui a inspiré de nombreux sociologues, avec les conclusions desquels il n'est pas nécessairement en accord total. Il admet sans doute, néanmoins, que la dépression est le fruit de causes diverses. Pour un premier aperçu de son travail, on peut regarder l'une de ses excellentes leçons, disponible à l'adresse : https://www.youtube.com/watch?v=NOAgplgTxfc [page consultée le 3 février 2017]. Pour une plongée plus détaillée dans ses recherches, je recommande la lecture de son magnifique livre *Why Zebras Don't Get Ulcers*, *op. cit.*

24. Robert Sapolsky, *A Primate's Memoir*, *op. cit.*, p. 127.

25. Il s'agit de mon interprétation, Robert ne la partage pas nécessairement.

11. SIXIÈME CAUSE : LA SÉPARATION D'AVEC LA NATURE (p. 162 à 172)

1. Isabel employa cette expression lors d'un festival FutureFest auquel j'ai assisté à Londres, en septembre 2016.

2. John Sutherland, *Jumbo: The Unauthorized Biography of a Victorian Sensation*, Aurum Press, Londres, 2014, p. 9-10 ; 26-27 ; 46 ; 58-60 ; 127.

3. *Ibid.*, p. 62.

4. Ian Gold et Joel Gold, *Suspicious Minds: How Culture Shapes Madness*, Free Press, New York, 2015. J'ai également pu interviewer les deux auteurs de ce dernier livre. Pour un bon aperçu en la matière, voir aussi Tanya M. Luhrmann, "Is the World More Depressed?", *New York Times*, 24 mars 2014, https://www.nytimes.

com/2014/03/25/opinion/a-great-depression.html [page consultée le 30 janvier 2017].

5. Ian Alcock *et al.*, "Longitudinal Effects on Mental Health of Moving to Greener and Less Green Urban Areas", *Environmental Science and Technology*, vol. 48, n° 2, 2014, p. 1247-1255. Voir aussi William Davies, *The Happiness Industry, op. cit.*, p. 245-247.

6. Voir par exemple David G. Pearson et Tony Craig, "The Great Outdoors? Exploring the Mental Health Benefits of Natural Environments", *Frontiers in Psychology*, vol. 5, 2014, p. 1178 ; Kirsten Beyer *et al.*, "Exposure to Neighborhood Green Space and Mental Health: Evidence from the Survey of the Health of Wisconsin", *International Journal of Environmental Research and Public Health*, vol. 11, n° 3, mars 2014, p. 3452-3472. Voir aussi Richard Louv, *The Nature Principle*, Algonquin Books, New York, 2013, p. 29 ; 33-34 ; Richard Louv, *Last Child in the Woods*, Atlantic Books, New York, 2010, p. 50.

7. Catherine Ward Thompson *et al.*, "More Green Space Is Linked to Less Stress in Deprived Communities", *Landscape and Urban Planning*, vol. 105, n° 3, avril 2012, p. 221-229.

8. Marc Berman *et al.*, "Interacting with Nature Improves Cognition and Affect for Individuals with Depression", *Journal of Affective Disorders*, vol. 140, n° 3, novembre 2012, p. 300-305.

9. Richard Louv, *Last Child in the Woods, op. cit.*, p. 32.

10. Andreas Ströhle, "Physical Activity, Exercise, Depression and Anxiety Disorders", *Journal of Neural Transmission*, vol. 116, juin 2009, p. 777.

11. Natasha Gilbert, "Green Space: A Natural High", *Nature*, vol. 531, mars 2016, p. S56-S57.

12. Edward O. Wilson, *Biophilia*, Harvard University Press, Cambridge, 1984.

13. Richard Louv, *The Nature Principle, op. cit.*, p. 54.

14. On trouvera un bon résumé de ces études à l'adresse : https://www.psychologytoday.com/articles/201603/its-not-all-about-you [page consultée le 3 septembre 2016].

15. J'ai tiré ceci du brillant compte rendu de Howard Frumkin dont je recommande la lecture intégrale : "Beyond Toxicity: Human Health and the Natural Environment", *American Journal of Preventive Medicine*, vol. 20, n° 3, 2001, p. 237. Voir aussi : David Kidner, "Depression

and the Natural World", *International Journal of Critical Psychology*, vol. 19, 2007.

12. SEPTIÈME CAUSE : LA PERTE DE TOUT ESPOIR ET L'INCERTITUDE FACE À L'AVENIR (p. 173 à 186)

1. Jonathan Lear, *Radical Hope: Ethics in the Face of Cultural Devastation*, Harvard University Press, New York, 2006, p. 1-4. J'ai trouvé toutes ces informations dans ce merveilleux livre de Lear, dont je recommande vivement la lecture.
2. *Ibid.*, p. 10.
3. *Ibid.*, p. 13-14.
4. *Ibid.*, p. 2.
5. *Ibid.*, p. 40-41.
6. Michael J. Chandler et Christopher Lalonde, "Cultural Continuity as a Hedge Against Suicide in Canada's First Nations", *Transcultural Psychiatry*, vol. 35, nº 2, 1998, p. 191-219 ; Marc Lewis, *The Biology of Desire: Why Addiction Is Not a Disease*, Scribe, Victoria, 2015, p. 203-204.
7. En plus de l'entretien que j'ai eu avec Michael Chandler, que j'ai complété par la lecture de ses écrits scientifiques, j'ai été influencé, pour l'écriture de ce passage, par ma rencontre avec Laurence Kirmayer, qui a publié l'étude de Michael dans l'importante revue *Transcultural Psychiatry* et m'a aidé à replacer cette étude dans un contexte plus vaste.
8. Lorraine Ball et Michael Chandler, "Identity Formation in Suicidal and Nonsuicidal Youth: The Role of Self-Continuity", *Development and Psychopathology*, vol. 1, nº 3, 1989, p. 257-275 ; Michael C. Boyes et Michael Chandler, "Cognitive Development, Epistemic Doubt, and Identity Formation in Adolescence", *Journal of Youth and Adolescence*, vol. 21, nº 3, 1992, p. 277-304; Michael Chandler *et al.*, "Assessment and Training of Role-Taking and Referential Communication Skills in Institutionalized Emotionally Disturbed Children", *Developmental Psychology*, vol. 10, nº 4, juillet 1974, p. 546 ; Michael Chandler, "The Othello Effect", *Human Development*, vol. 30, nº 3, janvier 1970, p. 137-159 ; Michael Chandler *et al.*, "Aboriginal Language Knowledge and Youth Suicide",

*Cognitive Development*, vol. 22, n° 3, 2007, p. 392-399 ; MICHAEL CHANDLER, "Surviving Time: The Persistence of Identity in this Culture and That", *Culture & Psychology*, vol. 6, n° 2, juin 2000, p. 209-231.

9. À proprement parler, la découverte du lien entre dépression et perte de tout espoir en l'avenir est antérieure à l'étude de Michael Chandler. Ainsi, dans les années 1960, le psychologue Aaron Beck l'inclut dans sa "triade de la dépression", en en faisant l'une des trois caractéristiques communes à tous les cas de dépression. Pour une bonne introduction à ces travaux, voir : TIRRIL HARRIS (dir.), *Where Inner and Outer Worlds Meet, op. cit.*, p. 10-11.

10. https://www.ouest-france.fr/politique/sondage-les-francais-de-plus-en-plus-pessimistes-sur-l-avenir-du-pays-5436334 [page consultée le 30 janvier 2017].

11. L'identité de cette femme et l'enregistrement de notre entretien ont été authentifiés par l'éditeur de ce livre en langue originale.

12. Voir le livre passionnant d'IVOR SOUTHWOOD, *Non-Stop Inertia*, Zero Books, Alresford, 2011, p. 15-16. Voir aussi : NICK SRNICEK et ALEX WILLIAMS, *Inventing the Future: Postcapitalism and a World Without Work*, Verso, Londres, 2015, p. 93 [en français : *Accélérer le futur. Post-travail & post-capitalisme*, trad. Laurent Bury, EPCC Cité du Design, Saint-Étienne, 2017] ; MARK FISHER, *Capitalist Realism: Is There No Alternative?*, O Books, Winchester, 2009, p. 32-37.

13. HUITIÈME ET NEUVIÈME CAUSE : LE VÉRITABLE RÔLE DES GÈNES ET DES MODIFICATIONS CÉRÉBRALES (p. 187 à 203)

1. MARC LEWIS, *Memoirs of an Addicted Brain: A Neuroscientist Examines His Former Life on Drugs*, Doubleday Canada, Toronto, 2011, p. 139-142. J'ai, en outre, discuté longuement de ces événements avec Marc.

2. MARC LEWIS, *The Biology of Desire, op. cit.*, p. XV.

3. Quelques ouvrages pourront vous guider vers une première appré-hension de ce concept : NORMAN DOIDGE, *The Brain That Changes Itself*, Penguin, Londres, 2008 ; MOHEB COSTANDI, *Neuroplasticity*, MIT Press, Cambridge, 2016 ; MARC LEWIS, *Memoirs of an Addicted Brain, op. cit.*, p. 154-156 ; MARC LEWIS, *The Biology of Desire, op. cit.*, p. 32-33 ; 163-165 ; 194-197.

4. Eleanor A. Maguire *et al.*, "London Taxi Drivers and Bus Drivers: A Structural MRI and Neuropsychological Analysis", *Hippocampus*, vol. 16, n° 12, 2006, p. 1091-1101.

5. Gabor Maté, *In the Realm of Hungry Ghosts*, *op. cit.*, p. 183.

6. L'enregistrement correspondant à ce paragraphe, disponible sur le site de ce livre, est légèrement différent de la transcription, car Marc m'a demandé de procéder à quelques rectifications pour une plus grande exactitude factuelle.

7. J'ai entendu pour la première fois cette analogie dans la bouche de la brillante psychologue clinicienne Lucy Johnstone et dans celle du pédopsychiatre Sami Tamimi. Tous deux étaient incapables de me dire avec précision qui l'avait utilisée en premier et je n'ai pu de mon côté identifier sa source. Si quelqu'un en a connaissance, qu'il n'hésite pas à m'envoyer un e-mail afin que je l'intègre aux futures éditions de ce livre.

8. John Read et Pete Saunders, *A Straight Talking Introduction to the Causes of Mental Health Problems*, *op. cit.*, p. 34.

9. http://cspeech.ucd.ie/Fred/docs/Anthropomorphism.pdf ; http://www.trincoll.edu/~wmace/publications/Ask_inside.pdf [pages consultées le 8 juin 2016].

10. La légitimité de cette technique fait débat parmi les scientifiques. Impossible de m'y appesantir ici mais pour un point de vue sceptique sur la question, je vous suggère de lire Sami Timimi, *Rethinking ADHD: From Brain to Culture*, Palgrave Macmillan, Londres, 2009, p. 63.

11. L'un des meilleurs aperçus de cette question se trouve dans l'article de Falk W. Lohoff, "Overview of the Genetics of Major Depressive Disorder", *Current Psychiatry Reports*, vol. 12, n° 6, décembre 2010, p. 539-554 [article consulté le 12 juin 2016].

12. Michael Marmot, *Status Syndrome*, *op. cit.*, p. 50.

13. Robert Sapolsky, *Monkeyluv: And Other Lessons on Our Lives as Animals*, Vintage, New York, 2006, p. 55-56 ; Avshalom Caspi *et al.*, "Influence of Life Stress on Depression: Moderation by a Polymorphism in the 5-HTT Gene", *Science*, vol. 301, 2003, p. 386 ; Tirril Harris (dir.), *Where Inner and Outer Worlds Meet*, *op. cit.*, p. 131-136.

14. Les appellations et les définitions données à ces deux types de dépressions peuvent varier en fonction des scientifiques, mais la croyance en l'existence d'une dépression congénitale et physiologique distincte

d'une dépression causée par la vie sociale et psychologique de l'individu était largement partagée, bien que les facteurs en question ne soient pas définis de façon identique par tous.

15. Après avoir mené ses recherches dans les années 1970, George Brown a d'abord conclu que la dépression endogène n'existait pas. Cependant, lorsque je l'ai interrogé plus de trente ans après, il m'a dit avoir changé d'avis. Bien qu'il n'ait pas conduit de nouvelles études sur la question, il en est venu à penser qu'une fraction très limitée des dépressions pouvait s'expliquer par des facteurs endogènes.

16. Voir par exemple TIRRIL HARRIS (dir.), *Where Inner and Outer Worlds Meet, op. cit.*, p. 263-272 ; SUSAN MALKOFF-SCHWARTZ *et al.*, "Stressful Life Events and Social Rhythm Disruption in the Onset of Manic and Depressive Bipolar Episodes: A Preliminary Investigation", *Archives of General Psychiatry*, vol. 55, n° 8, août 1998, p. 702-709.

17. L'ouvrage de BETTY FRIEDAN, *The Feminine Mystique*, Penguin, Londres, 2010 [en français : *La Femme mystifiée*, trad. Yvette Roudy, Gonthier, Genève, 1964], m'a particulièrement aidé à ce moment de ma réflexion.

18. Comme le suggère le contexte, il s'agit là d'une conversation imaginaire inspirée de celles qui ont pu avoir lieu à l'époque et non d'une citation littérale.

19. Il est sans doute difficile d'admettre que l'homme soit incapable de cerner ses propres besoins et désirs et puisse être si mal informé sur ses propres sentiments ainsi que sur leurs causes. Une immense partie de la littérature scientifique fournit pourtant la preuve de notre incapacité à comprendre nos propres émotions et à identifier leur origine. Si cette question vous intéresse, je vous recommande chaudement la lecture du livre extraordinaire de TIM WILSON, *Strangers to Ourselves*, Harvard University Press, Cambridge, 2010, qui offre une bonne introduction à cet immense champ d'études.

20. ZOE SHENTON, "Katie Hopkins Comes under Fire for Ridiculing Depression in Series of Tweets", *Mirror*, 30 mars 2015 : http://www.mirror.co.uk/3am/celebrity-news/katie-hopkins-comes-under-fire-5427934 [page consultée le 28 avril 2015].

21. SHEILA MEHTA et AMERIGO FARINA, "Is Being « Sick » Really Better? Effect of the Disease View of Mental Disorder on Stigma", *Journal of Social and Clinical Psychology*, vol. 16, n° 4, 1997, p. 405-419. J'ai entendu parler de cette expérience pour la première fois dans le livre

de James Davies, *Cracked: Why Psychiatry Is Doing More Harm Than Good*, op. cit., p. 222. Voir aussi Ethan Watters, "The Americanization of Mental Illness", *New York Times Magazine*, 8 janvier 2010 : http://www.nytimes.com/2010/01/10/magazine/10psyche-t.html [page consultée le 10 juin 2016].

22. L'histoire de ce modèle est racontée dans le livre de Nassir Ghaemi, *The Rise and Fall of the Biopsychosocial Model*, op. cit. Voir aussi John Read et Pete Saunders, *A Straight Talking Introduction to the Causes of Mental Health Problems*, op. cit., p. 36-37 ; 53-55.

23. Ce sont en partie les recherches que j'ai menées sur les causes sociales de l'addiction pour écrire mon livre *La Brimade des stups*, Slatkine & Cie, Genève, 2016, qui m'ont conduit à envisager ces questions dans une perspective plus vaste. Je ne vais pas résumer ici l'ensemble de mon cheminement, mais si vous souhaitez en savoir plus, vous pouvez consulter les chapitres 12 et 13 de ce dernier livre, ainsi que les divers ouvrages de l'un de mes modèles : Bruce Alexander, en particulier *The Globalization of Addiction: A Study in Poverty of the Spirit*, Oxford University Press, New York, 2008.

24. Pour mieux cerner le contexte de cette affirmation, voir Roberto Lewis-Fernandez, "Rethinking Funding Priorities in Mental Health Research", *British Journal of Psychiatry*, vol. 208, 2016, p. 507-509.

25. Cette thèse est débattue plus loin dans le livre ainsi que dans l'ouvrage de Mark Rapley, Joanna Moncrieff et Jacqui Dillon (dir.), *De-Medicalizing Misery*, op. cit.

26. Merrill Singer et Hans A. Baer, *Introducing Medical Anthropology: A Discipline in Action*, AltaMira Press, Lanham, 2007, p. 181. L'universitaire David Mechanic a résumé ainsi l'apport de George Brown : "Il a remis du sens dans les recherches de psychologie sociale", voir Tirril Harris (dir.), *Where Inner and Outer Worlds Meet*, op. cit., p. 61-77.

III. RECRÉER DU LIEN : UN ANTIDÉPRESSEUR D'UN GENRE NOUVEAU

14. LA VACHE (p. 207 à 212)

1. Pour de plus amples détails au sujet des munitions non explosées en Asie du Sud-Est, voir Michaela Haas, "The Killing Fields of Today:

Cambodia's Landmine Problem Rages On", *Huffington Post*, 2 juin 2013 : http://www.huffingtonpost.com/michaela-haas/the-killing-fields-of-tod_b_2981990.html [page consultée le 21 décembre 2016].

2. Derek mentionne également cet argument dans son article "Global Mental Health Is an Oxymoron and Medical Imperialism", *British Medical Journal*, vol. 346, mai 2013, p. 3509.

3. Lucy m'a posé cette question par mail, ce qui explique qu'elle ne figure pas dans l'enregistrement audio posté sur le site web.

4. Un bon article a été écrit à son sujet : Sara Wilde, "Life Inside the Bunkers," *Exberliner*, 17 septembre 2013, http://www.exberliner.com/features/people/inside-we-felt-safe/ [page consultée le 10 décembre 2016].

## 15. NOUS AVONS CONSTRUIT CETTE VILLE (p. 213 à 231)

1. Voilà quelques-uns des articles de presse sur lesquels je me suis appuyé pour écrire ce chapitre : https://kottiundco.net/ ; https://www.flickr.com/photos/79930329@N08/ ; https://www.neues-deutschland.de/artikel/228214.mieter-protestieren-gegen-verdraengung.html ; http://www.tagesspiegel.de/berlin/kreuzberg-protest-aus-der-huette/6686496.html ; http://www.taz.de/Protestcamp-am-Kotti/!5092817/ ; http://needleberlin.com/2010/10/31/when-youre-from-kotti/ ; http://jungle-world.com/artikel/2012/24/45631.html ; http://www.tagesspiegel.de/berlin/mietenprotest-am-kotti-opposition-will-mietobergrenze-fuer-soziale-wohnungen/6772428.html [pages consultées le 30 septembre 2016]. Je remercie vivement mon père, Eduard Hari, de m'avoir aidé à déchiffrer l'allemand. J'ai interviewé des dizaines de personnes à Kotti pendant plusieurs années. Comme c'est le cas de tout événement complexe, tous les témoignages ne s'accordaient pas parfaitement en tout. Je n'ai pas fait état de ces divergences mineures dans mon texte : j'ai retranscrit l'histoire telle qu'une majorité de personnes me l'ont racontée ou telle qu'il m'a semblé que les individus impliqués se la rappelaient le mieux. En parallèle, pour évoquer le contexte de la hausse des loyers à Berlin, je me suis également servi du livre de Peter Schneider, *Berlin Now: The Rise of the City and the Fall of the Wall*, Penguin, Londres, 2014.

2. Ces contrats se trouvent évoqués dans toute leur complexité dans le livre de Micha Ulsen et Susanne Claassen, *Abschreibungs-Dschungelbuch*, LitPol, Berlin, 1982.

16. RECRÉER DU LIEN 1 : AVEC LES AUTRES (p. 232 à 243)

1. https://eerlab.berkeley.edu/pdf/papers/Ford_etal_inpress_JEPG.pdf [page consultée le 1er novembre 2016] ; Brett Q. Ford *et al.*, "Culture Shapes Whether the Pursuit of Happiness Predicts Higher or Lower Well-Being", *Journal of Experimental Psychology: General. Advance online publication*, vol. 144, n° 6, 2015 : http://dx.doi.org/10.1037/xge0000108.

2. Le livre de Richard Nisbett, *The Geography of Thought: How Asians and Westerners Think Differently... and Why*, Nicholas Brealey Publishing, New York, 2005, offre un aperçu très intéressant de ce champ d'études. Voir aussi Paul Moloney, *The Therapy Industry*, *op. cit.*, p. 118.

3. John Gray, *The Silence of Animals: On Progress and Other Modern Myths*, Penguin, Londres, 2014, p. 108-112.

4. J'insiste sur le fait qu'il s'agit là d'opinions qui remontent à mon adolescence concernant les juifs ultra-orthodoxes mais également tous les autres groupes religieux professant des opinions qui me semblaient extrêmes, tels que les chrétiens ou les musulmans fondamentalistes. Les juifs modérés et laïques m'étaient au contraire très proches sur le plan culturel, puisque j'ai grandi dans un quartier juif et que parmi les membres de ma famille certains ont épousé des juifs du quartier.

5. http://www.npr.org/templates/story/story.php?storyId=5455572 [page consultée le 10 décembre 2016].

6. Janice A. Egeland *et al.*, "Amish Study: I. Affective Disorders Among the Amish, 1976-1980", *American Journal of Psychiatry*, vol. 140, 1983, p. 56-61 : https://www.ncbi.nlm.nih.gov/pubmed/6847986 [page consultée le 30 janvier 2017] ; Edward Diener *et al.*, "Beyond Money: Toward an Economy of Well-Being", *Psychological Science in the Public Interest*, vol. 5, n° 1, juillet 2004, p. 1-31; Tim Kasser, "Can Thrift Bring Well-Being? A Review of the Research and a Tentative Theory", *Social and Personality Psychology Compass*, vol. 5, n° 11, 2011, p. 865-877 ; DOI : 10.1111/j.1751-9004.2011.00396.x. Voir aussi Brandon H. Hidaka, "Depression

as a Disease of Modernity: Explanations for Increasing Prevalence", *Journal of Affective Disorders*, vol. 140, n° 3, novembre 2013, p. 205-214 : https://www.ncbi.nlm.nih.gov/pmc/articles/PMC3330161/ [page consultée le 30 janvier 2017] ; Kathleen Blanchard, "Depression Symptoms May Come from Modern Living", *Emaxhealth.com*, 13 août 2009 : http://www.emaxhealth.com/1020/25/32851/depression-symptoms-may-come-modern-living.html [page consultée le 30 janvier 2017]. Voir aussi Sebastian Junger, *Tribe, op. cit.*, p. 22.

17. RECRÉER DU LIEN 2 : PRESCRIRE UNE VIE SOCIALE (p. 244 à 257)

1. Parmi les membres les plus importants de cette équipe figurent Lord Andrew Mawson, Rob Trimble, Karen McGee, Sheenagh McKinlay et le Dr Julia Davis.

2. Phil et M. Singh sont des pseudonymes que j'ai inventés pour protéger le secret médical des individus évoqués.

3. On trouvera un résumé de ce débat dans l'article de Janet Brandling et William House, "Social Prescribing in General Practice: Adding Meaning to Medicine", *British Journal of General Practice*, vol. 59, n° 563, juin 2009, p. 454-456 ; DOI : 10.3399/bjgp09X421085. Voir aussi Peter Cawston, "Social Prescribing in Very Deprived Areas", *British Journal of General Practice*, vol. 61, n° 586, mai 2011, p. 350 ; DOI : 10.3399/bjgp11X572517.

4. Marianne T. Gonzalez *et al.*, "Therapeutic Horticulture in Clinical Depression: A Prospective Study of Active Components", *Journal of Advanced Nursing*, vol. 66, n° 9, septembre 2010, p. 2002-2013 ; DOI : 10.1111/j.1365-2648.2010.05383.x ; Y. H. Lee *et al.*, "Effects of Horticultural Activities on Anxiety Reduction on Female High School Students", *Acta Horticulturae*, vol. 639, 2004, p. 249-251 ; DOI : 10.17660/ActaHortic.2004.639.32 ; Paul Stepney *et al.*, "Mental Health, Social Inclusion and the Green Agenda: An Evaluation of a Land Based Rehabilitation Project Designed to Promote Occupational Access and Inclusion of Service Users in North Somerset, UK", *Social Work in Health Care*, vol. 39, n° 3-4, 2004, p. 375-397 ; Marianne T. Gonzalez, "Therapeutic Horticulture in Clinical Depression: A Prospective Study", *Research and Theory for Nursing Practice*, vol. 23,

n° 4, 2009, p. 312-328 ; Joe Sempik et Jo Aldridge, "Health, Well-Being and Social Inclusion: Therapeutic Horticulture in the UK" : https://dspace.lboro.ac.uk/2134/2922 [page consultée le 30 janvier 2017] ; Veronica Reynolds, "Well-Being Comes Naturally: An Evaluation of the BTCV Green Gym at Portslade, East Sussex", *Report*, n° 17, Oxford Brookes University ; Caroline Brown et Marcus Grant, "Biodiversity and Human Health: What Role for Nature in Healthy Urban Planning?", *Built Environment*, vol. 31, n° 4, *Planning Healthy Towns and Cities*, 2005, p. 326-338. On trouvera également de nombreuses études intéressantes à ce sujet dans le *Journal of Therapeutic Horticulture*, accessible à l'adresse suivante : http://ahta. org/ahta-the-journal-of-therapeutic-horticulture-ql [page consultée le 10 septembre 2016]. Voir aussi William Davies, *The Happiness Industry*, *op. cit.*, p. 246.
5. Paul Moloney, *The Therapy Industry*, *op. cit.*, p. 61.
6. http://www.bbc.co.uk/history/historic_figures/bazalgette_joseph. shtml [page consultée le 10 décembre 2016].


18. RECRÉER DU LIEN 3 : RETROUVER UN TRAVAIL ÉPANOUISSANT (p. 258 à 270)


1. Je crois avoir entendu pour la première fois cette métaphore dans la bouche du scénariste britannique Dennis Potter, dans une interview qu'il a donnée au sujet de sa série télévisée *Lipstick on Your Collar*.
2. Paul Verhaeghe explique dans son livre *What About Me? The Struggle for Identity in a Market-Based Society*, Scribe, Victoria (Australie), 2014, p. 199, qu'il s'agit là d'une réaction courante à nos conditions de travail.
3. Je suis reconnaissant à Noam Chomsky, qui a également inspiré Josh et Meredith, de m'avoir guidé pas à pas à travers cette histoire qu'il a traitée dans l'ensemble de son œuvre.
4. Impossible d'évoquer ici en détail les raisons pour lesquelles les lieux de travail où l'on est libre de mettre en œuvre ses valeurs intrinsèques poussent également à être plus efficace. Si ce sujet vous intéresse, je vous recommande la lecture du livre de Daniel Pink, *Drive*, *op. cit.*, p. 28-31 ; p. 51, ainsi que l'excellente description des lieux de travail

démocratiques en Allemagne qu'offre Thomas Geoghegan dans son livre *Were You Born on the Wrong Continent? How the European Model Can Help You Get a Life*, The New Press, New York, 2011. Voir aussi Paul Rogat Loeb, *Soul of a Citizen: Living with Conviction in Challenging Times*, St. Martin's Press, New York, 2010, p. 100-104.

5. Daniel Pink, *Drive*, *op. cit.*, p. 76.

6. Daniel Pink, *Drive*, *op. cit.*, p. 91 ; Paul Baard *et al.*, "Intrinsic Need Satisfaction: A Motivational Basis of Performance and Well-Being in Two Work Settings", *Journal of Applied Social Psychology*, vol. 34, n° 10, 2004, p. 2045-2068.

7. C'est le cas notamment de Kate Pickett et de Richard Wilkinson.

8. William Davies, *The Happiness Industry*, *op. cit.*, p. 108 ; 132-133. Voir aussi Robert A. Karasek et Töres Theorell, *Healthy Work: Stress, Productivity and the Reconstruction of Working Life*, Basic Books, New York, 1992.


## 19. RECRÉER DU LIEN 4 : RETROUVER DES VALEURS FONDAMEN-TALES (p. 271 à 280)

1. J'ai découvert ce phénomène dans l'excellent documentaire *This Space Available*, lors du New York Documentary Film Festival. Voir aussi Justin Thomas, "Remove Billboards for the Sake of Our Mental Health", *The National*, 25 janvier 2015, http://www.thenational.ae/opinion/comment/remove-billboards-for-the-sake-of-our-mental-health ; Amy Curtis, "Five Years After Banning Outdoor Ads, Brazil's Largest City Is More Vibrant Than Ever", *NewDream.org*, https://www.newdream.org/blog/sao-paolo-ad-ban ; Arwa Mahdawi, "Can Cities Kick Ads? Inside the Global Movement to Ban Urban Billboards", *The Guardian*, 12 août 2015, https://www.theguardian.com/cities/2015/aug/11/can-cities-kick-ads-ban-urban-billboards [pages consultées le 25 août 2016].

2. Rose Hackman, "Are You Beach Body Ready? Controversial Weight Loss ad Sparks Varied Reactions", *The Guardian*, 27 juin 2015, https://www.theguardian.com/us-news/2015/jun/27/beach-body-ready-america-weight-loss-ad-instagram [page consultée le 10 janvier 2017].

3. Tim Kasser *et al.*, "Changes in Materialism, Changes in Psychological Well-Being: Evidence from Three Longitudinal Studies and

an Intervention Experiment", *Motivation and Emotion*, vol. 38, n° 1, 2014, p. 1-22.


20. RECRÉER DU LIEN 5 : PRATIQUER UNE EMPATHIE JOYEUSE ET SURMONTER L'ADDICTION AU MOI (p. 281 à 308)


1. Miguel Farias et Catherine Wikholm, *The Buddha Pill: Can Meditation Change You?*, Watkins, New York, 2015, p. 108-109 ; Tony Toneatto et Linda Nguyen, "Does Mindfulness Meditation Improve Anxiety and Mood Symptoms? A Review of the Evidence", *Canadian Journal of Psychiatry*, vol. 52, n° 4, 2007, p. 260-266 ; John D. Teasdale *et al.*, "Prevention of Relapse/Recurrence in Major Depression by Mindfulness-Based Cognitive Therapy", *Journal of Consulting and Clinical Psychology*, vol. 68, n° 4, août 2000, p. 615-623 ; J. David Creswell *et al.*, "Brief Mindfulness Meditation Training Alters Psychological and Neuroendocrine Responses to Social Evaluative Stress", *Psychoneuroendochrinology*, vol. 32, n° 10, juin 2014, p. 1104-1109.
2. Miguel Farias et Catherine Wikholm, *The Buddha Pill, op. cit.*, p. 74 ; Cendri A. Hutcherson, Emma M. Seppala et James J. Gross, "Loving-Kindness Meditation Increases Social Connectedness", *Emotion*, vol. 8, n° 5, octobre 2008, p. 720-724 ; Jennifer S. Mascaro *et al.*, "Compassion Meditation Enhances Empathic Accuracy and Related Neural Activity", *Social Cognitive and Affective Neuroscience*, vol. 8, n° 1, janvier 2013, p. 48-55 ; Yoona Kang *et al.*, "The Non-Discriminating Heart: Lovingkindness Meditation Training Decreases Implicit Intergroup Bias", *Journal of Experimental Psychology General*, vol. 143, n° 3, juin 2014, p. 1306-1313 ; Yoona Kang *et al.*, "Compassion Training Alters Altruism and Neural Responses to Suffering", *Psychological Science*, vol. 24, n° 7, juillet 2013, p. 1171-1180 ; Eberth Sedlmeier *et al.*, "The Psychological Effects of Meditation: A Meta-Analysis", *Psychological Bulletin*, vol. 138, n° 6, novembre 2012, p. 1139-1171.
3. Miguel Farias et Catherine Wikholm, *The Buddha Pill, op. cit.*, p. 112 ; Frank Bures, *The Geography of Madness: Penis Thieves, Voodoo Death and the Search for the Meaning of the World's Strangest Syndromes*, Melville House, New York, 2016, p. 123.

4. MIGUEL FARIAS et CATHERINE WIKHOLM, *The Buddha Pill, op. cit.*, p. 128-131.

5. PETER A. BOELENS *et al.*, "A Randomized Trial of the Effect of Prayer on Depression and Anxiety", *International Journal of Psychiatry Medicine*, vol. 39, n° 4, 2009, p. 377-392.

6. DAMIAN LYNCH, "Cognitive Behavioural Therapy for Major Psychiatric Disorder: Does It Really Work? A Meta-Analytical Review of Well-Controlled Trials", *Psychological Medicine*, vol. 40, n° 1, janvier 2010, p. 9-24 ; DOI : https://doi.org/10.1017/S003329170900590X.

7. WALTER PAHNKE et WILLIAM RICHARDS, "Implications of LSD and Experimental Mysticism", *Journal of Religion and Health*, vol. 5, n° 3, juillet 1966, p. 175-208 ; ROLAND R. GRIFFITHS *et al.*, "Psilocybin Can Occasion Mystical-Type Experiences Having Substantial and Sustained Personal Meaning and Spiritual Significance", *Psychopharmacology*, vol. 187, n° 3, août 2006, p. 268-283 ; MICHAEL LERNER et MICHAEL LYVERS, "Values and Beliefs of Psychedelic Drug Users: A Cross-Cultural Study", *Journal of Psychoactive Drugs*, vol. 38, n° 2, 2006, p. 143-147 ; STEPHEN TRICHTER *et al.*, "Changes in Spirituality Among Ayahuasca Ceremony Novice Participants", *Journal of Psychoactive Drugs*, vol. 41, n° 2, 2009, p. 121-134 ; RICK DOBLIN, "Pahnke's « Good Friday Experiment »: A Long-Term Follow-up and Methodological Critique", *Journal of Transpersonal Psychology*, vol. 23, n° 1, janvier 1991, p. 1. Pour avoir un aperçu du contexte dans lequel ont été menées toutes ces expériences, je recommande la lecture de l'excellent livre de WILLIAM RICHARDS, *Sacred Knowledge: Psychedelics and Religious Experiences*, Columbia University Press, New York, 2016.

8. WALTER N. PAHNKE *et al.*, "LSD in the Treatment of Alcoholics", *Pharmacopsychiatry*, vol. 4, n° 2, 1971, p. 83-94 ; DOI : 10.1055/s-0028-1094301.

9. LESTER GRINSPOON et JAMES B. BAKALAR, "The Psychedelic Drug Therapies", *Current Psychiatry Therapies*, vol. 20, 1981, p. 275-283.

10. William Richards l'explique dans son livre *Sacred Knowledge, op. cit.*

11. La meilleure tentative de déconstruction scientifique de ces mythes se trouve dans le très bon livre de JACOB SULLUM, *Saying Yes*, Jeremy Tarcher, New York, 2004.

12. En réalité, l'interdiction de ces drogues n'est pas une interdiction légale : aucune loi n'a jamais été votée qui en prohibe l'usage mais, en

pratique, les autorités n'accordaient plus l'autorisation de mener des expériences sur ces substances. Il s'agit donc d'une interdiction *de facto*.

13. Mark n'est pas son vrai nom. La personne concernée m'a en effet demandé de modifier dans ce passage certains éléments permettant de l'identifier ainsi que quelques détails du récit de sa vie. L'enregistrement audio de cet entretien a été authentifié par l'éditeur de ce livre en langue originale.

14. À l'université de Los Angeles (UCLA), j'ai interrogé Charles Grob et Alicia Danforth ; à l'université Johns Hopkins, à Baltimore, Albert Garcia, Bill Richards, Fred Barrett, Roland Griffiths, Jim Fadiman ainsi que les nombreuses personnes qui ont pris part à leurs expériences et ont demandé à rester anonymes. À l'UCL, à Londres, j'ai rencontré David Nutt, Jim Rucker et Robin Carhart-Harris ; à San Francisco, Richard Vaughan ; au Danemark, David Eritzoe ; à New York, Elias Dakwar, Andrew Tatarsky et Katherine Maclean. En Norvège, j'ai pu interviewer Teri Krebbs et Pal Johansen ; à São Paulo, au Brésil, Diartiu Silviera. Je me suis également entretenu avec quelques-uns des pionniers de ce champ de recherche, Rick Doblin, directeur du MAPS, à Boston ; Brad Burge du MAPS de Californie et Amanda Fielding, directrice de la fondation Beckley, à Londres. Afin d'identifier mes interlocuteurs, je me suis appuyé sur le brillant article de Michael Pollan, qui offre une bonne introduction à ce domaine de recherche : "The Trip Treatment", *New Yorker*, 9 février 2015 : http://www.newyorker.com/magazine/2015/02/09/trip-treatment [page consultée le 12 décembre 2016].

15. MATTHEW W. JOHNSON *et al.*, "Pilot Study of the 5-HT2AR Agonist Psilocybin in the Treatment of Tobacco Addiction", *Journal of Psychopharmacology*, vol. 28, n° 11, septembre 2014, p. 983-992.

16. ROBIN CARHART-HARRIS *et al.*, "Psilocybin with Psychological Support for Treatment-Resistant Depression: An Open-Label Feasibility Study", *Lancet Psychiatry*, vol. 3, n° 7, juillet 2016, p. 619-627.

17. MATTHEW W. JOHNSON *et al.*, "Pilot Study of the 5-HT2AR", *loc. cit.*

18. Dans l'attente de la publication prochaine de cette étude, vous pouvez écouter Fred en parler à l'adresse suivante : https://vimeo.com/148364545 [page consultée le 12 décembre 2016].

## 21. RECRÉER DU LIEN 6 : RECONNAÎTRE ET DÉPASSER SES TRAU-MATISMES INFANTILES (p. 309 à 313)

1. Vincent Felitti *et al.*, *Chadwick's Child Maltreatment, op. cit.*, p. 211 ; Vincent Felitti *et al.*, "The Relationship of Adult Health Status to Childhood Abuse and Household Dysfunction", *loc. cit.*
2. Vincent Felitti *et al.*, *Chadwick's Child Maltreatment, op. cit.*, p. 212 ; Vincent Felitti, "Long Term Medical Consequences of Incest, Rape, and Molestation", *Southern Medical Journal*, vol. 84, 1991, p. 328-331.
3. Vincent Felitti *et al.*, *Chadwick's Child Maltreatment, op. cit.*, p. 205.
4. Vincent Felitti, "Ursprünge des Suchtverhaltens...", *loc. cit.*
5. Judith Shulevitz, "The Lethality of Loneliness", *New Republic*, 13 mai 2013 : https://newrepublic.com/article/113176/science-loneliness-how-isolation-can-kill-you [page consultée le 12 décembre 2016]. La plus importante étude au sujet des effets miraculeux de l'allègement du fardeau mental est celle qu'a menée James Pennebaker à l'université du Texas, à Austin. Si ce sujet vous intéresse, je vous recommande la lecture de l'ensemble de ses travaux.

## 22. RECRÉER DU LIEN 7 : RETROUVER CONFIANCE EN L'AVENIR (p. 314 à 326)

1. Ce récit se fonde sur l'interview que j'ai pu faire d'Evelyn Forget et sur la lecture de ses publications, en particulier : Evelyn Forget, "The Town with No Poverty: The Health Effects of a Canadian Guaranteed Annual Income Field Experiment", *Canadian Public Policy*, vol. 37, nᵒ 3, 2011 ; DOI : 10.3138/cpp.37.3.283. Je me suis également appuyé sur le livre de Nick Srnicek et Alex Williams, *Inventing the Future, op. cit.*, ainsi que sur celui de Rutger Bregman, *Utopia for Realists, op. cit.* Enfin, je me suis inspiré de certains articles de presse, tels que : Zi-Ann Lum, "A Canadian City Once Eliminated Poverty and Nearly Everyone Forgot About It", *Huffington Post*, 3 janvier 2017 : http://www.huffingtonpost.ca/2014/12/23/mincome-in-dauphin-manitoba n_6335682.html ; Benjamin Shingler, "Money for Nothing: Mincome Experiment Could Pay Dividends 40 Years on", *Aljazeera America*, 26 août 2014 : http://america.aljazeera.com/articles/2014/8/26/dauphin-canada-cash.html ;

Stephen J. Dubner, "Is the World Ready for a Guaranteed Basic Income?", *Freakonomics*, 13 avril 2016 : http://freakonomics.com/podcast/mincome/ ; Laura Anderson et Danielle Martin, "Let's Get the Basic Income Experiment Right", *TheStar.com*, 1ᵉʳ mars 2016 : https://www.thestar.com/opinion/commentary/2016/03/01/lets-get-the-basic-income-experiment-right.html ; CBC News, "1970s Manitoba Poverty Experiment Called a Success", *CBC.ca*, 25 mars 2010 : http://www.cbc.ca/news/canada/manitoba/1970s-manitoba-poverty-experiment-called-a-success-1.868562 [pages consultées le 20 août 2016]. Les interviews que j'ai pu faire de l'excellent économiste et penseur allemand Stefan Mekkifer à Berlin et de l'économiste américain Karl Widerquist à Montréal m'ont également été d'une aide précieuse.

2. Carl Cohen et Sami Timimi (dir.), *Liberatory Psychiatry, op. cit.*, p. 132-134 ; Dan G. Blazer *et al.*, "The Prevalence and Distribution of Major Depression in a National Community Sample: The National Comorbidity Survey", *American Psychological Association*, vol. 151, nᵒ 7, juillet 1994, p. 979-986.

3. Rutger Bregman, *Utopia for Realists, op. cit.*, p. 63-64.

4. https://www.indybay.org/newsitems/2010/07/06/18652754.php [page consultée le 12 décembre 2016].

5. Titre original : *Utopia for Realists, op. cit.*, 2017, p. 41 [en français : *Utopies réalistes, op. cit.*].

6. E. Jane Costello *et al.*, "Relationships Between Poverty and Psychopathology: A Natural Experiment", *Journal of the American Medical Association*, vol. 290, nᵒ 15, 2003, p. 2023-2029. Voir aussi : Moises Velasquez-Manoff, "What Happens When the Poor Receive a Stipend?", *New York Times*, 18 janvier 2014 : http://opinionator.blogs.nytimes.com/2014/01/18/what-happens-when-the-poor-receive-a-stipend/ [page consultée le 1ᵉʳ janvier 2017] ; Rutger Bregman, *Utopia for Realists, op. cit.*, p. 97-99. Voir aussi : https://academicminute.org/2014/06/jane-costello-duke-university-sharing-the-wealth/ [page consultée le 1ᵉʳ janvier 2017].

7. http://edoc.vifapol.de/opus/volltexte/2014/5322/pdf/Papers_Basic_Income_Blaschke_2012pdf.pdf [page consultée le 20 octobre 2016] ; Danny Dorling, *A Better Politics: How Government Can Make Us Happier*, London Publishing Partnership, Londres, 2016, p. 98-100.

8. On retrouve cet argument dans le livre de Nick Srnicek et Alex Williams, *Inventing the Future, op. cit.*, p. 120-121.

9. https://www.wired.com/2016/10/president-obama-mit-joi-ito-interview/ [page consultée le 12 décembre 2016].
10. Andrew évoque longuement son enfance dans son magnifique livre *Love Undetectable*, Vintage, Londres, 2014.
11. Pour une approche exhaustive de ces questions, je recommande la lecture de deux livres géniaux, celui de Rebecca Solnit, *Hope in the Dark: Untold Histories, Wild Possibilities*, Canongate, Londres, 2016 [en français : *Garder l'espoir, autres histoires, autres possibles*, trad. Daniel De Bruycker, Actes Sud, 2006], et celui de Paul Rogat Loeb, *Soul of a Citizen: Living with Conviction in Challenging Times*, St. Martin's Press, New York, 2010.

## CONCLUSION : RETOUR À LA MAISON (p. 327 à 335)

1. http://www.researchandmarkets.com/research/p35qmw/u_s [page consultée le 23 décembre 2016].
2. Paul Verhaeghe, *What About Me?*, op. cit., p. 191-193.
3. http://www.ohchr.org/EN/NewsEvents/Pages/DisplayNews.aspx?NewsID=21480&LangID=E [page consultée le 16 avril 2017]. L'ONU déclare dans ce communiqué que la médication doit rester une option pour traiter les cas les plus sévères, mais que "l'usage de médicaments à base de psychotropes comme traitement de base de la dépression et d'autres maladies mentales est tout simplement infondé sur le plan scientifique. L'emploi excessif de médicaments et d'autres types d'interventions biomédicales, fondé sur un paradigme neurobiologique réducteur, fait plus de mal que de bien".
4. Paul Moloney, *The Therapy Industry*, op. cit., p. 70.
5. J'ai tiré cette métaphore du superbe ouvrage de Stephen Grosz, *The Examined Life: How We Lose and Find Ourselves*, Vintage, Londres, 2015.
6. On trouvera un développement intéressant à ce sujet dans l'excellent ouvrage de Mark Fisher, *Capitalist Realism*, op. cit., p. 18-20.
7. J'emprunte cette idée de "retour à la maison" au livre de Naomi Klein, *This Changes Everything: Capitalism vs. The Climate*, Penguin, Londres, 2015 [en français : *Tout peut changer. Capitalisme et changement climatique*, trad. Nicolas Calvé et Geneviève Boulanger, Actes Sud, Arles, 2015] et au film d'Avi Lewis du même nom.

# REMERCIEMENTS

L'écriture d'un livre nécessite l'aide de très nombreuses personnes. Je tiens en premier lieu à remercier Eve Ensler, qui est non seulement une amie extraordinaire, toujours partante pour débattre de nouvelles idées, mais encore une source d'inspiration qui m'a appris comment combattre l'injustice par la joie plutôt que par la violence. Je remercie également mon amie Naomi Klein qui est l'un des meilleurs modèles possibles quand il s'agit de réfléchir à des questions complexes sans les dénaturer ni trahir leur complexité.

En ce qui concerne plus particulièrement ce livre, j'ai une dette immense envers les chercheurs en sciences sociales qui ont mené l'ensemble des recherches sur lesquelles il se fonde et qui ont eu la patience de répondre à toutes mes questions et aux innombrables relances que je leur ai adressées pour m'assurer d'avoir correctement compris leurs explications. L'utilité des sciences sociales et leur capacité à rendre le monde meilleur restent largement sous-estimées. Je profite de cette occasion pour remercier tous les professeurs qui m'ont formé à cette discipline à Cambridge, en particulier David Good, Patrick Baert et John Dunn.

Dans les résumés que j'ai donnés de la pensée et de la vie de ces chercheurs, je me suis efforcé d'être aussi fidèle que possible à la réalité. Néanmoins, je me dois de préciser qu'il s'agit d'un compte rendu personnel de leurs idées et de leurs découvertes, pouvant donner lieu à des interprétations divergentes. Mon texte n'épuise pas leur point de vue sur telle ou telle question, c'est pourquoi je recommande la lecture de leurs propres travaux, référencés en intégralité dans les notes.

L'idée de ce livre est née d'une conversation avec un agent de police américain exceptionnel, Richard Pine : sans ses encouragements, je ne l'aurais sans doute jamais écrit. Mon éditeur chez Bloomsbury, Anton Mueller, a également participé à faire de ce livre ce qu'il est, qu'il en soit remercié. Je remercie également mon agent littéraire en Angleterre, Peter Robinson, mon agent cinématographique, Roxana Ardle et mon agent pour les discours publics, Charles Yao. Merci également à Alexa von Hirschberg, Grace McNamee, Sara Kitchen et Hermione Lawton de chez Bloomsbury.

Je remercie chaleureusement mes amis, qui ont supporté patiemment mon obsession pour le sujet de ce livre, et dont les questions et réflexions ont enrichi ma pensée. Je souhaite tout particulièrement exprimer ma reconnaissance à Alex Higgins, Dorothy Byrne, Jake Hess, Decca Aitkenhead (pour ses suggestions de correction particulièrement pertinentes), Rachel Shubert, Rob Blackhurst, Ammie al-Whatey, Judy Counihan, Harry Woodlock, Josepha Jacobson, Matt Getz, Jay Luxembourg, Noam Chomsky, Chris Wilkinson, Harry Quilter-Pinner, Peter Marshall, Sarah Punshon, Dan Bye, Dot Punshon, Alex Ferreira, Andrew Sullivan, Imtiaz Shams, Anna Powell-Smith, Jemima Khan, Lucy Johnstone, Avi Lewis, Zeynep Gurtin, Jason Hickel, Stuart Rodger, Deborah Orr, Stanton Peele, Jacquie Grice, Patrick Strudwick, Ben Stewart, Jamie Byng, Crispin Somervile et Joss Garman.

Depuis mon adolescence, j'ai discuté de la dépression et de l'anxiété avec Emily De Peyer, Rosanne Levine, Mike Legg, John Williams, Alex Broadbent, Ben Cranfield, David Pearson, Zoe Ross, Lawrence Morley, Laura Carey, Jeremy Morgale, Matt Rowland Hill et Eve Greenwood qui m'ont beaucoup appris.

Les questions et remarques de Stephen Grosz sont peut-être celles qui m'ont le plus influencé. Je recommande chaleureusement la lecture de son livre remarquable, *The Examined Life*.

Je remercie également l'équipe de TED qui m'a invité à donner une conférence à Banff, au Canada, et m'a ainsi donné l'occasion de rencontrer certaines des figures les plus importantes de ce livre. Je suis tout particulièrement reconnaissant à Bruno Giussani et Helen Walters. Je remercie également mes amis Martin Kirk et Alnoor Ladha, du groupe d'activistes The Rules, de m'avoir emmené à Montréal : leur sagesse m'a inspiré tout au long de la rédaction de ce livre. Pour plus d'informations sur leur action, vous pouvez visiter leur site web à l'adresse suivante : www.therules.org.

Tous les habitants de Kotti, engagés dans une lutte sans fin, ont été extraordinaires. Je remercie tout particulièrement Matthias Clausen qui m'a été d'une aide précieuse.

Je remercie également Jim Cates d'avoir pris de longues heures de son temps pour partager son savoir avec moi et m'emmener à la rencontre d'une communauté amish en Indiana (et pour m'avoir fait découvrir la plus grosse bouche d'égout du monde). Kate McNaughton m'a offert un endroit où dormir à Berlin et Jacinta Nandi m'a rempli de joie, comme toujours ; qu'elles en soient remerciées. Toute ma gratitude à Stephen Fry, avec qui j'ai longuement discuté de E. M. Forster à Los Angeles et qui m'a aidé à concevoir plus clairement cette idée de connexion. Je remercie également CarolLee Kidd pour avoir retranscrit mes interviews. Si vous avez besoin un jour d'un excellent service de transcription, vous pouvez lui écrire à l'adresse suivante : carollee@clktranscription.com. Au Danemark, Kim Norager m'a aidé à organiser plusieurs entretiens. À Sydney, le Festival des idées dangereuses m'a permis de rencontrer et d'interroger de nombreuses personnes. Je suis également reconnaissant à Emanuel Stamatakis pour ses suggestions concernant la vérification des faits et la précision scientifique. À Mexico, Sofia Garcia et Tania Rojas Garcia ont aimablement partagé avec moi leur manière si particulière d'envisager le sujet. À Vancouver, je remercie Gabor Maté qui m'a fait connaître les travaux de Vincent Felitti et qui m'a tant appris ; à Toronto, Heather Mallick, qui m'a donné des conseils très utiles ; en Norvège, Sturla Haugsjerd et Oda Julie, qui m'ont été d'un grand soutien, et à São Paulo, Rebeca Lerer, pour m'avoir aidé à mettre tout cela en ordre. Toute ma gratitude, enfin, à mon extraordinaire accompagnateur vietnamien, Dang Hoang Linh, pour m'avoir empêché de vomir jusqu'à ce que mort s'ensuive, ce dont je lui serai éternellement reconnaissant.

Je dois à Bruce Alexander, ce psychologue génial et si humain, d'avoir changé mon regard sur les maladies mentales. J'ai évoqué son expérience bouleversante nommée "Rat Park" dans mon précédent livre, *La Brimade des stups*. Je remercie également Jake et Joe Wilkinson qui m'ont aidé à composer ce livre avec entrain et bonne humeur, tout comme mes parents, Violet McRae et Eduard Hari, mes frère et sœur, Elisa et Steven, ma belle-sœur Nicola, ainsi que mes neveux Josh, Aaron et Ben, et ma nièce Erin.

Si vous voulez apprendre la méditation et la réjouissance sympathique de la bouche de celle qui me les a enseignées, sur place en Illinois ou par Internet, vous pouvez consulter son site : rachelshubert. com. Elle travaille également dans les prisons et dans les crèches. Si vous souhaitez acquérir un vélo, où que vous soyez sur le territoire américain (les livraisons sont possibles), vous pouvez en commander un à l'Atelier Vélos de Baltimore et offrir ainsi votre soutien à un lieu de travail démocratique (connectez-vous à l'adresse : www.baltimore-bicycleworks.com).

Bien qu'ils ne liront jamais ces mots, je tiens à exprimer ma reconnaissance à trois écrivains que j'adore qui ont beaucoup contribué, chacun à leur manière, à ma réflexion sur ces questions : James Baldwin, E. M. Forster (qui est systématiquement mal compris quand il traite de la déconnexion. Si un jour, nos chemins se croisent, je me ferai un plaisir de vous expliquer en quoi) et Andrea Dworkin. Une autre écrivaine qui m'a aidé à approfondir ma pensée, toujours en vie cette fois, et qui lira donc peut-être ces quelques lignes, est Zadie Smith. Elle est, à mes yeux, la grande poétesse de notre temps, la seule qui décrive de façon si pertinente les formes diverses de la perte de lien.

Pour finir, je souhaite remercier tout particulièrement mon amie Lizzie Davidson pour sa capacité presque effrayante à dénicher les adresses personnelles des gens que j'ai eu besoin d'interroger. Sans son aide technique et son empressement à chercher les informations nécessaires pour me sortir de l'impasse, ce livre n'existerait pas. Ces qualités la mèneront sans doute à prendre la tête de la NSA d'ici dix ans (à ce moment-là, je t'en supplie, Lizzie, ne m'envoie pas à Guantánamo).

J'assume l'entière responsabilité des erreurs qui pourraient se trouver dans ce livre. Il est très important pour moi que l'ensemble des faits qui y sont décrits le soient aussi précisément que possible. Aussi, si vous remarquez certaines erreurs qui auraient échappé à notre vigilance, n'hésitez pas à m'écrire à l'adresse chasingthescream@gmail.com, afin qu'elles soient corrigées dans les futures éditions. Vous pouvez également visiter le site web de ce livre et consulter la liste de celles qui m'ont déjà été signalées.

# ACTES SUD
*Extrait du catalogue*
## série "Questions de santé"

Pour de plus amples informations : la navigation par mot clé
http://www.actes-sud.fr/rayon/sciences-humaines-et-sociales-sciences

## Dernières publications

Pr Valter LONGO
*LE RÉGIME DE LONGÉVITÉ*
*UNE NOUVELLE STRATÉGIE ALIMENTAIRE POUR RÉGÉNÉRER*
*ET RAJEUNIR L'ORGANISME, COMBATTRE LES MALADIES*
*ET ATTEINDRE LE POIDS IDÉAL*
Traduit de l'italien par Yseult Pelloso
Août 2018 / 13,5 x 21,5 / 336 pages

Ce que vous mangez peut-il déterminer la durée et la qualité de votre vie ? La réponse est oui. Mais un oui cliniquement prouvé. Près de trente années de recherche sur les liens entre la nutrition, les gènes, le vieillissement et les maladies ont permis au professeur Valter Longo d'élaborer une stratégie unique pour avancer dans l'âge en bonne santé. Comment ? En adoptant au quotidien son régime de longévité et en pratiquant trois à quatre fois par an une *Fasting-Mimicking Diet* (FMD) – une diète qui imite les effets du jeûne – cinq jours durant. Grâce à la FMD, vous tirerez tous les bénéfices du jeûne sans en subir les inconvénients (la faim, le manque d'énergie, les difficultés d'endormissement, etc.) : activation de la production de cellules souches, régénération et rajeunissement des cellules et des organes.

Conséquences de cette stratégie combinée : une perte de poids et une réduction du tour de taille ; un allongement significatif de la durée de vie ; une prévention de la perte de masse musculaire et osseuse ; une protection contre les maladies. De quoi vivre sainement, longtemps et… pleinement !

Nina BROCHMANN & Ellen STØKKEN DAHL
*LES JOIES D'EN BAS*
*TOUT SUR LE SEXE FÉMININ*
Traduit du norvégien par Céline Romand-Monnier
Janvier 2018 / 13,5 x 21,5 / 448 pages

Vous pensez tout savoir sur l'appareil génital féminin, car on en parle beaucoup dans les magazines et sur Internet. Eh bien, détrompez-vous ! *Les Joies d'en bas,* livre écrit par deux futures praticiennes norvégiennes et traduit dans une trentaine de langues, dissipe enfin un ensemble de mythes entourant le sexe. Non, on ne peut pas constater médicalement si une fille est encore vierge. Non, l'orgasme purement "vaginal" n'existe pas. Vous allez découvrir la face cachée du clitoris, comprendre la ronde des hormones qui orchestrent les menstruations, faire le tour des différents types de contraception et mettre le doigt sur le point G. En faisant état des tout derniers résultats de la recherche, cet ouvrage savant et joyeux nous dit : pour être fière de son sexe, il faut le connaître.

Véritable mine d'informations et triomphe du "gai savoir", *Les Joies d'en bas* en réjouiront plus d'un(e).

Giulia ENDERS
*LE CHARME DISCRET DE L'INTESTIN*
*TOUT SUR UN ORGANE MAL AIMÉ...*
(Nouvelle édition augmentée)
Traduit de l'allemand par Isabelle Liber
Novembre 2017 / 13,5 x 21,5 / 384 pages

Surpoids, dépression, diabète, maladies de peau... Et si tout se jouait dans l'intestin ?

Au fil des pages de son brillant ouvrage, Giulia Enders, jeune médecin allemande, plaide avec humour pour cet organe qu'on a tendance à négliger, voire à maltraiter. Après une visite guidée de notre système digestif, elle présente, toujours de façon claire et captivante, les résultats des toutes dernières recherches sur le rôle du "deuxième cerveau" pour notre bien-être. C'est avec des arguments scientifiques qu'elle nous invite à changer de comportement alimentaire, à éviter certains médicaments, et à appliquer quelques règles très concrètes en faveur d'une digestion réussie.

Dans cette nouvelle édition augmentée, l'auteur fait état des recherches récemment publiées, notamment celles qui précisent l'influence du microbiote sur notre bonne ou mauvaise humeur. Elle recommande également la fermentation de certains légumes : encore une chose dont notre microbiote raffole.

Irrésistiblement illustré par la sœur de l'auteur, la graphiste Jill Enders, voici un livre qui nous réconcilie avec notre ventre.

Dr Michael NEHLS
*GUÉRIR ALZHEIMER*
*COMPRENDRE ET AGIR À TEMPS*
Traduit de l'allemand par Isabelle Liber
Février 2017 / 13,5 x 21,5 / 432 pages

Depuis 2013, aux États-Unis, lors d'études cliniques d'un type nouveau, les premières guérisons de la maladie d'Alzheimer ont pu être constatées : des patients ont vu leurs terrifiants symptômes disparaître. Grâce à une thérapie "systémique", ils ont retrouvé mémoire immédiate, orientation spatiotemporelle, toutes leurs facultés cognitives et une vie normale.

Au fil des chapitres, Michael Nehls explique pourquoi l'épidémie que nous connaissons n'est pas une fatalité, et détaille toutes les prescriptions non médicamenteuses de la thérapie systémique. Elles concernent la détoxication, le sommeil, l'alimentation, la vie sociale, la stimulation cognitive, l'activité physique… Afin que les malades puissent un jour dire : "J'*ai eu* la maladie d'Alzheimer."

Accompagné de dessins originaux (de Jill Enders, l'illustratrice du *Charme discret de l'intestin*), ce livre aussi rigoureux que stimulant constitue un guide particulièrement précieux pour les malades et pour leurs proches.

Romain GHERARDI
*TOXIC STORY*
*DEUX OU TROIS VÉRITÉS EMBARRASSANTES*
*SUR LES ADJUVANTS DES VACCINS*
Octobre 2016 / 13,5 x 21,5 cm / 256 pages

Ce livre raconte l'histoire d'un professeur hospitalo-universitaire qui, par le plus grand des hasards, voit apparaître dans les années 1990 une pathologie inconnue. La myofasciite à macrophages, comme il l'a nommée, intrigue le monde de la santé autant qu'elle l'inquiète. Mais dès lors qu'il en a identifié la cause – les adjuvants aluminiques des vaccins –, Romain Gherardi constate un revirement soudain. Articles scientifiques refusés. Financements taris. Réunions pipées. Le mot "vaccin" lui ferme toutes les portes. Il poursuit pourtant ses recherches…

*Toxic Story* est une enquête scientifique sur les adjuvants des vaccins et le récit d'un long dessillement : celui d'un médecin-chercheur qui a choisi le parti de la science. Le parti des patients.

Roger LENGLET & Chantal PERRIN
*L'AFFAIRE DE LA MALADIE DE LYME*
*UNE ENQUÊTE*
Avril 2016 / 13,5 x 21,5 cm / 160 pages

Transmise surtout par les tiques, la maladie de Lyme est une pathologie à évolution lente qui affecte les articulations, le cerveau, le cœur, les systèmes immunitaire et hormonal… Mais aujourd'hui elle représente aussi un scandale sanitaire et politique d'une exceptionnelle gravité.

Alors qu'elle se répand dans le monde à toute allure, les autorités françaises restent dans le déni. Le manque de formation sur Lyme de la majorité des médecins entraîne d'innombrables erreurs de diagnostic et de traitement, à l'origine de l'errance médicale des personnes atteintes. Et les rares praticiens qui les identifient et les soignent de façon performante font l'objet de représailles au nom de la maîtrise comptable de la Sécurité sociale.

Tour d'horizon documenté sur cette maladie, ce livre donne également les clés pour une prévention efficace et les bons réflexes à adopter en cas de contamination.

OUVRAGE RÉALISÉ
PAR L'ATELIER GRAPHIQUE ACTES SUD
REPRODUIT ET ACHEVÉ D'IMPRIMER
EN NOVEMBRE 2018
PAR NORMANDIE ROTO IMPRESSION S.A.S.
À LONRAI
POUR LE COMPTE DES ÉDITIONS
ACTES SUD
LE MÉJAN
PLACE NINA-BERBEROVA
13200 ARLES

DÉPÔT LÉGAL
1re ÉDITION : JANVIER 2019
No impr. : 1804089
*(Imprimé en France)*